大学赤本シリーズ

444

朝日大学

教学社

は　し　が　き

おかげさまで，大学入試の「赤本」は，今年で創刊 70 周年を迎えました。

これまで，入試問題や資料をご提供いただいた大学関係者各位，掲載許可をいただいた著作権者の皆様，各科目の解答や対策の執筆にあたられた先生方，そして，赤本を使用してくださったすべての読者の皆様に，厚く御礼を申し上げます。

以下に，創刊初期の「赤本」のはしがきを引用します。これからも引き続き，受験生の目標の達成や，夢の実現を応援してまいります。

本書を活用して，入試本番では持てる力を存分に発揮されることを心より願っています。

編者しるす

＊　＊　＊

学問の塔にあこがれのまなざしをもって，それぞれの志望する大学の門をたたかんとしている受験生諸君！　人間として生まれてきた私たちは，自己の欲するままに，美しく，強く，そして何よりも人間らしく生きることをねがっている。しかし，一朝一夕にして，この純粋なのぞみが達せられることはない。私たちの行く手には，絶えずさまざまな試練がまちかまえている。この試練を克服していくところに，私たちのねがう真に人間的な世界がはじめて開かれてくるのである。

人生最初の最大の試練として，諸君の眼前に大学入試がある。この大学入試は，精神的にも身体的にも，大きな苦痛を感ぜしめるであろう。あるスポーツに熟達するには，たゆみなき，はげしい練習を積み重ねることが必要であるように，私たちは，計画的・持続的な努力を払うことによって，この試練を克服し，次の一歩を踏みだすことができる。厳しい試練を経たのちに，はじめて満足すべき成果を獲得できるのである。

本書は最近の入学試験の問題に，それぞれ解答を付し，さらに問題をふかく分析することによって，その大学独特の傾向や対策をさぐろうとした。本書を一般の参考書とあわせて使用し，まとはずれのない，効果的な受験勉強をされるよう期待したい。

（昭和 35 年版「赤本」はしがきより）

挑む人の、いちばんの味方

赤本創刊70周年

1954 年に大学入試の過去問題集を刊行してから 70 年。赤本は大学に入りたいと思う受験生を応援しつづけてきました。これからも，苦しいとき落ち込むときにそばで支える存在でいたいと思います。

そして，勉強をすること，自分で道を決めること，努力が実ること，これらの喜びを読者の皆さんが感じることができるよう，伴走をつづけます。

そもそも赤本とは…

受験生のための大学入試の過去問題集！

70年の歴史を誇る赤本は，500点を超える刊行点数で全都道府県の370大学以上を網羅しており，過去問の代名詞として受験生の必須アイテムとなっています。

…………… なぜ受験に過去問が必要なのか？ ……………

大学入試は大学によって問題形式や頻出分野が大きく異なるからです。

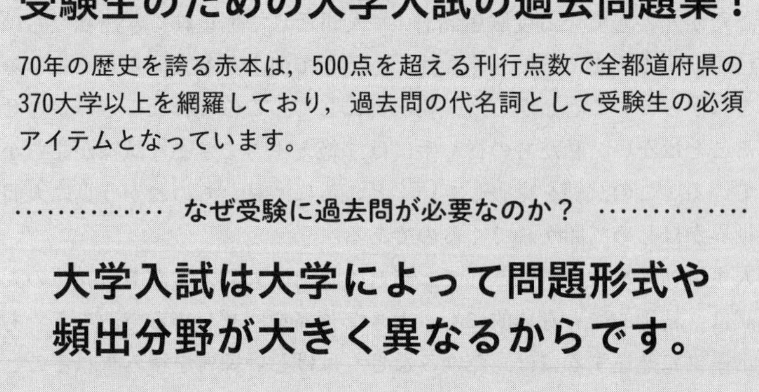

赤本の掲載内容

傾向と対策

これまでの出題内容から，問題の「**傾向**」を分析し，来年度の入試に向けて具体的な「**対策**」の方法を紹介しています。

問題編・解答編

- 年度ごとに問題とその解答を掲載しています。
- 「**問題編**」ではその年度の試験概要を確認したうえで，実際に出題された過去問に取り組むことができます。
- 「**解答編**」には高校・予備校の先生方による解答が載っています。

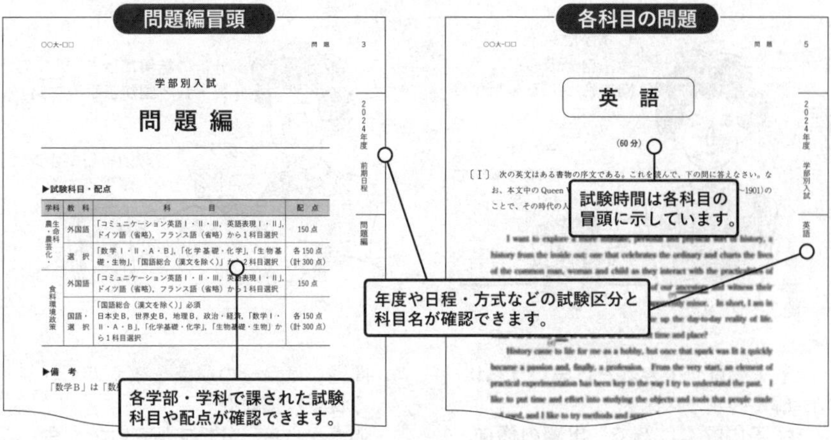

他にも，大学の基本情報や，先輩受験生の合格体験記，在学生からのメッセージなどが載っていることがあります。

掲載内容について

著作権上の理由やその他編集上の都合により問題や解答の一部を割愛している場合があります。
なお，指定校推薦入試，社会人入試，編入学試験，帰国生入試などの特別入試，英語以外の外国語科目，商業・工業科目は，原則として掲載しておりません。また試験科目は変更される場合がありますので，あらかじめご了承ください。

受験勉強は

過去問に始まり，

STEP 1　なにはともあれ

まずは解いてみる

しずかに…
今，自分の心と
向き合ってるんだから
ムーン
それは
問題を解いて
からだホン!

過去問は，**できるだけ早いうちに解く**のがオススメ！
実際に解くことで，**出題の傾向，問題のレベル，今の自分の実力**がつかめます。

STEP 2　じっくり具体的に

弱点を分析する

分析の結果だけど
英・数・国が苦手みたい
スリー
必須科目だホン
頑張るホン

間違いは自分の弱点を教えてくれる**貴重な情報源**。
弱点から自己分析することで，**今の自分に足りない力や苦手な分野**が見えてくるはず！

合格者があかす
赤本の使い方

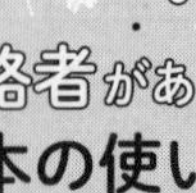

傾向と対策を熟読
(Fさん／国立大合格)

大学の出題傾向を調べるために，赤本に載っている「傾向と対策」を熟読しました。

繰り返し解く
(Tさん／国立大合格)

1周目は問題のレベル確認，2周目は苦手や頻出分野の確認に，3周目は合格点を目指して，と過去問は繰り返し解くことが大切です。

赤本の使い方 解説

過去問に終わる。

STEP 3

志望校にあわせて

苦手分野の重点対策

明日からはみんなで頑張るよ！
参考書も！ 問題集も！
よろしくね！
呼んだ？
なにを!?
どこから!?
グッ
グッ

参考書や問題集を活用して，苦手分野の**重点対策**をしていきます。**過去問を指針**に，合格へ向けた具体的な学習計画を立てましょう！

STEP 1▶2▶3

サイクルが大事!

実践を繰り返す

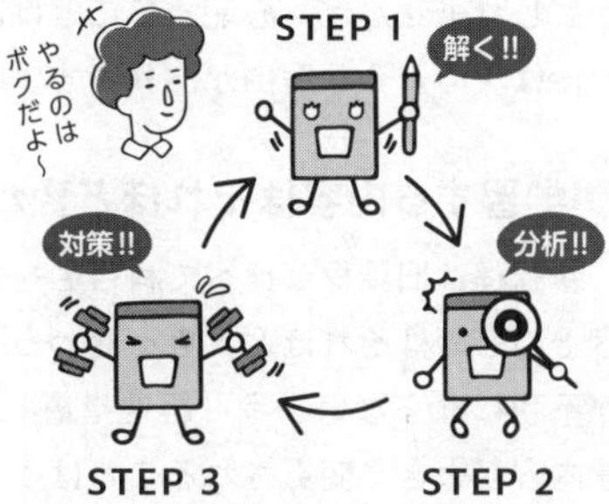

やるのはボクだよ～
STEP 1
解く!!
分析!!
対策!!
STEP 3
STEP 2

STEP 1～3を繰り返し，実力アップにつなげましょう！
出題形式に慣れることや，**時間配分を考えること**も大切です。

目標点を決める

(Yさん／私立大合格)

赤本によっては合格者最低点が載っているので，それを見て目標点を決めるのもよいです。

時間配分を確認

(Kさん／私立大学合格)

赤本は時間配分や解く順番を決めるために使いました。

添削してもらう

(Sさん／私立大学合格)

記述式の問題は先生に添削してもらうことで自分の弱点に気づけると思います。

新課程入試 Q&A

2022 年度から新しい学習指導要領（新課程）での授業が始まり，2025 年度の入試は，新課程に基づいて行われる最初の入試となります。ここでは，赤本での新課程入試の対策について，よくある疑問にお答えします。

Q1. 赤本は新課程入試の対策に使えますか？

A. もちろん使えます！

旧課程入試の過去問が新課程入試の対策に役に立つのか疑問に思う人もいるかもしれませんが，心配することはありません。旧課程入試の過去問が役立つのには次のような理由があります。

● 学習する内容はそれほど変わらない

新課程は旧課程と比べて科目名を中心とした変更はありますが，学習する内容そのものはそれほど大きく変わっていません。また，多くの大学で，既卒生が不利にならないよう「経過措置」がとられます（Q３参照）。したがって，出題内容が大きく変更されることは少ないとみられます。

● 大学ごとに出題の特徴がある

これまでに課程が変わったときも，各大学の出題の特徴は大きく変わらないことがほとんどでした。入試問題は各大学のアドミッション・ポリシーに沿って出題されており，過去問にはその特徴がよく表れています。過去問を研究してその大学に特有の傾向をつかめば，最適な対策をとることができます。

出題の特徴の例	・英作文問題の出題の有無 ・論述問題の出題（字数制限の有無や長さ） ・計算過程の記述の有無

新課程入試の対策も，赤本で過去問に取り組むところから始めましょう。

Q2. 赤本を使う上での注意点はありますか？

A. 志望大学の入試科目を確認しましょう。

過去問を解く前に，過去の出題科目（問題編冒頭の表）と 2025 年度の募集要項とを比べて，課される内容に変更がないかを確認しましょう。ポイントは以下のとおりです。科目名が変わっていても，実際は旧課程の内容とほとんど同様のものもあります。

英語・国語	科目名は変更されているが，実質的には変更なし。 ▶▶ **ただし，リスニングや古文・漢文の有無は要確認。**
地歴	科目名が変更され，「歴史総合」「地理総合」が新設。 ▶▶ **新設科目の有無に注意。ただし，「経過措置」（Q３参照）により内容は大きく変わらないことも多い。**
公民	「現代社会」が廃止され，「公共」が新設。 ▶▶ **「公共」は実質的には「現代社会」と大きく変わらない。**
数学	科目が再編され，「数学Ｃ」が新設。 ▶▶ **「数学」全体としての内容は大きく変わらないが，出題科目と単元の変更に注意。**
理科	科目名も学習内容も大きな変更なし。

数学については，科目名だけでなく，どの単元が含まれているかも確認が必要です。例えば，出題科目が次のように変わったとします。

旧課程	「数学Ⅰ・数学Ⅱ・数学Ａ・数学Ｂ（数列・ベクトル）」
新課程	「数学Ⅰ・数学Ⅱ・数学Ａ・**数学Ｂ（数列）・数学Ｃ（ベクトル）**」

この場合，新課程では「数学Ｃ」が増えていますが，単元は「ベクトル」のみのため，実質的には旧課程とほぼ同じであり，過去問をそのまま役立てることができます。

Q3. 「経過措置」とは何ですか？

A. 既卒の旧課程履修者への対応です。

多くの大学では，既卒の旧課程履修者が不利にならないように，出題において「経過措置」が実施されます。措置の有無や内容は大学によって異なるので，募集要項や大学のウェブサイトなどで確認しておきましょう。

○旧課程履修者への経過措置の例

- 旧課程履修者にも配慮した出題を行う。
- 新・旧課程の共通の範囲から出題する。
- 新課程と旧課程の共通の内容を出題し，共通範囲のみでの出題が困難な場合は，旧課程の範囲からの問題を用意し，選択解答とする。

例えば，地歴の出題科目が次のように変わったとします。

旧課程	「日本史Ｂ」「世界史Ｂ」から１科目選択
新課程	「**歴史総合**，日本史探究」「**歴史総合**，世界史探究」から１科目選択※ ※旧課程履修者に不利益が生じることのないように配慮する。

「歴史総合」は新課程で新設された科目で，旧課程履修者には見慣れないものですが，上記のような経過措置がとられた場合，新課程入試でも旧課程と同様の学習内容で受験することができます。

要チェックだホン

新課程の情報はWEBもチェック！
より詳しい解説が赤本ウェブサイトで見られます。
https://akahon.net/shinkatei/

科目名が変更される教科・科目

	旧課程	新課程
国語	国語総合 国語表現 現代文A 現代文B 古典A 古典B	現代の国語 言語文化 論理国語 文学国語 国語表現 古典探究
地歴	日本史A 日本史B 世界史A 世界史B 地理A 地理B	歴史総合 日本史探究 世界史探究 地理総合 地理探究
公民	現代社会 倫理 政治・経済	公共 倫理 政治・経済
数学	数学Ⅰ 数学Ⅱ 数学Ⅲ 数学A 数学B 数学活用	数学Ⅰ 数学Ⅱ 数学Ⅲ 数学A 数学B 数学C
外国語	コミュニケーション英語基礎 コミュニケーション英語Ⅰ コミュニケーション英語Ⅱ コミュニケーション英語Ⅲ 英語表現Ⅰ 英語表現Ⅱ 英語会話	英語コミュニケーションⅠ 英語コミュニケーションⅡ 英語コミュニケーションⅢ 論理・表現Ⅰ 論理・表現Ⅱ 論理・表現Ⅲ
情報	社会と情報 情報の科学	情報Ⅰ 情報Ⅱ

目　次

2022 年度
問題と解答

掲載内容についてのお断り

- 学校推薦型選抜　一般推薦入試Ⅱ期，一般選抜　一般入試Ⅰ期Ｂ日程・Ｃ日程，Ⅱ期・Ⅲ期は掲載していません。
- 総合型選抜　信長入試は，2023・2024 年度はⅡ期のみ掲載，2022 年度は非掲載です。
- 下記の科目等は省略しています。

  2023・2024 年度：総合型選抜　信長入試Ⅱ期「基礎能力テスト」の時事問題・一般常識

  2022 年度：学校推薦型選抜　指定校推薦入試，一般推薦入試Ⅰ期「基礎学力テスト」

UNIVERSITY GUIDE

大学情報

基本情報

学部・学科の構成

大　学

●法学部

法学科

●経営学部

経営学科

●保健医療学部

看護学科

健康スポーツ科学科

救急救命学科*

＊2025 年 4 月開設予定（仮称／設置認可申請中）。

●歯学部

歯学科

大学院

法学研究科 / 経営学研究科 / 歯学研究科

募集要項（出願書類）の入手方法

全ての入試の詳細は大学ホームページをご確認ください。

資料請求・問い合わせ先

朝日大学　入試広報課

〒501－0296　岐阜県瑞穂市穂積 1851

TEL　058－329－1088（直通）

ホームページ　https://www.asahi-u.ac.jp/

朝日大学のテレメールによる資料請求方法

スマートフォンから　QRコードからアクセスしガイダンスに従ってご請求ください。

パソコンから　教学社 赤本ウェブサイト(akahon.net)から請求できます。

TREND & STEPS

傾向と対策

科目ごとに問題の「傾向」を分析し，具体的にどのような「対策」をすればよいか紹介しています。まずは出題内容をまとめた分析表を見て，試験の概要を把握しましょう。

注　意

「傾向と対策」で示している，出題科目・出題範囲・試験時間等については，2024 年度までに実施された入試の内容に基づいています。2025 年度入試の選抜方法については，各大学が発表する学生募集要項を必ずご確認ください。

来年度の変更点

2025 年度入試では，以下の変更が予定されている（本書編集時点）。

- 2025 年 4 月，保健医療学部に「救急救命学科」が開設される予定（仮称／設置認可申請中）。

英　語

▶総合型選抜　信長入試Ⅱ期

年度	番号	項　目	内　容
2024	〔1〕	文法・語彙	空所補充
	〔2〕	会　話　文	空所補充
	〔3〕	読　　　解	空所補充
	〔4〕	読　　　解	内容説明　✓表
2023	〔1〕	文法・語彙	空所補充
	〔2〕	会　話　文	空所補充
	〔3〕	読　　　解	空所補充
	〔4〕	読　　　解	内容説明　✓グラフ

（注）「基礎能力テスト」として実施。
2023 年度より掲載。

▶学校推薦型選抜　指定校推薦入試，一般推薦入試Ⅰ期

年度	番号	項　目	内　容
2024 ●	〔1〕	文法・語彙	空所補充
	〔2〕	会　話　文	空所補充
	〔3〕	読　　　解	空所補充
	〔4〕	読　　　解	空所補充
	〔5〕	読　　　解	内容説明　✓表
	〔6〕	読　　　解	内容説明
2023 ●	〔1〕	文法・語彙	空所補充
	〔2〕	会　話　文	空所補充
	〔3〕	読　　　解	空所補充
	〔4〕	読　　　解	空所補充
	〔5〕	読　　　解	内容説明　✓グラフ
	〔6〕	読　　　解	内容説明

（注）●印は全問，◑印は一部マークシート方式採用であることを表す。
「基礎学力テスト」として実施。
2023 年度より掲載。

▶一般選抜　一般入試Ⅰ期Ａ日程

年度	番号	項　目	内　容
2024 ●	〔1〕	文法・語彙	空所補充
	〔2〕	会　話　文	空所補充
	〔3〕	読　　解	空所補充
	〔4〕	読　　解	空所補充
	〔5〕	読　　解	内容説明　⊘表
	〔6〕	読　　解	内容説明
2023 ●	〔1〕	文法・語彙	空所補充
	〔2〕	会　話　文	空所補充
	〔3〕	読　　解	空所補充
	〔4〕	読　　解	空所補充
	〔5〕	読　　解	内容説明　⊘グラフ
	〔6〕	読　　解	内容説明
2022 ●	〔1〕	文法・語彙	空所補充
	〔2〕	会　話　文	空所補充
	〔3〕	読　　解	空所補充
	〔4〕	読　　解	空所補充
	〔5〕	読　　解	内容説明　⊘表
	〔6〕	読　　解	内容説明，内容真偽

（注）　●印は全問，◑印は一部マークシート方式採用であることを表す。

傾向　文法・語彙，会話文，読解など　さまざまな出題

01　出題形式は？

信長入試：大問４題，小問10問で，全問選択式である。推薦入試から抜粋された問題となっている。試験時間は「時事問題・一般常識」とあわせて60分。

推薦入試：大問６題，小問25問で，全問マークシート方式である。試験時間は２科目60分。

一般入試：大問６題，小問25問で，全問マークシート方式である。試験時間は２科目120分。

02 出題内容はどうか？

信長入試：2023・2024年度は，推薦入試の〔1〕から2問，〔2〕から2問，〔3〕から2問，〔5〕の全問が採用されている。下記の内容を参照のこと。

推薦入試・一般入試：近年は両入試とも同じ形式・内容の出題となっている。〔1〕は文法・語彙問題で，短文の空所補充である。〔2〕は会話文の空所補充で，短い会話文が3問出題されている。〔3〕はある単語の定義を説明した文章の空所補充で，あてはまる単語を答えるものである。〔4〕は中程度の長さの読解問題。設問は空所補充で，文法的な知識や語彙力だけで解けるものもあれば，文脈を把握していないと解けないものなどさまざまである。〔5〕は表やグラフといった図表の読み取り問題を含んだ読解問題となっている。〔6〕はエッセー風の読解問題で，いずれも内容説明の問題が各4問出題されている。

03 難易度は？

大半が基本〜標準レベルの問題であり，小問数も25問と多くはない。時間配分も難しくなく，基本の語彙と文法の力があれば，確実に得点を取ることができる問題である。

対策

01 文法・語彙

基本的な語彙力を問う問題がほとんどなので，『英単語ターゲット1900』（旺文社）などの英単語集の基本編（英単語ターゲット1900ならパート1「常に試験に出る基本単語800語」）を仕上げておこう。文法・語法についても基本的なものを問う問題がほとんどなので，『全解説　頻出英文法・語法問題1000』（桐原書店）などを1冊仕上げるだけでも，十分に対応できる。

02 会話文

過去問を利用して，会話文独特の表現を習得しておくこと。また，項目として「会話文」が含まれている文法問題集を利用すると，効率的に会話文独特の表現を習得することができる。

03 読 解

ディスコースマーカー（文どうしの関係性を示す表現）がよく出されているので，代表的なものは覚えておくようにしよう。また，正解となっている選択肢は本文の表現の言い換えとなっていることが多いので，正確な単語・熟語の知識があると，かなり解きやすくなる問題が多い。総合読解問題に関しては，『大学入試 ぐんぐん読める英語長文 BASIC』（教学社）などの長文問題集を使ってさまざまな形式の問題で，精読から速読という練習を重ね，その後『英語長文レベル別問題集 4 中級編』（ナガセ）などで演習を重ねるとよい。

日本史

▶一般選抜 一般入試Ⅰ期A日程

年度	番号	内　容		形　式
2024 ●	〔1〕	弥生時代の対外関係		選　択
	〔2〕	奈良時代の政治・経済・外交・文化	✓史料	選　択
	〔3〕	鎌倉時代の政治・社会	✓年表	選　択
	〔4〕	中世の都市	✓史料・地図	選　択
	〔5〕	江戸時代の貨幣	✓史料	選　択
	〔6〕	江戸時代～明治時代初期の教育機関		選　択
	〔7〕	日清戦争後の対外関係	✓史料・地図	選　択
	〔8〕	大正時代～昭和時代初期の政治・経済・外交	✓年表	選　択
	〔9〕	戦後の政治・外交		選　択
2023 ●	〔1〕	古代の政治	✓年表	選　択
	〔2〕	中世の外交	✓地図	選　択
	〔3〕	鎌倉時代の政治・社会・文化	✓史料	選　択
	〔4〕	室町時代の政治	✓史料	選　択
	〔5〕	江戸時代の政治	✓史料	選　択
	〔6〕	江戸～明治時代の政治・社会・外交	✓史料	選　択
	〔7〕	近代の外交		選　択

（注）●印は全問，◐印は一部マークシート方式採用であることを表す。
2023 年度より実施。

傾向　原始～戦後史まで全範囲から出題される

01　出題形式は？

2023 年度の大問数は 7 題，解答個数は 40 個であったが，2024 年度は大問数が 9 題，解答個数が 45 個に増加した。解答形式は全問マークシート方式である。試験時間は 2 科目 120 分。空欄や下線部に関する選択問題がほとんどで，地図から場所を選ぶ問題も出題されている。年表・史料・地図を加味した立体感に富む出題が特徴で，2023 年度はほとんどが 5 択問題だったが，2024 年度は全問 4 択となり，全 45 問中，語句の選択問題が 26 問，正誤選択問題が 17 問，地図問題が 2 問となった。

なお，2025 年度は出題科目が「日本史探究」となる予定である（本書編集時点）。

02 出題内容はどうか？

時代別では，2023 年度は古代～近代までの範囲から出題されたが，2024 年度は原始時代から戦後史までまんべんなく出題されている。

分野別では，政治史と外交史が多く，社会経済史や文化史がそれに続いている。

史料問題も必ず出題されており，2023 年度では〔４〕の「看聞日記」はやや読解力が必要であったが，〔３〕の「御成敗式目」と〔５〕の狂歌は平易な内容であった。2024 年度の〔２〕〔７〕も教科書レベルの基礎的史料で，設問そのものも平易な内容であった。

03 難易度は？

全体的に基本レベルの設問が多いので，教科書学習を丁寧に積み重ねていれば，かなりの高得点が期待できるが，それだけにケアレスミスは致命的となりやすい。語句選択の問題はきわめて基礎的で平易だが，内容説明に関する正文・誤文選択問題は，消去法を用いるなどして確実に得点に結びつけることが大切である。

対策

01 教科書の精読を

すべての問題が教科書の内容から出題されているので，教科書を精読して要点を整理していれば，知識量的には十分である。ただ，高得点を取るためには教科書本文だけの学習では不十分なので，地図・写真などの図版や欄外の注釈などまでくまなく学習することが大切である。

02 史料問題

史料問題に対しては，史料文に空所を設けた問題もあるので，教科書に掲載されているすべての史料に目を通し，読み込んでおいたほうがよい。そのうえで市販の史料問題集を用意して問題演習を積めば確実に実戦力はアップする。

03 図版問題

年表のほかに，地図・視覚資料などを用いた出題にも備えておきたい。教科書に掲載されているすべての図版に目を通し，その説明文までチェックしよう。また，遺跡・貿易港・合戦地など地名が出てきたら，必ず地図でその位置を確認しておくこと。

世界史

▶一般選抜 一般入試Ⅰ期A日程

年度	番号	内容	形式
2024 ●	〔1〕	キリスト教の歴史　⊘視覚資料・史料	選択・正誤・配列
	〔2〕	西アジアの歴史　⊘地図・視覚資料	選択・正誤
	〔3〕	近現代中国の歴史　⊘年表・史料・地図	配列・選択・正誤
	〔4〕	アメリカ合衆国の歴史　⊘視覚資料・史料・地図	選択
2023 ●	〔1〕	古代地中海世界　⊘地図・史料・視覚資料	選択・正誤・配列
	〔2〕	中国歴代王朝と周辺との関係　⊘地図・グラフ・図	選択
	〔3〕	ビスマルクとヒトラー　⊘史料・統計表	選択・配列・正誤
	〔4〕	インドの歴史　⊘視覚資料・地図	選択

（注）●印は全問，◑印は一部マークシート方式採用であることを表す。
2023年度より実施。

傾向　地図・史料・視覚資料など多彩な出題　正文・誤文選択問題に注意

01　出題形式は？

全問マークシート方式で，大問4題，解答個数は50個である。試験時間は2科目120分。リード文中の下線部に関連して問う形式で，語句の選択問題，正文・誤文選択問題，2つの文章の正誤を判断する正誤法，年代順を問う配列法などからなる。また，地図，史料，視覚資料，グラフ，図，統計表などを利用した問題が各大問につき3問程度出題されている。

なお，2025年度は出題科目が「世界史探究」となる予定である（本書編集時点）。

02 出題内容はどうか？

地域別では，アジア地域，欧米地域がともに2題でバランスよく出題されている。

時代別では，古代から現代までまんべんなく出題されている。現代史は数は少ないものの20世紀後半まで出題されており，第二次世界大戦以後も注意が必要となっている。

分野別では，政治史や外交史が中心であるが，社会経済史や文化史からの出題もみられる。

03 難易度は？

教科書レベルの標準的な出題である。正文・誤文選択問題も誤りの部分がはっきりとわかるように作問されているため判断しやすい。グラフや統計表の出題もあるが，基礎的知識で十分対応できる内容となっている。

対策

01 教科書中心の学習を

語句の選択問題を確実に得点できるように教科書を精読し，歴史の流れや事件・人物などの徹底理解に努めよう。正文・誤文選択問題も多く出題されているため，『世界史用語集』（山川出版社）などを用いながら，人名や制度の名称，条約の内容なども丹念に確認していくとよいだろう。

02 地図，史料，視覚資料，グラフ，図，統計表などに注意

地図問題については，都市や地域，条約締結地などを歴史地図で必ず確認したい。また，史料，視覚資料，グラフ，図，統計表を用いた出題もあるため，教科書や図説・資料集などで，それらにも丁寧に目を配る必要がある。

03 文化史対策を怠らない

文化史の内容を問う出題がみられる。学校などの日々の学習では手薄になりがちな分野なので，『山川一問一答 世界史』（山川出版社）などの一問一答系の問題集の文化史を重点的に学習するなどして知識を確かなものにしていきたい。特に，絵画や建築などは視覚資料が出題されるので，写真と名称を一致させられる様に学習したい。

04 確実な年代知識を

配列問題が出題されているので，教科書を読む際には，事象の因果関係にも注意しながら読んでいこう。年代知識が必要な問題もあるので，重要な年号については覚えておくようにしたい。

05 現代史対策を

現代史は，特に現役受験生にとっては授業ではなかなか到達できないため，自分から教科書を読んでまとめるなどの対策を講じておきたい。第二次世界大戦以後の現代史は教科書通りに勉強すると非常にまとめにくい分野であるが，地域史・テーマ史としてまとめ直すとわかりやすくなる。「アメリカ」「ソ連」「中国」などの国家，「東西冷戦」などのテーマ史を自分でまとめてサブノートなどで整理したい。

06 過去問の研究を

正誤問題を中心に，地図，史料，視覚資料を用いる問題が出題されている。出題傾向は共通テストに似ているため，問題のパターンに慣れるために共通テストの世界史を解いてみるのもよいだろう。

数学

▶一般選抜 一般入試Ⅰ期A日程

年度	番号	項目	内容
2024 ●	〔1〕	小問3問	(1)約数の個数　(2)2次関数の最大値・最小値　(3)三角形の面積の最大値
	〔2〕	図形と方程式	3直線で囲まれた領域，領域と最大・最小
	〔3〕	三角関数，微分法	三角関数で表された関数の値域
	〔4〕	確率	正方形の頂点をランダムに動く点が指定された場所にいる確率
2023 ●	〔1〕	小問3問	(1)素因数分解　(2)曲線と直線の直交条件　(3)指数不等式
	〔2〕	三角比，三角関数	三角形における正弦の値・辺の長さ・面積
	〔3〕	微分法	線分の長さの最大値，三角形の面積の最大値
	〔4〕	確率	さいころを投げるときの各ルールにおける勝者の決まる確率
2022 ●	〔1〕	小問3問	(1)式の値　(2)正弦定理と余弦定理　(3)位取り記数法（n進法）
	〔2〕	図形と方程式	円と直線の共有点の座標，三角形の1つの角の余弦の値
	〔3〕	微分法	正四面体の切断，切断面を底面とする四角錐の体積の最大値
	〔4〕	場合の数	男女が横一列に並んだときの並び方

（注）　●印は全問，◑印は一部マークシート方式採用であることを表す。

出題範囲の変更

2025年度入試より，数学は新教育課程での実施となります。詳細については，大学から発表される募集要項等で必ずご確認ください（以下は本書編集時点の情報）。

2024年度（旧教育課程）	2025年度（新教育課程）
数学Ⅰ・Ⅱ・A	数学Ⅰ・Ⅱ・A

傾向 基本～標準的な問題 計算ミスに注意

01 出題形式は？

出題数は大問 4 題。全問マークシート方式が採用されており，試験時間は 2 科目 120 分である。全体的な問題量は例年一定している。

02 出題内容はどうか？

出題は「数学Ⅱ」分野が多くを占めており，微分法，図形と方程式がよく出題されている。「数学Ⅰ・A」分野からは，場合の数と確率，三角比がよく出題されている。

微分法からは接線の方程式や極値に関する問題が出題されている。典型的な問題が多く，全般的に方針が立てやすい問題である。

03 難易度は？

各分野の基本的な知識・理解を問う教科書の章末問題レベルである。結果のみをマークする形式であるので，計算ミスに注意したい。大問 1 題あたり 15 分以内に解くことになるので，〔1〕の小問集合を手際よく処理するなど時間配分にも注意が必要である。

対策

01 教科書の徹底理解

まず，教科書の例題や章末問題を利用して基本事項を確実に身につけること。また，定理や公式は単に覚えるだけでなく，導き方も確かめて，応用できるようにしておきたい。そうすれば，入試問題のように幅広い知識が要求される問題に対しても十分に対処できる。

02 正確で素早い計算力の養成

特に微・積分法では計算量の多い問題が出題されており（2022 年度〔3〕など），試験時間内で高得点を取るためには正確で素早い計算力が必要となる。『カルキュール数学Ⅰ・A 基礎力・計算力アップ問題集〈改訂版〉』（駿台文庫），『カルキュール数学Ⅱ・B 基礎力・計算力アップ問題集〈改訂版〉』（駿台文庫）などの計算問題集に取り組むとよいだろう。また，問題集や参考書の解答例を見て類題を解くなどして，典型的な考え方や解法は自分のものにしておきたい。

03 幅広い学習を

場合の数・確率，「数学Ⅱ」分野，特に微分法が頻出であるが，他の分野も決しておろそかにはできない。各項目をまんべんなく学習し，不得意な分野をなくすようにしておくこと。各分野の学習に際しては，『数学Ⅰ・A 基礎問題精講 六訂版』（旺文社），『数学Ⅱ・B＋ベクトル 基礎問題精講 六訂版』（旺文社）が適切な難易度と思われる。

物　理

▶学校推薦型選抜　指定校推薦入試，一般推薦入試Ⅰ期

年度	番号	項　目	内　容
2024 ●	〔1〕	総　　合	等加速度直線運動，自由落下と鉛直投げ下ろし，力のつりあい，運動方程式，エネルギーと仕事，熱量，波の伝わる速さ，気柱の共鳴，電気抵抗，電磁波の分類
2023 ●	〔1〕	総　　合	等加速度直線運動，v-t グラフ，運動方程式，浮力，力学的エネルギー保存則，熱効率，縦波の横波表示，弦の振動，電力と発熱量，半減期

（注）●印は全問，◑印は一部マークシート方式採用であることを表す。
「基礎学力テスト」として実施。
2023 年度より掲載。

▶一般選抜　一般入試Ⅰ期Ａ日程

年度	番号	項　目	内　容
2024 ●	〔1〕	総　　合	等加速度直線運動，理想気体の質量計算，クーロン力，光子数の計算
	〔2〕	力　　学	固定されていない台の斜面をすべる物体の運動
	〔3〕	電　磁　気	コンデンサー内の電場，極板間引力
2023 ●	〔1〕	総　　合	運動量と力積，密閉気体の混合，点電荷による電場，原子核崩壊
	〔2〕	力　　学	鉛直面内の円運動
	〔3〕	電　磁　気	電流がつくる磁場と，電流が磁場から受ける力
2022 ●	〔1〕	総　　合	弾性力，気柱の共鳴，自己誘導，ボーアの振動数条件
	〔2〕	力　　学	力学的エネルギー保存則，運動量保存則
	〔3〕	波　　動	光波の干渉（ニュートンリング）

（注）●印は全問，◑印は一部マークシート方式採用であることを表す。

傾向　基本～標準レベルの内容の理解を問う

01　出題形式は？

推薦入試：10 問からなる小問集合形式の出題で，全問マークシート方式。数値を答える計算問題が中心である。試験時間は 2 科目 60 分。

一般入試：大問 3 題の出題で，全問マークシート方式。文字式や数値を答える計算問題が中心である。試験時間は 2 科目 120 分。

02　出題内容はどうか？

推薦入試：出題範囲は「物理基礎」である。

力学の問題が多いが，原子分野を含む全分野から出題されている。

一般入試：出題範囲は「物理基礎・物理」である。

〔1〕は小問集合，〔2〕は力学からの出題が続いている。〔3〕は，2024・2023 年度は電磁気，2022 年度は波動からの出題であった。小問集合を合わせると，原子分野を含む全分野から出題されている。

03　難易度は？

いずれも基本的・標準的内容で構成されており，難問・奇問は出題されていない。問題量も時間内で解き終えるのに無理のない量である。しかし，一般入試の計算問題では，誘導や文字指定に従って使う公式を選ぶ必要がある。解答のみが求められており，計算ミスの有無で結果に大きな差が生じるので，注意が必要である。

対策

01 基本事項の徹底理解

基本～標準レベルの内容の理解を問う問題が中心であるから，教科書および傍用問題集の例題や練習問題の復習を徹底しよう。一つの単元を発展的な内容まで掘り下げるよりも，なるべく多くの単元の基本～標準レベルの問題演習を繰り返すことが合格への近道となる。また，計算だけでなく物理用語や原理・現象についても知っておく必要がある。授業で扱われていなくても，教科書の最後の単元まで目を通しておきたい。

02 問題演習で実戦力を伸ばす

問題集や参考書の解説を理解したと思っても，それだけでは実戦力はなかなかつかない。実際に問題を解きながら，「どうしてこの式を立てるのか」を考える過程で力がついてくるのである。また，間違えた問題は現在の自分に何が足りないか，どこを伸ばせば合格に近づけるのかを教えてくれる。解けなかった問題に印をつけ，解けるようになるまで何度でも復習を繰り返そう。問題演習の際には必ず図を描き，問題で与えられた速度・エネルギーなどの情報を書き込むようにするとよい。解法のポイントがつかめ，ミスが減るなど，必ず学習効果が高まるであろう。

化　学

▶学校推薦型選抜　指定校推薦入試，一般推薦入試Ⅰ期

年度	番号	項　目	内　容
2024 ●	〔1〕	総　合	化学変化，同位体，電子式，配位結合，極性分子，陰イオン，酸化，中和滴定器具，化学反応式の量的関係，蒸留 ✓計算
2023 ●	〔1〕	総　合	混合物と純物質，原子の構造，酸化と還元，電子配置，周期律，電子式，化学結合，酸化力の強弱，物質量，中和滴定 ✓計算

（注）●印は全問，◑印は一部マークシート方式採用であることを表す。
「基礎学力テスト」として実施。
2023 年度より掲載。

▶一般選抜　一般入試Ⅰ期Ａ日程

年度	番号	項　目	内　容
2024 ●	〔1〕	総　合	共有結合，物質量，単結合，金属イオンの沈殿，コロイド，有機化合物，気体の性質，アルコールの構造，タンパク質の構造，二重結合，有機化合物の分類，電池，気体の密度，中和滴定，蒸気圧曲線 ✓計算
	〔2〕	無　機	金属の性質，金属の結晶構造
	〔3〕	有　機	炭化水素の分類
	〔4〕	高分子	イオン交換樹脂と有機化合物の分離，検出 ✓計算
2023 ●	〔1〕	総　合	電子配置，貴ガスの性質，結晶の性質，電気陰性度，溶液の冷却曲線，平衡移動，イオン化傾向，水の蒸発熱，気体の捕集，分子結晶の性質，構造異性体，不斉炭素原子，エタノールの酸化，気体の性質，窒素原子を含む官能基 ✓計算
	〔2〕	無　機	2 族元素の性質
	〔3〕	高分子	単糖と二糖の性質
	〔4〕	有　機	芳香族化合物の推定とそれらの性質 ✓計算
2022 ●	〔1〕	総　合	結晶の性質，電子配置，コロイド，物質量，電池，有機化合物の構造，身の回りの化合物，熱化学，金属の性質，酸素を含む有機化合物，分子・イオンの構造，水上置換，塩の水溶液の液性，幾何異性体 ✓計算
	〔2〕	無　機	ハロゲン
	〔3〕	有　機	元素分析
	〔4〕	高分子	糖の構造，繊維，生分解性高分子 ✓計算

（注）●印は全問，◑印は一部マークシート方式採用であることを表す。

傾向　基本〜標準レベルの問題が中心 計算問題が頻出

01 出題形式は？

推薦入試：小問 10 問による出題である。全問マークシート方式で，計算問題も出題されている。試験時間は 2 科目 60 分。

一般入試：大問 4 題の出題である。〔1〕は小問 15 問。全問マークシート方式で，計算問題も出題されている。試験時間は 2 科目 120 分。

02 出題内容はどうか？

推薦入試：出題範囲は「化学基礎」である。

小問集合。物質の分類，原子やイオンの構造，電子配置，周期律，化学結合，酸化と還元，中和滴定，物質量の計算などが出題されている。

一般入試：出題範囲は「化学基礎・化学」である。

〔1〕は小問集合。理論分野では原子・分子の構造，化学結合と結晶の性質，周期表，イオン化傾向，化学反応の量的関係，酸化還元反応，熱化学，無機分野では金属やハロゲン元素の性質，アンモニアに関する出題が多い。有機分野では有機化合物の構造，ベンゼンの誘導体，芳香族化合物の性質，エステルの加水分解に関する問題や，酸化反応・付加反応などの化学反応，異性体，糖類などがよく出題されている。

03 難易度は？

いずれも基本〜標準レベルの問題が中心となっている。試験時間に対して問題数は少なくないので，一つの問題に時間をかけすぎないように注意が必要である。

対策

01 理論分野

理論分野では基本的な問題が多いので，教科書レベルの問題を数多く演習しておこう。また，計算問題の練習も重要である。物質量・中和・酸化数・電気分解・濃度・平衡定数・溶解度積などの基本～標準レベルの問題を正確に解答できるようにし，計算方法や理論面の知識も身につけておこう。

02 無機分野

教科書掲載の実験と関連させて，学習を深めておきたい。物質名・性質・化学反応式，陽イオンの系統分離について正確な知識を習得しておこう。

03 有機分野

有機分野の代表的なテーマであるアルカン・アルコール・芳香族・油脂・セッケンなどの反応，異性体などを，それぞれ一つのまとまりとして整理し，理解しておこう。断片的な知識ではなく，原料と生成物，実験方法と注意点など，テーマ別に知識を深めておきたい。芳香族化合物の分離問題や，ベンゼンからニトロベンゼン・アニリン・*p*-ヒドロキシアゾベンゼンをつくる実験問題が，大問で出題されたこともある。この分野の知識も確実にしておこう。天然および合成高分子化合物の問題も押さえておきたい。

04 実験

実験に関する出題もみられるので，実験の原理・方法・器具・注意点などについてよく学んでおき，教科書や参考書に載っている実験には目を通しておこう。

生　物

▶学校推薦型選抜　指定校推薦入試，一般推薦入試Ⅰ期

年度	番号	項　目	内　容
2024 ●	〔1〕	総　合	代謝，細胞周期，遺伝情報，分泌腺，ヒトの循環系，腎臓，免疫，植生の遷移，生態系とその保全　⊘計算
2023 ●	〔1〕	総　合	光学顕微鏡，ATP，DNAの抽出，光合成，グリコーゲン，原尿量，ヒトの心臓，交感神経，インスリン，バイオーム　⊘計算

(注)　●印は全問，◐印は一部マークシート方式採用であることを表す。
「基礎学力テスト」として実施。
2023年度より掲載。

▶一般選抜　一般入試Ⅰ期A日程

年度	番号	項　目	内　容
2024 ●	〔1〕	総　合	細胞小器官，酵素，異化，光合成，遺伝子の発現，遺伝，生殖，ヒトの心臓，ホルモン，免疫，神経細胞，平衡覚，種子の発芽，バイオーム，遺伝的多様性，棘皮動物，コケ植物，人類の進化　⊘計算
	〔2〕	細　胞	タンパク質の構造と性質
	〔3〕	遺伝情報	バイオテクノロジー
	〔4〕	生殖・発生	両生類の発生
2023 ●	〔1〕	総　合	細胞接着，酵素，光合成，DNA，連鎖と組換え，卵形成，外胚葉の分化，原尿，自然免疫，自己免疫疾患，眼のしくみ，無胚乳種子，傾性，植物ホルモン，バイオーム，酸性雨，標識再捕法，進化，五界説，古細菌　⊘計算
	〔2〕	遺伝情報	遺伝情報の転写調節
	〔3〕	進化・系統	古生代の生物の進化
	〔4〕	動物の反応，体内環境	体内におけるナトリウムの役割
2022 ●	〔1〕	総　合	原核生物，細胞小器官，細胞間結合，ATP，光合成細菌，翻訳，染色体，体液，交感神経，免疫，無性生殖，細胞周期，有胚乳種子，視覚器，バイオーム，生態系，収束進化，シダ植物，植物の組織
	〔2〕	代　謝	酵素
	〔3〕	進化・系統	原生生物
	〔4〕	生　態	生態系の炭素循環

(注)　●印は全問，◐印は一部マークシート方式採用であることを表す。

傾向　基本～標準的な問題

01　出題形式は？

推薦入試：小問 10 問による出題である。全問マークシート方式で，用語を選択する問題を中心に，文章を選択する問題や計算問題も出題されている。試験時間は 2 科目 60 分。

一般入試：大問数は 4 題で，〔1〕の小問数は 20 問である。全問マークシート方式で，大部分が用語を選択する問題だが，一部に文章を選択する問題や計算問題がある。また，多数の用語または文章の中から，2 つまたは 3 つの組み合わせを選ぶ問題が多いことが特徴である。試験時間は 2 科目 120 分。

02　出題内容はどうか？

推薦入試：出題範囲は「生物基礎」である。

出題範囲全体から出題されている。

一般入試：出題範囲は「生物基礎・生物」である。

〔1〕は出題範囲全体からの小問集合である。〔2〕～〔4〕は，近年は進化・系統からの出題がみられる。また，動物の反応，体内環境，遺伝情報からの出題がやや多い。

03　難易度は？

いずれも基本～標準的である。文章を選択する問題も含めてレベルは教科書程度であるが，盲点をつくような出題も中には含まれているので，教科書の太字事項だけでなく，全体を丁寧に学習する必要がある。小問数は多くはないが，テンポよく解いていかないと，時間が足りなくなるかもしれない。できる問題から先に解いていき，見直しの時間を確保しよう。

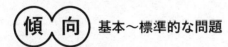

対策

01 基礎的な用語や内容を確認する

幅広い範囲から基礎的な問題が出題されているので，まずは基礎的な内容の問題集に取り組むことから始めるとよい。わからなかった問題やあやふやに解答した問題には印をつけ，自分の苦手な範囲や覚えきれていなかった部分を確認するとともに，教科書などを読み直して，知識の確認を行おう。知識の確認が一通り終わったら，再び問題集に戻り，すべての問題に解答できるようになっていることを確かめるとよいだろう。

02 丁寧に解答しよう

問題文をしっかりと読み，正確に解答すること。条件の見落としや勘違いでケアレスミスをしないよう，丁寧な解答を心がけよう。このことは，普段の問題演習の際にも意識するようにしたい。

03 図説参考書の活用

教科書を読んでも解決しない疑問が出てきた場合には，『視覚でとらえるフォトサイエンス生物図録』（数研出版）のような図説参考書を読むのもよいだろう。分野によっては，教科書に小さく書かれている内容でも図説参考書には詳しく書かれていることがあり，理解が深まるはずだ。ただし，あくまでも参考書なので，すべてを読み込む必要はない。生物の内容の「辞書」として用い，知識を補強していくとよいだろう。

国　語

▶学校推薦型選抜 指定校推薦入試，一般推薦入試Ⅰ期

年度	番号	種　類	類別	内　容	出　典
2024 ●	〔1〕	現代文	評論	書き取り，空所補充，読み，熟語，語意，内容説明	「庶民文化を作った印刷メディア」　田中優子
2023 ●	〔1〕	現代文	評論	内容説明，書き取り，語意，空所補充	「辞書の仕事」　増井元

（注）　●印は全問，◑印は一部マークシート方式採用であることを表す。
「基礎学力テスト」として実施。
2023 年度より掲載。

▶一般選抜 一般入試Ⅰ期A日程

年度	番号	種　類	類別	内　容	出　典
2024 ●	〔1〕	現代文	評論	空所補充，書き取り，語意，読み，指示内容，内容説明，内容真偽	「まちづくりと地域振興」　阿蘇裕矢
	〔2〕	現代文	評論	書き取り，語意，空所補充，読み，内容説明，内容真偽	「特許の文明史」　守誠
2023 ●	〔1〕	現代文	評論	書き取り，語意，読み，空所補充，内容説明	「『私』をつくる」　安藤宏
	〔2〕	現代文	評論	語意，書き取り，読み，熟語，空所補充，内容説明	「文化ツーリズムの基礎としての建築学」　毛谷村英治
2022 ●	〔1〕	現代文	評論	書き取り，語意，空所補充，内容説明	「政治的思考」　杉田敦
	〔2〕	現代文	評論	書き取り，語意，空所補充，熟語，読み，内容説明，指示内容	「流言とデマの社会学」　廣井脩

（注）　●印は全問，◑印は一部マークシート方式採用であることを表す。

傾向　評論を素材とする標準レベルの出題 漢字と語意を得点源に

01　出題形式は？

推薦入試：全問マークシート方式の選択問題である。現代文１題で，設問は2024年度は12問，2023年度は９問であった。試験時間は２科目60分である。

一般入試：現代文２題の出題で，試験時間は２科目120分である。全問マークシート方式の選択問題である。設問数は，大問１題あたり10問強でやや多い。

02　出題内容はどうか？

推薦入試では，評論文が１題出題された。一般入試では，例年評論が２題出題されている。いずれも，問題本文は3000～5000字で，論旨が明快で読みやすい文章が選ばれている。漢字の書き取り，語意は必出で，基礎知識が問われる出題が目立つ。あとは空所補充や内容読解に関わる問題で構成されている。個々の選択肢はやや長めの文もあるが，紛らわしい選択肢が少なく，解答の根拠も本文に明示されていることが多いため，文脈をしっかりと押さえて読んでいけば，正解にたどり着けるはずである。

03　難易度は？

いずれも標準レベルの出題である。試験時間に対し，設問数がやや多いため，時間配分には注意したい。推薦入試は，英語との時間配分を考えて，要領よく解いていく練習をするとよいだろう。一般入試は，１題を25分程度で解き，残った時間を見直しにあてたい。いずれにおいても，知識を問う問題はスピーディーに解き進め，内容読解の設問に時間をかけて取り組むようにするとよいだろう。

対策

01 現代文

ある程度の分量がある文章を，文脈をとらえながらしっかりと読み取る練習が必要である。段落ごとの内容を押さえ，筆者の主張を的確につかむようにしよう。実戦的な対策としては，評論中心の問題集を何冊かこなしておくとよい。その際，解答の根拠を本文に求める訓練をしておこう。選択式の問題中心の問題集で構わないが，国語力をしっかり身につけるという意味から，簡単な記述式の問題にもあたっておきたい。

02 国語常識

漢字の書き取りと読み，語意問題が出題されており，問題数も多い。たとえば『生きる 漢字・語彙力』（駿台文庫）のような漢字，語意，慣用句，ことわざなどを総合的に学習できる問題集を１冊マスターしておくとよいだろう。

03 過去問演習

全問選択式とはいえ，設問数が多いので，時間配分の対策をしておく必要がある。過去問を利用し，じっくり読み込んで時間をかけて吟味する解き方と，試験時間以内に素早く解き進める解き方の両方を練習しておきたい。

2024年度

問題と解答

総合型選抜　信長入試Ⅱ期

問　題　編

▶試験科目・配点

学部	試　験　科　目	配　点
法・経営・保健医療	プレゼンテーション（口頭）	100 点
	面接（個人面接）	段階評価
歯	基礎能力テスト（英語，時事問題・一般常識〈省略〉）	100 点
	プレゼンテーション（口頭）	100 点
	面接（個人面接）	段階評価

▶備　考

- 上記および書類審査（段階評価）の総合判定により選抜。
- 基礎能力テストの英語は「コミュニケーション英語Ⅰ」。
- プレゼンテーションのテーマは「あなたが朝日大学で実現したい目標は何ですか。そのためにどのような努力をしますか」。

基礎能力テスト

◀英　　語▶

（時事問題・一般常識とあわせて 60 分）

I　Read the sentences and complete each one with the most appropriate vocabulary item.
次の文（問 1～2）の空所に入れるのに最も適当なものを，それぞれ下の①～④のうちから一つずつ選んで解答欄にその番号を書け。（解答番号 1～2）

問 1　The other day, my sister and I went to the beach that we used to go to every year. However, we were shocked at how it had changed. The sea had been [1] by the water from factories nearby. The water was very dirty.

① washed　② created　③ polluted　④ widened

解答 1 ＿＿＿＿＿＿

問 2　All students at this university need a computer, but there are some people who cannot afford to buy one. [2], some computers were donated last year anonymously so that these students can borrow and use them while studying here.

① Naturally　② Fortunately　③ Wisely　④ Carefully

解答 2 ＿＿＿＿＿＿

Ⅱ Read the dialogs and complete each one with the most appropriate choice.

次の対話文（問 3～4）の空所に入れるのに最も適当なものを，それぞれ下の①～④のうちから一つずつ選んで解答欄にその番号を書け。（解答番号 3～4）

問 3 (At home)

A: Honey, can you turn down the volume? I need to call my boss.

B: Oh, OK. Why are you calling him?

A: I have a headache and I'm not feeling well. I'll [3].

B: Really? Then, I'll take you to the clinic later.

① arrange a meeting ② be there for him

③ call in sick. ④ be promoted

解答 3 ＿＿＿＿＿＿

問 4 (In the classroom)

A: Mr. Lee, I'm so sorry that I was late for class today.

B: That's OK. I was a bit surprised. It's very [4]. What happened?

A: While walking to school with my younger brother, Mike, he suddenly had a stomachache. So, we went back home to get some medicine.

B: Oh, I see. You're such a kind big sister for him. I hope Mike will get better soon.

① common these days ② unique in a sense

③ familiar to you ④ unlike you

解答 4 ＿＿＿＿＿＿

Ⅲ Read the passages and select the most appropriate choice for each blank.

次の文章（問 5〜6）を読み，空所に入れるのに最も適当なものを，それぞれ下の①〜④のうちから一つずつ選んで解答欄にその番号を書け。（解答番号 5〜6）

問 5 A family tree is a chart that illustrates the connections between someone's ancestors, offspring, and relatives over generations. A grandson is a male child of your son or daughter. A spouse of your brother is called a sister-in-law, and a female kid of your brother is a [5]. These might be a bit complicated, but a family tree helps you understand the relationships.

① aunt ② cousin ③ nephew ④ niece

解答 5 ______

問 6 Tokyo is by far the largest city in Japan, and it attracts tourists from all around the world, in addition to playing an important role as the capital city. Although it is a very crowded city with lots of people and many [6] that are taller than 100 meters, people visiting Tokyo for the first time are generally surprised at how clean and safe it is.

① poles ② infrastructures ③ skyscrapers ④ pastures

解答 6 ______

IV Read the information and the passage, and answer the questions.

次の表と文章を読み，問い（問 7〜10）の空所に入れるのに最も適当なものを，①〜④のうちから一つずつ選んで解答欄にその番号を書け。（解答番号 7〜10）

Results of the Questionnaire on Sports

Sport	All students	Male students	Female students
Basketball	35%	35%	35%
Soccer	30%	35%	25%
Tennis	20%	15%	25%
Baseball	10%	10%	10%
Track and Field	5%	5%	5%

Sam is a high school student who is passionate about sports. He was interested in understanding the popularity of different sports among his peers, so he decided to conduct a survey to gather data on the most popular sports in his high school. He created a questionnaire asking students to choose their favorite sports from a list of options that included basketball, soccer, tennis, baseball, and track and field, and to write why they chose it. Sam distributed the survey to his classmates and collected the data.

After analyzing the data, Sam found that basketball was the most popular sport among his peers. Soccer was a close second, and tennis came in third, followed by baseball and track and field. Sam was fascinated by these results and decided to look deeper into the data. He studied how popularity varied by gender and found that basketball was equally popular among male and female students, while soccer was more popular among males and tennis was more popular among females.

Sam's survey not only helped him identify the most popular sports among his peers, but it also provided him with valuable insights into why certain sports were more popular than others. For example, many students cited basketball's fast-paced and exciting gameplay as a reason for its popularity, while others mentioned the sense of teamwork and friendship that came with playing the sport. Basketball is the most broadcast sport in the US, which is another reason why the sport is popular among students. Regarding soccer, the sport was praised for its global appeal and the opportunity it provided for students to showcase their individual skills.

Sam presented his findings to his school's athletic department and suggested that they consider offering more opportunities for students to participate in basketball and soccer. The athletic department was impressed by Sam's research and thanked him for his contribution to the school's sports program.

問7　The table shows that [7].

① track and field is the second least favorite sport among male students
② more than half of all students like either basketball or soccer
③ more male students like baseball than female students
④ the percentage of male and female students who like soccer is the same

解答 7

問8　To understand the popularity of different sports, Sam [8].

① conducted a survey
② watched sports games
③ interviewed coaches
④ researched online forums

解答 8

問9　The only reason not mentioned for why basketball is popular is that [9].

① it is often broadcast on TV or radio
② it helps students build a rapport in the team
③ it allows players to do an excellent workout
④ it is fast-paced and exciting

解答 9

問10　Sam recommended to the athletic department that they should [10].

① focus only on basketball and soccer to make stronger teams
② introduce new sports and activities in order to increase the variety
③ promote less popular sports so that they will become popular
④ offer students more chances to play the two most popular sports

解答 10

解答編

基礎能力テスト

◀英　　語▶

I　**解答**　**問1．**③　**問2．**②

解説

問1．空所を含む文の直後に「水はとても汚かった」とあるので，空所を含む文は「海が近くの工場からの水で汚染されていた」となる③ polluted が正解。

問2．第1文に「この大学の学生は全員コンピュータが必要だが，金銭的に余裕がなくて買えない人がいる」とあり，空所の直後に「匿名で数台のコンピュータが寄贈された」とある。よって，空所には② Fortunately「幸運にも」が適切。

II　**解答**　**問3．**③　**問4．**④

解説

問3．（家で）　Aが「頭痛があって，気分がよくない」と言った直後なので，③ call in sick「病気で休むと連絡をする」が適切。

問4．（教室で）　授業に遅刻したことを詫びるAに対して，Bが「驚いたよ」と述べ，さらに「どうしたの？」と事情を聞いていることから，Aが遅刻するのは珍しいとわかる。よって「君らしくないね」を表す④が正解。

Ⅲ　解答　問5．④　問6．③

解説

問5． 空所の直前に「あなたの兄（弟）の娘」とあるので，④ niece「姪」が適切。

問6． 空所の直後で関係詞節を用いて「100メートルよりも高い」とあることから，③ skyscrapers「超高層ビル」がふさわしい。

Ⅳ　解答　問7．②　問8．①　問9．③　問10．④

解説

《高校生に人気のスポーツに関する調査》

問7． 表から読み取れることを答える。バスケットボールとサッカーのいずれかを好きと言っている生徒が合わせて65％に上るので，②が正解。

問8． 第1段第2文（He was interested …）の後半に「彼は自分の高校で，最も人気のあるスポーツについてのデータを集めるために，調査を実施することにした」とあるので，①が適切。

問9． バスケットボールが人気である理由について述べられていないものを答える問題。第3段第3文（Basketball is the …）で①が，同段第2文（For example, many …）で②・④が述べられているため，③が正解。

問10． 最終段第1文（Sam presented his …）の後半に「サムは，バスケットボールとサッカーに生徒が参加する機会をもっと増やすことを考えてくれるよう提案した」とあるので，④が正解。

学校推薦型選抜　指定校推薦入試，一般推薦入試Ⅰ期

問題編

▶試験科目・配点

区分・学部(学科)		試験科目		配点
指定校推薦入試	法・経営・保健医療	小論文（800字以内）		100点
		面接（個人面接）		段階評価
	歯	小論文（800字以内）		100点
		基礎学力テスト（英語・理科）		100点
		面接（個人面接）		段階評価
一般推薦入試Ⅰ期	法・経営・保健医療（健康スポーツ科）	小論文型	小論文（800字以内）	100点
		基礎学力型	基礎学力テスト（英語・国語）	100点
	保健医療（看護）	小論文型	小論文（800字以内）	100点
			面接（個人面接）	段階評価
		基礎学力型	基礎学力テスト（英語・国語）	100点
			面接（個人面接）	段階評価
	歯	小論文（800字以内）		100点
		基礎学力テスト（英語・理科）		100点
		面接（個人面接）		段階評価

▶備　考

- 上記および書類審査（段階評価）の総合判定により選抜。
- 基礎学力テストの英語は「コミュニケーション英語Ⅰ」。
- 基礎学力テストの理科は「物理基礎」「化学基礎」「生物基礎」から1科目選択。
- 基礎学力テストの国語は「国語総合（古文・漢文を除く）」。

- 一般推薦入試の基礎学力テスト（英語）については，大学の定める英語外部試験の結果を提出した場合，100％（50点）または80％（40点）に換算し，得点とすることができる。
  ただし，英語外部試験の結果を提出した場合でも，基礎学力テストの受験は必要となる。

小論文

（60分
解答例省略）

■指定校推薦入試，一般推薦入試Ⅰ期

◀法学部法学科▶

現在，日本では少子化が深刻な問題になっています。2022年に日本で生まれた子どもの数（出生数）は77万747人であり，統計を取り始めた1899年以降の最少を更新しました。過去最多の出生数である1949年の約270万人と比較すると，3分の1以下にとどまります。この傾向が続くと，2060年の出生数は50万人以下になるものと予測されています。

2023年1月，政府はいわゆる「異次元の少子化対策」に取り組む方針を表明しました。同年6月にはこども未来戦略方針が策定され，若年人口が急激に減少する2030年代に入るまでに，スピード感をもってさまざまな政策を実施する方針が示されています。

こうした少子化によって，地域での人びとの生活にどのような問題が生じるでしょうか。また，その問題を解決するために，自治体はどのような取り組みを進めるべきでしょうか。あなたの考えを800字以内で述べなさい。

◀経営学部経営学科▶

急速に進歩する情報通信技術（ICT）を活用して，これまでの産業や社会の在り方を変革するデジタルトランスフォーメーション（DX）が注目されています。デジタル化による業務活動の改革が進展する中で，私たちの働き方が今後どのように変わっていくのか，あなたの考えを800字以内で述べなさい。

◀保健医療学部看護学科▶

看護師は保健医療チームの一員として働きます。チームワークについて，あなたの考えを800字以内で述べなさい。

◀保健医療学部健康スポーツ科学科▶

2023年には，スポーツの大きなイベントが沢山開催された。ワールドベースボールクラシック，バスケットボール・ラグビーそれぞれのワールドカップなどは記憶に新しいし，それ以外にも沢山の競技種目が来年のパリ五輪に向けて予選を繰り広げてきた。テレビをはじめとするメディアは，連日のようにこれらの模様を放送し，世界中の人々がそれぞれのプレーに熱狂し心を躍らせた。

今年のようなビッグイベントに対する熱狂だけでなく，スポーツは多くの人や社会に様々な影響を与えることが知られている。そこで，スポーツが人間とその社会に対して，どのような影響力を持つのか，そして，あなたが現在取り組んだり関わったりしているスポーツは，人や社会への影響力とどのようにつながってゆくかについて，800字以内で述べなさい。

◀歯学部歯学科▶

国は「我が国は，国民皆保険制度を通じて世界最高レベルの平均寿命と保健医療水準を実現しており，今後とも現行の社会保険方式による国民皆保険を堅持し，国民の安全・安心な暮らしを保障していくことが必要」としている。(厚生労働省ホームページより引用改変)

このような状況のなかで今後の国民皆保険制度下における歯科医療について，あなたの考えを800字以内で述べなさい。

基礎学力テスト

◀英　語▶

（2科目 60分）

I Read the sentences and complete each one with the most appropriate vocabulary item.
次の文(問1～5)の空所に入れるのに最も適当なものを，それぞれ下の①～④のうちから一つずつ選べ。

問1　The other day, my sister and I went to the beach that we used to go to every year. However, we were shocked at how it had changed. The sea had been [1] by the water from factories nearby. The water was very dirty.

①　washed　②　created　③　polluted　④　widened

問2　The company made a lot more profit this year than the previous year because they changed their way of [2]. They started using the Internet and it has been very successful.

①　advertising　②　creativity　③　sanitizing　④　installation

問3　To be a good tennis player, you have to be physically strong and have skills for serving, volleying, and smashing. Many people may not know this, but probably the most important thing is to be [3] and not to get angry or frustrated.

①　economical　②　lazy　③　aggressive　④　patient

問4　I wanted to get something to drink while walking along the street and I found a vending machine. I put some coins into the machine and chose what I wanted, but the drink did not come out. The vending machine was out of [4].

①　content　②　sight　③　date　④　order

問5 All students at this university need a computer, but there are some people who cannot afford to buy one. [5], some computers were donated last year anonymously so that these students can borrow and use them while studying here.

① Naturally ② Fortunately ③ Wisely ④ Carefully

Ⅱ Read the dialogs and complete each one with the most appropriate choice.
次の対話文(問6～8)の空所に入れるのに最も適当なものを, それぞれ下の①～④のうちから一つずつ選べ。

問6 (At home)

A: Honey, can you turn down the volume? I need to call my boss.

B: Oh, OK. Why are you calling him?

A: I have a headache and I'm not feeling well. I'll [6].

B: Really? Then, I'll take you to the clinic later.

① arrange a meeting ② be there for him
③ call in sick ④ be promoted

問7 (At the station)

A: Excuse me, but do you know what time the next train for Roseville is?

B: Well, this timetable says the next one is 10:30. It is coming in a few minutes.

A: That's what I thought, but there is no one waiting here for the train.

B: Yeah, that's right. Oh, wait. [7]. It's Thursday, today.

① That timetable is for the weekend ② That train is under maintenance
③ The station is being cleaned ④ The workers are on strike

問8 (In the classroom)

A: Mr. Lee, I'm so sorry that I was late for class today.

B: That's OK. I was a bit surprised. It's very [8]. What happened?

A: While walking to school with my younger brother, Mike, he suddenly had a stomachache. So, we went back home to get some medicine.

B: Oh, I see. You're such a kind big sister for him. I hope Mike will get better soon.

① common these days　② unique in a sense
③ familiar to you　④ unlike you

Ⅲ Read the passages and select the most appropriate choice for each blank.

次の文章(問9～11)を読み，空所に入れるのに最も適当なものを，それぞれ下の①～④のうちから一つずつ選べ。

問9　A plant usually consists of three main parts. First one is a stem, which is a thin and upright part of the plant. Second part is the leaves, which are generally thin and green. They grow on the stem and help the plant get air to stay healthy. The last part is the [9] that grow under the ground, taking up water and nutrients for the plant.

① roots　② flowers　③ fruits　④ petals

問10　A family tree is a chart that illustrates the connections between someone's ancestors, offspring, and relatives over generations. A grandson is a male child of your son or daughter. A spouse of your brother is called a sister-in-law, and a female kid of your brother is a [10]. These might be a bit complicated, but a family tree helps you understand the relationships.

① aunt　② cousin　③ nephew　④ niece

問11　Tokyo is by far the largest city in Japan, and it attracts tourists from all around the world, in addition to playing an important role as the capital city. Although it is a very crowded city with lots of people and many [11] that are taller than 100 meters, people visiting Tokyo for the first time are generally surprised at how clean and safe it is.

① poles　② infrastructures　③ skyscrapers　④ pastures

Ⅳ Read the passage and select the most appropriate choice for each blank.

次の文章の空所(問12～17)に入れるのに最も適当なものを,それぞれ下の①～④のうちから一つずつ選べ。

My daughter was born in 2021 and, [12] on the life expectancy for women in Japan, there's a good [13] she'll be around to see the start of the next century and beyond.

That has me thinking about what kind of world she'll be living in at that time. I wonder (and worry) about the effects of climate change by the time my daughter is a senior citizen. While scientists have long made projections about how much warmer the planet will be at the start of the next century, the year 2100 always felt far in the distance — [14] I became a dad. Scientists say the Earth could face several degrees warmer by then. Not only are the signs of climate change already apparent, but there are more severe floods, storms and heat waves. That is worrying.

[15] those scary thoughts in mind, I have also been thinking about the changes I should make in my own life to become more environmentally friendly. Recently I've been extra conscious about buying local foods that are in season to help reduce CO_2 emissions. I've also been better at reducing food waste by finding ways to use leftover vegetables and meat before they go [16].

These are all small lifestyle changes but they can have a [17] impact on the planet — and my daughter's future.

(The Japan Times Alpha, December 23, 2022を一部改変)

問12	① basing	② being based	③ based	④ having being based
問13	① chance	② time	③ point	④ look
問14	① by	② until	③ while	④ as
問15	① On	② Of	③ To	④ With
問16	① bad	② worse	③ worst	④ the worst
問17	① rough	② minute	③ positive	④ negative

V　Read the information and the passage, and answer the questions.

次の表と文章を読み，問い(問18～21)の空所に入れるのに最も適当なものを，①～④のうちから一つずつ選べ。

Results of the Questionnaire on Sports

Sport	All students	Male students	Female students
Basketball	35%	35%	35%
Soccer	30%	35%	25%
Tennis	20%	15%	25%
Baseball	10%	10%	10%
Track and Field	5%	5%	5%

Sam is a high school student who is passionate about sports. He was interested in understanding the popularity of different sports among his peers, so he decided to conduct a survey to gather data on the most popular sports in his high school. He created a questionnaire asking students to choose their favorite sports from a list of options that included basketball, soccer, tennis, baseball, and track and field, and to write why they chose it. Sam distributed the survey to his classmates and collected the data.

After analyzing the data, Sam found that basketball was the most popular sport among his peers. Soccer was a close second, and tennis came in third, followed by baseball and track and field. Sam was fascinated by these results and decided to look deeper into the data. He studied how popularity varied by gender and found that basketball was equally popular among male and female students, while soccer was more popular among males and tennis was more popular among females.

Sam's survey not only helped him identify the most popular sports among his peers, but it also provided him with valuable insights into why certain sports were more popular than others. For example, many students cited basketball's fast-paced and exciting gameplay as a reason for its popularity, while others mentioned the sense of teamwork and friendship that came with playing the sport. Basketball is the most broadcast sport in the US, which is another reason why the sport is popular among students. Regarding soccer, the sport was praised for its global appeal and the opportunity it provided for students to showcase their individual skills.

Sam presented his findings to his school's athletic department and suggested that they consider offering more opportunities for students to participate in basketball and soccer. The athletic department was impressed by Sam's research and thanked him for his contribution to the school's sports program.

問18　The table shows that [18].

① track and field is the second least favorite sport among male students
② more than half of all students like either basketball or soccer
③ more male students like baseball than female students
④ the percentage of male and female students who like soccer is the same

問19　To understand the popularity of different sports, Sam [19].

① conducted a survey
② watched sports games
③ interviewed coaches
④ researched online forums

問20　The only reason not mentioned for why basketball is popular is that [20].

① it is often broadcast on TV or radio
② it helps students build a rapport in the team
③ it allows players to do an excellent workout
④ it is fast-paced and exciting

問21　Sam recommended to the athletic department that they should [21].

① focus only on basketball and soccer to make stronger teams
② introduce new sports and activities in order to increase the variety
③ promote less popular sports so that they will become popular
④ offer students more chances to play the two most popular sports

VI Read the passage and answer the questions.
次の文章を読み，問い(問22 ～ 25)の答えとして最も適当なものを，①～④のうちから一つずつ選べ。

David was always a high achiever. He worked hard in school and graduated from university with top honors. He landed a job at a famous company and got a good salary. He was surrounded by great colleagues to work with. He was in a situation which a lot of people were jealous about and his family was proud of what he had achieved. However, David felt like something was missing. Despite his success, he wasn't fully satisfied with his life.

One day, David met a man named John, who was a social worker dedicating his life to helping those in need. David was immediately drawn to John's passion and enthusiasm for his work. David went to visit a homeless shelter where John worked. David was surprised to see not only homeless people who were being helped by John, but also John himself looked really happy. John suggested that David volunteer at a local charity to see if he enjoyed working with people in need.

David started volunteering at a local nursing home. When David was a child, both of his parents worked long hours, so he was raised by his grandparents. The reason why he chose a nursing home to volunteer at is because he wanted to help old people in return for what his grandparents did for him. David was not a qualified worker so what he could do at the nursing home was limited only to talking with old people who lived there and helping them eat meals. He found that he loved working with old people and spent his evenings at the nursing home helping the residents.

Eventually, David decided to quit his job at the famous company to pursue a career in social work. At first, David's decision to leave his high-paying job was met with shock from his family and friends. They couldn't understand why he would give up a stable career for a job that paid less and was less prestigious. However, David was determined to follow his passion, and he knew that he would regret it if he didn't try.

Through his work in social work, David found a sense of purpose that he had never experienced before. He felt fulfilled and content, knowing that he was making a positive impact on the lives of others. He no longer cared about the money or the prestige that came with his old job. He had found something that was much more important than them. He was happier and more fulfilled in his personal life. He had a renewed sense of purpose, and he was more confident in himself and his abilities. He had discovered that what truly matters in life is not the money or the fame, but the people you help and the difference you make in the world.

問22　What did David feel was missing in his life even after achieving academic and professional success? [22]

① Money
② Prestige
③ A sense of purpose
④ Travel experiences

問23　How did David discover his passion for social work? [23]

① He tried to find a better-paying job.
② He started volunteering at a nursing home.
③ He started a charity of his own.
④ He went on a long vacation.

問24　What can you infer about John from the story? [24]

① He was a homeless man David met on the street.
② He was a social worker who inspired David to pursue social work.
③ He was David's boss at the famous company where he worked.
④ He was a professor who taught David in university.

問25　What lesson did David learn from his experience of pursuing his passion? [25]

① Pursuing your passion doesn't always lead to success.
② Stepping outside of your comfort zone is never worth the risk.
③ It's important to prioritize money over personal fulfillment.
④ Pursuing your passion can lead to greater fulfillment and purpose in life.

◀物理基礎▶

（2科目 60分）

物理に関する問い(問1～10)について，最も適当なものを①～⑤のうちから一つ選べ。
（解答番号 [1] ～ [10] ）

問1　x 軸上を運動する物体を考える。正の向きに6.0 m/s の速さで原点を通過した物体が，一定の加速度で運動し，12 m 進んで静止した。12 m 進むのにかかる時間は [1] 秒である。

① 1.0　② 2.0　③ 3.0　④ 4.0　⑤ 5.0

問2　橋の上からAさんが石を自由落下させたところ，3.0秒後に水面に達した。次にBさんが橋の上から石を投げ下ろしたところ，2.0秒後に水面に達した。Bさんが投げた石の初速度の大きさは [2] m/sである。ただし，重力加速度の大きさを9.8 m/s^2 とし，石にはたらく空気抵抗は無視できるものとする。

① 10　② 12　③ 14　④ 16　⑤ 20

問3　天井から軽い糸でつるされたおもりを，水平右向きにばねばかりで引くと，図のような状態でおもりは静止した。ばねばかりの目盛は2.0 N であった。おもりの重さは [3] Nである。ただし，$\sqrt{3}$ = 1.73 とする。

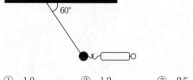

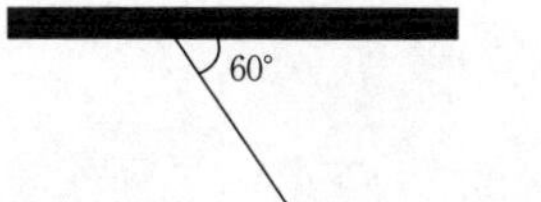

① 1.0　② 1.2　③ 2.5　④ 3.5　⑤ 4.0

問4　図のように，あらい水平面上にある質量2.0 kg の物体に軽い糸をつけ，右向きに9.5 N の力で引き続ける。このとき物体に生じる加速度の大きさは [4] m/s^2 である。ただし，重力加速度の大きさを9.8 m/s^2，物体と水平面との間の動摩擦係数を0.25，物体にはたらく空気抵抗は無視できるものとする。

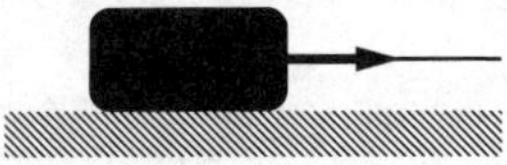

①　2.3　　②　2.8　　③　3.5　　④　4.0　　⑤　4.8

問５　水平面に対する傾角 60°のあらい斜面上で，質量 2.0 kg の物体に斜面に沿って上向きに初速度を与えると，物体は斜面に沿って距離 2.5 m だけすべり上がり，いったん静止した。この間に，物体の力学的エネルギーは [5] J 減少した。ただし，物体と斜面との間の動摩擦係数を 0.40 とし，物体にはたらく空気抵抗は無視でき，重力加速度の大きさを 9.8 m/s^2 とする。

①　1.2　　②　2.5　　③　4.9　　④　9.8　　⑤　20

問６　−10 ℃の氷 200 g を，すべて 40 ℃の水(湯)にするために必要な熱量は [6] J である。ただし，水の融解熱を 3.3×10^2 J/g，比熱を 4.2 J/(g·K)，氷の比熱を 2.1 J/(g·K) とする。

①　1.0×10^4　　②　5.0×10^4　　③　7.5×10^4　　④　9.0×10^4　　⑤　1.0×10^5

問７　図のような正弦波が x 軸の正の向きに進んでいる。P で示す山は 0.30 秒後には，$x = 8.0$ cm の位置に移った。波の振動数は [7] Hz である。

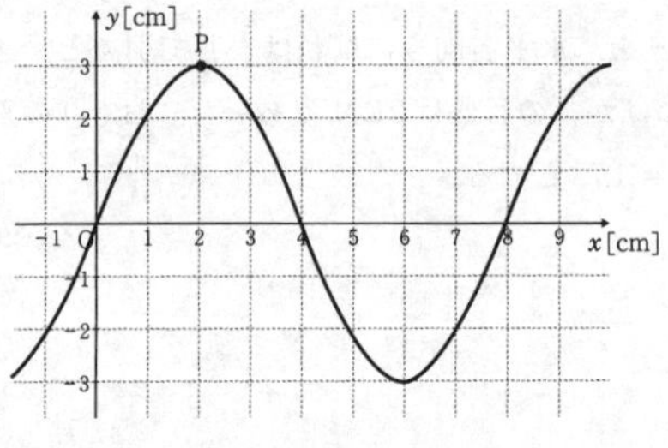

①　2.0　　②　2.5　　③　5.0　　④　6.0　　⑤　8.0

問８　図のように，長さ 34.0 cm の開管の管口付近にスピーカーを置き，スピーカーから出る音の振動数を 0 Hz からしだいに大きくしていくと，[8] Hz で最初に気柱が共鳴した。ただし，音速を 340 m/s，開口端補正は無視できるものとする。

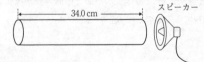

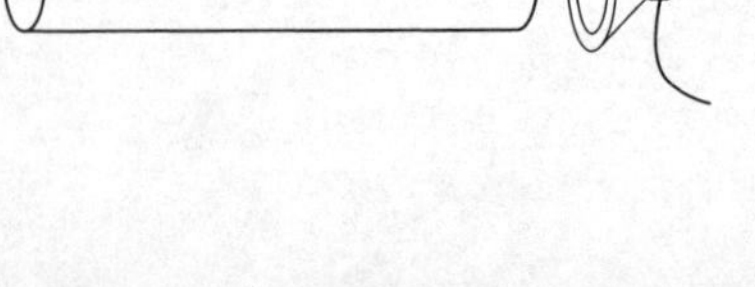

① 100　② 250　③ 500　④ 750　⑤ 1000

問9　断面積が $2.0\times10^{-7}\mathrm{m}^2$，抵抗率が $1.1\times10^{-6}\Omega\cdot\mathrm{m}$ のニクロム線を用いて 10Ω の抵抗をつくるためには，[9] m 必要である。

① 0.18　② 0.32　③ 0.56　④ 0.90　⑤ 1.8

問10　真空を伝わる電磁波の速さは一定であるため，周波数が大きいほど波長は短くなる。周波数の違いによって電磁波の性質は異なり，周波数の小さい順に，電波，[10]，X線，γ 線と大きく分類される。

① 赤外線，可視光線，紫外線
② 赤外線，紫外線，可視光線
③ 紫外線，可視光線，赤外線
④ 紫外線，赤外線，可視光線
⑤ 可視光線，赤外線，紫外線

◀化学基礎▶

（2科目 60分）

化学に関する問い(問1～10)について，最も適当なものを①～⑤のうちから一つ選べ。
（解答番号 [1] ～ [10] ）

問1　次に示す変化のうち，化学変化は [1] である。

① 鉄くぎがさびて，茶褐色になる。
② 水を冷凍庫で冷やすと，氷になる。
③ 洗濯物を干すと，やがて乾く。
④ 砂糖を水に入れて混ぜると，溶けて透明になる。
⑤ 保冷剤として入れたドライアイスが，いつの間にかなくなる。

問2　2つの水素原子の同位体どうしで，異なるものは [2] である。

① 電子の総数
② 価電子の数
③ 原子の質量
④ 最外殻の種類
⑤ イオンとなったときの価数

問3　どちらも最外殻がM殻である原子Xと原子Yの電子式を示す。原子Xと原子Yとからなる化合物の化学式として，正しいものは [3] である。

原子X 　　原子Y 

① $CaCl_2$　② $MgCl_2$　③ CaO　④ NaCl　⑤ MgF_2

問4　次の物質のうち，配位結合を含むものは [4] である。

① $CaCl_2$　② $Mg(OH)_2$　③ NH_4Cl　④ H_2O　⑤ N_2

問5　次の分子の組合せのうち，どちらも極性分子であるものは [5] である。

① 水と水素　② 水素とメタン
③ 水とアンモニア　④ メタンとアンモニア
⑤ アンモニアと二酸化炭素

問6　次の原子のうち，最も1価の陰イオンになりやすいものは [6] である。

①　水素　②　窒素　③　フッ素　④　ホウ素　⑤　ケイ素

問7　ある金属元素Xの単体10.8 gを空気中で強熱して完全に酸化させたところ，酸化物 X_2O_3 が20.4 g生成した。金属元素Xの原子量として，最も適当なものは [7] である。

ただし，酸素の原子量は16とする。

①　18　②　27　③　36　④　54　⑤　108

問8　中和滴定に用いる器具の図を示す。純水で濡れたまま使用してよい器具の組合せとして，正しいものは [8] である。

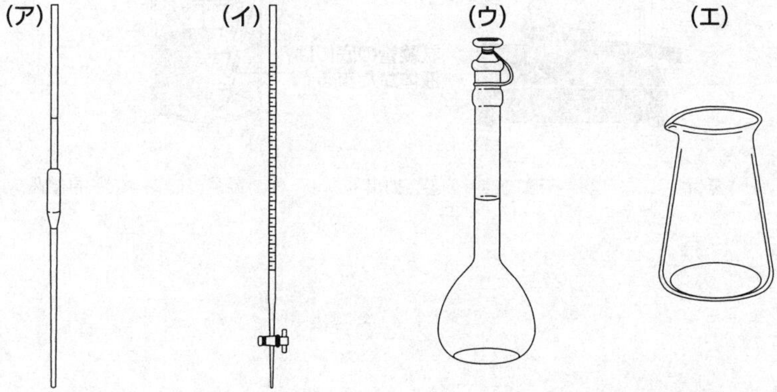

①　(ア)と(イ)　②　(ア)と(ウ)　③　(イ)と(ウ)
④　(イ)と(エ)　⑤　(ウ)と(エ)

問9　硫酸で酸性にした過マンガン酸カリウム水溶液とヨウ化カリウム水溶液との反応における，過マンガン酸イオンのはたらきを，電子を含むイオン反応式(半反応式)で示す。(ア)に当てはまるものは [9] である。

$$MnO_4^- + 8H^+ + (ア) \longrightarrow Mn^{2+} + 4H_2O$$

①　e^-　②　$2e^-$　③　$3e^-$　④　$4e^-$　⑤　$5e^-$

問10　水溶液を試料とした，混合物の分離実験の装置を図に示す。この装置を用いて行うものは [10] である。

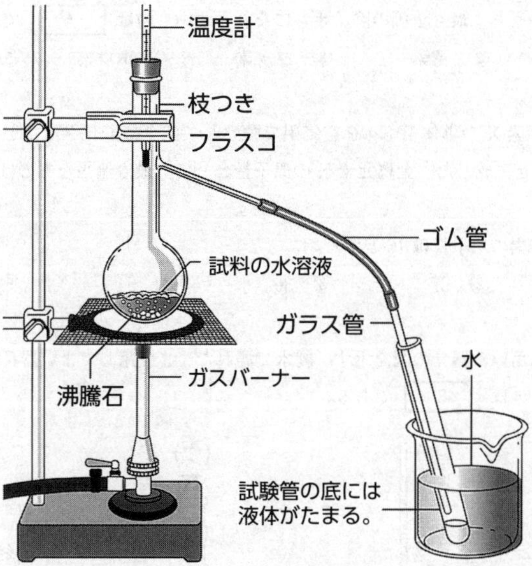

① 蒸留　② ろ過　③ 抽出　④ 昇華　⑤ 再結晶

◀生物基礎▶

（2科目 60分）

生物に関する問い(問1～10)について，最も適当なものを①～⑤のうちから一つ選べ。
(解答番号 [1] ～ [10])

問1　代謝に関する説明で正しいのはどれか。 [1]

① 複雑な物質を単純な物質に分解する過程を同化と呼ぶ。
② 光合成は光エネルギーを利用した窒素同化である。
③ 二酸化炭素を用いて有機物を分解する代謝を呼吸と呼ぶ。
④ 異化はエネルギーの発生をともなう代謝である。
⑤ 代謝の進行につれて，酵素の構造が変化する。

問2　体細胞分裂における細胞あたりのＤＮＡ量の変化を図に示す。Ｓ期を示すのはどれか。 [2]

① ア　② イ　③ ウ　④ エ　⑤ オ

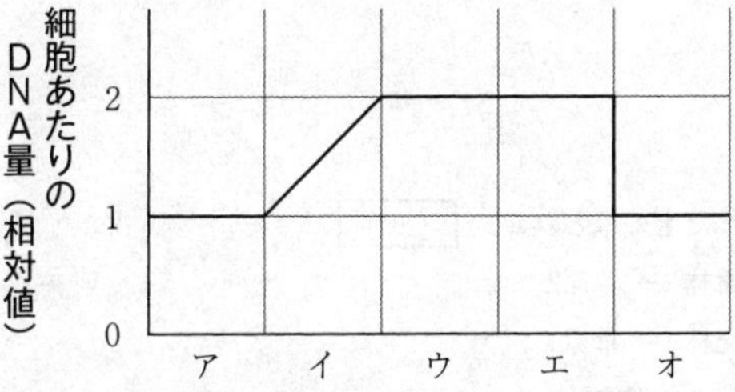

問3　120塩基対からなる２本鎖ＤＮＡの片方のすべてが転写され，その後すべてが翻訳されたとする。結果として生じるタンパク質がもつアミノ酸の個数はどれか。 [3]

① 120　② 60　③ 40　④ 30　⑤ 20

問4　外分泌腺はどれか。 [4]

① 甲状腺　② 副甲状腺　③ 脳下垂体
④ だ腺　⑤ 副腎

問5　血管と，つながる心臓の部屋との組合せで正しいのはどれか。 5

① 大動脈 ――――― 左心室
② 上大静脈 ――――― 左心房
③ 下大静脈 ――――― 右心室
④ 肺動脈 ――――― 左心室
⑤ 肺静脈 ――――― 右心房

問6　酸素の運搬に関与するタンパク質はどれか。 6

① フィブリン　② ヘモグロビン　③ コラーゲン
④ アクチン　⑤ カタラーゼ

問7　腎臓において再吸収されにくい物質はどれか。 7

① 水　② アミノ酸　③ グルコース
④ クレアチニン　⑤ ナトリウムイオン

問8　キラーＴ細胞のはたらきはどれか。 8

① 抗体の産生
② 食作用による抗原の排除
③ 感染した細胞の攻撃
④ 抗原情報の提示
⑤ Ｂ細胞の活性化

問9　一次遷移の順序を正しく並べたものはどれか。 9

① 混交林 → 陰樹林 → 陽樹林 → 草原
② 陽樹林 → 陰樹林 → 混交林 → 草原
③ 草原 → 陽樹林 → 陰樹林 → 混交林
④ 草原 → 陰樹林 → 混交林 → 陽樹林
⑤ 草原 → 陽樹林 → 混交林 → 陰樹林

問10　温室効果への関与が小さいと考えられるのはどれか。 10

① 窒素　② 二酸化炭素　③ 水蒸気
④ 亜酸化窒素　⑤ メタン

(3) 江戸時代初期に試みられた活字印刷に欠点が多かったことで旧来の板木印刷に戻ったという「偶然」と、大衆の関心が中国由来の文学作品から絵巻物など日本古来の絵画作品に回帰したという「必然」。

(4) 日本では古くから知識人向けの本を板木印刷で作っていたという「偶然」と、江戸時代になって大衆向けの本を生産する際に、板木印刷のほうが絵画と文字とを自由に構成するのに適していたという「必然」。

次の①～④のうちから一つ選べ。解答番号は 39 。

① 「通俗」と「翻案」の良いところを取り合わせて「読本」が作られた。さらに中国の笑話をもとにした「洒落本」が現れ、話芸化したものは講談や落語に発展した。

② 「通俗」の表現を簡単にした「翻案」が現れ、その中で笑いをテーマにしたものが「読本」になった。さらに読み物の形ではなく語り物となったものは講談から落語に発展した。

③ 「通俗」を日本風にした「翻案」が生まれ、その一ジャンルとして「読本」が現れた。同時に中国の笑話は「洒落本」のもとになり、かつ講談の題材となって落語に発展した。

④ 「通俗」を日本に置き換えた「翻案」が現れ、再度、中国を舞台にした「読本」が生まれた。さらに中国の話芸から講談が生まれ、笑話を題材としたものは落語に発展した。

問十二 傍線部**E**「偶然を必然に育て上げ」とあるが、ここでの「偶然」と「必然」について正しく説明しているものを、次の①～④のうちから一つ選べ。解答番号は 40 。

① 江戸時代のごく初期に活字印刷を行ったのが豪商たちであったという「偶然」と、その後の出版物が絵画を多く取り入れながら、大衆向けのマーケットとして商業的に発展していったという「必然」。

② 活字印刷に代わり板木印刷が主流になったことで文字や絵を自由に配置できるようになったという「偶然」と、日本古来の絵巻物と同様に文字と絵画を区別しないヴィジュアル系の文学として発展するという「必然」。

① 当時の仮名書き文では連綿体が用いられ、一文字ずつに切り分けるのが難しかったから。

② 漢文では漢字の左右に添えて小文字で記す、返り点やルビなどが常用されていたから。

③ 当時の技術では写本にせよ活字にせよ、多くの部数を印刷することができなかったから。

④ 幕府が出版物を統制する上で、活字のほうが証拠が残りにくいため不都合だったから。

問十　傍線部**C**「活字で作られた都市の大衆出版マーケットの上に堂々と姿を見せた」の説明として最も適当なものを、次の①〜④のうちから一つ選べ。解答番号は 38 。

① 板木印刷による出版物はかつては知識人階層のためにあったが、江戸時代初期に活字印刷によって出版業が開拓された後、活字に代わって大衆に向けた出版物の主流となった。

③ 江戸時代初期の大都市では出版物はもっぱら活字で印刷され、板木印刷は技術的に遅れた地域で行われたが、その後、都市部でも板木印刷のほうが盛んになった。

③ 江戸時代初期の活字印刷による出版物は幕府の目を盗んで小規模に出版されていたが、その後に発明された板木印刷は幕府の公認を得て巨大なマーケットを形成した。

④ 江戸時代初期は、文学作品に比べて絵画類は価値を認められなかったが、後にむしろ板木印刷で生産される絵画のほうが出版物の中心を占めるようになった。

問十一　傍線部**D**「中国語の翻訳のことを「通俗」と言った」とあるが、「通俗」は日本の文学にどのような影響を及ぼしたか。最も適当なものを、

問七 傍線部**ケ**「余白」とあるが、ここでの「白」に意味が最も近いものを、次の①～④のうちから一つ選べ。解答番号は［35］。

ケ 余白　① 真実を告白する　② 白票を投ず　③ 理由は明白だ　④ 白煙が立つ

問八 傍線部**A**「ヨーロッパの本でさえ、それに及ぶかどうかはわからない」の説明として最も適当なものを、次の①～④のうちから一つ選べ。解答番号は［36］。

① 当時の日本の知識人は印刷された書籍よりも写本のほうを好んだが、ヨーロッパでも同じように写本が好まれていたかどうかはわからない。

② 当時の日本の印刷技術は八世紀からの長い歴史を基盤としていたが、ヨーロッパでも同様に前時代の技術を継承していたかどうかはわからない。

③ 当時のヨーロッパは日本よりも印刷技術が進歩していたと見られるが、それでも日本ほどに庶民に出版物が行き渡っていたかどうかはわからない。

④ 当時のヨーロッパは多くの点で日本よりも科学技術が進んでいたが、印刷に関しては知識人を満足させるレベルに達していたかどうかはわからない。

問九 傍線部**B**「日本語にとって当時の活字の欠点とは何であったか」とあるが、活字に欠点が生じた原因に**あてはまらないもの**を、次の①～④のうちから一つ選べ。解答番号は［37］。

ウ　僧侶　[29]
① 証拠隠滅
② 愛惜の念
③ 敵軍の捕虜
④ 岐路に立つ

カ　突如　[30]
① 虚無感
② 叙景的
③ 貯蔵庫
④ 老若男女

問四　傍線部**エ**「大衆化」とあるが、末尾に「化」を付けて熟語を**作らないもの**を次の①～④のうちから一つ選べ。解答番号は[31]。

エ　大衆化　① 省力　② 到着　③ 深刻　④ 形骸

問五　傍線部**オ**「登場」と熟語の構造が同じものを、次の①～④のうちから一つ選べ。解答番号は[32]。

オ　登場　① 悪名　② 日照　③ 苦痛　④ 帰国

問六　傍線部**キ**、**コ**の本文中における意味として最も適当なものを、次の各群の①～④のうちから、それぞれ一つずつ選べ。解答番号は[33]～[34]。

キ　傾倒　[33]
① 物事に夢中になること
② 経済的に協力すること
③ 厳しく取り締まること
④ こっそり調べること

コ　手に手をたずさえて　[34]
① 常に対立しながら
② 関わることなく
③ 互いに競い合って
④ いっしょに協力して

＊10　連綿体…書道で、草書・行書や仮名の複数の文字が連続して書かれているもの。続け字。

＊11　狂歌…おかしさを感じる言葉やユーモアを詠み込んだ卑俗な短歌。江戸中期の天明年間（一七八一～一七八九）頃に大流行した。

問一　傍線部**ア**、**ク**に相当する漢字を含むものを、次の各群の①～④のうちからそれぞれ一つずつ選べ。解答番号は 26 ～ 27 。

ア　ノウリ　26

① リコテキな考え
② リレキショ
③ ヒョウリ一体の関係
④ グループをリダツする

ク　ホンカクテキ　27

① ゴカクの戦い
② ナイカク総理大臣
③ 総論とカクロン
④ ハカクの安値

問二　空欄**イ**を補うのに最も適当な語句を次の①～④のうちから一つ選べ。解答番号は 28 。

イ　① さほど　② たまさか　③ なまじ　④ いささか

問三　傍線部**ウ**、**カ**と同じ読み方のものを、次の各群の①～④のうちから、それぞれ一つずつ選べ。解答番号は 29 ～ 30 。

い、という発想によってこのE偶然を必然に育て上げ、世界のどこにもない大衆印刷メディアを作り上げた。このことは浮世絵とともに、もっと世界に評価されてしかるべきものである。

（田中優子『庶民文化を作った印刷メディア』による。出題にあたり、一部を省略した。）

＊1 唐詩選…中国、唐代の名詩選。七巻。唐代の詩人一二八人の代表作四六五編を詩体別に採録。日本には江戸初期に伝来し、漢詩入門書として盛んに用いられた。

＊2 ある詩は篆書で…ある詩は行書で…篆書、隷書、楷書、行書はそれぞれ漢字の書体の名。ひとつの漢字にさまざまな形があることを言っている。

＊3 ルビ…ふりがな。

＊4 服部南郭…（一六八三〜一七五九）江戸時代中期の歌人、漢詩人。五代将軍徳川綱吉の側用人《そばようにん》であった柳沢吉保《やなぎさわよしやす》に歌人として雇われた。

＊5 写本…手書きで書き写された本。

＊6 慶長十三年（一六〇八）頃…省略部分には、日本に活字印刷がもたらされた契機として、豊臣秀吉が朝鮮侵略の際に、当時、活字印刷の最先端技術を有していたソウルから活字と印刷機を持ち帰ったことが記されている。

＊7 グーテンベルク…（一三九八頃〜一四六八）ドイツの活版印刷発明者。一四五〇年頃に鋳造活字による印刷技術を完成し、ラテン語訳の「四十二行聖書」などを印刷した。

＊8 角倉了以の息子素庵…角倉素庵（一五七一〜一六三二）江戸初期の学者・貿易家。朱印船貿易に従事したほか、国内の河川の改修にも従事した。本阿弥光悦に書を学び、角倉流書風の始祖となった。

＊9 本阿弥光悦…（一五五八〜一六三七）安土桃山・江戸初期の京都の芸術家。刀剣鑑定を中心とした家業のほかに陶芸・書画・漆芸などに能力を発揮。特に書は光悦流をひらき、近衛信尹《このえのぶただ》・松花堂昭乗《しょうかどうしょうじょう》とともに寛永の三筆といわれた。

せた。そこからの展開はすさまじいものだった。板木は冒頭で示したように、あらゆることが可能だった。返り点、ルビ、書体の混合、文字の大きさの自由、そして絵と文字を同じ画面上に構成することである。ここからは、画面構成デザインの腕のふるいどころであった。このような特徴を備えた板木印刷は、日本文化に二つのことをもたらした。それは、中国文化の大衆化と、出版メディアの世界に冠たるヴィジュアル化である。

先に述べたように、D中国語の翻訳のことを「通俗」と言った。通俗した後に舞台や登場人物を日本に置き替えて作ることを「翻案」と言った。翻案のジャンル「読本《よみほん》」が、日本のクホンカクテキ小説ジャンルとして登場した。それは中国小説の読み下し文に両ルビをつけた通俗本あってこそ、出現した新ジャンルだった。両ルビとは漢字の左に中国語読みないしは音読、右に訓読みないしは日本語訳をつけたものである。この方式が板木印刷のもとに行われたので、庶民たちに新しい中国文学の新しい語彙が次々に紹介され、その語感をもとに『雨月物語《うげつものがたり》』をはじめとする小説ジャンルが創られたのである。もっとふざけたところでは、中国の笑話や、中国の遊里文学をもとにした洒落本《しゃれぼん》（遊郭を舞台にしたセリフだけの小説）が出現した。中国笑話はずいぶん講談や咄本《はなしぼん》のネタになり、それはやがて落語に発展していった。

また一方、板木印刷はもともと濃厚にあった日本人のヴィジュアル感覚に火をつけた。その結果が江戸に出現した赤本、黒本、そして大人のための漫画絵本「黄表紙（青本）」である。黄表紙はSFであった。それも、SF映画あるいはSF漫画と言ってもいいような、眼《め》で見るSFだった。黄表紙の絵は「挿絵」ではなく、全部が絵である。どの頁をめくっても絵が出てきて、字は付け足しのように絵のケ余白に詰め込まれている。こういうことは活字印刷では不可能だ。黄表紙は洒落本とともに「絵草紙《えぞうし》屋」というヴィジュアル系本屋が扱う商品だったが、絵草紙屋の主要商品は浮世絵だった。「狂歌（＊11）絵本（カラー浮世絵に狂歌を散らした本）」というジャンルは浮世絵とされているが、これもまたじつは文学でもあったのだ。

絵草紙屋においてコ文学と絵とは手に手をたずさえて発展したのであり、それは一画面に絵と文字がいかようなデザインにでも構成できる、という板木印刷メディアがあってこそだった。しかもこの発想は、掛軸《かけじく》、屏風《びょうぶ》絵、ふすま絵をもち、絵巻を異常なほど発達させた日本のメディアの歴史から必然的に出てきたものである。活字を出版マーケット出現の契機として使いながら板木に転換した出版界は、本と絵画を区別しなみされる知識人の本は、むしろ写本《しゃほん》（＊5）で出まわっていた。日本の近世ほど、印刷が庶民の生活の細部にまで入り込んでいた例は他のアジア諸国に見られず、Aヨーロッパの本でさえ、それに及ぶかどうかはわからない。

この印刷技術と本のマーケットの急激なエ大衆化は、じつは「活字」の導入によってなされた。

（省略）

慶長十三年（一六〇八）頃（＊6）から次々と民間の人々が、グーテンベルク（＊7）のように自腹を切って活字印刷に取り組みはじめた。中村長兵衛や中野市兵衛などの商人のほか、大貿易商・角倉了以《すみのくらりょうい》の息子素庵《そあん》（＊8）は、私財を投じて本阿弥光悦《ほんあみこうえつ》（＊9）の平仮名を活字に起こし、『伊勢物語』『徒然草』など古典の平仮名活字本を作った。このような商人たちの活字熱の中で、日本には出版業というものが生まれたのだった。活字は明らかに、出版マーケットのオ登場を引き起こしたのである。

しかしここで意外なことが起きた。出版業を生んだ活字がわずか二十年の後、寛永三年（一六二六）から寛永七年頃、カ突如、姿を消したのである。出版界はなぜか、活字から板木の出版へと切り替えたのだ。

（省略）

B日本語にとって当時の活字の欠点とは何であったか。まず、漢字文化圏では膨大な数の活字を必要とする、ということである。アルファベットの数とは比べものにならない。漢字の書体（篆書や楷書など）を使いわけるとなると、さらにその数は膨れ上がる。次に、仮名は連綿体（＊10）がふつうだった、ということである。そのため、角倉素庵の光悦活字は二字、三字をつなげていた。また、漢文を読む際に必要とされる返り点やルビをつけることが困難だということだ。そして恐らく決定的だったのは、当時の技術では多くの部数を摺《す》れないということと、活字を崩してしまえば、出版の責任を問うことができない、ということであったろう。この最後の問題は、初めての文治国家をめざす江戸幕府にとって、かなり頭の痛い問題だったに違いない。逆に言えば、すでにこのころ、印刷物はそれほどの影響力をもちつつあった、ということである。家康の並々ならぬ印刷へのキ傾倒ぶりは、その影響力を知り抜いた上でのことであったろう。

さてともかく、再び現れた板木印刷は、こんどは僧侶や医者のものではなく、C活字で作られた都市の大衆出版マーケットの上に堂々と姿を見

▲国　語▼

（二科目　六〇分）

次の文章を読んで、後の問い（問一〜十二）に答えよ。（解答番号 26 〜 40）

いま私の目の前には、江戸時代に刊行された『唐詩選画本《とうしせんがほん》』という本がある。内容は唐詩選（＊1）なのだが、開くと毎頁《ページ》がすべて、古代中国を舞台にした絵でできあがっている。ある詩は篆書《てんしょ》で、ある詩は隷書《れいしょ》で、ある詩は楷書で、ある詩は行書で（＊2）印刷され、それらすべてに返り点と日本語による読みがほどこされている。読みはルビ（＊3）の位置にルビの大きさで書かれている。ある頁ではそのすぐ後に、ある頁では区切りを入れて、ある頁では見開きのもう一方の頁に、服部南郭《はっとりなんかく》（＊4）の『唐詩選国字解《とうしせんこくじかい》』の解説が付されている。

絵と文字は一頁あるいは見開きで、一目で同時にノウリ（ア）に飛び込んでくるように構成されている。詩の文字映像としてのイメージ（書体）は頁をめくるたびに変わり、絵も画面構成も変わるため、次の頁を繰るのが楽しみになる。詩の音（読み方）もその日常語による意味（南郭はしゃべり言葉に近い文章で解説している）も、すぐさま頭に入ってくる。江戸時代の本づくりは、これほど読者のことを考え抜いたものだった。その結果、江戸時代は遠い中国の古典から日本の奈良・平安の古典まで、［イ］知る必要のない世界の地理からヨーロッパのレンズの効用まで、あらゆる知識が庶民にとって身近なものとなったのだった。江戸時代には翻訳のことを「通俗（俗に通じるようにする）」と言ったが、まさに文化の通俗は印刷技術の革新によって始まり、書籍の広まりによって徹底的に実現された。

中国や朝鮮ほどではないにしても、日本の印刷は八世紀からの長い歴史がある。しかし江戸時代に入る前までの印刷はおもに僧侶（ウ）たちのために、時には医者や豪商のためにあった、と言っていい。そして江戸時代の印刷はその反対に、完全に庶民のために存在した。少数の人に回し読

解答編

基礎学力テスト

◀英　語▶

I **解答** 1―③　2―①　3―④　4―④　5―②

解説

問1． 空所を含む文の直後に「水はとても汚かった」とあるので，空所を含む文は「海が近くの工場からの水で汚染されていた」となる③ polluted が正解。

問2． 空所を含む文の前半に「その会社は，去年と比べ今年の利益が大幅に上がった」とあり，空所の直後で「彼らはインターネットを使いはじめ，それがとてもうまくいっている」とあるので，「宣伝の方法を変えたから」とすればよい。よって，① advertising「宣伝」が適切。

問3． 空所の直後に「怒ったりイライラしたりしない」とあるため，空所には④ patient「我慢強い」を入れれば文意が通る。

問4． 空所を含む文の直前に「小銭を何枚か機械に入れて，ほしいものを選んだが，飲み物は出てこなかった」とある。よって，その自動販売機は「故障している」と考えられる。out of order で「故障して」を表すので，④ order が正解。

問5． 第1文に「この大学の学生は全員コンピュータが必要だが，金銭的に余裕がなくて買えない人がいる」とあり，空所の直後に「匿名で数台のコンピュータが寄贈された」とある。よって，空所には② Fortunately「幸運にも」が適切。

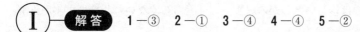

Ⅱ 解答　6－③　7－①　8－④

解説

問6．（家で）　Aが「頭痛があって，気分がよくない」と言った直後なので，③ call in sick「病気で休むと連絡をする」が適切。

問7．（駅で）　Aが「電車をここで待っている人が一人もいない」と言い，それに同意したBが空所の直後で「今日は木曜日だ」と言っていることから，Bは誤った時刻表を見ていたと考えられる。よって，週末の時刻表であったことを示す①が正解。

問8．（教室で）　授業に遅刻したことを詫びるAに対して，Bが「驚いたよ」と述べ，さらに「どうしたの？」と事情を聞いていることから，Aが遅刻するのは珍しいとわかる。よって「君らしくないね」を表す④が正解。

Ⅲ 解答　9－①　10－④　11－③

解説

問9．空所の直後に「地中で育ち，植物のために水や栄養素を吸い上げる」とあるので，根のことを説明しているとわかる。よって，①が正解。

問10．空所の直前に「あなたの兄（弟）の娘」とあるので，④ niece「姪」が適切。

問11．空所の直後で関係詞節を用いて「100 メートルよりも高い」とあることから，③ skyscrapers「超高層ビル」がふさわしい。

Ⅳ 解答　12－③　13－①　14－②　15－④　16－①　17－③

解説

問12．based on ～で「～に基づけば，～に基づいて言うと」の意。③ based を空所に入れると「日本女性の平均寿命に基づけば」となって，文意が通る。

問13．筆者は 2021 年に生まれた娘の話をしているので，平均寿命から計算すれば，次の世紀の始まりを目にする可能性がありそうである。それを踏まえて① chance「可能性，見込み」を選ぶ。

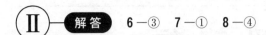

問14. 空所の直後に節がきているので，① by は不可。空所の直前で「2100 年は常に遠くに離れているように感じた」と述べられているので，「父親になるまでは」とすれば最も文意に合う。よって，② until が正解。

問15. 空所直前の段落で異常気象について触れており，それを受けて「そういった恐ろしい考えが心の中にある状態で」とすれば，空所の後の「環境により優しくするために，自分自身の生活で変えるべきところについて考えている」にうまくつながる。よって空所には，＜with＋(代) 名詞＋前置詞句＞で付帯状況を表す④ With がふさわしい。

問16. go bad「悪くなる，腐る」

問17. 空所の直前に「こういったことは小さなライフスタイルの変化ではあるが」とあるので，地球に「よい」影響があるという内容にすればよい。よって，③ positive「肯定的な」が適切。

V　解答　18—②　19—①　20—③　21—④

解説

《高校生に人気のスポーツに関する調査》

問18. 表から読み取れることを答える。バスケットボールとサッカーのいずれかを好きと言っている生徒が合わせて 65％に上るので，②が正解。

問19. 第 1 段第 2 文（He was interested …）の後半に「彼は自分の高校で，最も人気のあるスポーツについてのデータを集めるために，調査を実施することにした」とあるので，①が適切。

問20. バスケットボールが人気である理由について述べられていないものを答える問題。第 3 段第 3 文（Basketball is the …）で①が，同段第 2 文（For example, many …）で②・④が述べられているため，③が正解。

問21. 最終段第 1 文（Sam presented his …）の後半に「サムは，バスケットボールとサッカーに生徒が参加する機会をもっと増やすことを考えてくれるよう提案した」とあるので，④が正解。

Ⅵ 解答 22―③ 23―② 24―② 25―④

解説

《人生で本当に大切なこと》

問22. 第1段最終文（Despite his success, …）に「成功にもかかわらず，彼は自分の人生に満たされていなかった」とあり，同段第3文（He landed a …）および第5文（He was in …）に十分な給与や名声を得ていることも書かれているので，精神的なものが欠けていたと考えられる。また，最終段第1文（Through his work …）に「ソーシャルワークでの仕事を通して，デイヴィッドは今までの人生で経験したことのない目的意識を見つけた」とある。よって，③ A sense of purpose「目的意識」が正解。

問23. 第3段第1文（David started volunteering …）に「デイヴィッドは地元の老人ホームでボランティアを始めた」とあり，同段最終文（He found that …）からは，老人ホームでの仕事を愛していることにデイヴィッド自身が気付いたことがわかる。よって，②が正解。

問24. 第2段第1文（One day, David …）で，ジョンはソーシャルワーカーであると書かれており，同段第2文（David was immediately …）でデイヴィッドがジョンの情熱と熱意にすぐひきつけられた様子が書かれている。さらに同段最終文（John suggested that …）で，ジョンはデイヴィッドに地元の慈善団体でボランティアをすることを勧めている。よって，②が適切。

問25. 最終段第2文（He felt fulfilled …）に「彼は他者の人生によい影響を与えているとわかって，充実感と満足感を感じていた」とあり，続く文（He no longer …）で「彼はもうお金や名声を気にしなかった」とあるので，④が適切。

◀物理基礎▶

解答　1—④　2—②　3—④　4—①　5—④　6—⑤　7—②
8—③　9—⑤　10—①

解説

《小問10問》

問1． 6.0m/sの速さの物体が12m進んで静止したことから，加速度 a〔m/s^2〕は

$$0^2-6.0^2=2\cdot a\cdot 12 \qquad a=-1.5\,[\mathrm{m/s^2}]$$

12m進むのにかかる時間 t〔s〕は，静止するまでの時間と考えて

$$0=6.0+at=6.0-1.5t \qquad \therefore \ t=4.0\,[\mathrm{s}]$$

問2． 自由落下で3.0秒で落下する距離 H〔m〕は

$$H=\frac{1}{2}\cdot 9.8\cdot 3.0^2$$

この H〔m〕を初速度 v_0〔m/s〕で投げ下ろすと，2.0秒かかったことから

$$2\cdot v_0+\frac{1}{2}\cdot 9.8\cdot 2.0^2=\frac{1}{2}\cdot 9.8\cdot 3.0^2$$

$$\therefore \ v_0=12.2\fallingdotseq 12\,[\mathrm{m/s}]$$

問3． 右図のように力はつりあっており，おもりの重さ W〔N〕は

$$W=2\sqrt{3}=3.46\fallingdotseq 3.5\,[\mathrm{N}]$$

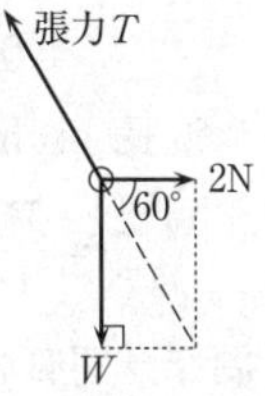

問4． 物体の質量を m〔kg〕，物体に生じる加速度を a〔m/s^2〕，引く力の大きさを F〔N〕，物体と水平面の動摩擦係数を μ'，重力加速度を g〔m/s^2〕とする。
右向きを正として，運動方程式を立式すると

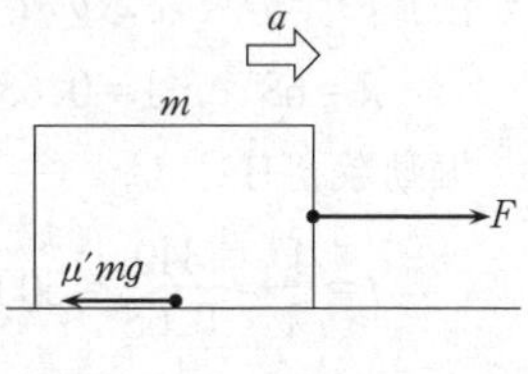

$$ma=F-\mu' mg$$

$$a=\frac{F}{m}-\mu' g$$

$$=\frac{9.5}{2}-0.25\cdot 9.8$$

$=4.75-2.45$

$=2.3$〔$\mathrm{m/s^2}$〕

問5． 力学的エネルギーは，非保存力の動摩擦力がする仕事の分だけ変化する。斜面からの垂直抗力 N〔N〕は

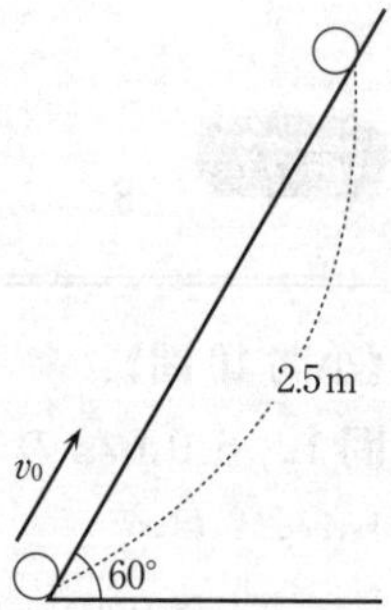

$$N=2\cdot 9.8\cdot\cos 60°=9.8\text{〔N〕}$$

動摩擦力がした仕事 W〔J〕は，動摩擦係数を μ'，移動距離を x〔m〕として

$$W=-\mu' N x=-0.40\cdot 9.8\cdot 2.5=-9.8\text{〔J〕}$$

よって，力学的エネルギーは9.8Jだけ減少した。

問6． -10 ℃の氷200gを，40℃の水200gにするために要する熱量 Q〔J〕は，-10℃の氷200gを0℃の氷200gにする熱量 Q_1〔J〕，氷200gを融解する熱量 Q_2〔J〕，0℃の水200gを，40℃の水にする熱量 Q_3〔J〕の和である。

$$Q=Q_1+Q_2+Q_3$$
$$=200\cdot 2.1\cdot 10+200\cdot 3.3\times 10^2+200\cdot 4.2\cdot 40$$
$$=103800\fallingdotseq 1.0\times 10^5\text{〔J〕}$$

問7． 0.30秒で波は6.0cm伝わることから，波の伝わる速さ V〔cm/s〕は

$$V=\frac{6.0}{0.30}=20\text{〔cm/s〕}$$

波長 λ〔cm〕はグラフより8.0cmとわかるので，振動数 f〔Hz〕は

$$f=\frac{V}{\lambda}=\frac{20}{8.0}=2.5\text{〔Hz〕}$$

問8． 開管の気柱の基本振動は，管の長さが波長の半分となるので

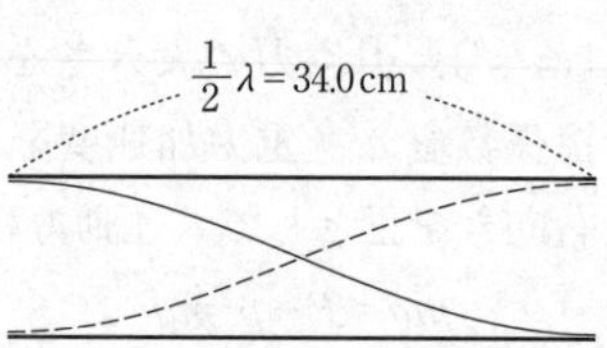

$$\lambda=68\text{〔cm〕}=0.68\text{〔m〕}$$

振動数 f〔Hz〕は

$$f=\frac{V}{\lambda}=\frac{340}{0.68}=500\text{〔Hz〕}$$

問9． 抵抗の長さを l〔m〕，断面積を S〔$\mathrm{m^2}$〕，抵抗率を ρ〔Ω·m〕とすると，抵抗 R〔Ω〕は $R=\rho\dfrac{l}{S}$ で表されるから，10Ωの抵抗を作るのに必要

な長さ l〔m〕は

$$l=\frac{SR}{\rho}=\frac{2.0\times10^{-7}\cdot10}{1.1\times10^{-6}}=1.81\fallingdotseq1.8\text{〔m〕}$$

問10. 可視光線は，波長の長いほうから順に七色を並べると，赤橙黄緑青藍紫であり，赤色より波長が長い電磁波が赤外線，紫色より波長が短いものが，紫外線となる。波長の長い順は，周波数の小さい順に等しい。

◀化学基礎▶

解答 **1**—① **2**—③ **3**—② **4**—③ **5**—③ **6**—③ **7**—② **8**—⑤ **9**—⑤ **10**—①

解説

《小問10問》

問2． 同じ原子番号（＝陽子の数）で，中性子の数が異なるため質量数が異なる原子どうしを同位体という。

問5． 無極性分子：水素，メタン，二酸化炭素

極性分子：水，アンモニア

問7． Xの酸化を化学反応式で表すと

$$4X+3O_2 \longrightarrow 2X_2O_3$$

Xの原子量をxとし，化学反応式の係数比より

$$X : X_2O_3 = 4 : 2 = \frac{10.8}{x} : \frac{20.4}{2x+16\times 3}$$

$\therefore \quad x=27.0$

問8． 使用する溶液で内壁を洗う（共洗い）が必要な器具は，(ア)ホールピペットと(イ)ビュレットであり，純水でぬれたまま使用してよい器具は(ウ)メスフラスコと(エ)コニカルビーカーである。

◀生物基礎▶

解答　1—④　2—②　3—③　4—④　5—①　6—②　7—④　8—③　9—⑤　10—①

解説

《小問10問》

問1． ①誤り。複雑な物質を単純な物質に分解する過程を異化といい，このときエネルギーが放出される。

②誤り。光合成は光エネルギーを利用した炭酸同化である。

③誤り。呼吸は酸素を用いて有機物を分解する代謝であり，二酸化炭素が発生する。

⑤誤り。代謝が進行しても，酵素自身は変化しない。

問3． 120塩基対のDNAの片方のヌクレオチド鎖のすべてを鋳型として転写が起こると，120塩基のmRNAができる。翻訳では，3個の塩基で1個のアミノ酸を指定するので，タンパク質のアミノ酸数は，120÷3=40個となる。

問4． ①甲状腺，②副甲状腺，③脳下垂体，⑤副腎はいずれもホルモンを分泌する内分泌腺である。

問5． 上大静脈と下大静脈は右心房，肺動脈は右心室，肺静脈は左心房につながる。

問7． 腎臓で再吸収されにくい物質とは，体に不要な物質である。クレアチニンは筋肉でクレアチンリン酸が代謝された後にできる老廃物である。

問10． 温室効果とは，大気中の②二酸化炭素，③水蒸気，④亜酸化窒素，⑤メタン，フロンなどにより，地表から放射される赤外線が吸収され，地表や大気の温度が上昇する現象であり，温室効果をもつ気体を温室効果ガスとよぶ。

問九 活字に欠点が生じた原因は傍線部Bの後に書かれている。「写本」は印刷技術とは関係ないので③が答え。他の選択肢は、傍線部B以下の内容と合致する。

問十 ①が、傍線部Cまでをまとめた内容となっている。②の活字印刷と板木印刷のどちらが使われたのかの差は地域差ではない。③は、「小規模に」という点が本文にない。④は「絵画類は価値を認められなかった」の部分が不適切。

問十一 「通俗」の影響は、傍線部Dの含まれる段落とその次の段落にまとめられている。内容と合致しているのは③。①は「良いところを取り合わせて」の部分、②は「『通俗』の表現を簡単にした『翻案』が現れ」の部分、④は「中国の話芸から講談が生まれ」以下の部分が、本文と合致しない。

問十二 傍線部Eの含まれる段落に注目する。まず「必然」とは「掛軸、屏風絵、…日本のメディアの歴史」とあるように、文学と絵がともに発展したことを指す。「偶然」とは、活字から板木に転換したことを指す。両方の内容を含む②を選ぶ。

▲国語▼

出典 田中優子「庶民文化を作った印刷メディア」（『江戸時代の印刷文化 家康は活字人間だった!!』印刷博物館開館特別企画展図録）

解答

問一 **ア**―③ **ク**―④
問二 ①
問三 **ウ**―③ **カ**―②
問四 ②
問五 ④
問六 **キ**―① **コ**―④
問七 ②
問八 ③
問九 ③
問十 ①
問十一 ③
問十二 ②

解説

問八 ヨーロッパの本が何に及ばなかったのかを考える。傍線部A中にある「それ」は、直前の「日本の近世…入り込んでいた例」を指す。③の後半と合致する。

一般選抜 一般入試Ⅰ期A日程

問題編

▶試験科目・配点

学部	教 科	科 目	配 点
法・経営 保健医療	選 択	「コミュニケーション英語Ⅰ・Ⅱ，英語表現Ⅰ」，「日本史B」，「世界史B」，「数学Ⅰ・Ⅱ・A」，「物理基礎・物理」，「化学基礎・化学」，「生物基礎・生物」，「国語総合（古文・漢文を除く）・現代文B」から２教科２科目選択。ただし，保健医療学部看護学科は「日本史B」，「世界史B」の選択不可。	200点 （各100点）
歯	外国語	コミュニケーション英語Ⅰ・Ⅱ，英語表現Ⅰ	100点
	選 択	「数学Ⅰ・Ⅱ・A」，「物理基礎・物理」，「化学基礎・化学」，「生物基礎・生物」から１科目選択。	100点
	面 接	個人面接	段階評価

▶備 考

上記および書類審査（段階評価）の総合判定により選抜。

【大学入学共通テストプラス入試】

- 法・経営・保健医療（健康スポーツ科）学部：一般入試の高得点１科目と大学入学共通テストの高得点１科目および書類審査で判定。
- 保健医療（看護）学部：一般入試の高得点１科目と大学入学共通テストの高得点２科目および書類審査で判定。
- 歯学部：一般入試の高得点１科目・面接と大学入学共通テストの高得点２科目および書類審査で判定。

英　語

（2科目 120分）

I　Read the sentences and complete each one with the most appropriate vocabulary item.
次の文(問1～5)の空所に入れるのに最も適当なものを，それぞれ下の①～④のうちから一つ選べ。

問1　When elementary school kids find something interesting, they become excited and [1] to keep on doing it. However, their concentration usually does not last that long compared with junior or high school students.

①　eager　　②　vulnerable　　③　connected　　④　thankful

問2　I was very fortunate to meet Dr. Sakai when I was in high school. He is the one who [2] me to be a surgeon. Without him, I would not be working in this hospital as a doctor.

①　perspired　　②　expired　　③　aspired　　④　inspired

問3　The country has to deal with a difficult situation and it is going to take a long time to improve. This situation is the [3] of the leader's not complying with international law.

①　advice　　②　consequence　　③　agreement　　④　expectation

問4　It is often said that music is [4] language. This is because music exists in every society. People all over the world enjoy music.

①　a principal　　②　an official　　③　a universal　　④　an additional

問5　Our restaurant provides various kinds of course meals so that we can meet your needs.

Please visit our website and choose one depending on your [5].

① preferences ② characteristics ③ weight ④ height

Ⅱ Read the dialogs and complete each one with the most appropriate choice.
次の対話文(問6～8)の空所に入れるのに最も適当なものを，それぞれ下の①～④のうちから一つ選べ。

問6 (On a train)

A: Excuse me, but I think this is my seat.
B: Really? [6]. It says 11-C, and this seat is 11-C, isn't it?
A: Yeah, you're right, but my ticket says 11-C, too.
B: Oh, your ticket says 11-C of Car 5. This is Car 6.

① I'm afraid it is ② Let me check my ticket
③ I think I lost my ticket ④ Let's take another train

問7 (In the library)

A: This book is overdue by two days.
B: Oh, I am so sorry. I totally forgot about it. [7]?
A: In Japan, there's no such thing. Just be careful next time.
B: Oh, thank you very much. I was afraid that I'd have to pay a lot.

① How much is the late fee ② Which rule should I follow
③ Can I give you a tip ④ When is the deadline

問8 (In the classroom)

A: Mr. Brown, could you [8]?
B: Oh, sure. How about this?
A: Yes, I can see them a lot better now. Thank you very much.
B: No problem.

① turn up the volume of the speaker
② please help me solve this math problem

③ do me a favor of you

④ make the words on the screen a little bigger

Ⅲ Read the passages and select the most appropriate choice for each blank.

次の文章(問９～11)を読み，空所に入れるのに最も適当なものを，それぞれ下の①～④のうちから一つ選べ。

問９ [9] occurs when a message sent by someone is not understood in the way the sender wanted it to be understood. One cause of this can be cultural differences. In some countries, people tend to convey their messages directly, but in other countries, people expect the receiver of the message to read between lines. In order to avoid this problem, understanding other cultures is important.

① Miscalculation　② Miscommunication

③ Misbehavior　④ Misclassification

問10 Our life is full of ups and downs. On good days, you feel ecstatic because everything goes smoothly, but on bad days, you are stuck and cannot move forward because of difficulties you face. However, when you overcome the difficulties by yourself, you will have a sense of [10]. Remember that getting over challenges or difficulties helps you grow.

① impartiality　② commitment　③ grievance　④ accomplishment

問11 [11] is a visual art related to writing letters with ink and brush. This form of writing originated from ancient China, and later spread to other Asian countries. In Japan, it is taught as an art-related subject in school. These days, some people write letters on large paper with music, which looks like they are dancing and writing letters at the same time.

① Calligraphy　② Geography　③ Psychology　④ Sociology

Ⅳ Read the passage and select the most appropriate choice for each blank.
次の文章の空所(問12 ～ 17)に入れるのに最も適当なものを，それぞれ下の①～④のうちから一つ選べ。

Co-workers and employers have often mentioned I hum while I work. Sometimes they say they find it amusing. When I was working alone at home one day, it became clear to me that I am, indeed, a [12]! Oddly, I hum old songs — many from my mother's era. Since I can't carry a tune, perhaps this is a substitute.

It made me curious about humming, so I decided to research it. It [13] out that humming is much more than a breathy random melody. It affects us physically as well as mentally, in much stronger ways than I'd have ever guessed. It seems logical that it might reduce stress, but it actually lowers your heart rate and blood pressure, and produces very powerful chemicals in the body, like oxytocin — sometimes [14] "the love hormone."

Humming — or a version of it — also helps during meditation. Many meditation exercises use the "Om" chant to relax and enhance well-being. Some people say it helps us to reach a higher consciousness. The "Om" chant is a kind of humming, where you breathe and make sounds. Many religious and meditative practices use [15] chants that are like humming.

[16] to scientists, humming and other rhythmic behaviors are likely millions of years old. Cave dwellers may have copied the sounds animals make when they meet. When the early humans met strangers, these sounds might have been a signal that they were people and not predators. Humming was a way of [17] safety in a dangerous environment.

(The Japan Times Alpha, January 22, 2022を一部改変)

	①	②	③	④
問12	singer	hummer	nuisance	colleague
問13	figures	makes	finds	turns
問14	call	to call	calling	called
問15	unusual	different	similar	common
問16	Thanks	According	Due	Compared
問17	communicate	communicated	communicating	communication

V Read the information and the passage, and answer the questions.

次の表と文章を読み，問い(問18 ～ 21)の空所に入れるのに最も適当なものを，①～④のうちから一つずつ選べ。

World Fitness Membership List

Membership	Day & Time	Monthly Fee
Daytime	9:00 – 17:00 Mondays to Fridays (except for holidays)	6,000 yen
Nighttime	17:00 – 22:00 Mondays to Fridays (except for holidays)	7,000 yen
Weekend	9:00 – 22:00 Weekends and holidays	8,000 yen
Nighttime & Weekend	17:00 – 22:00 Mondays to Fridays 9:00 – 22:00 Weekends and holidays	14,000 yen
All Day	9:00 – 22:00 Everyday	18,000 yen

Masaki graduated from university two years ago, and now works for a mobile phone company. When he was a student of Business Administration in university, he exercised regularly because he was a member of the badminton club. However, since he started working, he has not exercised as much as he should. One reason is partly because he has been busy working, but the biggest reason is that he does not have many opportunities to do so. When Masaki had a medical check-up last month, the doctor advised him to exercise more so that he could maintain his health.

One day, when Masaki was on the way home after work, he got a flyer at the station. The flyer was an advertisement of a new sports gym "World Fitness", which would open next month. The sports gym was just a 10-minute walk from his apartment, and he thought it would be a good idea to go there and do exercise regularly. The advertisement said those interested could visit the gym to see the equipment and facilities, so Masaki went there to see what they have. He was impressed not only by the brand-new high-tech equipment but especially by the fact that they even have a big spa so that people can relax after exercising.

Masaki looked at the membership fee on the flyer and started thinking about which membership he should get. He had to work from 8:30 a.m. to 5:00 p.m. on weekdays, and he did not work on weekends and holidays. As he wanted to make it a rule to exercise regularly, he thought going to the gym after work could be a good routine for him. He also wanted to save money, so the cheaper the monthly fee, the better, he thought. After considering all of these conditions carefully, he has found the membership that best fits him. He is very excited to start working out at the new sports gym next month.

問18 The table shows that [18].

① Daytime members are allowed to go to the gym on Saturdays
② the Nighttime membership fee is the cheapest of all
③ Weekend members cannot use the gym on national holidays
④ the All Day membership costs the most of all the memberships

問19 Masaki [19].

① majored in Physical Education in university
② was told not to do exercise by the doctor
③ used to play a sport when he was a student
④ saw an advertisement of World Fitness in the train

問20 What impressed Masaki the most was [20].

① that the membership fees were very reasonable
② the kindness of the staff members of World Fitness
③ how beautiful all the equipment and facilities were
④ the spa that World Fitness users can use

問21 Masaki has most likely decided to choose the [21].

① Daytime membership
② Nighttime membership
③ Weekend membership
④ Nighttime & Weekend membership

VI Read the passage and answer the questions.
次の文章を読み，問い（問22 ～ 25）の答えとして最も適当なものを，①～④のうちから一つずつ選べ。

Jon was born in Japan to a Japanese mother and an Australian father. Although both of his parents spoke Japanese and English, they made a family rule about their language use with Jon. His mother used Japanese when she communicated with Jon, and his father used English when he talked with his son. When all three of them talked, they used whichever language was more comfortable depending on the situation.

Soon after Jon started going to elementary school, he gradually came to realize that he was different from most other kids in his class. Jon's skin was paler than other kids' and his hair was not as black as his classmates'. When the school had an open-class day, on which many fathers and mothers could come to school to observe how their children were doing in school, Jon's father came. He was glad to see Jon getting along with his friends. During the break time, Jon's father spoke to Jon in English and told him that he was glad to visit the school and to see how Jon was doing. Jon thanked him for coming to school in English. However, Jon noticed all of his friends were looking at him and his father. Some of his classmates were whispering, "Jon is speaking English! He is like a foreigner." Jon felt too embarrassed to continue talking with his father in English any longer. This open-class day experience made Jon reluctant to stand out and even more determined to blend into his Japanese school environment by behaving just like his Japanese classmates.

When Jon became a high school student, he met Taichi. When Taichi was practicing his English speech for his class, Jon found Taichi having difficulty pronouncing some words with a "th" sound, such as "think" and "through". Jon approached Taichi and gave him some tips on how to pronounce those words. After practicing with Jon for a few days, Taichi managed to pronounce those difficult words well. Taichi thanked Jon, and Jon was very glad he was of help to others. Jon and Taichi became good friends through this experience. One day, Jon revealed to Taichi that he had been suffering from the feeling that he neither fit in Japan nor in Australia because he is half Japanese and half Australian. Jon had been wondering whether he was Japanese or Australian. Then, Taichi said to Jon, "You are Jon with two nationalities, Japanese and Australian. Why do you have to choose one of them? You have both, which makes you what you are and who you are!" When Jon heard this, he finally felt that it was OK to be himself and he did not have to try so hard to behave just like other Japanese people do.

Jon is now a university student studying to be an elementary school teacher. He knows there are many children in school who are in a similar situation to the one in which Jon was. They are struggling to find out their own identities and wondering who and what they are. Jon wants to help these children just like his best friend, Taichi, did. He wants to let them know that being born to a bicultural family is a great asset they should be proud of. This is why Jon hopes to be a teacher in the future.

問22　Which is true of Jon's family? [22]

① Jon's father and mother spoke both English and Japanese.
② Jon's father used Japanese when he talked with Jon.
③ Jon's mother had difficulty making herself understood in English.
④ Jon could not differentiate between Japanese and English.

問23　What happened to Jon when he was in elementary school? [23]

① Jon was bullied by his classmates because he looked different.
② Jon was the only student whose father came on the open-class day.
③ Jon had a good time chatting with his father when he visited school.
④ Jon made up his mind to behave more like his classmates in school.

問24　What do we learn about Jon and Taichi? [24]

① Jon and Taichi have been friends since elementary school.
② Jon advised Taichi to study more so that he would do well in school.
③ Taichi helped Jon acquire native Japanese pronunciation for his class.
④ What Taichi said to Jon made him realize that he did not have to change.

問25　What made Jon feel like becoming a teacher? [25]

① The good memory he had with one of his elementary school teachers.
② The experience of teaching English pronunciations to his friends.
③ The experience of being helped by his friend's words.
④ The lesson that made him realize how difficult it is to master English.

日本史

（2 科目 120 分）

I　次の文章を読み，下記の設問に答えなさい。（解答欄 ア ～ オ ）

弥生時代になると，(a)環濠集落があらわれ，石製や金属製の武器が出現する。このことから，日本は争いの時代に突入したといえる。各地には小国が分立し，中国の歴史書である『（　b　）』地理志には，「倭人」の社会は百余国に分かれていたことが記されている。そのような小国のなかには，中国に使者を送り，印綬や称号を授かることがあった。たとえば57年，倭の王は中国の光武帝より(c)印綬を受けている。また239年には，（　d　）の女王であった卑弥呼は中国へと使者を送り，「（　e　）」の称号を得ている。

問１　下線部(a)を有する弥生時代の遺跡として正しいものを，選択肢①～④より一つ選びなさい。

解答欄 ア

①　早水台遺跡　②　岩宿遺跡　③　唐古・鍵遺跡　④　茂呂遺跡

問２　文中(b)に当てはまる書物名を，選択肢①～④より一つ選びなさい。

解答欄 イ

①　宋書　②　漢書　③　後漢書　④　隋書

問３　下線部(c)が発見された福岡県の島はどれか，選択肢①～④より一つ選びなさい。

解答欄 ウ

①　玄海島　②　志賀島　③　沖ノ島　④　姫島

問４　文中(d)に当てはまる国名を，選択肢①～④より一つ選びなさい。

解答欄 エ

①　投馬国　②　狗奴国　③　邪馬台国　④　伊都国

問５　文中(e)に当てはまる称号を，選択肢①～④より一つ選びなさい。

解答欄 オ

①　使持節都督倭　　②　安東大将軍倭国王
③　漢委奴国王　　④　親魏倭王

Ⅱ　[史料A]と[史料B]を読み，下記の設問に答えなさい。(解答欄 カ ～ ソ)

[史料A]
(天平十五年五月)乙丑《いっちゅう》，詔して曰く，「聞くならく，墾田は(a)養老七年の格に依りて，限《かぎり》満つる後，例に依りて収授す。是に由りて農夫怠倦して，開ける地復《ま》た荒る，と。今より以後は，任《まま》※1に私財と為《な》し，三世一身を論ずること無く，咸悉《みなことごと》くに永年取る莫《なか》れ。〔後略〕」

[史料B]
(天平十五年)冬十月辛巳《しんし》，詔して曰く，「〔中略〕粤《ここ》に天平十五年歳次癸未《きび》十月十五日を以て，菩薩の大願を発して，(b)盧舎那仏の金銅像一躯を造り奉る。〔後略〕」
※1…意のままに。

出典：笹山晴生ほか編『詳説　日本史史料集』再訂版
(引用に際してルビなどの一部を出題者が改めた)

問1　[史料A]と[史料B]は，ともに743年，ある天皇により出された。この天皇とは誰か，選択肢①～④より一つ選びなさい。
解答欄 カ
①　文武天皇　　②　元明天皇　　③　元正天皇　　④　聖武天皇

問2　[史料A]の示す法令とは何か，選択肢①～④より一つ選びなさい。
解答欄 キ
①　班田収授法　　②　荘園整理令　　③　半済令　　④　墾田永年私財法

問3　[史料A]中の下線部(a)「養老七年の格」とは，新たに開墾した土地について，一定期間の土地所有を認めるという，723年に発出された法令を指している。この法令とは何か，選択肢①～④より一つ選びなさい。
解答欄 ク
①　百万町歩の開墾計画　　②　三世一身法
③　田畑勝手作許可　　④　養老律令

問４　[史料A]中の下線部(a)「養老七年の格」の「格」とは何か。それを説明した文章として正しいものを，選択肢①～④より一つ選びなさい。

解答欄 ケ

① 律令の施行規則を指す。

② 天皇の命令を伝える文書を指す。

③ 律令の条文を補足・改正するために出されたものを指す。

④ 院庁から下達された公文書を指す。

問５　[史料A]の発令によって，初期荘園が誕生することになる。この初期荘園を説明した文章として正しいものを，選択肢①～④より一つ選びなさい。

解答欄 コ

① 初期荘園は，みずからが開墾した土地や買収した墾田からなっていた。

② 初期荘園は，すべて不輸租田に分類されたため，その所有者は莫大な収益を手にした。

③ 初期荘園は，検田使などの役人の立ち入りをいっさい禁止したので，その独立性は非常に強かった。

④ 初期荘園は，律令国家の国郡制と対立するかたちで荘官らによって経営されていた。

問６　[史料B]の示す詔とは何か，選択肢①～④より一つ選びなさい。

解答欄 サ

① 国分寺建立の詔　② 改新の詔　③ 戊申詔書　④ 大仏造立の詔

問７　[史料B]中の下線部(b)「盧舎那仏の金銅像一躯」を説明した文章として正しいものを，選択肢①～④より一つ選びなさい。

解答欄 シ

① 752年に催された大仏の開眼供養には，曹洞宗の開祖である道元なども参列している。

② 大仏造立事業には，市聖とも称されて庶民から支持されていた空也上人が参画した。

③ 鎮護国家の思想を象徴する大仏である。

④ この大仏が完成した時の都は恭仁京である。

問８　[史料A]と[史料B]の出された8世紀の出来事について説明した文章として**誤っているもの**を，選択肢①～④より一つ選びなさい。

解答欄 ス

① 飢饉や疫病などの社会的不安を克服するため，持統天皇により，藤原京への遷都が行われた。

② 東北には出羽国を，南九州には大隅国をそれぞれおいた。

③ 武蔵国から銅が献上されると銭貨の和同開珎を鋳造し，その流通を企図して蓄銭叙位令が発せられた。

④ 称徳天皇からの支持を得ていた道鏡は，仏教政治を展開した。

問9 [史料A]と[史料B]の出された8世紀の文化について説明した文章として正しいものを，選択肢①～④より一つ選びなさい。

解答欄 セ

① かな文字の発達により国文学が普及し，歌物語の『伊勢物語』などが誕生した。

② 国ごとにまとめられた地誌である『風土記』が編さんされた。

③ 貴族の邸宅は，寝殿造とよばれる日本風のものへと変化した。

④ 律令制度の完成により，朝廷の儀式や先例を研究する有職故実が重んじられ，一条兼良による『公事根源』や『樵談治要』が成立した。

問10 [史料A]と[史料B]の出された8世紀の外交について説明した文章として正しいものを，選択肢①～④より一つ選びなさい。

解答欄 ソ

① 沿海州地方の女真族(刀伊)が九州北部に来襲した。

② 菅原道真の建言により，唐への遣使を中止した。

③ 渤海は唐や新羅との対抗関係から，日本に使節を派遣して国交を求めた。

④ 唐や新羅により圧迫されていた百済は，日本に対して救援を求めた。

Ⅲ 次の年表を見て，下記の設問に答えなさい。(解答欄 タ ～ ニ)

1177年	(a)鹿ヶ谷の陰謀が起きる
	↕ (e)
1221年	(b)承久の乱が起きる
	↕ (f)
1274年	(c)文永の役が起きる
	↕ (g)
1297年	(d)永仁の徳政令が出される

問1 下線部(a)の事件を説明した文章として正しいものを，選択肢①～④より一つ選びなさい。

解答欄 タ

① 後白河法皇の側近の藤原成親らが平氏打倒の計画を立て，失敗に終わった事件である。

② 後白河法皇の皇子の以仁王らが平氏打倒の計画を立て，失敗に終わった事件である。

③ 北条時政が源実朝の殺害と平賀朝雅の将軍擁立を図り，失敗に終わった事件である。

④ 左大臣であった源高明を藤原氏が失脚させた事件である。

問2 下線部(b)の結果，生じた変化について説明した文章として**誤っているもの**を，選択肢①～④より一つ選びなさい。

解答欄 チ

① 幕府は皇位の継承に介入するようになった。

② 朝廷や西国を監視するため，幕府は京都に六波羅探題をおいた。

③ 幕府が院政をいっさい停止させたことにより，朝廷は天皇親政となった。

④ 畿内や西国にあった荘園・公領にも，幕府の影響がひろく及ぶようになった。

問3 下線部(c)の際，幕府の執権であった人物は誰か，選択肢①～④より一つ選びなさい。

解答欄 ツ

① 北条泰時　② 北条時頼　③ 北条時宗　④ 北条貞時

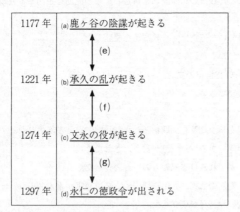

問４　下線部(d)を説明した文章として正しいものを，選択肢①～④より一つ選びなさい。

解答欄 テ

① 御家人の所領の質入れや売買を今後はいっさい禁止した。

② 御家人だけではなく，困窮した民衆にも徳政令がひろく適用された。

③ 高利貸業者である札差や豪商に対して，御家人が売却した所領を無償で返却させた。

④ 徳政令の条件として，分一銭の納入を御家人に課したため，幕府の財政は一時的に回復した。

問５　(e)に起きた出来事のうち，正しいものはどれか，選択肢①～④より一つ選びなさい。

解答欄 ト

① 承平・天慶の乱　② 平治の乱　③ 宝治合戦　④ 和田合戦

問６　(f)に起きた出来事のうち，**誤っているもの**はどれか，選択肢①～④より一つ選びなさい。

解答欄 ナ

① 引付の設置　② 建武式目の成立

③ 皇族(親王)将軍の誕生　④ 連署の設置

問７　(g)に起きた出来事を説明した文章として正しいものを，選択肢①～④より一つ選びなさい。

解答欄 ニ

① 全国の守護に対して，一国内の年貢の半分を徴収できるという観応の半済令を発布した。

② 内管領の平頼綱により，有力御家人の安達泰盛らが滅ぼされる事件が起きた。

③ 日本初の武家法である貞永式目をつくった。

④ 天龍寺建立の費用を得るため，天龍寺船を元に派遣した。

Ⅳ　次の[史料]と[説明文]を読み，下記の設問に答えなさい。(解答欄 ヌ ～ ノ)

[史料]

日本全国当■の町より安全なる所なく，他の諸国に於て動乱あるも，此町には嘗《かつ》て無く，敗者も勝者も，此町に来住すれば皆平和に生活し，諸人相《あい》和《わ》し，他人に害を加ふる者なし。〔中略〕町は甚だ堅固にして，西方は海を以て，又他の側は深き堀を以て囲まれ，常に水充満せり。

出典：笹山晴生ほか編『詳説　日本史史料集』再訂版
(引用に際してルビを改め，一部の文字を■にした)

[説明文]

この町は15世紀後半より，(　a　)貿易や(　b　)貿易で繁栄した港町である。36人からなる会合衆によって町政が運営され，中世ヨーロッパに見られるような政治的・宗教的自由や経済的特権を獲得した，いわゆる(c)自由(自治)都市の性格を備えていた。

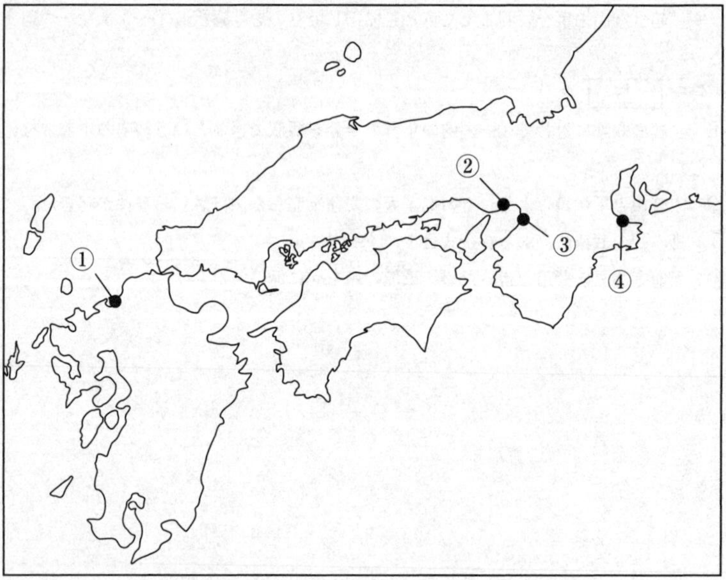

問１　[史料]および[説明文]の指す町とはどこか，地図中の選択肢①～④より一つ選びなさい。

解答欄 ヌ

問２　[説明文]中の（　a　）（　b　）に当てはまる語句の組み合わせとして正しいものを，選択肢①～④より一つ選びなさい。

解答欄 ネ

①　a 日明・b 朱印船　　②　a 日明・b 南蛮

③　a 日宋・b 朱印船　　④　a 日宋・b 南蛮

問３　[説明文]中の下線部(c)の性格を有する町として該当するものはどれか，選択肢①～④より一つ選びなさい。

解答欄 ノ

①　越後国直江津　　②　摂津国平野　　③　駿河国府中　　④　近江国坂本

Ⅴ　江戸時代の貨幣に関する[史料]を読み，下記の設問に答えなさい。
（解答欄 ハ ～ ヘ ）

[史料]

正徳四午年[※1]五月

金[※2]銀[※3]吹替[※4]につき品々御書付

〔中略〕

慶長年中定置れ候金銀の法[※5]，(a)元禄年中に至て，始て[※6]その品[※7]を改められ，〔中略〕就中[※8](b)元禄の金は折損し候につきて，その通用難儀候由を聞召及はれ，〔後略〕

※１… 1714年。この年の干支は午である。

※２…小判などの金貨を指す。

※３…丁銀などの銀貨を指す。

※４…改鋳のこと。

※５…決まりや基準のこと。

※６…「初めて」と同意。

※７…品位のこと。

※８…とりわけ。

出典：石井良助編『徳川禁令考』前集第６

（引用に際してカタカナ・漢字の一部をひらがなに改めた）

問１　[史料]から読み取れることとして正しいものを，選択肢①～④より一つ選びなさい。

解答欄 ハ

① [史料]は元禄年間に出されたと考えられる。

② [史料]は三貨の改鋳について説明している。

③ 金貨・銀貨の品位は元禄年間になって初めて改められた。

④ 元禄年間に鋳造された三貨は破損しやすかったので，使い勝手が悪かった。

問２　[史料]中の下線部(a)を実施した勘定吟味役は誰か，選択肢①～④より一つ選びなさい。

解答欄 ヒ

①　間部詮房　　②　荻原重秀　　③　保科正之　　④ 新井白石

問３　[史料]中の下線部(b)の理由として考えられるものを，選択肢①～④より一つ選びなさい。

解答欄 フ

① 貨幣の鋳造技術が向上したため。

② 貨幣の鋳造技術が低下したため。

③ それまでの金貨に比べて，金の含有量を高くしたため。

④ それまでの金貨に比べて，金の含有量を低くしたため。

問４　江戸時代の貨幣制度について説明した文章として正しいものを，選択肢①～④より一つ選びなさい。

解答欄 ヘ

① 三貨間の交換率は，江戸時代を通じて常に一定であった。

② 金貨は目方(重さ)をはかって使用する秤量貨幣であった。

③ 三貨間の両替を商売とする蔵元・問屋が全国各地に設けられた。

④ 取引に際して，東日本ではおもに金貨が，西日本ではおもに銀貨が使用された。

Ⅵ　次の文章を読み，下記の設問に答えなさい。(解答欄 ホ ～ ミ)

18世紀半ば頃から，多くの藩では，その藩士子弟を教育するために(　a　)を設けるようになる。そこでは，朱子学を中心とする儒学が教授され，武芸の修練もあわせて行われた。

また，民衆の教育機関には，村役人・富裕の町人・僧侶・神主などによって自発的に営まれた(　b　)が数多くあり，民衆の知的発展に大きく貢献したが，(c)明治5年のある出来事を機に，(　b　)は廃業するところが多かった。

問1　(　a　)に該当する教育機関の具体例として最も適当ものを，選択肢①～④より一つ選びなさい。

解答欄 ホ

①　[設立地]豊後日田 [名称]咸宜園　　②　[設立地]萩 [名称]松下村塾
③　[設立地]近江小川 [名称]藤樹書院　　④　[設立地]福岡 [名称]修猷館

問2　(　b　)に該当する教育機関を説明した文章として正しいものを，選択肢①～④より一つ選びなさい。

解答欄 マ

①　都市部で発達したため，農村部にはほとんど見られなかった。
②　なかでも大坂にあった懐徳堂が有名である。
③　女性には敬遠されたため，通うのは男性ばかりであった。
④　読み書きをはじめとする民衆の日常生活に必要な教育を施した。

問3　下線部(c)の理由として正しいものを，選択肢①～④より一つ選びなさい。

解答欄 ミ

①　僧侶による経営がそのほとんどを占め，廃仏毀釈の影響により，打ちこわしの対象となったから。
②　学制の公布の影響により，新たな教育機関である小学校が各地に設立され，それまでの役割を終えたから。
③　大政奉還の影響で，幕府からの金銭的支援が一切なくなったから。
④　殖産興業の影響で，子どもたちも労働の対象となり，教育どころではなくなったから。

Ⅶ　[史料A]と[史料B]を読み，下記の設問に答えなさい。（解答欄 ム ～ ヤ ）

[史料A]

第一条　清国ハ朝鮮国ノ完全無欠ナル独立自主ノ国タルコトヲ確認ス。因テ右独立自主ヲ損害スヘキ朝鮮国ヨリ清国ニ対スル貢献典礼等ハ将来全ク之ヲ廃止スヘシ。〔中略〕

第四条　清国ハ(a)<u>軍費賠償金トシテ庫平銀二億両</u>ヲ日本国ニ支払フヘキコトヲ約ス。〔後略〕

[史料B]

(　b　)国皇帝陛下ノ政府ハ，日本ヨリ清国ニ向テ求メタル講和条約ヲ査閲スルニ，其要求ニ係ル(　c　)ヲ日本ニテ所有スルコトハ，常ニ清国ノ都ヲ危フスルノミナラズ，之ト同時ニ朝鮮国ノ独立ヲ有名無実トナスモノニシテ，右ハ将来永ク極東永久ノ平和ニ対シ障害ヲ与フルモノト認ム。随テ(　b　)国政府ハ日本国皇帝陛下ノ政府ニ向テ重テ其誠実ナル友誼ヲ表センガ為メ，茲ニ日本国政府ニ勧告スルニ，(　c　)ヲ確然領有スルコトヲ放棄スヘキコトヲ以テス。

出典：笹山晴生ほか編『詳説　日本史史料集』再訂版
（引用に際してルビを出題者が改めた）

問１　[史料A]は日本が締結した講和条約である。この講和条約とは何か，選択肢①～④より一つ選びなさい。

解答欄 ム

①　江華条約　②　下関条約　③　ポーツマス条約　④　北京議定書

問２　[史料A]中の下線部(a)の一部を充当して設立された官営工場はどれか，選択肢①～④より一つ選びなさい。

解答欄 メ

①　東京砲兵工廠　②　八幡製鉄所　③　長崎造船所　④　深川セメント製造所

問３　[史料B]は，[史料A]の講和条約締結により日本に割譲されたある地域について，その返還を日本に要求するというものである。この要求の中心となった[史料B]中の(　b　)に当てはまる国名を，選択肢①～④より一つ選びなさい。

解答欄 モ

①　英　②　伊　③　墺　④　露

問４　[史料B]により日本が返還した地域，すなわち[史料B]中の(　c　)に当てはまる地域はどれか，下記の地図中にある選択肢①　④より　つ選びなさい。

解答欄 | ヤ |

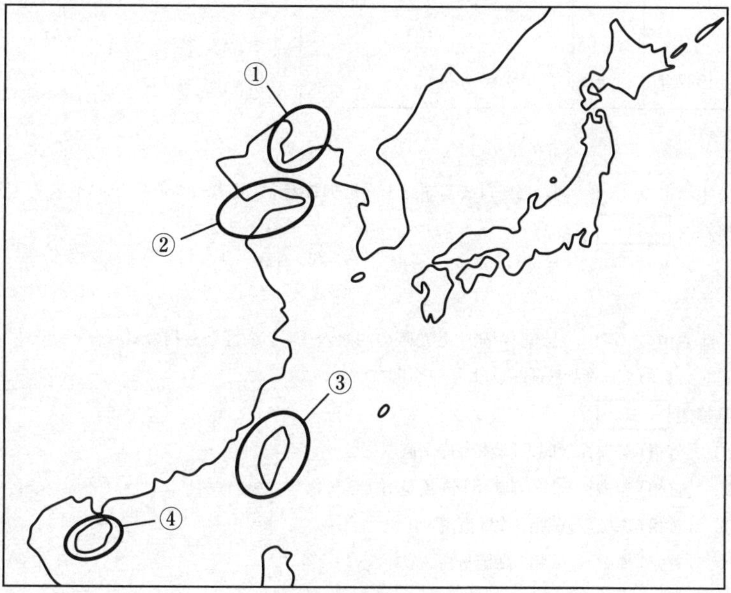

Ⅷ　次の年表を見て，下記の設問に答えなさい。(解答欄 ユ ～ リ)

1920 年	(　a　) 恐慌が起きる
	↕ (c)
1927 年	(　b　) 恐慌が起きる

問１　年表中の「(　a　)」に当てはまる語句を，選択肢①～④より一つ選びなさい。

解答欄 ユ

① 戦後　② 震災　③ 金融　④ 農村

問２　年表中の「(　b　)恐慌」が発生した際の内閣のうち，首相と蔵相の組み合わせとして正しいものを，選択肢①～④より一つ選びなさい。

解答欄 ヨ

① ［首相］若槻礼次郎・［蔵相］片岡直温

② ［首相］若槻礼次郎・［蔵相］高橋是清

③ ［首相］原敬・［蔵相］片岡直温

④ ［首相］原敬・［蔵相］高橋是清

問３　年表中の「(　b　)恐慌」により退陣した内閣のあとを継いで成立した，田中義一内閣の対応を説明した文章として正しいものを，選択肢①～④より一つ選びなさい。

解答欄 ラ

① ３週間のモラトリアム(支払猶予令)を発して，休業した銀行に対して日本銀行が巨額の救済融資を行った。

② 金輸出解禁を実施して為替相場を安定化させて，低迷していた貿易の拡大を推進した。

③ 重要産業統制法を発令して，カルテルの結成を容認するとともに，生産・価格の制限を規定して，経済統制を行った。

④ 農山漁村経済更生運動を展開して，産業組合の拡充などにより，「自力更生」を促した。

問４　(c)に起きた出来事を説明した文章として**誤っているもの**を，選択肢①～④より一つ選びなさい。

解答欄 リ

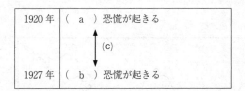

① 憲政会・革新倶楽部・立憲政友会の護憲三派連立による加藤高明内閣が誕生した。
② 普通選挙法の成立により，選挙人の納税額の資格制限が撤廃された。
③ 中国の袁世凱政府に対して，山東省のドイツ権益の譲渡などを盛り込んだ二十一カ条の要求を行った。
④ 関東大震災の発生により，たとえば京浜地区のほとんどの工場が倒壊・焼失するなど，日本経済は大きな打撃をこうむった。

Ⅸ 次の説明文を読み，下記の設問に答えなさい。（解答欄 ル ～ ン ）

［説明文A］
・1945年10月，（ a ）が首相に就任した。連合国軍最高司令官のマッカーサーは，（ a ）に対して口頭で(b)五大改革を指示したという。

［説明文B］
・1982年に首相に就任した（ c ）は，「戦後政治の総決算」をスローガンに，(d)行財政改革を推進した。

問１ （ a ）に当てはまる人物は誰か，選択肢①～④より一つ選びなさい。
解答欄 ル
① 吉田茂　② 幣原喜重郎　③ 芦田均　④ 片山哲

問２ 下線部(b)に**該当しないもの**を，選択肢①～④より一つ選びなさい。
解答欄 レ
① 労働組合の結成奨励　② 経済機構の民主化
③ 教育制度の改革　④ 国家神道の解体

問３ （ c ）に当てはまる人物は誰か，選択肢①～④より一つ選びなさい。
解答欄 ロ
① 三木武夫　② 田中角栄　③ 中曽根康弘　④ 竹下登

問４ 下線部(d)に該当するものを，選択肢①～④より一つ選びなさい。
解答欄 ワ
① 郵政民営化の実現　② 電電公社・専売公社・国鉄の民営化の実現
③ 中央省庁再編成の実現　④ 消費税導入の実現

問5　[説明文A]と[説明文B]の間に起きた出来事として**誤っているもの**を，選択肢①～④より一つ選びなさい。

解答欄 ［ ン ］

①　ベトナム戦争の勃発　　②　日ソ共同宣言の調印

③　湾岸戦争の勃発　　④　沖縄返還

世界史

（2科目 120分）

I　キリスト教について述べた次の文章を読んで，以下の設問に答えよ。
（解答欄 ア ～ シ ）

1世紀頃，ローマ支配下の(a)パレスチナで誕生したキリスト教は，ローマ皇帝ネロによる迫害にもかかわらず，その信者を着実に増やしていった。3世紀後半に即位したディオクレティアヌス帝は大規模なキリスト教徒への弾圧を行ったが，次のコンスタンティヌス帝は帝国の安定を図るために(b)313年にキリスト教を公認し，325年に教義の統一を行った。そして，392年にテオドシウス帝はキリスト教を国教とした。

その後，西ヨーロッパ中世世界では，ローマ教皇を頂点とするピラミッド型の階層制組織が作られた。また大司教や修道院長などは国王や貴族から寄進された荘園を持つ(c)封建領主として，経済的にも大きな地位を占めるようになっていった。13世紀初め，(d)ローマ教皇の権威は絶頂期を迎えたが，国王の勢力が伸張すると徐々に衰退へと向かった。中世ヨーロッパではキリスト教の発展に伴い各地に(e)キリスト教の大聖堂が建築された。

(f)ルネサンス期に入ると，人文主義者の中から，ローマ＝カトリック教会を批判する者が現れた。その後，16世紀に入ると，ドイツのルター，フランスの(g)カルヴァンによって宗教改革は本格化した。ルターが発表した(h)「九十五カ条の論題」はまたたく間にドイツに広がった。以後，ドイツでは，ルター派とカトリックの対立が激化したが，(i)1555年の宗教和議で一応の妥協が成立した。16世紀後半になると，カルヴァン派も商工業の盛んな地域に広まった。イギリスでは1534年，ヘンリ8世が首長法を制定し，(j)イギリス国教会を成立させた。一方，ローマ＝カトリック教会の内部でも自己改革を進める運動が生まれた。

ルター派やカルヴァン派などの新教とカトリック(旧教)との対立は当時の戦争の主な原因となった。フランスではユグノー(カルヴァン派)の勢力が拡大し(k)1562年ユグノー戦争が勃発した。16～17世紀に繰り返された宗教戦争の中で最大のものは，ドイツで起った(l)三十年戦争である。この戦争は1648年の条約によって終結したが，戦場となったドイツは荒廃し，人口は激減した。

問1　下線(a)に関連して，この地域に前1500年頃に移住・定着したヘブライ人について述べた文として**誤りを含むもの**を次の①～④より一つ選べ。 ア

① セム語系の民族で，海上貿易で活躍し，カルタゴなどの植民市を建設した。

② モーセを指導者に「出エジプト」を行った。

③ ヘブライ人の王国は，ダヴィデ王，ソロモン王の統治下で繁栄した。

④ ヤハウェを唯一神とし，救世主(メシア)を待ち望むユダヤ教を生み出した。

問２　下線(b)に関連して，コンスタンティヌス帝がキリスト教を公認した勅令と教義を統一した公会議の名称の組み合わせとして正しいものを次の①～④より一つ選べ。 イ

	勅　令	公会議
①	ミラノ勅令	エフェソス公会議
②	ミラノ勅令	ニケーア公会議
③	アントニヌス勅令	エフェソス公会議
④	アントニヌス勅令	ニケーア公会議

問３　下線(c)に関連して，中世ヨーロッパの封建制と荘園制について述べた文として**誤りを含むもの**を次の①～④より一つ選べ。 ウ

① 封建制は，ローマの恩貸地制度とゲルマンの従士制を起源としている。

② 双務的契約の主従関係を基盤とし，一人の臣下が複数の主君を持つことができた。

③ 荘園では耕地を３分して，年ごとに春耕地・秋耕地・休耕地と入れ替える三圃制が発達した。

④ 農奴は賦役や貢納などの義務を負ったが，住居移転の自由は有していた。

問４　下線(d)に関連して，中世のローマ教皇に関して述べた文として**誤りを含むもの**を次の①～④より一つ選べ。 エ

① グレゴリウス７世は，聖職叙任権をめぐり神聖ローマ皇帝ハインリヒ４世と対立した。

② ウルバヌス２世は，聖地イェルサレムを奪還するために，クレルモン宗教会議で十字軍を提唱した。

③ インノケンティウス３世の時代に教皇権は絶頂期に達し，彼はイギリス王ジョンを破門した。

④ ボニファティウス８世は，教皇庁をローマからアヴィニョンに移した。

問５　下線(e)に関連して，下の写真はピサ大聖堂であるが，この大聖堂に代表される建築様式について述べた文として正しいものを次の①～④より一つ選べ。 オ

① 窓が広く尖頭アーチと内部のステンドグラスが特徴である。

② 大ドームが用いられ，内部はモザイク壁画で装飾されている。

③ 石造りの分厚い壁に小さな窓と半円状のアーチが特徴である。

④ フランスのノートルダム大聖堂も同じ建築様式である。

問6　下線(f)に関連して，ルネサンス期に活躍した芸術家たちの絵画・彫刻のA～Dについて述べた文として**誤りを含むもの**を次の①～④より一つ選べ。 カ

A

B

C

D

① Aはレオナルド＝ダ＝ヴィンチの「最後の晩餐」である。

② Bはラファエロの「アテネの学堂」である。

③ Cはボッティチェリの「春」である。

④ Dはミケランジェロの「ダヴィデ像」である。

問7　下線(g)に関連して，カルヴァンの宗教改革について述べた文として**誤りを含むもの**を次の①～④より一つ選べ。 キ

① スイスのチューリヒで宗教改革を行った。

② 人の魂が神によって救済されるか否かは，あらかじめ予定されていると説いた。

③ 職業に励んだ結果としての蓄財を肯定した。

④ カルヴァン派の人々はイングランドではピューリタンと呼ばれた。

問8　下線(h)に関連して，下の資料はルターの「九十五カ条の論題」の一部である。この資料を読んで，AとBの文の正誤の組み合わせとして正しいものを次の①～④より一つ選べ。

ク

> 第二十七　かれらは人に説教して，金銭が箱になげいれられて，音がするならば，霊魂は(煉獄から)とびにげる，といっている。
> 第八十二　もし，教皇が教会をたてるというような瑣末《さまつ》な理由で，いともけがらわしい金銭をあつめるため，無数の霊魂をすくうのならば，なぜ，あらゆることのうち，もっとも正しい目的である，いとも聖なる慈愛と霊魂の大なる必要のために，煉獄から(霊魂)をすくいださないのであろうか。
> (樺山紘一訳 『新訳　世界史史料・名言集』(山川出版社)

A　ローマ教皇レオ10世がサン＝ピエトロ大聖堂の改築資金を集めるためにドイツで贖宥状の販売を行ったことをルターは批判した。

B　ルターはヴォルムスの帝国議会に神聖ローマ皇帝カール５世から呼び出されたため，やむを得ず自説を撤回した。

① A―正　B―正　　② A―正　B―誤
③ A―誤　B―正　　④ A―誤　B―誤

問９　下線(i)に関連して述べた文として**誤りを含むもの**を次の①～④より一つ選べ。

ケ

① この和議は，アウクスブルクで結ばれた。
② この和議では，ルター派の信仰が容認されたが，カルヴァン派は認められなかった。
③ この和議では，領民個人には信仰の自由は認められず，それぞれの諸侯の宗派に従うこととなった。
④ この和議の結果，イエズス会(ジェズイット教団)が結成された。

問10　下線(j)に関連して，イギリスの宗教改革について述べたA～Cが年代の古いものから順に正しく配列されているものを次の①～⑥より一つ選べ。 コ

A　エリザベス１世が統一法を制定し，イギリス国教会を確立した。
B　メアリ１世はカトリックを復活させ，新教徒を弾圧した。
C　エドワード６世は一般祈禱書を制定した。

① A→B→C　② A→C→B　③ B→A→C
④ B→C→A　⑤ C→A→B　⑥ C→B→A

問11 下線(k)に関連して，ユグノー戦争中の出来事について述べたAとBの文の正誤の組み合わせとして正しいものを次の①～④より一つ選べ。 サ

A この戦争の中で，多数の新教徒が殺害されるサンバルテルミの虐殺が起った。

B ブルボン家のアンリ４世は，ナントの王令(勅令)でユグノーにも信仰の自由を与え，内戦を終わらせた。

① A－正 B－正　② A－正 B－誤
③ A－誤 B－正　④ A－誤 B－誤

問12 下線(l)に関連して述べた文として**誤りを含むもの**を次の①～④より一つ選べ。
シ

① ベーメン(ボヘミア)の新教徒の反乱をきっかけに戦争が始まった。
② フランスは神聖ローマ皇帝を助けて旧教側で参戦した。
③ スウェーデン国王グスタフ＝アドルフは新教側で参戦した。
④ 旧教側では傭兵隊長のヴァレンシュタインが活躍した。

Ⅱ 西アジアの歴史について述べた次の文章を読んで，以下の設問に答えよ。
(解答記号 ス ～ ネ)

ティグリス川・ユーフラテス川流域の(a)メソポタミアでは，外敵の侵入が容易な地形であったこともあり，アラビア半島や周辺の高原からセム語系やインド＝ヨーロッパ語系の民族が流入し，国家がめまぐるしく興亡した。前７世紀前半にはアッシリアによってオリエントが統一され，メソポタミアもアッシリアの支配下に入ったが，その支配は短期間で終わった。やがてアケメネス朝がオリエントを再統一し，西アジア一帯も長期間にわたって支配されることとなった。

アケメネス朝は，前330年にアレクサンドロス大王の東方遠征によって滅ぼされた。大王の死後，イラン高原はセレウコス朝の支配下におかれたが，前３世紀半ば，遊牧イラン人が自立して(b)パルティアを建国した。さらに３世紀には農業を生活基盤としていたイラン人が(c)ササン朝を建国した。アケメネス朝の復興を掲げたササン朝ではゾロアスター教を国教とするなどイランの伝統的文化を受け継いだ。

７世紀，アラビア半島では，ムハンマドによって(d)イスラーム教が創始された。ムハンマドの死後，その後継者であるカリフによってイスラーム教は急速に勢力を拡大し，正統カリフ時代には，ササン朝を滅ぼして西アジア一帯をその支配下に置いた。そして(e)ウマイヤ朝の時代には，さらに領域を拡大した。しかし８世紀半ば，ウマイヤ朝が(f)アッバース朝に

よって倒されると，ウマイヤ朝の一族は後ウマイヤ朝を建て，イスラーム世界の分裂が始まった。アッバース朝の第２代カリフであるマンスールは，かつてのササン朝の首都クテシフォンに近い（　g　）に新首都を建設した。その後，10世紀に，ファーティマ朝がアッバース朝カリフの権威を否定してカリフを称するようになると，(h)イベリア半島の後ウマイヤ朝の君主もカリフを称したため，イスラーム世界で３人のカリフが並び立つようになり，アッバース朝カリフの権威は低下していった。

11世紀半ばに西アジアを支配したトルコ人の(i)セルジューク朝はアッバース朝のカリフから（　j　）の称号を与えられ，その権威のもとでイスラーム世界を支配した。13世紀末に成立したオスマン帝国は，14世紀後半からバルカンに進出し，(k)1453年にはコンスタンティノープルを占領し東ローマ帝国を滅ぼした。地中海世界の重要部を支配したオスマン帝国は16世紀の(l)スレイマン１世の時代に最盛期を迎えた。しかし，17世紀後半になると拡大の勢いは失われ，諸民族の自立とヨーロッパ諸国の進出により衰退していった。

問１　下線(a)に関連して，前2700年頃までに，メソポタミアで都市文明を生み出したシュメール人について述べた文として正しいものを次の①～④より一つ選べ。　ス

①　ウル，ウルクなどの都市国家を建設した。

②　霊魂不滅を信じ，「死者の書」を作った。

③　インド＝ヨーロッパ語族で，鉄製武器を最初に用いた。

④　ゼロの観念を生み出し，十進法を用いた。

問２　下線(b)に関連して，パルティアは中国の『史記』では何と記されていたか。正しいものを次の①～④より一つ選べ。　セ

①　安息　　②　吐蕃　　③　大食　　④　大宛

問３　下線(c)について述べた文として**誤りを含むもの**を次の①～④より一つ選べ。

ソ

①　ホスロー１世は突厥と結び，エフタルを滅ぼした。

②　シャープール１世はローマ皇帝ウァレリアヌスを捕虜とした。

③　トゥール・ポワティエ間の戦いでフランク王国に敗れた。

④　ニハーヴァンドの戦いでアラブ人に大敗した。

問４　下線(d)について述べた文として**誤りを含むもの**を次の①～④より一つ選べ。

タ

①　ムスリムと呼ばれる信徒には六信と五行の義務が課せられた。

②　聖典の『コーラン』はアラビア語で書かれていた。

③　唯一神アッラーの像を作ることは厳しく禁じられた。

④　ヴァルナと呼ばれる厳格な身分制度があった。

問5　下線(e)に関連して，ウマイヤ朝時代の最大領域として正しいものを次の①～④より一つ選べ。［チ］

①
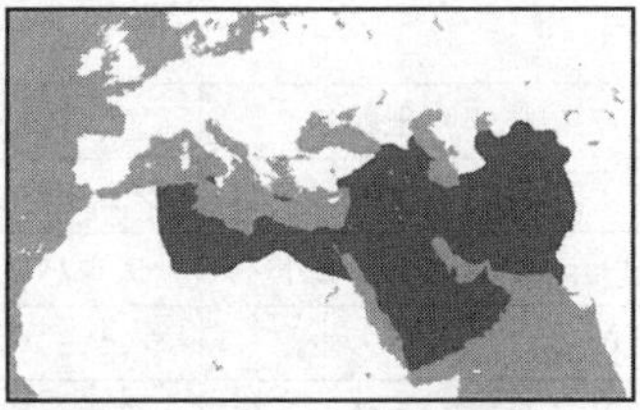

②
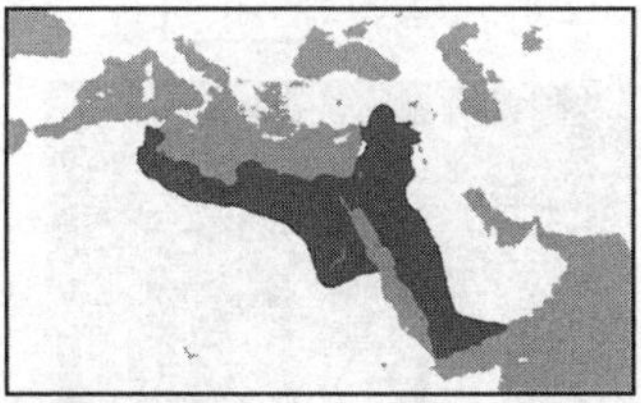

③
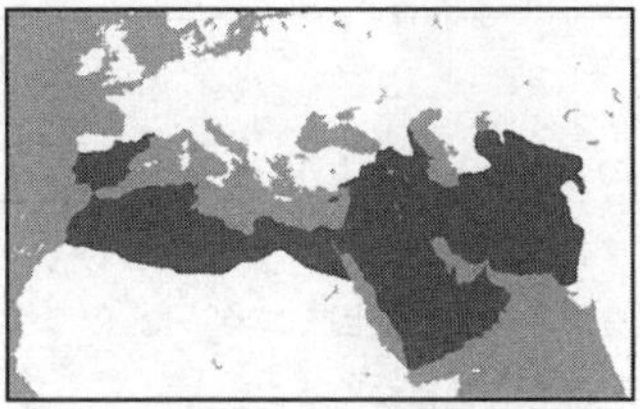

④
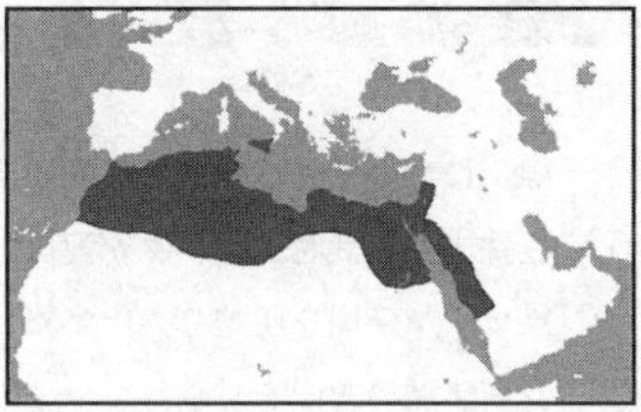

問6　下線(f)に関連して，アッバース朝期に実現した税制上の改革について述べたAとBの文の正誤の組み合わせとして正しいものを次の①～④より一つ選べ。［ツ］

A　ハラージュは，土地所有者のうち非アラブ人に課税されるようになった。

B　ジズヤは，異教徒に対して課税され，イスラーム教徒は民族に関係なく免除された。

①　A－正　B－正　　②　A－正　B－誤

③　A－誤　B－正　　④　A－誤　B－誤

問7　下の地図㊙は(　g　)に入る都市の市街図である。これを参考にして，この都市の名称とその地図上の位置(下の地図㋥のAまたはB)の組み合わせとして正しいものを次の①～④より一つ選べ。［テ］

㊙
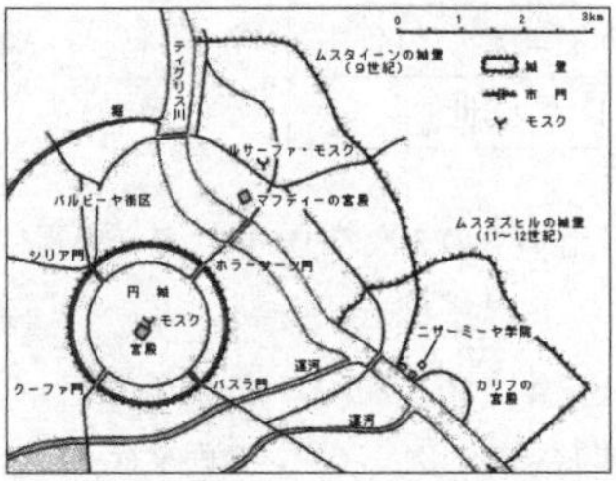

㋥
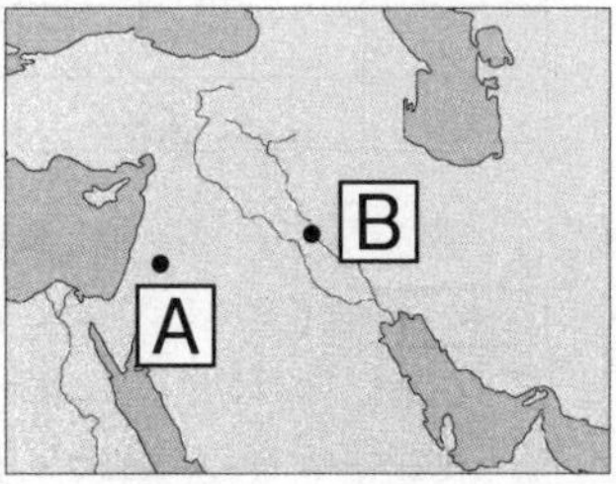

① バグダード — A　　② バグダード — B
③ ダマスクス — A　　④ ダマスクス — B

問８　下線(h)に関連して，下の写真はイベリア半島最後のイスラーム王朝が首都のグラナダに建設した宮殿である。この王朝名と宮殿名の組み合わせとして正しいものを次の①～④より一つ選べ。[ト]

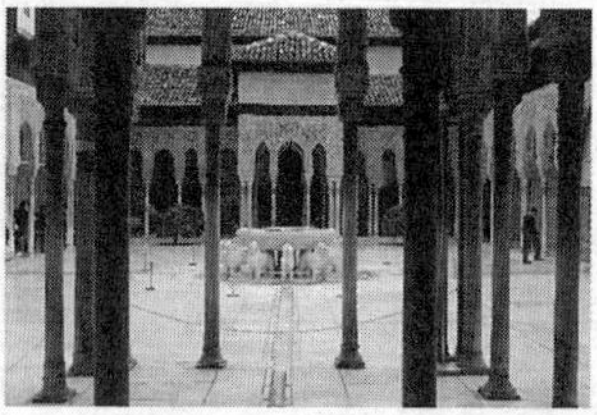

	王朝名	宮殿名
①	ムラービト	シェーンブルン
②	ムラービト	アルハンブラ
③	ナスル	シェーンブルン
④	ナスル	アルハンブラ

問９　下線(i)について述べた文として正しいものを次の①～④より一つ選べ。[ナ]
① 奴隷出身の武将アイバクが建国した。
② 東ローマ帝国を圧迫し，十字軍の遠征を引き起こす要因をつくった。
③ シーア派の神学を奨励してマドラサ(学院)を各地につくった。
④ タラス河畔の戦いで唐軍を破ったが，この時，製紙法がイスラーム世界に伝わった。

問10　(　j　)に適する語を次の①から④より一つ選べ。[ニ]
① 大アミール　　② スルタン　　③ ウラマー　　④ シャー

問11　下線(k)に関連して，この占領後にコンスタンティノープルにあったビザンツ様式の聖堂は，四方にミナレットが付け加えられてモスクに改築された。この聖堂の名称と６世紀の東ローマ帝国の皇帝で，この聖堂の建立に関わりの深い人物名との組み合わせとして正しいものを次の①～④より一つ選べ。[ヌ]

	聖堂名	東ローマ皇帝名
①	ハギア＝ソフィア	ユスティニアヌス1世
②	ハギア＝ソフィア	レオン3世
③	アミアン	ユスティニアヌス1世
④	アミアン	レオン3世

問12　下線(l)のスレイマン１世の業績として正しいものを次の①～④より一つ選べ
[ネ]
① 1538年，レパントの海戦でスペイン・ヴェネツィアなどの連合軍を破った。
② 神聖ローマ帝国の拠点ウィーンに進軍し，第一次ウィーン包囲を行った。

③　エジプト，シリアを支配していたマムルーク朝を攻撃して滅ぼした。

④　アンカラの戦いでティムール朝を破り，中央アジアに進出した。

Ⅲ　清朝末期から中華人民共和国成立までの中国の歴史について述べた次の文章を読んで，以下の設問に答えよ。（解答記号 ノ ～ ヤ ）

清朝では，19世紀半ばから(a)アヘン戦争などアジア進出をめざす列強との争いが始まり，(b)不平等条約を押しつけられて半植民地状態になっていった。そして中国本土だけでなく(c)清仏戦争や(d)日本による朝鮮への侵略など中国周辺地域への圧力も厳しさを増していった。

1905年，(e)孫文は中国同盟会を組織し，「三民主義」をスローガンとする革命運動を指導した。1911年，(f)辛亥革命が勃発し，孫文は臨時大総統に就任し，1912年，南京で中華民国の成立を宣言した。清朝の実力者袁世凱は孫文と交渉し，臨時大総統の地位をゆずり受け清朝を滅亡させた。袁世凱の死後，列強の支援を受けた軍閥が各地に分立し，抗争を繰り返した。

(g)第一次世界大戦が始まると欧米列強に代り日本の中国への進出が激しさを増した。孫文は日本の進出に対抗するため，ソ連の援助を受け入れて顧問をまねき，1924年，共産党員の国民党入党を認める第１次国共合作を実現させた。1925年に孫文は病死したが，その後，国民党の指導者となった(h)蔣介石は，1926年，中国統一を目指して北伐を開始する中，(i)1927年，クーデタを起こして共産党を弾圧したため，再び国共の対立が始まった。しかし，(j)満州事変を機に中国の抗日運動は全国に広まり，1937年の日中戦争開始後，(k)第２次国共合作が実現した。これにより，抗日戦争が本格化した。

第二次世界大戦後，国民党と共産党の衝突が再び始まった。そして，毛沢東率いる共産党が1949年10月に(l)中華人民共和国の成立を宣言すると国民党は台湾へ逃れ，ここで中華民国政府を維持することとなった。

問１　下線(a)に関連して，アヘン戦争から辛亥革命までの年表中の A ～ D の時期の中から洋務運動が始まった時期として正しいものを次の①～④より一つ選べ。 ノ

1840年～1842年	アヘン戦争
A	
1856年～1860年	アロー戦争
B	
1900年～1901年	義和団事件
C	
1911年	辛亥革命
D	

①　A　　②　B　　③　C　　④　D

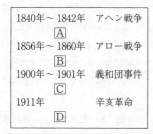

問２　下線(b)に関連して，不平等条約のうち，義和団事件後の北京議定書(辛丑和約)で新たに定められた内容として正しいものを次の①～④より一つ選べ。 ハ

①　外国公使の北京駐在が認められた。

②　香港島がイギリスに割譲された。

③　公行が廃止され上海などが開港された。

④　列強の北京駐屯権が認められた。

問３　下線(c)に関連して述べたＡとＢの文の正誤の組み合わせとして正しいものを次の①～④より一つ選べ。 ヒ

Ａ　フランスはこの戦争に勝利し，ベトナムの保護権を清朝に認めさせた。

Ｂ　戦後のベトナムでは三・一独立運動が起った。

①　Ａ－正　Ｂ－正　　②　Ａ－正　Ｂ－誤

③　Ａ－誤　Ｂ－正　　④　Ａ－誤　Ｂ－誤

問４　下線(d)に関連して，1876年に日本と朝鮮は日本側に有利な日朝修好条規(江華条約)という不平等条約を締結するが，その契機となった出来事は何か。正しいものを次の①～④より一つ選べ。 フ

①　攘夷を主張する大院君派の軍隊が，日本公使館などを襲撃した。

②　全琫準らが，政府の圧政や日本などの侵略に反発して蜂起した。

③　安重根が，ハルビン駅頭で伊藤博文を暗殺した。

④　朝鮮沿岸で示威行動中の日本軍艦が朝鮮側から砲撃された。

問５　下線(e)に関連して，下の史料は孫文が1905年に発表した『民報－発刊之詞』(石橋秀雄訳)にある「三大主義(のちの三民主義の骨子をなすもの)」についての文である。それを読んでＡとＢの文の正誤の組み合わせとして正しいものを次の①～④より一つ選べ。

ヘ

> 余(孫文)が考えるに，欧米諸国の進化は，すべて三大主義にもとづいている。民族・民権・民生というのがそれである。(略)今，中国は，1000年以上にわたる専制政治の害毒が解消されず，そのうえ，異種(異民族，ここでは清朝)の支配が残存し，諸外国の圧迫も強いので，民族主義と民権主義は，瞬時といえどもゆるがせにすることはできない。しかし，民生主義の面では，欧米諸国が，その積弊《せきへい》を克服できず，困惑し，苦しんでいるのに対し，中国のみは，まだその病弊を深く受けてはおらず，これを除去することはやさしい。
>
> (石橋秀雄訳　『新訳　世界史史料・名言集』山川出版社)

A　孫文が唱える「三民主義」(民族の独立・民権の伸張・民生の安定)は中国革命の基本理念として支持された。

B　孫文は清朝政府と手を結ぶことで日本をはじめとする列強支配からの脱却を目指した。

①　A－正　B－正　　②　A－正　B－誤
③　A－誤　B－正　　④　A－誤　B－誤

問6　下線(f)に関連して，辛亥革命の原因・経過・結果について述べた文として正しいものを次の①～④より一つ選べ。 [ホ]

①　清朝が国有化した幹線鉄道を担保に外国から借款したことに対して起こった四川暴動が革命の契機となった。
②　革命勢力は「滅満興漢」を掲げた。
③　革命中に西太后らによる戊戌の政変が起きた。
④　革命の結果，光緒帝が退位した。

問7　下線(g)に関連して，第一次世界大戦から第1次国共合作までの間に起ったA～Cが年代の古いものから順に正しく配列されているものを次の①～⑥より一つ選べ。
[マ]

A　五・四運動が起きた。
B　日本の大隈重信内閣が二十一カ条要求を袁世凱政府に突きつけた。
C　パリ講和会議が始まった。

①　A→B→C　　②　A→C→B　　③　B→A→C
④　B→C→A　　⑤　C→A→B　　⑥　C→B→A

問8　下線(h)について述べた文として正しいものを次の①～④より一つ選べ。 [ミ]

①　八・一宣言を発表し抗日のための民族統一戦線結成を呼びかけた。
②　『狂人日記』を発表し，白話運動を推進した。
③　浙江財閥という資本家集団と結びついた。
④　中華ソヴィエト共和国臨時政府を樹立した。

問9　下線(i)に関連して，蔣介石がクーデタを起こした都市名とその地図中の位置の組み合わせとして正しいものを次の①～④より一つ選べ。 [ム]

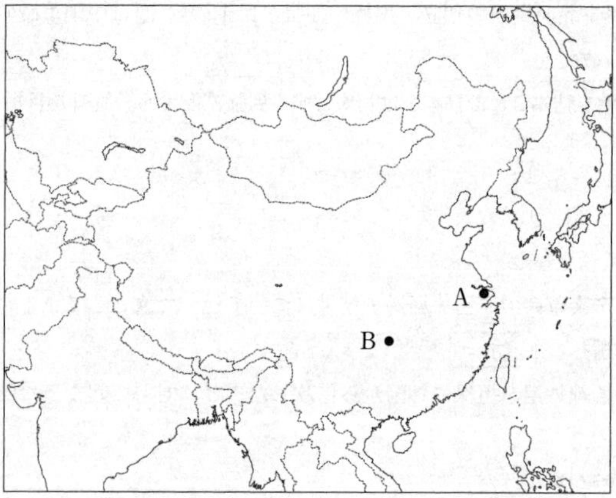

	都市名	地図上の位置
①	上海	A
②	上海	B
③	瑞金	A
④	瑞金	B

問10　下線(j)について述べた文として**誤りを含むもの**を次の①～④より一つ選べ。 メ

① 日本は柳条湖での鉄道爆破を中国の仕業として軍事行動を開始した。

② 日本は溥儀を満州国の執政にすえた。

③ 日中の紛争を調査するため，国際連盟はリットン調査団を派遣した。

④ 日本は満州撤兵などの勧告案が採択されたのを不満として，ドイツ，イタリアに続き国際連盟を脱退した。

問11　下線(k)に関連して，第２次国共合作の直接のきっかけとなった1936年に起きた事件の名称として正しいものを次の①～④より一つ選べ。 モ

① 西安事件　② 済南事件　③ 南京事件　④ 奉天事件

問12　下線(l)に関連して，中華人民共和国の歴史について述べた文として正しいものを次の①～④より一つ選べ。 ヤ

① 1950年，中ソ友好同盟相互援助条約を結ぶなどソ連とは緊密な関係を保ち，ワルシャワ条約機構にも加盟した。

② 1954年，中国の周恩来首相はインドネシアのスカルノ大統領と会談し，平和五原則を発表した。

③　1966年からのプロレタリア文化大革命によって，「四つの現代化」政策を推進した。

④　1989年，より広い自由化を求める運動を政府が武力で弾圧する天安門事件が起きた。

Ⅳ　アメリカ合衆国の歴史について述べた次の文章を読んで，以下の設問に答えよ。
（解答記号 ユ ～ ゴ ）

(a)17世紀後半から始まる英仏植民地戦争に勝利したイギリスは北米に広大な植民地を手に入れた。しかし，戦争による赤字財政を軽減するために(b)イギリスは北米植民地に対する課税政策を強化した。これに対して植民地側の本国政府への不満が大きくなり，(c)1775年，独立戦争が始まった。(d)開戦当初は苦戦した植民地軍であったが，(e)1783年，ついに独立を達成した。

その後，19世紀初頭に起ったアメリカ＝イギリス(米英)戦争により，経済的な自立化が進んだアメリカ合衆国は，(f)外国からの買収・割譲によって領土を拡大していった。これに伴い(g)西部開拓も進められていったが，やがて北部と南部の対立が深まり，1861年，(h)南北戦争が始まり，激戦の末，北部が勝利をおさめた。南北戦争後，アメリカ合衆国の工業は急速に発展し，(i)19世紀末にはイギリスを抜いて世界最大の工業国となった。

第一次世界大戦で，アメリカ合衆国は，戦争の終結に大きな役割を果たし，戦後，(j)国際政治に強い影響力を発揮するようになった。国内においても(k)1920年代のアメリカ合衆国の経済は，「永遠の繁栄」を謳歌した。

第二次世界大戦でもアメリカ合衆国は連合国の勝利に貢献した。戦後，(l)冷戦時代に入り，国際政治は米ソ二大国が動かすようになった。アメリカ合衆国は世界の紛争地域に対しても，朝鮮戦争や(m)ベトナム戦争にみられるように軍事介入を行い，(n)冷戦終結後も，ソ連の崩壊により，さらに国際政治に大きな影響力を及ぼしている。

問１　下線(a)に関連して，北米でフレンチ＝インディアン戦争が起きていた時代に，ヨーロッパ大陸においてもイギリスとフランスは敵対し，戦争に参加していたが，その戦争名を次の①～④より一つ選べ。 ユ

①　七年戦争　　②　オーストリア継承戦争

③　スペイン継承戦争　　④　ファルツ戦争

問２　下線(b)に関連して，右の絵画は，植民地の人々がイギリス本国の制定したある法に対して反発を見せたものである。その法に該当するものを次の①～④より一つ選べ。 ヨ

①茶法　②印紙法

③砂糖法　④タウンゼンド諸法

問３　下線(c)に関連して，独立戦争の経過について述べた文として正しいものを次の①～④より一つ選べ。 ラ

①　植民地側はレキシントンで第１回大陸会議を開き，本国に抗議した。

②　フランスのミラボーは独立軍に義勇兵として参加した。

③　プロイセンのフリードリヒ２世の提唱で武装中立同盟が結成され，イギリスは孤立した。

④　ワシントンが植民地軍の総司令官に任命された。

問４　下線(d)に関連して，下の文は苦戦していた独立軍の士気を盛り上げた『コモン＝センス』というパンフレットの一節である。この文中の「私」とは誰のことか。次の①～④より一つ選べ。 リ

> 私は，はっきりと積極的に，そして良心的に次のことを確信している。それは，イギリスから分離独立することがこの大陸の真の利益であって，それ以外のすべてのことは一時的なつぎはぎ細工に過ぎず，決して永続的な幸福をもたらさないということである。
>
> （中村道雄訳　『新訳　世界史史料集・名言集』山川出版社）

①　フランクリン　②　トマス＝ペイン

③　パトリック＝ヘンリ　④　ハミルトン

問５　下線(e)に関連して，この時，締結されたパリ条約でアメリカは独立と領土を獲得したが，その獲得した領土の場所を下の地図中の①～④より一つ選べ。 ル

（「世界史リブレット・大陸国家アメリカの展開」（山川出版社）の地図を基に作成）

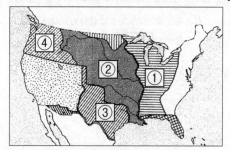

問6　下線(f)に関連して述べた文として正しいものを次の①～④より一つ選べ。 [レ]

① イギリスとの交渉の結果，アラスカを獲得した。
② フランスのナポレオンからミシシッピ川以西のルイジアナを購入した。
③ メキシコとの戦いの結果，オレゴンを獲得した。
④ アメリカ＝スペイン(米西)戦争の結果，フロリダを獲得した。

問7　下線(g)に関連して述べた文として正しいものを次の①～④より一つ選べ。 [ロ]

① ジャクソン大統領は，ホームステッド法を制定し西部の農民に土地を無償で与えた。
② テキサスでゴールドラッシュが起った。
③ 西部開拓を正当化するためにマニフェスト＝デスティニー(「明白な天命」)というスローガンが使用された。
④ 初の西部出身の大統領としてジェファソンが当選した。

問8　下線(h)に関連して述べた文として**誤りを含むもの**を次の①～④より一つ選べ。 [ワ]

① 南部では黒人奴隷を使用するプランテーションが発達していた。
② 北部は工業製品の輸出を伸ばすために自由貿易を主張した。
③ リンカンは奴隷解放宣言を発し，内外世論の支持を得た。
④ ゲティスバーグの戦いを機に優勢となった北部がこの戦争に勝利した。

問9　下線(i)に関連して，19世紀末から第一次世界大戦勃発までのアメリカ合衆国について述べた文として正しいものを次の①～④より一つ選べ。 [ン]

① 国務長官ジョン＝ヘイは列強の中国分割に対して門戸開放宣言を提唱した。
② ラテンアメリカ諸国に対して善隣外交を展開した。
③ 先住民をミシシッピ川以西に追放する強制移住法を制定した。
④ ワグナー法により労働者の権利拡大を認めた。

問10　下線(j)に関連して，1920年代にアメリカが関与した出来事として**誤りを含むもの**を次の①～④より一つ選べ。 [ガ]

① ドーズ案を作成し，ドイツの賠償問題の解決に努めた。
② 国際連盟に加盟し，その中心的役割を果たした。
③ フランスとともに不戦条約を提唱し，武力によらない紛争解決を定めた。
④ ワシントン会議を主導し，東アジア・太平洋地域の国際秩序の確立に貢献した。

問11　下線(k)に関連して，当時のアメリカ合衆国の繁栄について述べた文として**誤りを含むもの**を次の①～④より一つ選べ。 [ギ]

① 自家用自動車が普及し交通渋滞も各地で見られた。

② ラジオ・映画・スポーツなどの大衆娯楽が発展した。

③ 禁酒法が制定される一方で，密造酒の製造・販売が横行し，ギャングの資金源となった。

④ ライト兄弟が動力飛行機の実験に初めて成功した。

問12 下線(l)に関連して，東西冷戦について述べた文として正しいものを次の①～④より一つ選べ。［ グ ］

① 米英仏管理下の西ドイツで行われた通貨改革を機に，ソ連はベルリンの壁を建設した。

② アメリカ合衆国がマーシャル＝プランを発表すると，ソ連はすぐにコミンテルン(共産主義インターナショナル)を創設した。

③ 朝鮮戦争では，韓国を支援するためにアメリカ軍を中心とする国連軍が派遣された。

④ キューバ危機では，アメリカ合衆国がソ連のミサイル基地建設を認めて戦争の危機を回避した。

問13 下線(m)に関連して，1965年，北ベトナムへの爆撃(北爆)を開始した時のアメリカ大統領を次の①～④より一つ選べ。［ ゲ ］

① ジョンソン大統領　② ケネディ大統領

③ ニクソン大統領　④ カーター大統領

問14 下線(n)に関連して，1989年，アメリカ合衆国のブッシュ大統領とソ連のゴルバチョフ書記長が冷戦の終結を宣言した会談の名称を次の①～④より一つ選べ。［ ゴ ］

① ポツダム会談　② 大西洋上会談

③ ヤルタ会談　④ マルタ会談

数　学

（2 科目 120 分）

解答欄記入上の注意

1　問題の文中の $\boxed{ア}$，$\boxed{イ}\boxed{ウ}$ などには，数字（0～9）又は符号（－）が入ります。ア，イ，ウ，・・・の一つ一つは，これらのいずれか一つに対応します。それらを解答用紙のア，イ，ウ，・・・で示された解答欄にマークして答えなさい。

2　分数形で解答する場合，分数の符号は分子につけ，分母につけてはいけません。
例えば，$\dfrac{\boxed{エ}\boxed{オ}}{\boxed{カ}}$ に $-\dfrac{2}{3}$ と答えたいときは，$\dfrac{-2}{3}$ として答えなさい。
また，それ以上約分できない形で答えなさい。

3　根号を含む形で解答する場合は，根号の中に現れる自然数が最小となる形で答えなさい。
例えば，$\boxed{キ}\sqrt{\boxed{ク}}$ に $4\sqrt{2}$ と答えるところを，$2\sqrt{8}$ のように答えてはいけません。

4　分数形で根号を含む形で解答する場合，$\dfrac{\boxed{ケ}+\boxed{コ}\sqrt{\boxed{サ}}}{\boxed{シ}}$ に $\dfrac{3+2\sqrt{2}}{2}$ と答えるところを，$\dfrac{6+4\sqrt{2}}{4}$ や $\dfrac{6+2\sqrt{8}}{4}$ のように答えてはいけません。

$\boxed{\text{I}}$　以下の問いに答えよ。

(1)　2024 の正の約数は 1 と自分自身を含めて $\boxed{ア}\boxed{イ}$ 個ある。

(2)　関数 $f(x)=x^2-2ax+a+1$ の最小値を m とする。ただし，a は定数である。

$1 \leqq f(1) \leqq 4$ であるとき，$\boxed{ウ}\boxed{エ} \leqq m \leqq \dfrac{\boxed{オ}}{\boxed{カ}}$ である。

(3)　BC＝4，$\angle$BAC＝30°である三角形 ABC の面積の最大値は $\boxed{キ}+\boxed{ク}\sqrt{\boxed{ケ}}$ である。

Ⅱ 点P $(x,\ y)$が，$x-3y+1\leqq 0$ かつ $3x-2y-4\leqq 0$ かつ $2x+y-12\leqq 0$ で表される領域の内部または周上にある。以下の問いに答えよ。

(1) $\boxed{\text{コ}}\leqq x+y\leqq\boxed{\text{サ}}$ である。

(2) $\dfrac{\boxed{\text{シ}}}{\boxed{\text{ス}}}\leqq\dfrac{y}{x}\leqq\boxed{\text{セ}}$ である。

(3) $\dfrac{\boxed{\text{ソ}}}{\boxed{\text{タ}}\boxed{\text{チ}}}\leqq\dfrac{y}{x^2}\leqq\dfrac{\boxed{\text{ツ}}}{\boxed{\text{テ}}\boxed{\text{ト}}}$ である。

Ⅲ ABを直径の両端とする半径1の半円がある。弧AB上に点Pを $\angle\text{PAB}=\theta$ となるようにとり，θ は $0<\theta<\dfrac{\pi}{2}$ の範囲を動くものとする。次の問いに答えよ。

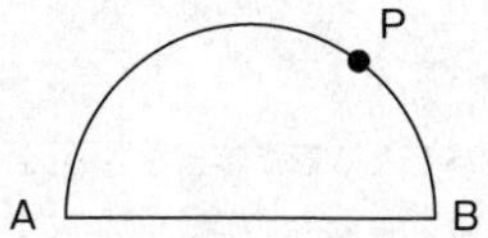

(1) AP + BPの値の範囲は $\boxed{\text{ナ}}<\text{AP}+\text{BP}\leqq\boxed{\text{ニ}}\sqrt{\boxed{\text{ヌ}}}$ である。

(2) AP^2+BP^2 の値は $\boxed{\text{ネ}}$ である。

(3) AP^3+BP^3 の値の範囲を求める。

$t=\sin\theta+\cos\theta$ とおくと $\text{AP}^3+\text{BP}^3=\boxed{\text{ノ}}\boxed{\text{ハ}}\,t^3+\boxed{\text{ヒ}}\boxed{\text{フ}}\,t$ と表される。

これを $f(t)$ とおき $f(t)$ の値の範囲を求めれば $\boxed{\text{ヘ}}\sqrt{\boxed{\text{ホ}}}\leqq\text{AP}^3+\text{BP}^3<\boxed{\text{マ}}$ が得られる。

Ⅳ　正方形 ABCD に対角線 AC, BD が引かれている。点 P は最初頂点 A にあり，1 秒ごとに今いる頂点から他の 3 つの頂点のいずれかに等しい確率で，辺または対角線に沿って移動する。点 P が t 秒後に頂点 A にいる確率を P_t とするとき，次の問いに答えよ。

(1)　点 P が 1 秒後に頂点 A にいる確率は $P_1 = \boxed{ミ}$ である。

(2)　点 P が 2 秒後に頂点 A にいる確率は $P_2 = \dfrac{\boxed{ム}}{\boxed{メ}}$ である。

(3)　点 P が 3 秒後に頂点 A にいる確率は $P_3 = \dfrac{\boxed{モ}}{\boxed{ヤ}}$ である。

(4)　点 P が 4 秒後に頂点 A にいる確率は $P_4 = \dfrac{\boxed{ユ}}{\boxed{ヨ}\boxed{ラ}}$ である。

物　理

（2科目 120分）

解答欄記入上の注意

1　問題 [I] では，問題の文中の [ア]，[イ]，[ウ] ・・・などには数字(0 ～ 9)または符号(－)が入る。[ア]，[イ]，[ウ] ・・・の一つ一つは，これらのいずれか一つに対応する。それらを解答用紙の [ア]，[イ]，[ウ] ・・・で示された解答欄にマークして答えよ。

その際，解答欄が指数表示形式の場合は最高位の数字は0ではないものとする。例えば，[ア].[イ] × 10^[ウ] に 3.0×10^{2} と答えるところを，0.3×10^{3} 等のように答えてはならない。ただし，指数表示形式でない場合はこの限りではない。例えば [ア].[イ] に 0.5 と答える設問はあり得る。

2　問題 [II] 以降では，各文章の下に掲げた＜解答群＞の中から適切なものを一つ選び，その番号で答えよ。

I　解答欄記入上の注意に従って，次の各問いに答えよ。また，必要があれば地表での重力加速度の大きさを 9.80 m/s²，円周率を 3.14 とし，$\sqrt{2}=1.41$，$\sqrt{3}=1.73$，$\sqrt{5}=2.24$，$\sqrt{7}=2.65$ を用いてよい。

(1)　あるエレベーターの中に加速度計を設置した。エレベーターが 1 階に止まっているとき，加速度計は 0 m/s² を示していた。エレベーターが動き出したので，その目盛を測定したところ，最初の 6.0 秒間は +1.0 m/s² を示していた。次の 14 秒間は 0 m/s² を示し，次の 10 秒間は −0.60 m/s² を示してエレベーターは止まった。このエレベーターは 1 階から

[ア].[イ] × 10^[ウ] m の高さで止まった。ただし，鉛直上向きを正の向きとする。

(2)　容積 500 mL の容器に 27 ℃，1 気圧（1.013×10^5 Pa）の理想気体が封入されている。

理想気体の物質量は [エ].[オ] × 10^−[カ] mol で，質量は

[キ].[ク] × 10^−[ケ] kg である。

ただし，理想気体の分子量を 4.00，気体定数を 8.31 J/(mol·K)，絶対零度を −273℃とする。

(3)　長さが 5.0 cm の 2 本の軽い糸の一端を天井に固定し，それぞれの下端に質量 6.0×10^{-2} kg の小球をつるす。2 球に等しい電荷 [コ].[サ] × 10^−[シ] C を与えると，

図のように 6.0 cm だけ離れて静止した。

ただし，クーロンの法則の比例定数を 9.0×10^9 N·m²/C² とする。

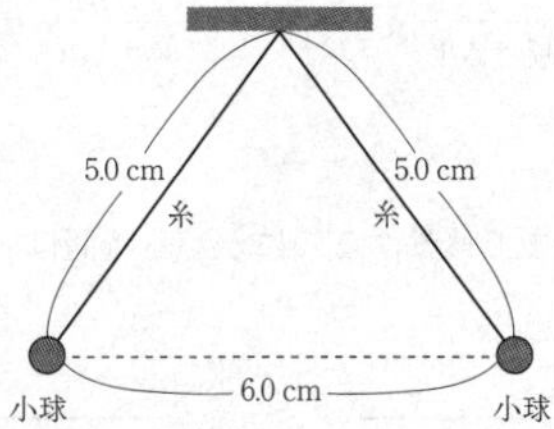

(4)　振動数が 5.0×10^{14} Hz の単色光を出す光源がある。光源の強さが 1.0 W のとき，

毎秒 [ス].[セ] × 10^[ソ][タ] 個の光子が光源から出ている。

ただし，プランク定数を 6.6×10^{-34} J·s とする

Ⅱ 図のように，底面となす角30°の斜面をもつ質量Mの物体がなめらかな水平面上にある。静止した物体の斜面上に質量mの小物体を置いた後の小物体および物体の運動を考える。ただし，物体と小物体の空気抵抗は無視できるものとし，重力加速度の大きさをgとする。以下の問いに答えよ。

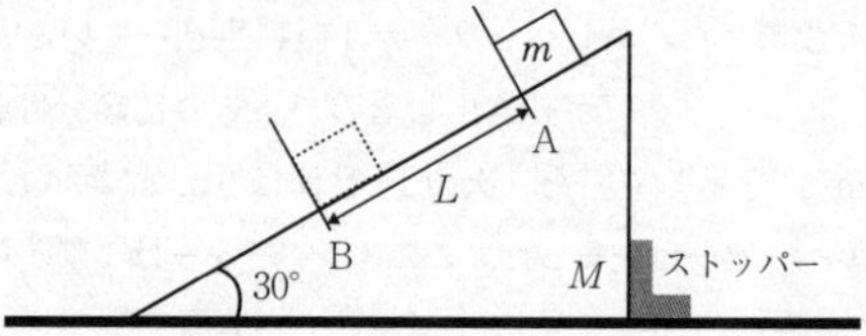

(1) 物体をストッパーで水平面に固定して，小物体をなめらかな斜面の上の点Aに静かに置いた。小物体が斜面にそってすべり始めて，距離L離れた点Bに移動するのにかかる時間は [チ] である。

① $\sqrt{\dfrac{L}{2g}}$　② $\sqrt{\dfrac{L}{g}}$　③ $\sqrt{\dfrac{2L}{g}}$　④ $\sqrt{\dfrac{3L}{g}}$

⑤ $2\sqrt{\dfrac{L}{g}}$　⑥ $\sqrt{\dfrac{5L}{g}}$　⑦ $\sqrt{\dfrac{7L}{g}}$　⑧ $3\sqrt{\dfrac{L}{g}}$

(2) 次に，物体を水平面に固定しないで，小物体を静止している物体の斜面上の点Aに静かに置いた。小物体がなめらかな斜面にそって一定の加速度ですべり落ちる一方で，物体は右向きに水平面に対して一定の加速度 [ツ] で運動し始めた。

① $\dfrac{m}{4M+m}g$　② $\dfrac{\sqrt{3}m}{4M+m}g$　③ $\dfrac{m}{2M+m}g$　④ $\dfrac{\sqrt{3}m}{2M+m}g$

⑤ $\dfrac{m}{M+m}g$　⑥ $\dfrac{\sqrt{3}m}{M+m}g$　⑦ $\dfrac{M}{M+2m}g$　⑧ $\dfrac{\sqrt{3}M}{M+2m}g$

(3) 小物体が斜面にそって点Aから距離L離れた点Bまで移動するのにかかる時間は [テ] である。

① $\sqrt{\dfrac{ML}{(M+m)g}}$　② $\sqrt{\dfrac{mL}{(M+m)g}}$　③ $\sqrt{\dfrac{ML}{(4M+m)g}}$　④ $\sqrt{\dfrac{mL}{(4M+m)g}}$

⑤ $\sqrt{\dfrac{(M+m)L}{(4M+m)g}}$　⑥ $\sqrt{\dfrac{(2M+m)L}{(M+m)g}}$　⑦ $\sqrt{\dfrac{(M+2m)L}{(M+m)g}}$　⑧ $\sqrt{\dfrac{(4M+m)L}{(M+m)g}}$

Ⅲ　図1のように，十分広い面積Sをもった平行板コンデンサーにおいて，左側の極板Aは固定されているが，右側の極板Bは壁に固定されているばね（ばね定数k）につながれていて，Aに平行なまま動くことができる。極板が帯電していないとき，ばねは自然の長さの状態にあり，極板間の距離はdであった。

次に，図2のように，極板Aに正，極板Bに負の電荷を徐々に帯電させるとばねは徐々に伸び，最終的に極板Aに$+Q$，極板Bに$-Q$の電荷を帯電させたところ，ばねの伸びが$\Delta d\,(\Delta d < d)$，極板間距離が$d-\Delta d$となったところでつりあった。真空の誘電率をε_0，空気の比誘電率を1とする。ただし，ばね，および壁の帯電，重力の影響はないものとする。次の問いに答えよ。

図1

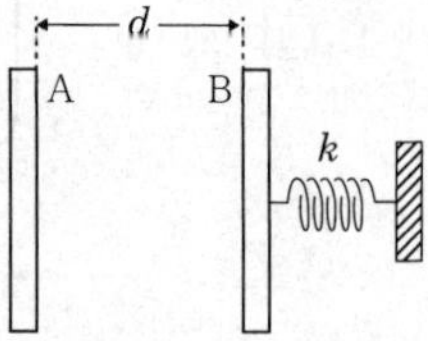

図2

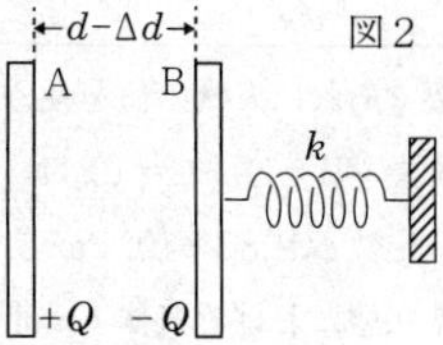

(1)　極板間の電場の強さEは［ ト ］である。

①　$\dfrac{Q}{2\varepsilon_0 S}$　②　$\dfrac{Q}{\varepsilon_0 S}$　③　$\dfrac{2Q}{\varepsilon_0 S}$　④　$\dfrac{3Q}{2\varepsilon_0 S}$

⑤　$\dfrac{Q}{2\varepsilon_0 dS}$　⑥　$\dfrac{Q}{\varepsilon_0 dS}$　⑦　$\dfrac{2Q}{\varepsilon_0 dS}$　⑧　$\dfrac{3Q}{2\varepsilon_0 dS}$

(2)　極板Bにはたらく電気的な力Fは，［ ナ ］である。

①　$\dfrac{Q^2}{2\varepsilon_0 S}$　②　$\dfrac{Q^2}{\varepsilon_0 S}$　③　$\dfrac{2Q^2}{\varepsilon_0 S}$　④　$\dfrac{3Q^2}{2\varepsilon_0 S}$

⑤　$\dfrac{Q^2}{2\varepsilon_0 dS}$　⑥　$\dfrac{Q^2}{\varepsilon_0 dS}$　⑦　$\dfrac{2Q^2}{\varepsilon_0 dS}$　⑧　$\dfrac{3Q^2}{2\varepsilon_0 dS}$

(3)　ばねの伸びΔdは［ ニ ］である。

①　$\dfrac{kQ^2}{2\varepsilon_0 S}$　②　$\dfrac{kQ^2}{\varepsilon_0 S}$　③　$\dfrac{2kQ^2}{\varepsilon_0 S}$　④　$\dfrac{3kQ^2}{2\varepsilon_0 S}$

⑤　$\dfrac{Q^2}{2k\varepsilon_0 S}$　⑥　$\dfrac{Q^2}{k\varepsilon_0 S}$　⑦　$\dfrac{2Q^2}{k\varepsilon_0 S}$　⑧　$\dfrac{3Q^2}{2k\varepsilon_0 S}$

化　学

（2科目 120分）

必要であれば，次の値を使うこと。ただし，気体はすべて理想気体として扱うものとする。 原子量　H＝1.0，C＝12，N＝14，O＝16，Na＝23，S＝32，Cl＝35.5 気体定数 R＝ 8.3×10^3 Pa・L/(K・mol)　アボガドロ定数 N_A＝ 6.0×10^{23}/mol 標準状態における気体1 molの体積　22.4 L

Ⅰ　次の問1～問15の空欄 ア ～ ソ に当てはまるものを，それぞれの解答群から一つ選べ。

問1　次の物質またはイオンのうち，共有電子対が最も多いものは ア である。

①　HF　②　NH_4^+　③　O_2　④　N_2　⑤　H_3O^+

問2　次の物質がそれぞれ同じ質量であるとき，含まれる分子数が最も少ないものは イ である。

①　水　②　メタン　③　オゾン
④　アンモニア　⑤　二酸化炭素

問3　次の分子のうち，原子間の結合が単結合のみからなるものは ウ である。

①　酢酸　②　メタン　③　エチレン
④　アセトン　⑤　ホルムアルデヒド

問4　次の金属イオンのいずれか1種類を含む酸性の水溶液にそれぞれ硫化水素を通じた。沈殿が生じるものは エ を含む水溶液である。

①　Cu^{2+}　②　Fe^{2+}　③　Mn^{2+}　④　Zn^{2+}　⑤　Ca^{2+}

問5　親水コロイドの溶液に多量の電解質を加えると沈殿が生じる。この現象を オ という。

①　透析　②　塩析　③　凝析　④　乳化　⑤　再結晶

問6　次の有機化合物のうち，酸素を含むものは カ である。

①　エチレン　②　プロパン　③　アセトン
④　アセチレン　⑤　プロピレン

問7　1Lの密閉容器中に次の気体が1g入っている。気体の温度が等しいとき，最も圧力が高いものは キ である。

①　CO_2　②　H_2　③　H_2S　④　O_2　⑤　NO_2

問8　次のアルコールのうち，1分子中にヒドロキシ基を最も多くもつものは ク である。

①　グリセリン　②　エタノール　③　メタノール
④　プロパノール　⑤　エチレングリコール

問9　タンパク質の構造において，アミノ酸の配列順序をタンパク質の ケ という。

①　一次構造　②　二次構造　③　三次構造　④　四次構造

問10　次の物質のうち，炭素原子間に二重結合を含むものは コ である。

①　グリシン　②　アセチレン　③　二酸化炭素
④　オレイン酸　⑤　ポリエチレン

問11　次にあげる物質をある特徴に基づき2群に分類した。着目した特徴として，最も適当なものは サ である。

【A群】　窒素，アルゴン，塩化水素　【B群】　臭素，ヘキサン，エタノール

	A群の特徴	B群の特徴
①	純物質である。	混合物である。
②	単体である。	化合物である。
③	25℃，1.013×10^5 Paで気体である。	25℃，1.013×10^5 Paで液体である。
④	25℃，1.013×10^5 Paで気体である。	25℃，1.013×10^5 Paで固体である。
⑤	無極性分子である。	極性分子である。
⑥	極性分子である。	無極性分子である。

問12　次のA～Dの電池のうち，外部から電気エネルギーを与えて，起電力を回復させることが可能なものの組合せは シ である。

A：酸化銀電池　B：マンガン乾電池

C：ニッケル－水素電池　　　　　　　　D：リチウムイオン電池

① AとB　　② AとC　　③ AとD
④ BとC　　⑤ BとD　　⑥ CとD

問13　次の気体のうち，空気より密度が小さいものは［ス］である。
ただし，空気は窒素と酸素が物質量の比で4：1の混合気体であるとし，他の成分は無視できるものとする。また，それぞれの気体の温度，圧力は等しいものとする。

① プロパン　　② 二酸化炭素　　③ 硫化水素
④ メタン　　⑤ 塩素

問14　次の水溶液を用いて中和滴定を行うとき，中和点を知るための指示薬としてメチルオレンジを用いるのが適当であるものは［セ］である。

a　0.1 mol/L のアンモニア水 10 mL に，0.1 mol/L の塩酸を加える。
b　0.1 mol/L の水酸化ナトリウム水溶液 10 mL に，0.1 mol/L の塩酸を加える。
c　0.1 mol/L の酢酸水溶液 10 mL に，0.1 mol/L の水酸化ナトリウム水溶液を加える。
d　0.1 mol/L の酢酸水溶液 10 mL に，0.1 mol/L のアンモニア水を加える。

① aのみ　　② bのみ　　③ cのみ　　④ dのみ　　⑤ a，b
⑥ a，c　　⑦ a，d　　⑧ b，c　　⑨ b，d　　⓪ c，d

問15　分子からなる化合物A，B，Cの蒸気圧曲線を図に示す。25℃，0.50×10^5 Pa における化合物A，B，Cの状態として，最も適当なものは［ソ］である。

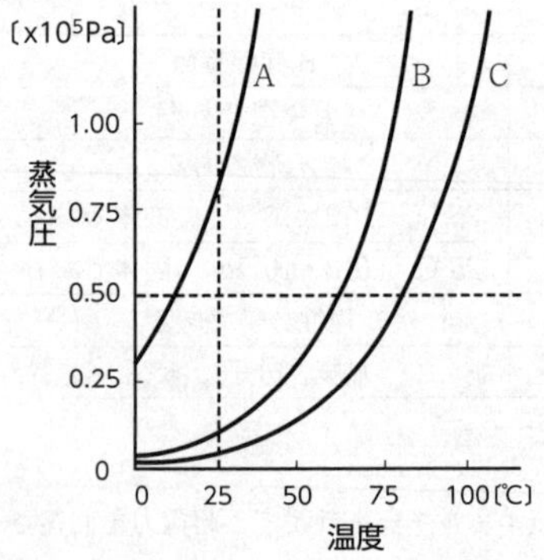

	化合物 A	化合物 B	化合物 C
①	気体	気体	気体
②	気体	気体	液体
③	気体	液体	液体
④	液体	液体	液体
⑤	液体	液体	気体
⑥	液体	気体	気体

Ⅱ　金属に関する次の文章を読み，以下の問１～問５の空欄 タ ～ ト に当てはまるものを，それぞれの解答群から一つ選べ。

金属原子は価電子を放出しやすい性質をもつ。このため金属の単体では，価電子は各原子から離れ，特定の原子に所属することなく金属全体を移動できるようになる。このような電子を(　あ　)と呼ぶ。(　あ　)による金属原子間の結合を金属結合という。

㋑固体の金属には，線状に引き延ばすことのできる性質である(　い　)や，薄く広げて箔にすることができる性質である(　う　)がある。この他にも，金属には様々な性質があり，㋺ほかの金属や非金属を融かしこむことで合金とし，加工し易くしたり，さびにくくするなど，元の金属よりも優れた性質をもたせて利用されている。

また，金属結合によって生じる結晶を金属結晶といい，結晶では金属原子が規則正しく配列している。㋩この結晶中の１つの原子に着目し，その原子から最も近いところにある他の原子の数を配位数という。

問１　文中の(　あ　)～(　う　)に当てはまる語句の組合せとして，正しいものは タ である。

	(　あ　)	(　い　)	(　う　)
①	電子対	展性	延性
②	電子対	延性	展性
③	不対電子	展性	延性
④	不対電子	延性	展性
⑤	自由電子	展性	延性
⑥	自由電子	延性	展性

問２　下線部㋑に関して，次の金属の単体のうち，(　い　)，(　う　)が最も大きいもの

は［　チ　］である。

①　金　②　銀　③　銅　④　鉄　⑤　亜鉛

問３　下線部㋺に関して，鉄を主成分とし，鉄のさびやすさを改善した合金は［　ツ　］である。

①　真ちゅう　②　ブロンズ　③　ニクロム

④　ジュラルミン　⑤　ステンレス鋼

問４　問３の合金は主に鉄と［　テ　］とニッケルからなる。

①　金　②　銀　③　銅　④　スズ　⑤　クロム

問５　下線部㋩に関して，金属の結晶の例を図に示す。結晶Ａと結晶Ｂの配位数の組合せとして，正しいものは［　ト　］である。

結晶Ａ　　結晶Ｂ

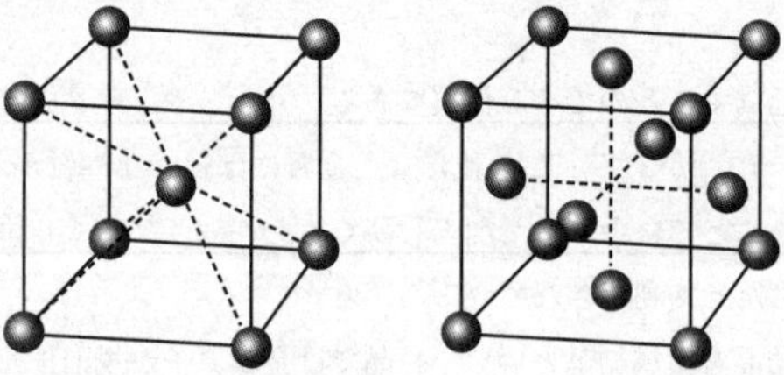

	結晶Ａの配位数	結晶Ｂの配位数
①	6	10
②	10	8
③	12	10
④	8	12
⑤	10	12

Ⅲ　炭化水素に関する次の文章を読み，以下の問１～問５の空欄 ナ ～ ノ に当てはまるものを，それぞれの解答群から一つ選べ。

炭素と水素のみからできている有機化合物を炭化水素という。炭化水素は炭素原子の結合のしかたにより，下図のように分類される。

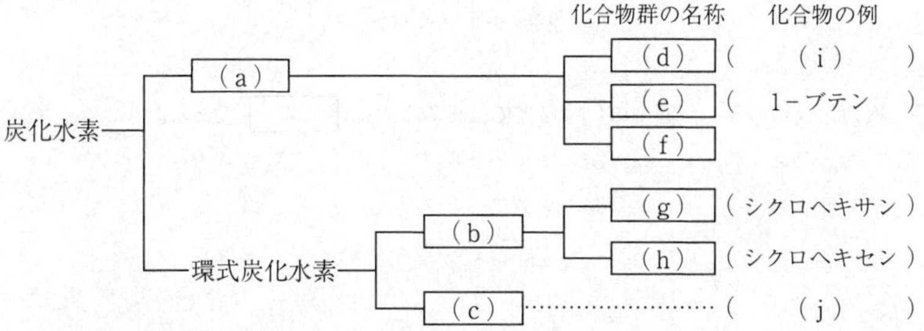

なお，化合物群(d)は単結合のみからなり，化合物群(f)は三重結合をもつ。
(a)と(b)を総称して(あ)という。

問１　(a)，(c)と(あ)に当てはまる語句の組合せとして，最も適当なものは ナ である。

	(a)	(c)	(あ)
①	鎖式炭化水素	脂肪族炭化水素	芳香族炭化水素
②	鎖式炭化水素	芳香族炭化水素	脂肪族炭化水素
③	脂肪族炭化水素	鎖式炭化水素	芳香族炭化水素
④	脂肪族炭化水素	芳香族炭化水素	鎖式炭化水素
⑤	芳香族炭化水素	鎖式炭化水素	脂肪族炭化水素
⑥	芳香族炭化水素	脂肪族炭化水素	鎖式炭化水素

問２　化合物群(d)～(f)の名称の組合せとして，正しいものは ニ である。

	(d)	(e)	(f)
①	アルキン	アルケン	アルカン
②	アルキン	アルカン	アルケン
③	アルケン	アルキン	アルカン
④	アルケン	アルカン	アルキン
⑤	アルカン	アルキン	アルケン
⑥	アルカン	アルケン	アルキン

問3　化合物群(d)～(h)のうち，不飽和炭化水素に分類されるものは [ヌ] である。

① (d)，(e)，(g)　② (d)，(e)，(f)　③ (e)，(f)，(g)

④ (d)，(e)，(h)　⑤ (e)，(f)，(h)

問4　次の化合物のうち，図中の(i)に当てはまるものは [ネ] である。

① エチレン　② メタノール　③ アセチレン

④ ペンテン　⑤ 2-メチルプロパン

問5　次の化合物のうち，図中の(j)に当てはまるものは [ノ] である。

① ベンゼン　② フェノール　③ アニリン

④ アセトン　⑤ シクロペンタン

Ⅳ　機能性高分子化合物とその利用に関する次の文章を読み，以下の問1～問10の空欄 [ハ] ～ [モ] に当てはまるものを，それぞれの解答群から一つ選べ。

高分子化合物のうち，特別な機能を備えたものを機能性高分子化合物という。紙おむつなどの衛生用品や砂漠などの緑化に利用されている(　A　)，自然界で比較的容易に分解されることからプラスチックごみ問題の対応策の一つとして期待される(　B　)，金属に近い性質をもちスマートフォンやタブレット端末などの部品として用いられている(　C　)などはその例である。

イオン交換樹脂も機能性高分子化合物の一つで，溶液中の陽イオンを(　D　)と交換する陽イオン交換樹脂と，陰イオンを(　E　)と交換する陰イオン交換樹脂に分類される。陽イオン交換樹脂は，樹脂の構造中に(　F　)などをもち，㋑<u>溶液中の陽イオンと(　F　)中の(　D　)を交換する</u>ことができる。

たとえば，カラム(太めのガラス管の先にコックがついたもの)に粒状の陽イオン交換樹脂を詰めて陽イオンを含む水溶液をカラムの上から入れると，水溶液中の陽イオンは樹脂中の(　D　)と置き換わって樹脂に結合し，次に大量の純水を流すと(　D　)と水溶液中の陽イオン以外の物質がカラムの下から流出してくる。樹脂に結合した陽イオンは，任意のpHに調整した緩衝液をカラムに流すことで荷電状態が変化したり，より結合性の強い陽イオンを含む水溶液を流すことで樹脂との結合が弱まり，カラムの下から流出する。㋺<u>この性質を利用して，水溶液中から不要な陽イオンを取り除いたり，あるいは，特定の物質を分取することができる</u>。

問1　（　A　）～（　C　）に当てはまる語句の組合せとして，最も適当なものは　ハ　である。

	（　A　）	（　B　）	（　C　）
①	吸水性高分子	生分解性高分子	感光性高分子
②	吸水性高分子	生分解性高分子	導電性高分子
③	生分解性高分子	吸水性高分子	感光性高分子
④	生分解性高分子	吸水性高分子	導電性高分子
⑤	感光性高分子	生分解性高分子	吸水性高分子
⑥	感光性高分子	導電性高分子	生分解性高分子

問2　（　D　）と（　E　）に当てはまる物質またはイオンの組合せとして，最も適当なものは　ヒ　である。

	（　D　）	（　E　）
①	H^+	H_2O
②	H_2O	OH^-
③	$NH_4{}^+$	$SO_3{}^{2-}$
④	H^+	OH^-
⑤	OH^-	H^+

問3　（　F　）に当てはまるものは　フ　である。

①　$-OH$　　②　$-CH_2-N^+(CH_3)_3OH^-$　　③　$-NH_2$

④　$-SO_3{}^-H^+$　　⑤　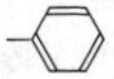

問4　下線部㋑を続けるとイオン交換の能力が低下してくる。次の操作のうち，陽イオン交換樹脂の能力を再生させるための操作として，最も適当なものは　ヘ　である。

①　煮沸する。

②　大量の純水で洗う。

③　塩酸を流した後，純水で洗う。

④　十分乾燥させたのち，再び純水を加える。

⑤　水酸化ナトリウム水溶液を流した後，純水で洗う。

問5　陽イオン交換樹脂を充填したカラムに，0.20 mol/L の塩化ナトリウム水溶液 5.0 mL を通した。その後，純水を通して十分洗浄したところ，100 mL の流出液が回収できた。イオンの交換が完全に行われたものとすると，流出液の pH は　ホ　である。

①　1.0　　②　2.0　　③　3.0　　④　12　　⑤　13

問６　下線部㋺の性質を利用して，次の化合物のうち４種類を含む水溶液から各々の化合物を分離・検出した。その操作と結果を次に記す。

【化合物群】

グルコース	アセトアルデヒド	グルタミン酸(3.2)	グリシン(6.0)
メチオニン(5.7)	リシン(9.7)	エタノール	酢酸

注意：(　)内の値は等電点である。

【分離操作】

４種類の化合物を含む水溶液のpHをpH 2.0に調整したのち，陽イオン交換樹脂を充填したカラムに通した。その後，図１のようにpHを順次上昇させながら緩衝液をカラム上部から流して，流出液Ⅰ～Ⅳを回収した。

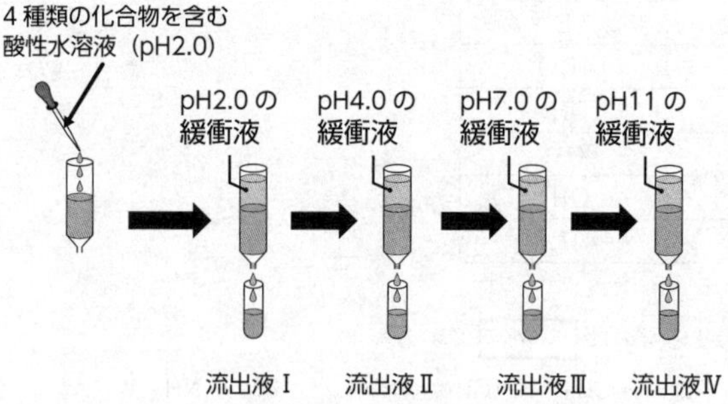

図１　陽イオン交換樹脂を用いた化合物の分離

【結果】

４種類の化合物は，一連の操作で別々の流出液Ⅰ～Ⅳ中に分離できた。流出液中の化合物は問６以降の実験に使用するのに十分な濃度であった。

そこで，流出液Ⅰ～Ⅳの一部をとり，それぞれにニンヒドリン溶液を加えて温めたところ，流出液Ⅰ以外は赤紫色を呈したが，流出液Ⅰは呈色しなかった。

以上の結果から，流出液Ⅱと流出液Ⅳ中に含まれる化合物を推定することができる。流出液Ⅱに含まれる化合物は［　マ　］と考えられる。

①　グルコース　②　アセトアルデヒド　③　グルタミン酸　④　グリシン
⑤　メチオニン　⑥　リシン　⑦　エタノール　⑧　酢酸

問７　問６の流出液Ⅱと流出液Ⅳ中に含まれる化合物の性質を，電気泳動法を用いて比較した。まず，流出液Ⅱと流出液ⅣのpHをpH 7.0に調整したのち，pH 7.0の緩衝液で湿らせたろ紙の中央にそれぞれ図２のように塗布して電気泳動を行った。電気泳動後にニンヒドリン溶液を噴霧して化合物を発色させた。

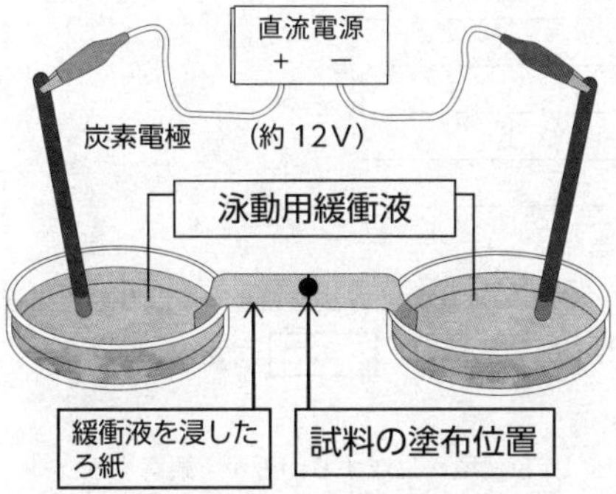

図２　化合物の電気泳動

流出液Ⅱと流出液Ⅳ中に含まれる化合物はどうのように移動するか，図３に示した泳動像ａ ～ ｃのうち，最も適当な組合せは［ ミ ］である。

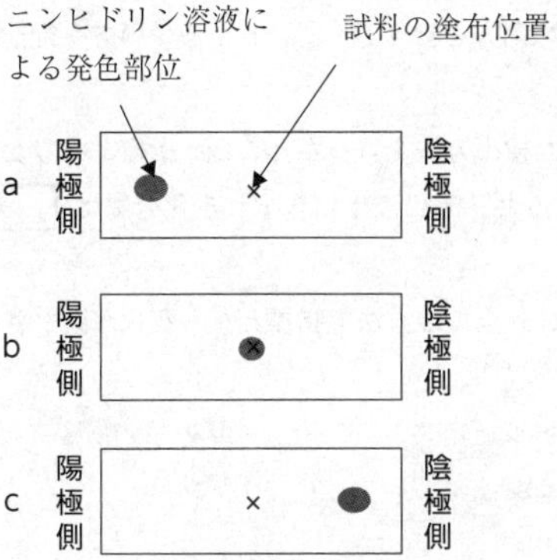

図３　電気泳動後の泳動像

	流出液Ⅱ中の化合物	流出液Ⅳ中の化合物
①	a	b
②	a	c
③	b	a
④	b	c
⑤	c	a
⑥	c	b
⑦	a	a
⑧	b	b
⑨	c	c

問8　次の検出方法ａ ～ ｃのうち，１つあるいは複数の方法を組合せて問６の流出液Ⅰに含まれる化合物を推定するとき，最も適当なものは　ム　である。

【検出方法】

a　フェーリング液を加えて加熱し，赤色沈殿が生成するか否かを観察する。

b　水酸化ナトリウム水溶液とヨウ素を加えて加温し，特異臭をもつ黄色沈殿が生成するか否かを観察する。

c　硫酸酸性の二クロム酸カリウム水溶液を加えて加熱し，暗緑色を呈するか否かを観察する。

①　ａのみを行う。　②　ｂのみを行う。　③　ｃのみを行う。
④　ａとｂの両方を行う。　⑤　ａとｃの両方を行う。　⑥　ｂとｃの両方を行う。

問9　問６の流出液Ⅰに対して問８で採用した検出方法を行ったところ，指標となる変化が観察された。これと問６の結果を総合すると，流出液Ⅰに含まれる化合物は　メ　と考えられる。

ただし，複数の検出方法を行った場合は，全ての方法で指標となる変化が観察されたこととする。

①　グルコース　②　アセトアルデヒド　③　グルタミン酸
④　グリシン　⑤　メチオニン　⑥　リシン
⑦　エタノール　⑧　酢酸

問10　問６の流出液Ⅲに水酸化ナトリウム水溶液を加えて加熱した後，酢酸鉛(Ⅱ)水溶液を加えると，黒色沈殿を生じた。これと問６の結果を総合すると，流出液Ⅲに含まれる化合物は　モ　と考えられる。

①　グルコース　②　アセトアルデヒド　③　グルタミン酸
④　グリシン　⑤　メチオニン　⑥　リシン
⑦　エタノール　⑧　酢酸

生　物

（2 科目 120 分）

I　次の問い(問 1 ～ 20)について，正しいものを一つ選べ。
［解答記号 ア ～ ト ］

問 1　2 枚の生体膜で囲まれている細胞小器官はどれか。 ア

a 核　b 小胞体　c ゴルジ体　d 葉緑体　e ミトコンドリア

① abc ② abd ③ abe ④ acd ⑤ ace ⑥ ade ⑦ bcd ⑧ bce ⑨ bde ⓪ cde

問 2　炭水化物を分解するのはどれか。 イ

a アミラーゼ　b トリプシン　c ペプシン　d マルターゼ　e リパーゼ

① ab ② ac ③ ad ④ ae ⑤ bc ⑥ bd ⑦ be ⑧ cd ⑨ ce ⓪ de

問 3　グルコースから乳酸が生成される発酵の過程でみられる反応はどれか。 ウ

a ＡＴＰの消費　b 水の消費　c アセトアルデヒドの生成
d 二酸化炭素の発生　e NAD^+ の還元

① ab ② ac ③ ad ④ ae ⑤ bc ⑥ bd ⑦ be ⑧ cd ⑨ ce ⓪ de

問 4　ミトコンドリアにおける電子伝達系についての説明で正しいのはどれか。 エ

a 細胞質基質で行われる代謝経路である。
b ピルビン酸から二酸化炭素を生成する。
c グルコース 1 分子あたり最大 34 分子のＡＴＰを産生する。
d 還元型補酵素を生成する。
e 酸素を還元して水を生成する。

① ab ② ac ③ ad ④ ae ⑤ bc ⑥ bd ⑦ be ⑧ cd ⑨ ce ⓪ de

問 5　C_3植物はどれか。 オ

① イネ　② サボテン　③ サトウキビ　④ トウモロコシ　⑤ ベンケイソウ

問 6　タンパク質の合成過程で起こる反応を正しい順番に並べたものはどれか。 カ

ア ｍＲＮＡの塩基配列に基づいて，アミノ酸が指定される。

イ　ＤＮＡの塩基配列がもつ遺伝情報が転写される。

ウ　ＤＮＡの水素結合が切れて２本鎖の一部がほどける。

エ　アミノ酸が連なり，タンパク質が合成される。

① ア → イ → ウ → エ

② ア → ウ → イ → エ

③ イ → ア → ウ → エ

④ イ → ウ → ア → エ

⑤ ウ → ア → イ → エ

⑥ ウ → イ → ア → エ

問７　真核生物において，スプライシングが行われる場所はどれか。 キ

① 核　② 滑面小胞体　③ ゴルジ体　④ 細胞質基質　⑤ リボソーム

問８　Ａ型の父親とＢ型の母親から生まれる可能性のある子どもの血液型をすべて含むものはどれか。ただし，遺伝子ＡとＢは互いに優劣関係のない優性(顕性)遺伝子，遺伝子Ｏは劣性(潜性)遺伝子である。 ク

① ＡＢ型　② Ａ型，Ｂ型　③ Ａ型，ＡＢ型

④ Ａ型，Ｂ型，ＡＢ型　⑤ Ａ型，Ｂ型，ＡＢ型，Ｏ型

問９　１つの精原細胞が分裂してすべて一次精母細胞になるとする。一次精母細胞を 200 個つくるために必要な精原細胞の分裂回数はどれか。 ケ

① ４回　② ５回　③ ６回　④ ７回　⑤ ８回

問10　ヒトの心臓に関する説明で正しいのはどれか。 コ

a　２個の心房と１個の心室によって構成される。

b　自動的に拍動するためのペースメーカーが存在する。

c　大動脈によって酸素を豊富に含む血液が全身に運ばれる。

d　肺静脈によって全身から集めた二酸化炭素が肺に運ばれる。

e　交感神経の作用によって拍動数が増加する。

① abc　② abd　③ abe　④ acd　⑤ ace　⑥ ade　⑦ bcd　⑧ bce　⑨ bde　⓪ cde

問11　チロキシンの分泌量が過剰なときに，分泌が抑制されるのはどれか。 サ

a　甲状腺刺激ホルモン放出ホルモン　b　副腎皮質刺激ホルモン

c　甲状腺刺激ホルモン　d　アドレナリン　e　パラトルモン

① ab　② ac　③ ad　④ ae　⑤ bc　⑥ bd　⑦ be　⑧ cd　⑨ ce　⓪ de

問12　免疫による反応について正しいのはどれか。 シ

a　自己に対する免疫応答が抑制されていることを自己免疫疾患という。

b　自己成分に対する抗体ができることを免疫寛容という。

c　免疫応答が過剰に起こる場合をアレルギーという。

d　免疫力が低下している状態を免疫不全という。

e　移植組織がB細胞で攻撃されて定着できなくなることを拒絶反応という。

①ab　②ac　③ad　④ae　⑤bc　⑥bd　⑦be　⑧cd　⑨ce　⓪de

問13　神経細胞における興奮の発生と伝導について正しいのはどれか。 ス

a　細胞に閾値以上の刺激を加えるとナトリウムチャネルが開く。

b　興奮している軸索の部位では，細胞膜の内側がプラスに荷電する。

c　無髄神経繊維では，跳躍伝導によって興奮の伝導が起こる。

d　細胞に加える刺激を強くするほど，興奮の強さが増加する。

e　静止電位は，およそ +60 ～ 90 mV の範囲に保たれている。

①ab　②ac　③ad　④ae　⑤bc　⑥bd　⑦be　⑧cd　⑨ce　⓪de

問14　平衡覚を感じるのはどれか。 セ

a　おおい膜　b　半規管　c　コルチ器　d　うずまき管　e　前庭

①ab　②ac　③ad　④ae　⑤bc　⑥bd　⑦be　⑧cd　⑨ce　⓪de

問15　暗発芽種子はどれか。 ソ

a　カボチャ　b　マツヨイグサ　c　タバコ　d　ケイトウ　e　レタス

①ab　②ac　③ad　④ae　⑤bc　⑥bd　⑦be　⑧cd　⑨ce　⓪de

問16　落葉広葉樹が優占するバイオームはどれか。 タ

a　照葉樹林　b　雨緑樹林　c　亜熱帯多雨林　d　夏緑樹林　e　硬葉樹林

①ab　②ac　③ad　④ae　⑤bc　⑥bd　⑦be　⑧cd　⑨ce　⓪de

問17　絶滅を加速させる**要因でない**のはどれか。 チ

①　近交弱勢の影響　②　性比の偏りの影響　③　アリー効果の低下

④　外来生物の移入　⑤　遺伝的多様性の増大

問18　棘皮動物について正しい説明はどれか。 ツ

a　イソギンチャクやウニの仲間が含まれる。

b　成体は放射相称の体をもつものが多い。

c 運動するための管足が発達する。

d 幼生期にはからだを支えるための脊索がみられる。

e トロコフォア幼生の時期を経て成長する。

① ab ② ac ③ ad ④ ae ⑤ bc ⑥ bd ⑦ be ⑧ cd ⑨ ce ⓪ de

問19 コケ植物の生活環において，単相(n)であるものはどれか。 [テ]

a 胞子 b 胞子体 c 原糸体 d 配偶体 e 胞子のう

① abc ② abd ③ abe ④ acd ⑤ ace ⑥ ade ⑦ bcd ⑧ bce ⑨ bde ⓪ cde

問20 猿人と比較した場合のヒトの特徴として正しいのはどれか。 [ト]

a あごが頑丈で大きい。

b 眼窩上隆起が発達する。

c 大後頭孔が斜め後ろに開く。

d おとがいが発達する。

e 下肢(後肢)が長い。

① ab ② ac ③ ad ④ ae ⑤ bc ⑥ bd ⑦ be ⑧ cd ⑨ ce ⓪ de

[Ⅱ] アミノ酸とタンパク質に関する次の文章を読み，以下の問い(問1～5)に答えよ。
[解答記号 [ナ] ～ [ノ]]

アミノ酸は1つの炭素原子に(1)原子，アミノ基，(2)基と側鎖が結合したものである。タンパク質を構成しているアミノ酸は20種類あり，(a)側鎖の構造によりアミノ酸の種類が決まる。1つのアミノ酸の(2)と別のアミノ酸のアミノ基から(3)分子が1つとれてできた結合をペプチド結合とよぶ。

タンパク質は，アミノ酸が鎖のように多数つながってできたポリペプチドである。タンパク質の構造の階層は，(b)一次構造から四次構造まで存在する。(c)折りたたまれて形成されるタンパク質の立体構造は，その機能と密接な関係をもっている。
(d)細胞内のリボソームで合成されたタンパク質には，細胞内ではたらくものと細胞外ではたらくものがあり，それぞれ異なる経路によって輸送される。

問1 文章中の(1)，(2)，(3)にあてはまる語はどれか。正しい組合せを一つ選べ。 [ナ]

	（ 1 ）	（ 2 ）	（ 3 ）
①	水素	カルボキシ	酸素
②	水素	メチル	酸素
③	水素	カルボキシ	水
④	水素	メチル	水
⑤	酸素	カルボキシ	窒素
⑥	酸素	メチル	窒素
⑦	窒素	カルボキシ	水
⑧	窒素	メチル	水

問２　下線部(a)について，側鎖に硫黄を含むアミノ酸はどれか。正しい組合せを一つ選べ。
[ニ]

a グリシン　b グルタミン　c システイン　d アラニン　e メチオニン

① ab　② ac　③ ad　④ ae　⑤ bc　⑥ bd　⑦ be　⑧ cd　⑨ ce　⓪ de

問３　下線部(b)について，タンパク質の二次構造に該当するのはどれか。正しい組合せを一つ選べ。 [ヌ]

a ポリペプチドを構成するアミノ酸の数

b ポリペプチドを構成するアミノ酸の配列順序

c ポリペプチドの一部がつくるらせん構造

d ポリペプチドの一部がつくるジグザグ構造

e 複数のポリペプチドが集まってつくる構造

① ab　② ac　③ ad　④ ae　⑤ bc　⑥ bd　⑦ be　⑧ cd　⑨ ce　⓪ de

問４　下線部(c)について，タンパク質の立体構造と機能に関連した記述のうち適切なのはどれか。正しい組合せを一つ選べ。 [ネ]

a タンパク質が立体構造を形成する過程をフォールディングという。

b タンパク質が正しく折りたたまれるように補助をするのはシャペロンである。

c 高温や極端な pH によってタンパク質の立体構造が崩れる。

d タンパク質の立体構造が変化することを失活という。

e タンパク質の機能が失われることを変性という。

① abc　② abd　③ abe　④ acd　⑤ ace　⑥ ade　⑦ bcd　⑧ bce　⑨ bde　⓪ cde

問５　下線部(d)について，合成後に細胞外へ分泌されるタンパク質の輸送経路として正しいのはどれか。一つ選べ。 [ノ]

① 小胞体　→　ゴルジ体　→　分泌小胞　→　細胞外へ

② ゴルジ体　→　小胞体　→　分泌小胞　→　細胞外へ
③ ゴルジ体　→　分泌小胞　→　小胞体　→　細胞外へ
④ 分泌小胞　→　小胞体　→　ゴルジ体　→　細胞外へ
⑤ 分泌小胞　→　ゴルジ体　→　小胞体　→　細胞外へ

Ⅲ　バイオテクノロジーに関する次の文章を読み，以下の問い(問１～５)に答えよ。
[解答記号 ハ ～ ホ]

20世紀後半になると，ＤＮＡを実験的に操作する技術が発展し，生物がもつ機能を活用することができるようになってきた。

目的の遺伝子などと同一の塩基配列をもつＤＮＡ断片を得る操作をクローニングという。これまでのクローニングでは，(a)ＤＮＡ断片を組みこんだプラスミドを使って大腸菌で増やす方法が使われてきた。最近になって，試験管内で短時間に，しかも簡単に目的のＤＮＡ断片を大量に増やす方法が広く用いられるようになった。これは1983年にマリスによって考案されたＰＣＲ法である。

ＰＣＲ法の原理は以下の通りである。まず，(b)増やしたい２本鎖ＤＮＡ，２種類のプライマー，耐熱性ＤＮＡポリメラーゼ，４種類のデオキシヌクレオチドなどを含む溶液を用意する。(c)その後，（Ａ）約95℃に加熱，（Ｂ）約60℃に冷却，（Ｃ）約72℃に加熱するという過程を１サイクルとして，これをくり返すことによって(d)目的のＤＮＡを大量に増幅できる。

増幅したＤＮＡの塩基対数を確かめるために，アガロースゲル電気泳動を行うことがある。ＤＮＡを構成しているヌクレオチド中のリン酸は，中性付近の水溶液中では(　1　)の電荷をもつため，ＤＮＡ自身は(　1　)の電荷を帯びることになる。そのため中性付近の緩衝液中でＤＮＡの電気泳動を行うと，ＤＮＡは(　2　)極側に引かれるように移動する。そのとき，ＤＮＡは網目構造を形成しているアガロースゲルの中をくぐり抜けるために，塩基対数が(　3　)ＤＮＡほど速く移動することができる。

問１　下線部(a)について，プラスミドへＤＮＡ断片を組みこむときに，一般に必要となる酵素はどれか。正しい組合せを一つ選べ。 ハ

a　制限酵素　　b　ＤＮＡリガーゼ　　c　ＤＮＡポリメラーゼ
d　ＤＮＡヘリカーゼ　　e　ＲＮＡポリメラーゼ

① ab　② ac　③ ad　④ ae　⑤ bc　⑥ bd　⑦ be　⑧ cd　⑨ ce　⓪ de

問２　下線部(b)について，用意した溶液での操作や反応に関する説明で適切なのはどれか。正しい組合せを一つ選べ。［ ヒ ］

a　ＤＮＡの増幅時には，ラギング鎖が形成される。

b　プライマーは，人工的に合成されたＤＮＡである。

c　プライマーは，鋳型となるＤＮＡ領域の3'側に相補的に結合する。

d　ＤＮＡポリメラーゼは，１サイクルごとに加える必要がある。

e　ヌクレオチドとして，ヌクレオシド三リン酸を用いる。

①　abc　②　abd　③　abe　④　acd　⑤　ace　⑥　ade　⑦　bcd　⑧　bce　⑨　bde　⓪　cde

問３　下線部(c)について，ＰＣＲ法の(Ａ)から(Ｃ)の過程で起こるのはどれか。正しい組合せを一つ選べ。［ フ ］

	[(Ａ)の過程]	[(Ｂ)の過程]	[(Ｃ)の過程]
①	２本鎖の解離	プライマーの結合	ヌクレオチド鎖の合成
②	２本鎖の解離	ヌクレオチド鎖の合成	プライマーの結合
③	プライマーの結合	２本鎖の解離	ヌクレオチド鎖の合成
④	プライマーの結合	ヌクレオチド鎖の合成	２本鎖の解離
⑤	ヌクレオチド鎖の合成	２本鎖の解離	プライマーの結合
⑥	ヌクレオチド鎖の合成	プライマーの結合	２本鎖の解離

問４　下線部(d)について，増やしたい領域のみからなる２本鎖ＤＮＡが初めて生じるのは何サイクル目からか。一つ選べ。［ ヘ ］

①　１サイクル目　　②　２サイクル目　　③　３サイクル目
④　４サイクル目　　⑤　５サイクル目

問５　文章中の（　１　），（　２　），（　３　）にあてはまる語はどれか。正しい組合せを一つ選べ。［ ホ ］

	（　１　）	（　２　）	（　３　）
①	正	陰	少ない
②	正	陰	多い
③	正	陽	少ない
④	正	陽	多い
⑤	負	陰	少ない
⑥	負	陰	多い
⑦	負	陽	少ない
⑧	負	陽	多い

Ⅳ　両生類の発生に関する次の文章を読み，以下の問い(問１～５)に答えよ。
［解答記号 マ ～ モ ］

(a)カエルなどの両生類の受精した卵の研究は，脊椎動物の発生過程とその調節機構を知るうえで重要な意義をもつ。受精した卵は分裂によって細胞の数を増やし，やがて多くの細胞からなる桑実胚期という段階を迎える。桑実胚期には内部に卵割腔という空所がみとめられ，次の胞胚期になるとさらに広がって胞胚腔と呼ばれるようになる。胞胚期まで胚の表面にあった一部の細胞は，原腸胚期になると内部に陥入して原腸を形成する。このような細胞の陥入によって生じる原口は，脊椎動物では将来的に(　1　)となる場所である。また，原腸胚期には細胞が(　2　)，(　3　)，(　4　)へと分化し，神経胚期にはさらに分化が進んで(　2　)に由来する表皮や神経管，(　3　)に由来する脊索，(b)体節，腎節，側板などがみとめられるようになる。

(　3　)への分化は予定(　4　)が予定(　2　)に働きかけることによって起こり，このように胚の特定の領域が他の隣接する領域の分化を促す現象を誘導という。誘導を引き起こす胚の領域は(c)形成体(オーガナイザー)と呼ばれており，(d)実際の器官発生は，新たに分化した組織が形成体となって連鎖的に進むことが知られている。

問１　下線部(a)のカエルの卵について，正しい説明の組合せはどれか。一つ選べ。
マ

a　卵黄は植物半球により多く分布する。
b　割球は母細胞と同じ大きさに成長する。
c　精子が侵入する場所は動物半球に存在する。
d　発生途中の胚は，羊膜に包まれる。
e　植物半球には黒い色素が多く分布する。

①ab　②ac　③ad　④ae　⑤bc　⑥bd　⑦be　⑧cd　⑨ce　⓪de

問２　文章中の(　1　)，(　2　)，(　3　)，(　4　)に入る適切な語はどれか。正しい組合せを一つ選べ。　ミ

	(　1　)	(　2　)	(　3　)	(　4　)
①	口	外胚葉	中胚葉	内胚葉
②	口	中胚葉	外胚葉	内胚葉
③	口	内胚葉	中胚葉	外胚葉
④	口	外胚葉	内胚葉	中胚葉
⑤	肛門	内胚葉	外胚葉	中胚葉

⑥　肛門　　中胚葉　　内胚葉　　外胚葉
⑦　肛門　　外胚葉　　中胚葉　　内胚葉
⑧　肛門　　内胚葉　　中胚葉　　外胚葉

問3　下線部(b)の体節から分化するものはどれか。正しい組合せを一つ選べ。　ム

a　脊髄　　b　脊椎骨　　c　骨格筋　　d　心臓　　e　すい臓

①　ab　②　ac　③　ad　④　ae　⑤　bc　⑥　bd　⑦　be　⑧　cd　⑨　ce　⓪　de

問4　下線部(c)の形成体(オーガナイザー)について，神経管を誘導する作用をもつのはどれか。一つ選べ。　メ

①　一次間充織細胞　　②　神経板　　③　卵黄栓
④　原口背唇　　⑤　灰色三日月環

問5　文章中(d)の例として，イモリの眼の形成過程を図に示す。図1の(　A　)，(　B　)，(　C　)にあてはまる適切な語はどれか。正しい組合せを一つ選べ。　モ

	(A)	(B)	(C)
①	角膜	水晶体	網膜
②	網膜	角膜	水晶体
③	水晶体	網膜	角膜
④	網膜	水晶体	角膜
⑤	角膜	網膜	水晶体
⑥	水晶体	角膜	網膜

図1

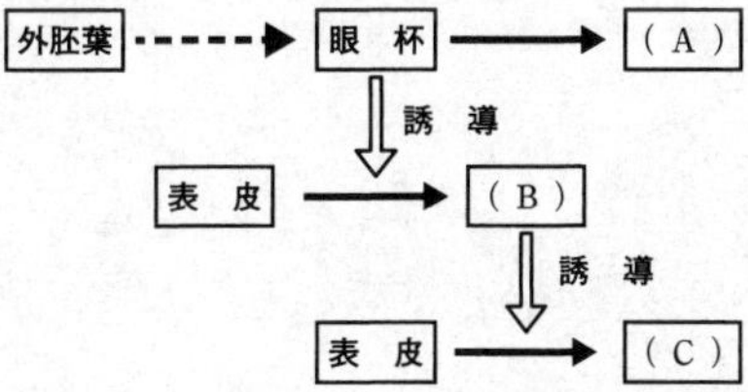

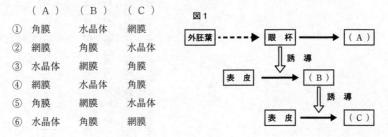

たとしても売れないため、やはり「儲け」は出ないだろうと語っている。

問十　本文の内容と**合致しないもの**を、次の①〜④のうちから一つ選べ。解答番号は 30 。

① 水上勉が作った骨壺の個展が開かれたのと、雑誌に骨壺に関するエッセーが掲載されたのは、同じ時期だった。

② 水上勉が骨壺を作り始めたきっかけの一つは、自身が心臓の病気で死にかけ、助かったことだった。

③ 水上勉が亀のデザインの骨壺で意匠登録を取ったのを機に、陶芸の世界では骨壺が作品として認知されるようになった。

④ 水上勉の骨壺をもとに、A氏は、オリジナリティとは他者との比較から生じるものではないと語った。

① 水上勉が亀の骨壺を意匠登録したのは京都の知人の勧めによるものだとされているが、実は水上自身が以前から亀のデザインを独占するために計画していたものだという点。

② 意匠登録しようという水上勉自身の発想の中に、故郷を象徴する亀のデザインを大切にする思い入れと、試みにやってみようというユーモラスさが入り交じっている点。

③ 水上勉が骨壺のフタにあしらった亀は、単に故郷に多く生息している動物なので取り上げられただけなのに、周囲からはユーモラスなデザインとして受け取られてしまっている点。

④ 水上勉は反原発の主張を込めた亀のデザインが拡散することを願っていたが、スポンサーでもある知人の勧めに従い、意匠登録によってデザインをおさえたという点。

問九 傍線部D「意匠登録と金儲けの関係」とあるが、これについてA氏とB氏がそれぞれ語った内容の要約として、最も適当なものを、次の①～④のうちから一つ選べ。解答番号は 29 。

① A氏は、水上勉の骨壺の価格は採算がとれるぎりぎりだと説明し、B氏は、似たような骨壺を作って意匠登録する陶芸家は多いと見られるが、「儲け」のためにもう少し高い価格にするだろうと語っている。

② A氏は、水上勉の骨壺は満足のために気楽に作るのであって「儲け」のためではないと説明し、B氏は、骨壺をデザインする他の陶芸家たちは、水上勉よりも売れるよう必死になっていると語っている。

③ A氏は、そもそも水上勉の骨壺が「儲け」を生むような価格設定になっていないと説明し、B氏は、水上勉は骨壺のデザインによって金儲けをしようという発想を持っていなかっただろうと語っている。

④ A氏は、水上勉は骨壺の意匠登録によって思い通りの「儲け」を得ることはできなかったと説明し、B氏は、他の陶芸家が必死に真似し

① はじめは骨壺という物品を忌み嫌っていたが、一般の商品と同様に発行された意匠登録の証書を見て親しみを感じるようになり、さらに画廊主や知人らから水上勉のエピソードを聞いているうちに、ますます親近感を持つようになった。

② はじめは骨壺を見ると母の死を思い出すのではないかと展覧会に行くのを避けていたが、いざ見に行くと骨壺のフタに施された亀のデザインに好感を持ち、それが意匠登録されるのを後押ししたいと感じるようになった。

③ はじめは意匠登録の証書を見て反感を覚えたが、周囲の人の話を聞くうちに、意匠登録も含めて骨壺作りにまつわる行動のすべてが水上勉の「オリジナルな」生き方を体現するものだと理解するようになった。

④ はじめは骨壺全体でなく、フタのつまみにだけデザインの意匠登録が申請されていることに疑問を感じたが、このつまみこそが水上勉の骨壺のオリジナリティを規定する主要素であることを知人から知らされ、納得できるようになった。

問七 空欄**B**にはA氏が想像した水上勉の心情が入る。これを補うのに最も適当な語句を次の①～④のうちから一つ選べ。解答番号は 27 。

① それもまた面白いかな

② ここらで勝負してみるかな

③ 君が言うなら仕方ないかな

④ 骨壺なんて売れるかな

問八 傍線部**C**「先生の意匠登録には、いろんな複雑な思いが込められているようにみえます」とあるが、B氏が「複雑」だと感じているのはどのような点か。最も適当なものを、次の①～④のうちから一つ選べ。解答番号は 28 。

キ 斜に構え(る) 22

① 事態を軽く見て、真剣に考えないままに判断したり決定したりする
② やむなく周囲のやり方に同調し、自分の本心を隠して行動する
③ 大げさな物言いや態度を見せて、世間の注目を集めようとする
④ 物事に正面から接するのでなく、わざとずれた対応の仕方をする

ケ 相槌を打(つ) 23

① 相手に対し気のないそぶりを見せる
② 相手の話に同意して調子を合わせる
③ 相手の発言に対し反対意見を述べる
④ 相手の意見の間違った点を見つける

問五 傍線部**カ**、**ク**と同じ読み方のものを、次の各群の①～④のうちから、それぞれ一つずつ選べ。解答番号は 24 ～ 25 。

カ 二番煎じ 24

① 給水栓を開ける
② 飽食の時代
③ 漸次移動する
④ 双璧をなす

ク 歩留まり 25

① 妊産婦
② 交付金
③ 哺乳瓶
④ 舞踏会

問六 傍線部**A**「いくらオリジナリティを大切にするといっても、骨壺のつまみのデザインにまで意匠登録をとるのは行き過ぎではないか」とあるが、この「意匠登録」について筆者の考えはどう変化したか。最も適当なものを、次の①～④のうちから一つ選べ。解答番号は 26 。

コ　キュウキョク　18

① 不正をコクハツする
② ゴクアクヒドウ
③ ジゴクの鬼
④ コクメイに記す

問二　傍線部**イ**「吐露」とあるが、ここでの「露」に意味が最も近いものを、次の①～④のうちから一つ選べ。解答番号は 19 。

イ　吐露　① 雨露　② 日露戦争　③ 露見　④ 露命

問三　空欄**エ**を補うのに最も適当な語句を次の①～④のうちから一つ選べ。解答番号は 20 。

エ　① 個性尊重　② 平等主義　③ 改革開放　④ 受注生産

問四　傍線部**オ**、**キ**、**ケ**の本文中における意味として最も適当なものを、次の各群の①～④のうちから、それぞれ一つずつ選べ。解答番号は 21 ～ 23 。

オ　口火を切(る)　21

① 真実をごまかして話す
② 言いにくいことを言う
③ 話のきっかけを作る
④ 話し声を小さくする

取った行為自体もオリジナルにちがいない。

（守　誠『特許の文明史』新潮選書による。出題にあたり、一部表記を改めた。）

＊1　水上勉……一九一九～二〇〇四。小説家。社会派ミステリー作家として脚光をあびたが、「雁《がん》の寺」以降、独自の風土観や宿命観を生かして活動。作品に「飢餓海峡」「越前竹人形」などがある。

＊2　刑余者……かつて刑罰を受けた人。差別的にも受け取れる表現だが、水上勉のエッセイからの引用のため原典のまま掲載した。

＊3　良寛……一七五八～一八三一。江戸後期の禅僧・歌人。諸国を廻《まわ》った後、越後に帰郷し、農民や子供らと交流しながら超世俗的な一生を送った。

＊4　融通無碍……一定の考え方にとらわれることなく、どんな事態にもとどこおりなく対応できること。

＊5　牙城……敵の本拠地。また、ある勢力の中枢。

問一　傍線部**ア**、**ウ**、**コ**に相当する漢字を含むものを、次の各群の①～④のうちからそれぞれ一つずつ選べ。解答番号は 16 ～ 18 。

ア　トマドい　16
① イヤクキンを払う
② ギワクを持たれる
③ メイロのような街
④ コンナンに立ち向かう

ウ　ユカイ　17
① カイブンショが出回る
② カイサツグチを出る
③ もうゲンカイだ
④ カイキョをなしとげる

すりゃあ、真似できんだろう』Dこういうユーモラスな発想があったと思うんです」

A氏はこの言葉を受けて、意匠登録と金儲《もう》けの関係について語る。

「先生が（意匠登録を）お取りになった厳密な意味は、金儲けのためじゃなかった。展示品の骨壺すべて、大小に関係なく一律、一個三十万円なんです。一つ仕上げるのに二十個から三十個を作ってはこわし、こわしては作るといった作業の連続です。人さまにお勧めできる作品というのは、三十分の一のク歩留まりということになります。そうなると高いのか安いのか」

知人が「安いと思いますよ」とケ相槌《あいづち》を打った。

発想は洒落《しゃれ》でも意匠登録が取れたという意味は重い。現実には厳しい法的な強制力をもつ。

B氏は、

「仮の話ですが、先生本人が金儲けのために亀の意匠登録を取って、独占的に亀の骨壺を作るんだという発想でおやりになっているんでしたら、今度は亀以外のデザインで意匠登録をとろうと、真似《まね》する連中は必死ですよ。何とかして先生の牙城《がじょう》（＊５）を突き崩すために一生懸命、真似するでしょうね。それはもう、すごい争いになります。でも、先生はそんな考え方は、まったく持ち合わせておられません。もし万一、陶芸家が亀以外のデザインで骨壺を作って真似しようとしたら、格好悪いだけの話で終わってしまうでしょう」

世の陶芸家が水上氏の真似をして骨壺を作ることはしないのではないか、という意味が言外に秘められているようだった。二番煎じは格好が悪い。

オリジナリティとは自分を見すえることだ

「自分を見つめたときオリジナルなんですよ。人を見ている間はダメです。横を向いて歩いているうちはダメなんです。自分を見すえたとき、その人は素敵でオリジナルなんです。人間は本来、オリジナルな生きものなんだということを先生はおっしゃりたいんです」

なるほど、A氏の言を受ければ、水上氏は人の作った骨壺には入りたくない、自分の作ったものに入りたいと、コキュウキョクの選択をしていく気持ちはよくわかる。その選択自体がオリジナルだし、骨壺作りに精を出す行為それ自体もオリジナルだし、はたまた、骨壺の意匠登録を

「自己主張」か「人生のおまけ」か

一九九四年一月、東京・銀座の画廊で私は、「水上勉骨壺展」を見ていた。はじめは異様であったが、不思議なもので、五分もするとごく普通の陶芸展会場にいるような気分になった。何十個か並べられた壺の、とくに亀をあしらったフタつきの骨壺は、忌まわしく忌み嫌う存在ではなく、自分の方に親しく近寄ってくれるものに変わっていた。

しかし、一つだけ素直に受け入れることのできないものがあった。骨壺の意匠登録が下りたことを知らせる壁にかけられた「一枚の証書」である。いくらオリジナリティを大切にするといっても、骨壺のつまみのデザインにまで意匠登録をとるのは行き過ぎではないか。むしろ誰でもが自分の好みのデザインの骨壺に入れるようになればいいと考えるのが、自然ではないだろうか。

会期なかばで、水上氏はいなかった。

画廊主のA氏が、自分なりの解釈にもとづいて口火を切った。

「京都の知人の勧めもあって先生は、意匠登録を出されたらしい。『　B　』こんな程度で申請されたのだと思います」

水上氏は一度、心筋梗塞《しんきんこうそく》で倒れ、かろうじて死の淵《ふち》から生還し、以後、骨壺を焼きつづけているという。知人が上手に言葉をつないだ。

「人生のおまけに、意匠登録まで取れてしまった。先生の心境はといえば、まさに良寛（＊3）の世界で、融通無碍《ゆうずうむげ》（＊4）。自然に生きて、紙を漉《す》いて骨壺を焼いて楽しんでおられる」

一番煎じは格好が悪い

そこにやって来ていた別のギャラリーの画廊主のB氏が、少し突っ込んだ意見を述べた。

「先生の意匠登録には、いろんな複雑な思いが込められているようにみえます。一つは、（骨壺のフタのつまみにあしらった）この亀が先生の故郷の原体験に姿を表《あら》わす動物なんです。亀がウロウロ歩いている――。若狭は亀が多いところらしいんですね。故郷への思い入れは強い。こういうものは人には真似されたくない――こんな考え方があったと思うんです。もう一つは、ちょっと斜に構えた、皮肉っぽいお遊び、遊び感覚なんだと思います。本当に、絶対に意匠登録を出して、デザインをおさえておかなければといった考え方ではなく、『どうだい俺が意匠登録

二

次の文章を読んで、後の問い（問一～十）に答えよ。（解答番号 16 ～ 30 ）

人間死ねば皆同じ骨壺《こつつぼ》に入る

「骨壺」と「日本人のオリジナリティ」。一見、何のつながりもなさそうに見えるこの二つが、まさか結びつく話になろうとは——。

「銀座の画廊に、骨壺展を見に行こう」

知人の突然の誘いに、私は一瞬、トマド（ア）いを覚えた。母の遺骨が納められた骨壺を思い出したからである。母の骨壺だけは何とか受け入れることができたものの、私が骨壺に対してもつ印象は、それが白っぽい陶器にもかかわらず、暗く目をそむけたくなるようなものだった。

ところが世の中には変わった人がいる。選《よ》りに選ってこの骨壺作りに執念をもやしているのである。その人は小説家の水上勉（＊1）氏で、一九九四年一月二十八日号の「週刊朝日」の短いエッセーのなかで骨壺作りの心境を吐露（イ）している。

「これほど苦労多い世を生きて果てるというのに、オリジナルな壺でないのがおかしかった。和尚も小僧も、大将も刑余者（＊2）も死ねば同じ壺なのはユカイ（ウ）でもあった」

〈人間、死ねば皆同じ〉

無意識に私は、この言葉を受け入れていたのかも知れない。水上氏も同じように考えていたのだろう。ところが彼のエッセーによると、彼自身の中で小さな異変が起きた。

「沖縄や、韓国の骨壺がいろいろ趣向をこらしているのを知って気が変《かわ》った。自分でつくってみたくなった。人まかせの壺になど入れない」

水上氏は骨壺の［　エ　］を拒絶して、フタのつまみに亀をあしらった骨壺をつくるようになっていた。材料は原発銀座と呼ばれる故郷若狭の赤土である。

問十　傍線部**D**「これまでの伝統的な公共の概念」とはどのようなものであったと記されているか。最も適当なものを、次の①～④のうちから一つ選べ。解答番号は 14 。

① 国家をはじめとする集団的な価値が重視されたため、個人的な価値は考慮されていなかった。
② 古い建築物の保存が重視されていたため、個人の近代的で便利な生活は二の次に考えられていた。
③ 農村部が国土の大半を占めたため、緑化などの環境改善をことさら問題にする必要がなかった。
④ 生活様式が日本固有のものであったため、西欧の都市と同様には景観が統一されなかった。

問十一　E「まちづくりの計画性」という小見出しを掲げた部分の内容と**合致しないもの**を、次の①～④のうちから一つ選べ。解答番号は 15 。

① イギリスでは都市環境の改善策として「田園居住」や「田園都市」が提唱され、1900年代のはじめに実際に建設された。
② ニュータウン開発は、ハワードやペリーによる都市計画理論の影響を受けずに進められた。
③ イギリスの「田園都市」は建設から一世紀余りを経て、住民の高齢化にともなう問題を抱えつつある。
④ 理論上は理想的と考えられ建設された都市は、時が経つにつれ、実際には理想的とは言いがたい状況になっている。

一としている点で、財源が限られている農村部の「地域振興」と同様の限界がある。

② 「都市計画」という用語に代えて「まちづくり」が使われるようになったのと同様に、「都市経営」という用語も、都市部と農山村部とを含めた広い範囲に適応できるよう、「地域振興」という語に置き換えられるようになっている。

③ 「都市計画」は昭和50年代から市民の主体性を尊重した方向に発展したが、「都市経営」のほうは少し後から行政主導で進められており、その時期は主に農山村部で運営されてきた「地域振興」と重なっている。

④ 「都市計画」が都市に何を建設するかといった「モノづくり」の視点を根拠としているのに対し、「地域振興」や「都市経営」という用語では企画系の視点が重視されており、同じような意味で使われている。

問九 傍線部C「近代民主主義と文明の象徴であったはずの「都市」」とあるが、筆者は日本の「都市」について、どのように考えているか。最も適当なものを、次の①～④のうちから一つ選べ。解答番号は 13 。

① 「都市」とは、古代では教養を持った知識人が直接的に政治を行っていた場所なのに、近代以降はもっぱら選挙による代表者によって取り仕切られ、人々の意見は反映されなくなってしまった。

② 「都市」とは、多数の人間が実生活を営み行政に参画する場所であるべきなのに、実際には近郊や周辺の地域から通勤する人ばかりであるため、税を基盤とする行政サービスが不十分となってしまった。

③ 「都市」とは、西欧社会の近代都市のように長い年月を経て完成されるべきものなのに、日本では戦後のわずか30年余りの間に形成されたため、西欧の模倣にすぎない貧弱なものになってしまった。

④ 「都市」とは、人間の自由と平等、さらに高度な経済状態が反映されたものであるべきなのに、日本の都市部の人々は不自由で豊かさを感じられない生活を強いられることになってしまった。

問六　傍線部**コ**「後者」が本文中において指示する内容は何か。最も適当なものを、次の①〜④のうちから一つ選べ。解答番号は 10 。

コ　後者　10
① 民間セクターによる建設
② アメリカの世界博覧会
③ 大都市再開発
④ アーサー・ペリーの「近隣住区理論」

問七　傍線部**A**「従来型の上から下に降ろすという都市政策」とはどのようなものか。最も適当なものを、次の①〜④のうちから一つ選べ。解答番号は 11 。

① 国家がもっぱら実権を握り、市町村の意見を全く反映しない行政のあり方。
② 国家などの行政が主導して作った計画に、市民が従う形で行われる都市づくり。
③ 国家が農村部の事情を無視し、都市部の生活の便利さだけを追及する行政モデル。
④ 国家がまず理想を高く掲げ、その後の実情に応じてレベルを下げる企画立案の方法。

問八　傍線部**B**「行政用語でもある「都市経営」も「地域振興」と同義語と捉えることができる」の説明として最も適当なものを、次の①〜④のうちから一つ選べ。解答番号は 12 。

① 「都市計画」が実現可能かどうかを問題にしない自由な「計画」系の視点を重視しているのに対し、「都市経営」は経済・財政的な問題を第

問三　傍線部**オ**、**カ**の本文中における意味として最も適当なものを、次の各群の①～④のうちからそれぞれ一つずつ選べ。解答番号は [6] ～ [7] 。

オ　専管　[6]

① 一手に管理する
② 現状のまま保持する
③ 計画外の行動を制限する
④ 話し合わず決定する

カ　篤志家　[7]

① 情熱的に突き進む人
② 社会奉仕に熱心な人
③ 短期間に財をなした人
④ 中心的に関与しない人

問四　傍線部**キ**と同じ読み方のものを、次の①～④のうちから一つ選べ。解答番号は [8] 。

キ　醜悪　[8]

① 約束を失念する
② 要点を抄出する
③ 台風が襲来する
④ 既出の問題

問五　傍線部**ク**と**反対の意味の言葉**を、次の①～④のうちから一つ選べ。解答番号は [9] 。

ク　公有

① 共有　② 私有　③ 占有　④ 中有

問一　空欄**ア**、**ケ**を補うのに最も適当な語句を、次の各群の①～④のうちからそれぞれ一つずつ選べ。解答番号は［1］～［2］。

［1］　**ア**

① 頭角を現し
② 一角を担い
③ 両端を示し
④ 一線を画し

［2］　**ケ**

① 交通網の発達
② 地域社会の崩壊
③ 工業団地の誘致
④ 国際的な競争

問二　傍線部**イ**、**ウ**、**エ**に相当する漢字を含むものを、次の各群の①～④のうちからそれぞれ一つずつ選べ。解答番号は［3］～［5］。

イ　ヒンパン　［3］

① 事故がヒンパツする
② ヒンプの差
③ ライヒンのあいさつ
④ 乳牛のヒンピョウ会

ウ　トげる　［4］

① 鉄棒でケンスイする
② 土間がシンスイする
③ 作戦がミスイに終わる
④ ブスイな人

エ　ツチカって　［5］

① 蚊をバイカイにする
② バイリツが高い
③ 損害バイショウ
④ 菌をバイヨウする

に健全、かつ社会的に望ましい都市のあり方を描き、民間セクター（＊2）による建設を行うことをめざしたものであり、まさしく理想的な都市ができるはずであった。

一方、アメリカでは、19世紀末、シカゴで開催された世界博覧会を契機に全米に都市美運動が起こり、行政が本格的に都市計画に取り組むようになりアーサー・ペリーによって「近隣住区理論」（＊3）が提唱された。これは、都市化による地域環境の悪化と［ケ］に対処するために市街地を計画的に小分割して環境条件を高め、地域活動への住民参加を強めることによってコミュニティの再生を図ろうとしたものである。

資本主義社会の理想都市をデザインしようとした近代的自我ともいえるハワードの「田園都市論」、ペリーの「近隣住区理論」などは、その後のニュータウン開発や大都市再開発に大きな影響を与えることになるが、その成果はどうであったか。

理想の都市像として生み出された「田園都市」は、当初に描いた都市の機能が必ずしも十分な役割を果たさなくなり、高齢化による介護の効率性などの問題を抱えつつある。コ後者は、その後に繰り返されるコミュニティ再生の政策を見るまでもなく、その後に変化発展する社会動向に対応することができなかったのである。

つまり、理想として計画された都市には、「まちの心」や「まちの文化」までは創造し得なかったのである。

（阿蘇裕矢「まちづくりと地域振興」による。）

＊1　グレーターロンドン計画……１９４４年にロンドン大学のパトリック・アバークロンビー教授によって作成された、ロンドンの過密化を抑制するために人口や産業を周辺に分散させる計画。大ロンドン計画。

＊2　民間セクター……公共的な事業の中で、政府が所有または管理をしない、民間事業者による経済活動の分野。

＊3　近隣住区理論……小学校を核とし、住宅地、商業用地、公園等をセットにした住宅地のまとまりを市街地形成の基本的単位（住区）とする考え方。アーサー・ペリーが１９２４年に発表。

がらも日本の都市の事情に適合させながら都市政策を進めてきた。その結果、わが国は、世界に類をみない高密度な都市空間の中で比較的安全で効率的な都市の運営がなされてきたのである。

特に1970年代においては、C近代民主主義と文明の象徴であったはずの「都市」は成長・発展をめざす政策のもとに巨大化の方向をたどることになり、地価の暴騰、ラッシュアワーに象徴される通勤難と住宅の困窮、行政サービスの欠落などを招くことになり、新しい貧困と呼ばれた。地域の文化やアイデンティティが希薄になった時代である。

わが国では、都市の環境改善運動などを契機として、ようやく「環境」という共通の関心ごとが生まれ、Dこれまでの伝統的な公共の概念とは異なる「公共」概念の実態がかたちづくられようとしている。それは、西欧の市民社会に近いものといえよう。

ヨーロッパの都心には、古い建築物が統一的な景観のもとに保存されていることが多いが、わが国では、適正に保存された古い建築物は皆無に等しい。単純に木造だからということではないはずである。西欧の「公共」とは、公開性や共通性を重視するとされているが、わが国における「公共」概念は、個人の集団への埋没を意味している。「環境」という共通の関心ごとが、より広く認識されることにより、「公共」の概念が変わろうとしているのである。

E　まちづくりの計画性

「都市を計画する」という行為は、行政が行ってきたオ専管事項であった。

かつて、産業革命下のイギリスでは、劣悪な都市環境の改善を契機として公衆衛生法(1875年)が、劣悪な住宅建設を阻止することを目的とした最初の住宅改善法(1875年の労働者住居改善法)が立法化され、これが近代都市計画の先駆けとなるが、カ篤志家などによる救済策も行われた。こうした時代にあって、ウイリアム・モリスなどの社会思想家によるキ醜悪な住宅や都市環境の改善策としての「田園居住」などの提案が行われた。中でも、エベネーザー・ハワードは、『明日 真の改革にいたる平和な道』として「田園都市」を提案、最初の田園都市レッチワース(1903年)や、ウェルウィン(1920年)が建設された。

自然環境の中に生産や生活の場を設けた「田園都市」は、開発地をク公有化し、地価の上昇による利益をコミュニティに還元させるなど、財政的一方、都市部では、昭和50年代から「都市計画」の用語に代えて「まちづくり」という言葉が使われるようになる。つまり都市部における「まちづくり」は、市民参加を重視した内容に転換しはじめることになり、A従来型の上から下に降ろすという都市政策から、市民の主体性を尊重した方向に変わっていく。

昭和50年前後に、都市からも農山村からも「まちづくり」という言葉が登場するが、都市の計画から生まれた「まちづくり」は、モノづくりを中心とした計画系の視点を根拠としているのに対して、農山村部の地域振興から生まれた「まちづくり」は、主に企画系の視点が重視されているのが特徴的であるが、次第にその境がなくなりつつある。その意味では、B行政用語でもある「都市経営」も「地域振興」と同義語と捉えることができる。

いずれにしても、そこに住む人たちが自ら考え、良いまちをつくるという行動を起こすという意味で「まちづくり」は、農山村における「地域づくり」や「町おこし」、「村おこし」と同義になり、モノづくりの都市計画や地域振興計画から、人々の生活の場としての総合的な「まちづくり」へと進化をウトげようとしている。

まちづくりの「公共性」

わが国における近代都市計画の系譜は、フランス、ドイツ、アメリカなどの近代都市計画の思想、技術、制度などのさまざまな影響を受けている。古くは市区改正条例（東京の都市計画）から始まり、公園緑地計画、近隣住区理論、グレーターロンドン計画（＊1）、地区計画制度などである。

都市づくりの反省期には、ヨーロッパの市民社会のまちづくりが、必ずと言っていいくらいに登場する。その多くは、「公共性」、「土地利用制限」、「景観計画」などの議論である。これらは、西欧社会が長い歴史の中でエツチカってきた市民社会の文化の成果ともいえるものであり、わが国独自のものではない。つまり「市民社会」とは、自由かつ平等な自律的個人が構成する成熟した社会の姿であり、国家とは区別される自立した人間の活動領域に基づくものである。

わが国において、いわゆる「近代都市」が本格的に形成されたのは戦後のわずか30年余りの間であるが、この間、諸外国の制度をモデルにしな

国語

（二科目　一二〇分）

一　次の文章を読んで、後の問い（問一～十一）に答えよ。（解答番号 1 ～ 15 ）

「まちづくり」という概念

「まちづくり」という言葉がいつごろから使われるようになったかは、定かでない。

国土政策や地域政策の研究機関である財団法人日本地域開発センターの機関誌『地域開発』から探ってみると、昭和51（1976）年3月号（通巻138号）に「まちづくり―地域にみる生活と文化の再生」として北海道の池田町を取り上げた特集がある。このころを前後して「まちづくり」という言葉が文中に見られることから、昭和50年前後から使われ始めたように思われる。

北海道の池田町は、行政主導（町長主導）でありながら町民が一体となって町の「総合的」な「振興」に取り組んだ町で、この先駆的な取り組みは、後に全国市町村の地域振興の手本となるが、ここでの「まちづくり」は、「総合的」、「振興」、「町民の参加」の活動が特徴的であった。こうした意味を含めて、従来型の行政計画とは［ア］、住民参加の単独自治体の振興という意味合いから「まちづくり」と表現されたものと考えられる。このころから「まちづくり」という言葉は、市町村の「総合振興計画」の中にヒンパン（イ）にあらわれるようになる。農山村で展開された「まちづくり」は、ハードを整備することよりも地域住民の意識変革に中心を置いた「こころおこし」といった方向をめざした。いずれもソフト政策を中心に、地域住民の意見をくみ取り政策に反映しながら行政と一体となって活動する傾向に変わっていく。

解答編

英語

I **解答** **1**—① **2**—④ **3**—② **4**—③ **5**—①

解説

問1． 空所の直前に「面白いものを見つけると，小学生の子供はわくわくして」とあるので，「熱心にし続けたがる」という内容になる① eager「熱心な」が正解。be eager to *do*「熱心に～する」

問2． 第3文に「彼がいなかったら，私は医者としてこの病院で働いていないだろう」とあるので，「彼が私に外科医になろうと奮い立たせてくれた人だ」という内容になる④ inspired「触発した」が正解。inspire *A* to *do*「*A* を鼓舞して～する気にさせる」

問3． 第1文に「その国は困難な状況に対処せねばならず，状況がよくなるには長い時間がかかるだろう」とあるので，「この状況は，指導者が国際法に従わなかった結果だ」となる② consequence「結果」が正解。

問4． 第2文に「これは，音楽があらゆる社会に存在するからだ」とあるので，「音楽は世界共通の言語だ」と表せる③ a universal が正解。

問5． 第1文に「当レストランでは，お客様のニーズにお応えできるよう様々な種類のコース料理を提供しております」とあるので，空所には，「好み」を表す① preferences が最も合う。depending on your preferences「お好みに応じて」

II **解答** **6**—② **7**—① **8**—④

解説

問6.（電車の中で）　Aに「ここは私の席ですよ」と言われたBが「それには11-Cと書いてあり，ここの席も11-Cですよね？」と言っているので，Bは自分のチケットを確認していると推測できる。よって，②の「私のチケットを確認させてください」が適切。

問7.（図書館で）　Bの応答を受けたAが「日本ではそのようなものはありません。次は気をつけてくださいね」と伝えていることから，返却期限を過ぎてしまったBは，延滞料金を気にしていることがわかる。よって，①の「延滞料金はおいくらですか」が正解。late fee「延滞料」

問8.（教室で）　Bに「これでどうだい？」と尋ねられたAが「はい，はるかによく見えるようになりました」と答えていることから，Aは画面の文字をもう少し大きくするように頼んでいると推測できる。④が最も文脈に合う。

Ⅲ　解答　9―②　10―④　11―①

解説

問9.　空所を含む文の意味は「誰かから送られたメッセージが，送り手が相手に理解してほしいと思っているようには理解されないときに，[9]が起こる」となる。次の文に「この1つの原因は文化の相違であることがある」とあるので，空所には② Miscommunication「誤解」が入る。

問10.　空所を含む文は「しかしながら，自分で困難を乗り越えたときに，[10]の感覚をもつだろう」という意味である。さらに次の文では「難題や困難を乗り越えることは，あなたの成長を助けるのだということを心に留めておきなさい」とあることから，空所には④ accomplishment「達成」が入ると推測できる。a sense of accomplishment「達成感」

問11.　空所を含む文は「[11]は，インクと筆で文字を書くことに関連した視覚芸術だ」という意味である。よって空所には，① Calligraphy「書道」がふさわしい。

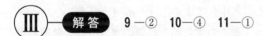

Ⅳ 解答 12—② 13—④ 14—④ 15—③ 16—② 17—③

解説

問12. 第1文で「同僚や雇用主に，私は働いている間に鼻歌を歌っているとよく指摘されている」，空所の直前で「ある日，家で一人で仕事をしているときにも，自分が本当に[12]であることがわかった」，直後で「奇妙なことに，私は昔の歌を鼻歌で歌っている」と述べていることから，空所には② hummer「鼻歌を歌う人」が適切である。

問13. 空所の直前に「鼻歌についてリサーチすることにした」とあり，空所の直後で「鼻歌は息を使った行き当たりばったりのメロディー以上のものである」とリサーチの結果が書かれていることから，空所には④ turns が適切である。it turns out that S V「SV だとわかる」

問14. 空所の直前に「オキシトシン」とあるので，ダッシュ（—）以下の空所の部分は「オキシトシン」の説明であることがわかる。よって，「“愛情ホルモン” と呼ばれている」とすればよい。④ called が正解。

問15. 空所を含む文の意味は「多くの宗教的な瞑想の実践では，鼻歌のような[15]チャント（詠唱）が用いられている」となる。「鼻歌のような」とあるので，チャントと鼻歌は似ていると考えられる。よって空所には，③ similar「似たような」が適切。

問16. 空所を含む文は「科学者[16]，鼻歌やほかのリズミカルな行動は，おそらく数百万年の歴史がある」という意味である。② According を入れれば「科学者によれば」という意味になり，文意が通る。

問17. 空所の直前が前置詞 of なので，空所には名詞が入ると考えられる。よって，候補は③ communicating か④ communication となる。また，空所の直後に safety があることから，safety が空所の意味上の目的語であると考えられる。よって，空所には動名詞である③がふさわしい。

Ⅴ 解答 18—④ 19—③ 20—④ 21—②

解説

《どのフィットネスプランを利用するか》

問18. 表から読み取れることを答える。終日会員は，すべての会員の中で最も費用が高いことがわかるので，④が正解。

問19. 第1段第2文（When he was …）に「大学時代に，バドミントン部に入っており，定期的に運動をしていた」とあるので，③が正解。

問20. マサキの心を最も動かしたものを答える問題。第2段最終文（He was impressed …）に「マサキはまっさらなハイテクの設備だけでなく，特に運動後にリラックスできるような大きな温泉まで備えているという事実に感銘を受けた」とあるので，④が適当。

問21. 最終段第3文（As he wanted …）の後半に「仕事の後にジムに行くことは，自分にとってよいルーティンだと考えた」とあり，続く第4文（He also wanted …）に「お金を節約したいので，月額料金が安ければ安いほどよいと考えた」とある。よって，②「ナイトタイム会員」を選んだと推測できる。

Ⅵ 解答 22―① 23―④ 24―④ 25―③

解説

《人生を決めた親友の言葉》

問22. 第1段最終文（When all three …）に「家族3人で話す際，状況次第で，より心地よいほうの言語をどちらでも用いた」とあるので，ジョンの父母は日本語も英語も話していたと考えられる。よって①が正解。

問23. 第2段最終文（This open-class day …）に「ジョンは目立つことを嫌がるようになり，日本人のクラスメイトとまったく同じようにふるまうことによって，日本の学校の環境に溶け込もうとより強く心に決めた」とあるので，④が適切。

問24. 第3段最終文（When Jon heard …）に「これを聞いたときに，自分のままでよいとジョンは感じた」とあるが，「これ」とは，その直前（“You are Jon … who you are!”）に述べられている「君は，日本人でもあり，オーストラリア人でもあり，その両方なんだ。…それが君という人間なんだ」というタイチからの励ましの言葉である。よって④が正解。

問25. 最終段第4文（Jon wants to …）に「ジョンはこういった子供を，親友のタイチがしてくれたように助けたいと願っている」とあるので，③が適切。

日本史

Ⅰ　解答　問1．③　問2．②　問3．②　問4．③　問5．④

解説

《弥生時代の対外関係》

問1．③正解。唐古・鍵遺跡は，奈良県にある弥生時代の遺跡。①早水台《そうずだい》遺跡は大分県にある旧石器〜縄文時代の遺跡。②岩宿遺跡（群馬県）と④茂呂遺跡（東京都）は旧石器時代の遺跡。

問5．④正解。邪馬台国の女王卑弥呼は，中国の魏に使者を送り，「親魏倭王」の称号と金印を与えられた。①・②は『宋書』倭国伝に記されている。③は志賀島で発見された金印に刻まれた文字。

Ⅱ　解答　問1．④　問2．④　問3．②　問4．③　問5．①　問6．④　問7．③　問8．①　問9．②　問10．③

解説

《奈良時代の政治・経済・外交・文化》

問4．③正解。①律令の施行規則は式。②天皇の命令を伝える文書は宣旨。④院庁から下達された公文書は院庁下文。

問5．①正文。②誤文。「不輸租田」が誤り。初期荘園の墾田は，租を納める輸租田。③・④ともに寄進地系荘園の説明なので誤文。

問7．③正文。①誤文。曹洞宗・道元は鎌倉時代の人物。②誤文。空也は10世紀に浄土教を布教した僧。④大仏が完成した時の都は平城京である。

問8．①誤文。藤原京遷都は694年。

問9．②正文。①・③は平安時代のこと。④一条兼良の『公事根源』や『樵談治要』は室町時代に成立。

問10．③正文。渤海からの使者が初めて来日したのは727年。①刀伊の入寇は1019年。②遣唐使廃止は894年。④百済救援は7世紀。

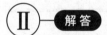

Ⅲ 解答

問1．① **問2．**③ **問3．**③ **問4．**① **問5．**④
問6．② **問7．**②

解説

《鎌倉時代の政治・社会》

問1．①正解。②は1180年。③は1205年。④は969年の安和の変。

問4．①正文。②誤文。永仁の徳政令は，御家人の救済のみを目的に発布された。③誤文。「札差や豪商」ではなく「借上」が正しい。④誤文。「分一銭」は室町幕府が徳政令の条件として課した手数料。

問5．④正解。和田合戦は1213年。①承平・天慶の乱は939～941年。②平治の乱は1159年。③宝治合戦は1247年。

問6．承久の乱は2代執権北条義時の，文永の役は8代執権北条時宗の時代なので，この間にあてはまらない②が正解となる。②建武式目の成立は室町幕府発足時の1336年。①引付の設置と③皇族（親王）将軍の誕生は5代執権北条時頼の時代。④連署の設置は3代執権北条泰時の時代。

問7．正解は②の霜月騒動で1285年。①観応の半済令は1352年。③貞永式目の制定は1232年。④天龍寺船が派遣されたのは1342年。

Ⅳ 解答

問1．③ **問2．**② **問3．**②

解説

《中世の都市》

問1．［史料］と［説明文］で示された都市は堺である。

問3．②正解。摂津国平野は自治都市で，年寄衆と呼ばれる代表者によって町政が運営された。①越後国直江津は港町。③駿河国府中は今川氏の城下町。④近江国坂本は延暦寺の門前町。

Ⅴ 解答

問1．③ **問2．**② **問3．**④ **問4．**④

解説

《江戸時代の貨幣》

問1．③正文。①誤文。元禄ではなく正徳が正しい。②・④誤文。三貨ではなく金貨が正しい。

問 4．④正文。①誤文。三貨間の交換率は，相場によって常に変動した。②秤量貨幣は銀貨である。③蔵元・問屋ではなく，両替商が正しい。

Ⅵ 解答 **問 1**．④ **問 2**．④ **問 3**．②

解説

《江戸時代～明治時代初期の教育機関》

問 1．リード文に「藩士子弟を教育する」とあるので，藩校（藩学）を選べばよい。①・②・③はすべて私塾である。

問 2．④正文。空欄(b)に該当する教育機関は寺子屋である。

①誤文。寺子屋は都市部だけでなく農村にもつくられた。

②誤文。懐徳堂は大坂町人出資の郷校で，町人に朱子学や陽明学を教えた。

③誤文。寺子屋では『女大学』などを教科書とした女子教育も進められた。

問 3．②正文。明治 5 年＝1872 年に公布されたのは学制である。

①誤文。寺子屋は僧侶だけではなく，村役人・神職・裕福な町人・浪人の武士などによって運営された。

③誤文。寺子屋には幕府からの援助はなかった。

④誤文。学制によって国民皆学の方針が示されている。

Ⅶ 解答 **問 1**．② **問 2**．② **問 3**．④ **問 4**．①

解説

《日清戦争後の対外関係》

問 3．［史料Ｂ］は 1895 年の三国干渉に関するものである。

問 4．空欄(c)には遼東半島が入るので，①が正解。②は山東半島，③は台湾，④は海南島。

Ⅷ 解答 **問 1**．① **問 2**．① **問 3**．① **問 4**．③

解説

《大正時代～昭和時代初期の政治・経済・外交》

問 3．(b)は金融恐慌なので，①が正文。②・③は浜口雄幸内閣のとき。④

は斎藤実内閣のとき。

問４．③正解。二十一カ条の要求が出されたのは1915年。

①加藤高明を中心とする護憲三派連立内閣の誕生は1924年。

②普通選挙法の成立は1925年。

④関東大震災の発生は1923年。

Ⅸ　解答　問１．②　問２．④　問３．③　問４．②　問５．③

解説

《戦後の政治・外交》

問４．②正解。電電公社・専売公社の民営化は1985年，国鉄の民営化は1987年でいずれも中曽根康弘内閣のとき。

① 2005年，小泉純一郎内閣のときに郵政民営化法が成立し，2007年，福田康夫内閣のときに郵政民営化が実現した。

③中央省庁の再編成は2001年で，森喜朗内閣のときに実現した。

④消費税の導入は1989年で，竹下登内閣のとき。

問５．③正解。湾岸戦争が勃発したのは1991年。

①ベトナムでは1961年から内戦が始まり，1965年に米軍が北爆を開始した。

②日ソ共同宣言は1956年に調印。

④沖縄返還が実現したのは1972年。

世界史

I 解答

問1. ① **問2.** ② **問3.** ④ **問4.** ④ **問5.** ③
問6. ③ **問7.** ① **問8.** ② **問9.** ④ **問10.** ⑥
問11. ① **問12.** ②

解説

《キリスト教の歴史》

問1. ①誤文。セム語系の民族のうち，シドンやティルスを拠点に海上貿易で活躍して，カルタゴなどの植民市を建設したのはフェニキア人である。

問3. ④誤文。農奴は賦役や貢納などの義務に加えて，住居移転や職業選択の自由がない不自由な身分である。

問4. ④誤文。教皇庁をローマからアヴィニョンに移したのはフランス王フィリップ４世。フィリップ４世は聖職者への課税をめぐり，教皇ボニファティウス８世と対立してアナーニ事件を起こし，教皇庁をローマからフランスのアヴィニョンに移して教皇に対する支配を強めた。

問5. ①誤文。ゴシック様式の説明である。

②誤文。ビザンツ様式の説明である。

④誤文。写真のピサ大聖堂はロマネスク様式だが，ノートルダム大聖堂はゴシック様式である。

問6. ③誤文。Ｃはボッティチェリの「ヴィーナスの誕生」である。

問7. ①誤文。スイスの宗教改革者ツヴィングリの説明である。

問8. Ａ．正文。Ｂ．誤文。ルターはヴォルムスの帝国議会に呼び出されたが自説を撤回しなかったため，神聖ローマ帝国から追放処分となった。

問9. ④誤文。イエズス会はアウクスブルクの和議（1555年）以前の1534年に，イグナティウス=ロヨラたちによって結成された。

問12. ②誤文。フランスは旧教国だったが，ハプスブルク家と対立していたため新教側で参戦して，ハプスブルク家の神聖ローマ皇帝と戦った。

Ⅱ 解答

問1．① 問2．① 問3．③ 問4．④ 問5．③
問6．③ 問7．② 問8．④ 問9．② 問10．②
問11．① 問12．②

解説

《西アジアの歴史》

問1． ②誤文。エジプト文明の説明である。
③誤文。ヒッタイトの説明である。
④誤文。インドのグプタ朝の説明である。

問3． ③誤文。ウマイヤ朝の説明である。

問4． ④誤文。ヴァルナはインドの身分制度である。

問5． ウマイヤ朝は，イベリア半島の西ゴート王国を滅ぼしているので，イベリア半島を領土にしている③が正しい。

問6． A．誤文。アッバース朝においては，地租であるハラージュは民族や宗教に関わらず，すべての土地所有者に課税された。B．正文。

問7． アッバース朝の第2代カリフであるマンスールが建設した新首都はバグダードである。甲の市街図にティグリス川が記されているので，乙の地図はティグリス川付近に位置するBが正しいと判断できる。

問9． ①誤文。セルジューク朝を建国したのはトゥグリル=ベクである。アイバクが建国したのは，最初のデリー=スルタン朝である奴隷王朝。
③誤文。セルジューク朝はスンナ派の王朝で，スンナ派の神学を奨励して，マドラサ（学院）のニザーミーヤ学院を各地に建設した。
④誤文。タラス河畔の戦いで唐軍を破ったのは，アッバース朝である。

問12． ①誤文。スレイマン１世は，1538年のプレヴェザの海戦でスペイン・ヴェネツィアなどの連合軍を破った。
③誤文。マムルーク朝を滅ぼしたのは，セリム１世である。
④誤文。アンカラの戦いは，ティムールがオスマン帝国のスルタンであるバヤジット１世を破った戦いである。

Ⅲ 解答 **問1.** ② **問2.** ④ **問3.** ② **問4.** ④ **問5.** ②
問6. ① **問7.** ④ **問8.** ③ **問9.** ① **問10.** ④
問11. ① **問12.** ④

解説

《近現代中国の歴史》

問2. ①誤文。アロー戦争の際に締結された天津条約の内容。

②・③誤文。アヘン戦争の講和条約である南京条約の内容。

問3. A．正文。B．誤文。三·一独立運動は，第一次世界大戦後に日本の植民地だった朝鮮で起きた日本の支配に対する独立運動である。

問4. ①誤文。1882年の壬午軍乱の説明である。

②誤文。1894年の甲午農民戦争（東学の乱）の説明である。

③誤文。1909年に起きた出来事で，この翌年に日本が韓国を併合した。

問5. A．正文。B．誤文。孫文は，三民主義の1つである民族主義（民族の独立）で，異民族王朝の清朝の打倒と漢族（漢民族）の独立を主張した。

問6. ②誤文。「滅満興漢」を掲げたのは太平天国の乱である。

③誤文。戊戌の政変は，1898年に立憲君主制の樹立を目指して戊戌の変法を行った康有為ら変法派を西太后ら保守派が弾圧したクーデターである。

④誤文。辛亥革命の結果，宣統帝が退位して清朝は滅亡した。

問8. ①誤文。八·一宣言は，長征中の中国共産党が発表した。

②誤文。白話文学の代表作『狂人日記』を発表したのは魯迅である。

④誤文。中華ソヴィエト共和国臨時政府は，中国共産党が樹立した。

問10. ④誤文。日本は1933年3月に国際連盟から脱退したが，ドイツは1933年10月に，イタリアは1937年に国際連盟から脱退している。

問12. ①誤文。中華人民共和国はワルシャワ条約機構に参加していない。

②誤文。平和五原則は，中華人民共和国の周恩来首相とインドのネルー首相が会談した際に発表された。

③誤文。「四つの現代化」は1975年に周恩来が提起して，プロレタリア文化大革命が終息した後に，鄧小平が中心となって本格的に推進した。

Ⅳ 解答

問1. ① **問2.** ① **問3.** ④ **問4.** ② **問5.** ①
問6. ② **問7.** ③ **問8.** ② **問9.** ① **問10.** ②
問11. ④ **問12.** ③ **問13.** ① **問14.** ④

解説

《アメリカ合衆国の歴史》

問3. ①誤文。第1回大陸会議は，フィラデルフィアで開催された。
②誤文。フランスのラ=ファイエットが義勇兵として参加した。
③誤文。ロシアのエカチェリーナ2世が武装中立同盟を提唱した。

問6. ①誤文。アラスカは，1867年にロシアから買収した。
③誤文。アメリカ合衆国は，メキシコとの戦い（アメリカ=メキシコ戦争）に勝利した結果，カリフォルニアとニューメキシコを獲得した。
④誤文。アメリカ=スペイン（米西）戦争で獲得したのは，プエルトリコ，グアム，フィリピンである。フロリダは，1819年にスペインから買収した。

問7. ①誤文。ホームステッド法は，リンカン大統領が制定した。
②誤文。ゴールドラッシュは，1849年にカリフォルニアで起きた。
④誤文。初の西部出身の大統領は，ジャクソン大統領である。

問8. ②誤文。北部はイギリスの安価な工業製品が流入するのを防ぐために，輸入品に高関税をかける保護貿易（保護関税政策）を主張した。

問9. ②誤文。善隣外交は，1929年の世界恐慌の発生後に，フランクリン=ローズヴェルト大統領がラテンアメリカを経済圏にするために実施した。
③誤文。先住民強制移住法は，1830年にジャクソン大統領が制定した。
④誤文。ワグナー法は，世界恐慌に対処するために制定された全国産業復興法（NIRA）が1935年に違憲判決を受けた後に制定された。

問10. ②誤文。アメリカは孤立主義の立場から国際連盟に加盟しなかった。

問11. ④誤文。ライト兄弟が動力飛行機の実験に初めて成功したのは1903年で，第一次世界大戦で航空機が使われていることから誤りと判断できる。

問12. ①誤文。通貨改革に対して，ソ連はベルリン封鎖を実施した。
②誤文。この時に，ソ連が創設したのはコミンフォルム（共産党情報局）。
④誤文。キューバ危機では，ソ連がキューバのミサイル基地を撤去した。

数学

I 解答

(1)アイ．16　(2)ウエ．−5　オ．5　カ．4

(3)キ．8　ク．4　ケ．3

解説

《約数の個数，2次関数の最大値・最小値，三角形の面積の最大値》

(1)　2024を素因数分解すると

$2024=2^3\times11\times23$

よって，2024の正の約数は1と自分自身を含めて

$(3+1)(1+1)(1+1)=16$ 個　→アイ

(2)　$f(x)=x^2-2ax+a+1=(x-a)^2-a^2+a+1$

であるので，最小値を m とすると

$$m=f(a)=-a^2+a+1=-\left(a-\frac{1}{2}\right)^2+\frac{5}{4}$$

ここで，$1\leqq f(1)\leqq4$ であり

$$f(1)=1^2-2a\cdot1+a+1$$
$$=-a+2$$

であることから

$1\leqq -a+2\leqq4$

$\therefore\quad -2\leqq a\leqq1$

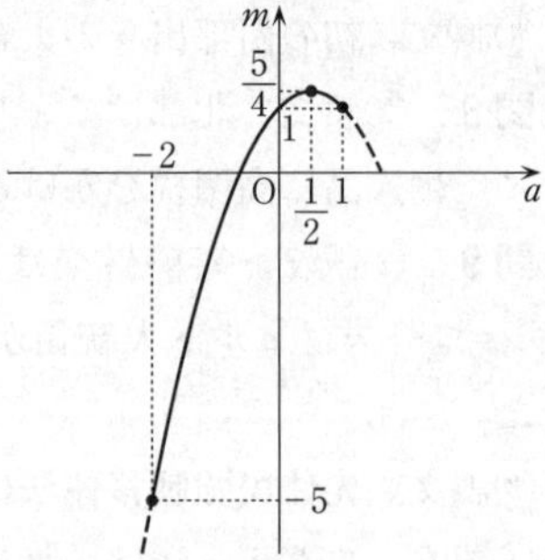

よって，$m=-\left(a-\dfrac{1}{2}\right)^2+\dfrac{5}{4}$ のグラフを考えて

$$-5\leqq m\leqq\frac{5}{4}\quad →ウ〜カ$$

(3)　$BC=4$，$\angle BAC=30°$ である三角形ABCについて，2点B，Cを固定すると，円周角の定理の逆から，点Aは右図のような円周上のBCより上側を動く。

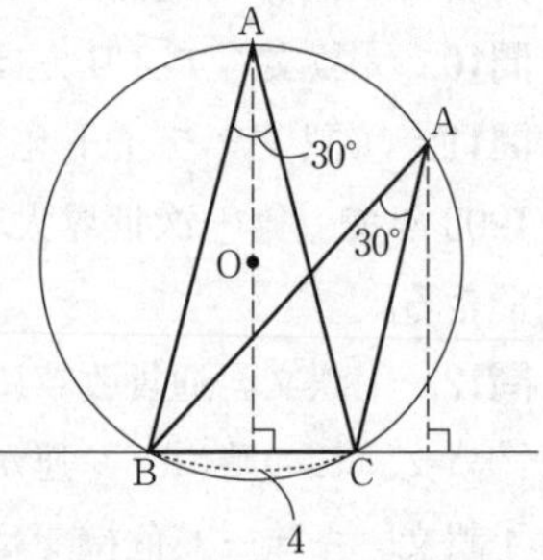

三角形ABCの面積が最大となるのは，

辺 BC を底辺としたときの高さが最大となるときなので，図より，点Aから辺 BC に下ろした垂線が円の中心Oを通るときとわかる。

点Aから辺 BC に下ろした垂線が円の中心Oを通るときの，その垂線の足をHとする。

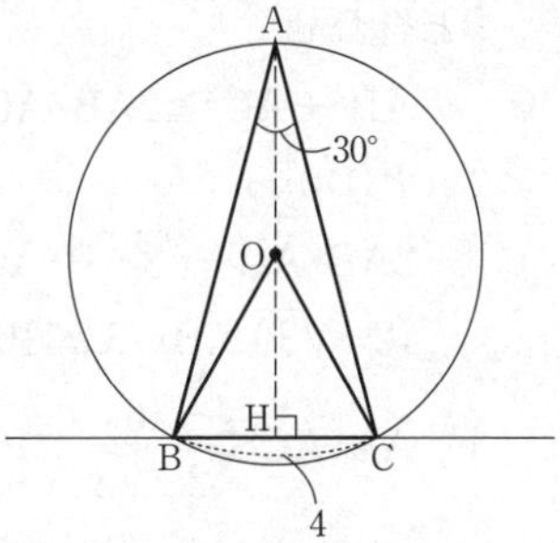

このとき，弧 BC の円周角∠BAC が 30° であることから，弧 BC の中心角∠BOC は

$$\angle BOC = 30^\circ \times 2 = 60^\circ$$

したがって，三角形 OBC は正三角形であるとわかり

$$\begin{cases} OB = OA = 4 \\ OH = OB\sin 60^\circ = 4 \times \dfrac{\sqrt{3}}{2} = 2\sqrt{3} \end{cases}$$

$$\therefore \quad AH = OA + OH = 4 + 2\sqrt{3}$$

三角形 ABC の面積の最大値は

$$\frac{1}{2}BC \cdot AH = \frac{1}{2} \cdot 4 \cdot (4 + 2\sqrt{3}) = 8 + 4\sqrt{3} \quad \to キ〜ケ$$

別解　三角形 ABC の面積は

$$\frac{1}{2}AB \cdot AC\sin\angle BAC = \frac{1}{2}AB \cdot AC \cdot \frac{1}{2} = \frac{1}{4}AB \cdot AC$$

であるので，まずは AB·AC の最大値を求める。

三角形 ABC に余弦定理を用いて

$$BC^2 = AB^2 + AC^2 - 2AB \cdot AC\cos\angle BAC$$

$$16 = AB^2 + AC^2 - 2AB \cdot AC \cdot \frac{\sqrt{3}}{2}$$

$$\therefore \quad AB^2 + AC^2 - \sqrt{3}\,AB \cdot AC = 16 \quad \cdots\cdots ①$$

ここで，$AB>0$，$AC>0$ より，$AB^2>0$，$AC^2>0$ である。よって，相加平均と相乗平均の関係式より

$$AB^2 + AC^2 \geqq 2\sqrt{AB^2 \cdot AC^2} \quad \cdots\cdots ②$$

を得る。ただし，等号成立は $AB^2 = AC^2$，すなわち $AB = AC$ のときである。

また，$AB>0$，$AC>0$ であることから

$$2\sqrt{AB^2\cdot AC^2}=2AB\cdot AC$$

②と合わせて

$$AB^2+AC^2\geqq 2AB\cdot AC \quad (\text{等号成立は } AB=AC \text{ のとき})$$

これと①から

$$2AB\cdot AC-\sqrt{3}\,AB\cdot AC\leqq 16$$

$$(2-\sqrt{3})\,AB\cdot AC\leqq 16$$

$$\therefore\quad AB\cdot AC\leqq\frac{16}{2-\sqrt{3}}=16(2+\sqrt{3})$$

$AB=AC$ のとき，この等号は成立するので，$AB\cdot AC$ の最大値は $16(2+\sqrt{3})$ である。

したがって，求める最大値は

$$\frac{1}{4}AB\cdot AC\leqq\frac{1}{4}\cdot 16(2+\sqrt{3})=8+4\sqrt{3}$$

II 解答

(1)コ. 3 **サ.** 8 **(2)シ.** 2 **ス.** 5 **セ.** 1
(3)ソ. 2 **タチ.** 25 **ツ.** 9 **テト.** 32

解説

《3直線で囲まれた領域，領域と最大・最小》

考えている領域を D とする。

$$\begin{cases} x-3y+1\leqq 0 \\ 3x-2y-4\geqq 0 \\ 2x+y-12\leqq 0 \end{cases} \iff \begin{cases} y\geqq\dfrac{1}{3}x+\dfrac{1}{3} \\ y\leqq\dfrac{3}{2}x-2 \\ y\leqq -2x+12 \end{cases}$$

また，D の境界となる3直線

$$\begin{cases} y=\dfrac{1}{3}x+\dfrac{1}{3} & \cdots\cdots① \\ y=\dfrac{3}{2}x-2 & \cdots\cdots② \\ y=-2x+12 & \cdots\cdots③ \end{cases}$$

の交点の座標について，まず①と②の交点の座標は，連立方程式を解いて，(2，1) とわかる。同様にして，②と③の交点は (4，4)，③と①の交点は

(5, 2) であるとわかる。

以上より，考えている領域を図示すると，右図の網かけ部分になる。ただし，境界線も含む。

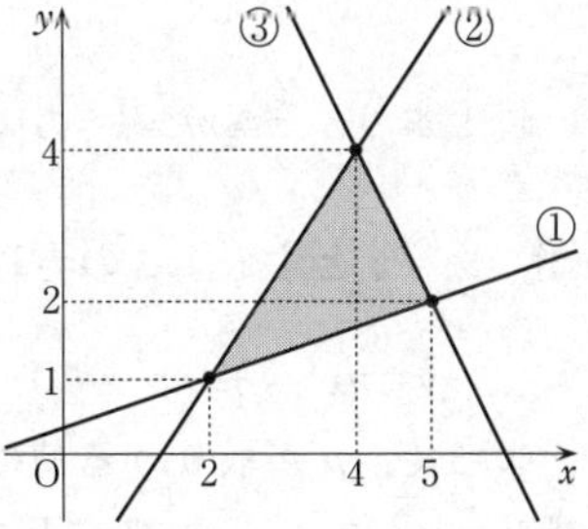

(1)　$x+y=k$ とする。k が取りうる値の範囲は，直線 $x+y=k$ と領域 D が共有点をもつような k の値の範囲と等しい。

$x+y=k$ を変形すると $y=-x+k$ となるので，直線 $x+y=k$ は傾きが -1 で y 切片が k の直線を表す。

右図より，k の最大値は，直線 $x+y=k$ が点 (4, 4) を通るときの

$$k=4+4=8$$

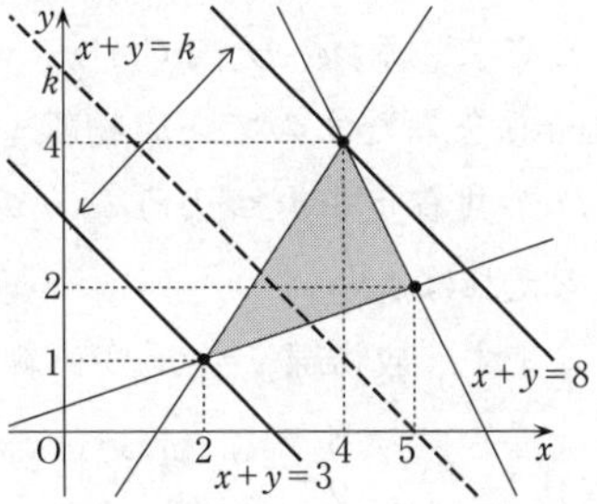

また，k の最小値は，直線 $x+y=k$ が点 (2, 1) を通るときの

$$k=2+1=3$$

以上より，$3 \leqq k \leqq 8$　すなわち　$3 \leqq x+y \leqq 8$ である。→コ，サ

(2)　$\dfrac{y}{x}=m$ とする。この方程式を変形すると

$$y=mx \quad かつ \quad x \neq 0$$

よって，m が取りうる値の範囲は，直線 $y=mx$ の $x \neq 0$ の部分と領域 D が共有点をもつような m の値の範囲と等しい。ここで，領域 D 内の (x, y) はつねに $x \neq 0$ をみたすので，直線 $y=mx$ と領域 D が共有点をもつような m の値の範囲を考えればよい。

直線 $y=mx$ は原点を通り，傾き m の直線を表す。

右図より，m の最大値は，直線 $y=mx$ が点 (4, 4) を通るときの

$$m=\frac{4}{4}=1$$

また，m の最小値は，直線 $y=mx$ が点 (5, 2) を通るときの

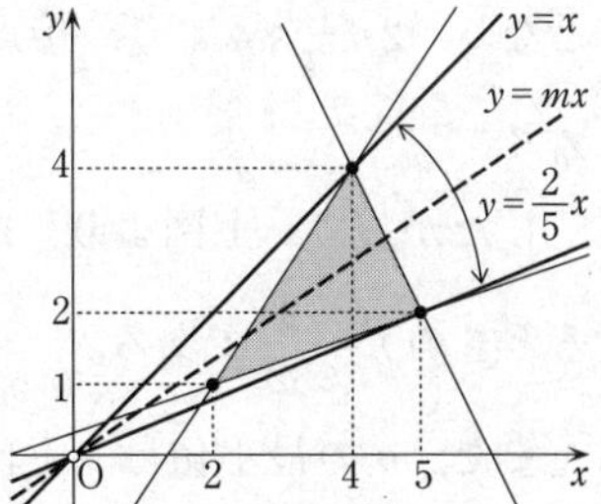

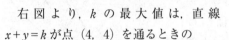

$m=\dfrac{2}{5}$

以上より，$\dfrac{2}{5}\leqq m\leqq 1$　すなわち　$\dfrac{2}{5}\leqq\dfrac{y}{x}\leqq 1$ である。 →シ〜セ

(3)　$\dfrac{y}{x^2}=n$ とする。この方程式を変形すると

$y=nx^2$　かつ　$x\neq 0$

よって，n が取りうる値の範囲は，放物線 $y=nx^2$ の $x\neq 0$ の部分と領域 D が共有点をもつような n の値の範囲と等しい。ここで，領域 D 内の $(x,\ y)$ はつねに $x\neq 0$ をみたすので，放物線 $y=nx^2$ と領域 D が共有点をもつような n の値の範囲を考えればよい。

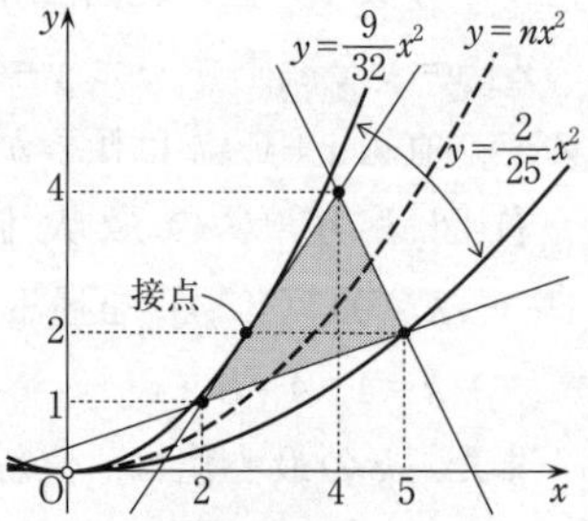

まず，放物線 $y=nx^2$ が直線②と接する条件は，2 次方程式

$$nx^2=\frac{3}{2}x-2 \quad \text{すなわち} \quad 2nx^2-3x+4=0$$

が重解をもつときである。それは，この 2 次方程式の判別式の値が 0 になるときなので

$$(-3)^2-4\cdot 2n\cdot 4=0 \qquad \therefore \quad n=\frac{9}{32}$$

のときである。

このとき，接点の x 座標は

$$x=\frac{3}{2\cdot 2n}=\frac{3}{4\cdot\dfrac{9}{32}}=\frac{8}{3}$$

となり，$2<\dfrac{8}{3}<4$ より，接点は点 $(2,\ 1)$ と点 $(4,\ 4)$ を結ぶ線分上にある。

したがって，上図より，n の最大値は，放物線 $y=nx^2$ が直線②と接するときの $n=\dfrac{9}{32}$ である。

また，n の最小値は，上図より，放物線 $y=nx^2$ が点 $(5,\ 2)$ を通ると

きの

$$n=\frac{2}{5^2}=\frac{2}{25}$$

以上より，$\frac{2}{25}\leqq n\leqq\frac{9}{32}$　すなわち　$\frac{2}{25}\leqq\frac{y}{x^2}\leqq\frac{9}{32}$ である。→ソ～ト

III 解答　**(1)ナ．** 2　**ニ．** 2　**ヌ．** 2　**(2)ネ．** 4
(3)ノハ． −4　**ヒフ．** 12　**ヘ．** 4　**ホ．** 2　**マ．** 8

解説

《三角関数で表された関数の値域》

右図のように

$$\begin{cases}AP=2\cos\theta\\BP=2\sin\theta\end{cases}\quad\left(0<\theta<\frac{\pi}{2}\right)$$

である。

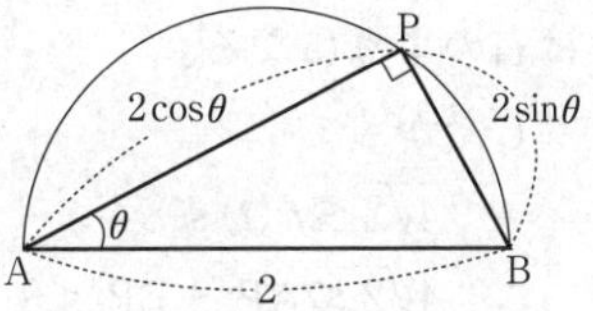

(1)　$AP+BP=2\cos\theta+2\sin\theta$

$$=2(\cos\theta+\sin\theta)=2\sqrt{2}\sin\left(\theta+\frac{\pi}{4}\right)$$

$0<\theta<\frac{\pi}{2}$ のとき，$\frac{\pi}{4}<\theta+\frac{\pi}{4}<\frac{3}{4}\pi$ であるので

$$\frac{\sqrt{2}}{2}<\sin\left(\theta+\frac{\pi}{4}\right)\leqq 1$$

$$2<2\sqrt{2}\sin\left(\theta+\frac{\pi}{4}\right)\leqq 2\sqrt{2}$$

$\therefore$　$2<AP+BP\leqq 2\sqrt{2}$　→ナ～ヌ

(2)　$AP^2+BP^2=(2\cos\theta)^2+(2\sin\theta)^2=4(\cos^2\theta+\sin^2\theta)=4$　→ネ

(3)　$AP^3+BP^3=(2\cos\theta)^3+(2\sin\theta)^3=8(\cos^3\theta+\sin^3\theta)$

ここで，$t=\sin\theta+\cos\theta$ より，$AP+BP=2t$ であるから，(1)の結果より

$$2<2t\leqq 2\sqrt{2}$$

$\therefore$　$1<t\leqq\sqrt{2}$

また

$$t^2=(\sin\theta+\cos\theta)^2=\sin^2\theta+2\sin\theta\cos\theta+\cos^2\theta=1+2\sin\theta\cos\theta$$

$$\sin\theta\cos\theta=\frac{t^2-1}{2}$$

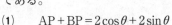

よって

$$\mathrm{AP}^3+\mathrm{BP}^3=8(\cos^3\theta+\sin^3\theta)$$
$$=8\{(\sin\theta+\cos\theta)^3-3\sin\theta\cos\theta(\sin\theta+\cos\theta)\}$$
$$=8\left(t^3-3\cdot\frac{t^2-1}{2}\cdot t\right)$$
$$=-4t^3+12t \quad \rightarrow ノ〜フ$$

$f(t)=-4t^3+12t$ とおくと

$$f'(t)=-12t^2+12=-12(t^2-1)$$
$$=-12(t+1)(t-1)$$

であるため，$1<t\leqq\sqrt{2}$ における $f(t)$ の増減表は右のようになる。

t	(1)	$\cdots$	$\sqrt{2}$
$f'(t)$	(0)	$-$	$-$
$f(t)$	(8)	↘	$4\sqrt{2}$

したがって

$$4\sqrt{2}\leqq f(t)<8$$
$$\therefore\quad 4\sqrt{2}\leqq \mathrm{AP}^3+\mathrm{BP}^3<8 \quad \rightarrow ヘ〜マ$$

（注）　因数分解を行って，次のように計算してもよい。

$$\mathrm{AP}^3+\mathrm{BP}^3=8(\sin^3\theta+\cos^3\theta)$$
$$=8(\sin\theta+\cos\theta)(\sin^2\theta-\sin\theta\cos\theta+\cos^2\theta)$$
$$=8t\left(1-\frac{t^2-1}{2}\right)$$
$$=-4t^3+12t$$

Ⅳ　解答

(1)ミ． 0　**(2)ム．** 1　**メ．** 3　**(3)モ．** 2　**ヤ．** 9
(4)ユ． 7　**ヨラ．** 27

解説

《正方形の頂点をランダムに動く点が指定された場所にいる確率》

問題文から，点Pは1秒ごとに今いる頂点から他の3つの頂点のいずれかに確率 $\frac{1}{3}$ で，辺または対角線に沿って移動する。

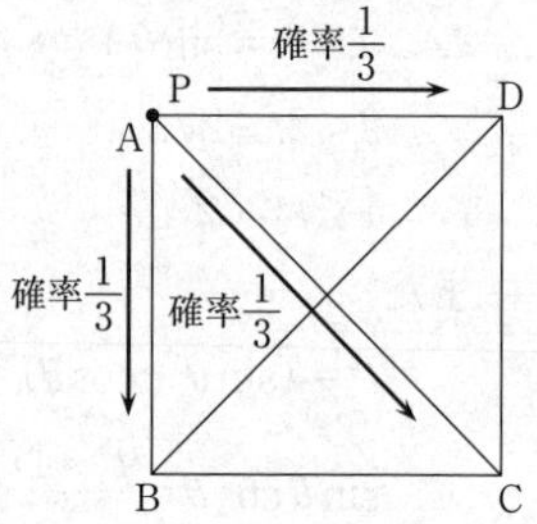

(1)　点Pが1秒後にいるのは，3頂点B，C，Dのいずれかであるので

$$P_1=0 \quad \rightarrow ミ$$

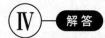

(2)　点Pが1秒後にどの位置にいたとしても，2秒後に頂点Aに移動する確率は $\frac{1}{3}$ である。

よって

$$P_2=\frac{1}{3}\quad \to ム，メ$$

別解　点Pが2秒後に頂点Aにいるのは

(i)　点Pが1秒後に頂点Bにいて，2秒後に頂点Aに移動する場合

(ii)　点Pが1秒後に頂点Cにいて，2秒後に頂点Aに移動する場合

(iii)　点Pが1秒後に頂点Dにいて，2秒後に頂点Aに移動する場合

の3通りがあり，これらは互いに背反である。

まず(i)が起きる確率について，点Pが1秒後に頂点Bにいる確率は $\frac{1}{3}$ である。また，点Pが1秒後に頂点Bにいたときに，2秒後に頂点Aに移動する条件付き確率は $\frac{1}{3}$ である。よって，点Pが1秒後に頂点Bにいて，かつ2秒後に頂点Aに移動する確率は

$$\frac{1}{3}\times\frac{1}{3}=\frac{1}{9}$$

同様に点Pが1秒後に頂点Cにいて，かつ2秒後に頂点Aに移動する確率と，点Pが1秒後に頂点Dにいて，かつ2秒後に頂点Aに移動する確率はいずれも $\frac{1}{9}$ であるので，求める確率 P_2 は

$$P_2=\frac{1}{9}+\frac{1}{9}+\frac{1}{9}=\frac{1}{3}$$

(3)　点Pが2秒後に頂点Aにいたときに，3秒後に頂点Aにいる条件付き確率は，(1)と同様に考えて0である。また，点Pが2秒後に頂点Aにいなかったときに，3秒後に頂点Aにいる条件付き確率は，(2)と同様に考えて $\frac{1}{3}$ である。よって，求める確率 P_3 は

$$P_3=P_2\times0+(1-P_2)\times\frac{1}{3}=\frac{1}{3}\times0+\left(1-\frac{1}{3}\right)\times\frac{1}{3}$$

$$=\frac{2}{9}\quad \to モ，ヤ$$

(4)　点Pが3秒後に頂点Aにいたときに，4秒後に頂点Aにいる条件付き確率は，(1)と同様に考えて0である。また，点Pが3秒後に頂点Aにいなかったときに，4秒後に頂点Aにいる条件付き確率は，(2)と同様に考えて$\frac{1}{3}$である。よって，求める確率P_4は

$$P_4 = P_3 \times 0 + (1 - P_3) \times \frac{1}{3} = \frac{2}{9} \times 0 + \left(1 - \frac{2}{9}\right) \times \frac{1}{3}$$

$$= \frac{7}{27}\quad \to ユ\sim ラ$$

物　理

I　**解答**　(1)**ア.** 1　**イ.** 3　**ウ.** 2

(2)**エ.** 2　**オ.** 0　**カ.** 2　**キ.** 8　**ク.** 1　**ケ.** 5

(3)**コ.** 4　**サ.** 2　**シ.** 7　(4)**ス.** 3　**セ.** 0　**ソタ.** 18

解説

《等加速度直線運動，理想気体の質量計算，クーロン力，光子数の計算》

(1)　題意の通りに v-t グラフを描くと，次のようになる。

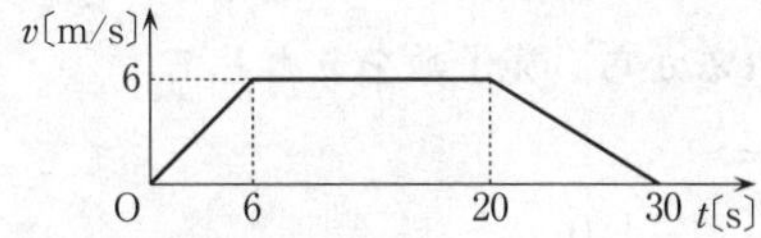

v-t グラフの面積が移動距離であるから

$$(14+30)\times6\times\frac{1}{2}=132\fallingdotseq1.3\times10^2\text{〔m〕}\quad\rightarrow\text{ア〜ウ}$$

(2)　圧力を p〔Pa〕，体積を V〔m^3〕，物質量を n〔mol〕，気体定数を R〔J/(mol･K)〕，温度を T〔K〕とすると，状態方程式 $pV=nRT$ より，物質量 n は，$n=\dfrac{pV}{RT}$ で求められる。$p=1.013\times10^5$〔Pa〕，$V=5.0\times10^{-4}$〔m^3〕，$R=8.31$〔J/(mol･K)〕，$T=300$〔K〕より

$$n=\frac{1.013\times10^5\cdot5.0\times10^{-4}}{8.31\cdot300}=2.03\times10^{-2}\fallingdotseq2.0\times10^{-2}\text{〔mol〕}$$

→エ〜カ

質量は，分子量×物質量で計算できるので

$$4.00\times10^{-3}\times2.03\times10^{-2}=8.12\times10^{-5}\fallingdotseq8.1\times10^{-5}\text{〔kg〕}$$

→キ〜ケ

(3)　小球の質量を m〔kg〕，重力加速度を g〔m/s^2〕，クーロン力を F〔N〕とすると，力のつりあいより

$$F=\frac{3}{4}mg$$

が成り立つ。クーロンの法則の比例定数を k〔$N\cdot m^2/C^2$〕，2球に与えた電

荷を Q〔C〕，2球の距離を r〔m〕とすると

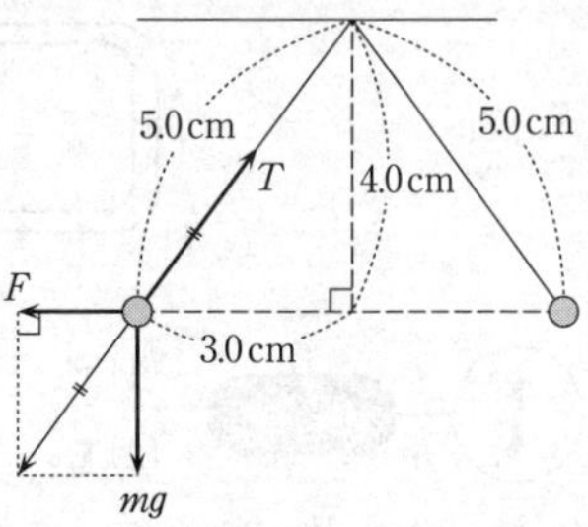

$$F=k\frac{Q^2}{r^2}\qquad k\frac{Q^2}{r^2}=\frac{3}{4}mg$$

$$\therefore\quad Q=\frac{r}{2}\sqrt{\frac{3mg}{k}}$$

$$=3.0\times10^{-2}\sqrt{\frac{3\cdot6.0\times10^{-2}\cdot9.80}{9.0\times10^{9}}}$$

$$=4.2\times10^{-7}\text{〔C〕}\quad\rightarrow\text{コ〜シ}$$

(4)　1.0W なので毎秒 1.0J の光エネルギーが放出されていることがわかる。光子1個のエネルギーは，プランク定数を h〔J･s〕，振動数を v〔Hz〕として，hv で表されるから，光子数を n として

$$nhv=1.0$$

$$\therefore\quad n=\frac{1.0}{hv}=\frac{1.0}{6.6\times10^{-34}\cdot5.0\times10^{14}}=3.03\times10^{18}\fallingdotseq3.0\times10^{18}\quad\rightarrow\text{ス〜タ}$$

Ⅱ　解答　**(1)チ**―⑤　**(2)ツ**―②　**(3)テ**―⑧

解説

《固定されていない台の斜面をすべる物体の運動》

(1)　傾斜角が 30° なので，小物体が斜面をすべるときの加速度の大きさは $\frac{g}{2}$ である。AからBまで移動するのにかかる時間 t は

$$\frac{1}{2}\cdot\frac{g}{2}\cdot t^2=L\qquad\therefore\quad t=2\sqrt{\frac{L}{g}}\quad\rightarrow\text{チ}$$

(2)・(3)　物体と小物体の間にはたらく垂直抗力の大きさを N，物体の加速度の大きさを A とすると，物体の運動方程式は

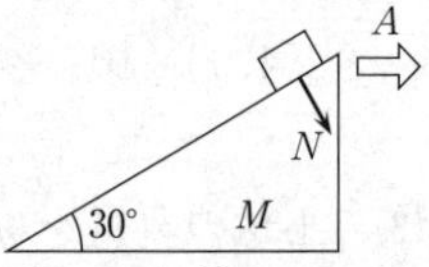

$$MA=\frac{1}{2}N\quad\cdots\cdots①$$

物体上で観測したときの小物体の運動方程式は，小物体の加速度の大きさを a として，右図のように x-y 軸をとった場合，以下の

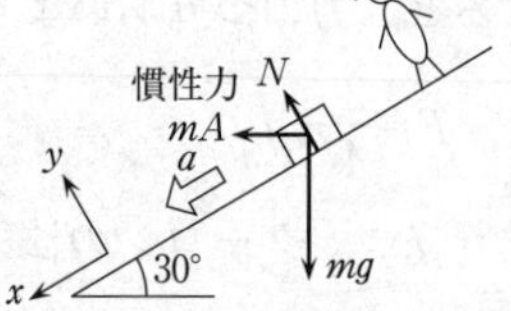

ように表される。

$$ma=\frac{1}{2}mg+\frac{\sqrt{3}}{2}mA \quad (x\text{ 方向}) \quad \cdots\cdots②$$

$$0=N+\frac{1}{2}mA-\frac{\sqrt{3}}{2}mg \quad (y\text{ 方向}) \quad \cdots\cdots③$$

①より，$N=2MA$ を③に代入して

$$A=\frac{\sqrt{3}\,m}{4M+m}g \quad \rightarrow ツ$$

②に A を代入すると

$$a=\frac{2\,(M+m)}{4M+m}g$$

AからBまで移動するのにかかる時間 t' は

$$\frac{1}{2}at'^2=L \qquad \therefore \quad t'=\sqrt{\frac{2L}{a}}=\sqrt{\frac{(4M+m)\,L}{(M+m)\,g}} \quad \rightarrow テ$$

Ⅲ 解答 (1)ト―② (2)ナ―① (3)ニ―⑤

解説

《コンデンサー内の電場，極板間引力》

(1) 電場の強さ E は，単位面積あたりを垂直に貫く電気力線の本数に等しい。コンデンサー内では，$+Q$ から $N=\frac{Q}{\varepsilon_0}$ 本の電気力線が出て，$-Q$ に同じく $N=\frac{Q}{\varepsilon_0}$ 本の電気力線が入っていく。よって

$$E=\frac{N}{S}=\frac{Q}{\varepsilon_0 S} \quad \rightarrow ト$$

(2) 極板Aの正電荷 Q がつくる電場 E_{A} の大きさは，$\frac{E}{2}=\frac{Q}{2\varepsilon_0 S}$ であるから，E_{A} が極板Bに及ぼす電気的な力の大きさ F は

$$F=QE_{\mathrm{A}}=\frac{Q^2}{2\varepsilon_0 S} \quad \rightarrow ナ$$

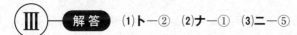

別解 静電エネルギー $U=\frac{Q^2}{2C}=\frac{Q^2d}{2\varepsilon_0S}$

$$\left(\because \quad C=\varepsilon_0\frac{S}{d}\right)$$

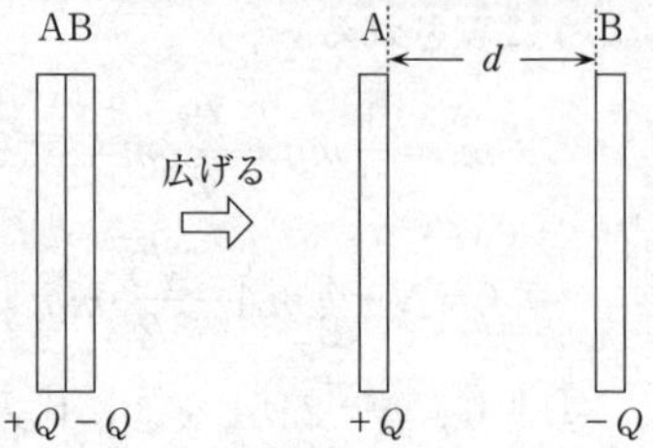

U は，極板間引力 F に逆らって，等しい大きさの外力が仕事 W をした結果であるから，$W=U$ である。

$W=Fd$ であるから

$$Fd=\frac{Q^2d}{2\varepsilon_0S} \qquad \therefore \quad F=\frac{Q^2}{2\varepsilon_0S}$$

(3) ばねの弾性力 $k\Delta d$ と F がつりあうので

$$\Delta d=\frac{Q^2}{2k\varepsilon_0S} \quad \rightarrow ニ$$

化　学

I　解答

問1．②　問2．③　問3．②　問4．①　問5．②
問6．③　問7．②　問8．①　問9．①　問10．④
問11．③　問12．⑥　問13．④　問14．⑤　問15．③

解説

《小問15問》

問2． 分子数が最小であるためには，物質量が最小であればよい。分子量 M の物質 1.0g を考えると，この物質の物質量は $\frac{1}{M}$〔mol〕と表せる。分子量が大きいほど，物質量は小さくなるので，分子数が最少である物質は，③オゾン（O_3：分子量48）である。

問7． 気体の状態方程式を $PV=\frac{w}{M}RT$ とする。体積 V，質量 w，絶対温度 T が等しいとき，圧力 P は $P=\frac{wRT}{V}\times\frac{1}{M}$ と表せる。圧力は分子量 M に反比例するので，圧力が最も高い物質は，分子量が最も小さい② H_2（水素）である。

問13． 温度，圧力が等しいとき，気体の密度 d〔g/L〕は $d=\frac{M}{V_m}$ と表せる（M はモル質量〔g/mol〕，V_m はモル体積〔L/mol〕を表す）。気体の温度が等しければ，V_m は気体の種類によらず等しいので，密度はモル質量に比例する。また，空気の平均分子量は 28.8 であるので，空気より密度が小さい物質は，この値より小さい分子量の④メタン（CH_4）である。

問15． ある温度において，圧力と蒸気圧を比較したとき，蒸気圧のほうが高ければ物質の状態は気体であり，低ければ物質の状態は液体である。

Ⅱ　解答　問1．⑥　問2．①　問3．⑤　問4．⑤　問5．④

解説

《金属の性質，金属の結晶構造》

問5． 配位数とは，ある原子に近接する他の原子の数をいう。面心立方格子の配位数については，単位格子を横に2つ並べ，その中央に位置する原子●に着目すると，その周囲に12個の原子○が存在することがわかる。

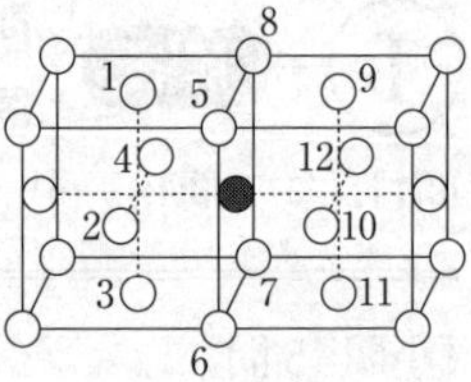

Ⅲ　解答　問1．②　問2．⑥　問3．⑤　問4．⑤　問5．①

解説

《炭化水素の分類》

問5． ②フェノールと③アニリンは，ベンゼン環を有する化合物であり，芳香族化合物に分類されるが，酸素原子や窒素原子を含むため芳香族炭化水素には分類されないことに注意する。

Ⅳ　解答　問1．②　問2．④　問3．④　問4．③　問5．②　問6．③　問7．②　問8．④　問9．②　問10．⑤

解説

《イオン交換樹脂と有機化合物の分離，検出》

問5． カラムに通したNa^+は

$$0.20\times\frac{5.0}{1000}=1.0\times10^{-3}\text{〔mol〕}$$

通したNa^+のすべてがH^+に交換されたので，流出液の［H^+］は

$$[H^+]=\frac{1.0\times10^{-3}}{0.100}=1.0\times10^{-2}\text{〔mol/L〕}$$

よって　　pH＝2.0

問6． アミノ酸は等電点より小さいpHの水溶液中では陽イオン型に，等電点より大きいpHの水溶液中では陰イオン型となる。アミノ酸を含む水

溶液を，陽イオン交換樹脂を充塡したカラムに通すとき，陽イオン型のアミノ酸は陽イオン交換樹脂に吸着し流出せず，双性イオン型と陰イオン型のアミノ酸は吸着されず流出することとなる。このことから，pH4.0の緩衝液中で陰イオン型となるアミノ酸は③グルタミン酸であり，流出液Ⅱにはグルタミン酸が含まれる。

問7． 流出液Ⅳに含まれるアミノ酸はリシンである。pH7.0の電気泳動用緩衝液中では，グルタミン酸は陰イオン型，リシンは陽イオン型となっている。

問8・問9． 流出液Ⅰには，グルコース，アセトアルデヒド，エタノール，酢酸のいずれかが含まれている。これらの物質と検出方法a～cとの反応の結果を以下の表に示す（＋は反応した，－は反応しなかったことを示す)。

	検出方法a	検出方法b	検出方法c
グルコース	＋	－	＋
アセトアルデヒド	＋	＋	＋
エタノール	－	＋	＋
酢酸	－	－	－

検出方法aとbの両方を実施することで，グルコースは検出方法aのみに，アセトアルデヒドは検出方法aとbの両方に，エタノールは検出方法bのみに反応があり，酢酸は両方とも反応しないことを確認することで，流出液Ⅰに含まれる化合物を確認できる。

生　物

I 解答

問1．⑥　問2．③　問3．④　問4．⑨　問5．①
問6．⑥　問7．①　問8．⑤　問9．⑤　問10．⑧
問11．②　問12．⑧　問13．①　問14．⑦　問15．③　問16．⑥
問17．⑤　問18．⑤　問19．④　問20．⓪

解説

《小問20問》

問3． 乳酸発酵には，グルコースがピルビン酸に分解される解糖系という過程があり，この過程でグルコース1分子当たり2分子のATPが消費され，4分子のATPが新たにつくられる。また，解糖系ではNAD^+が還元されてNADHが生じる。

問4． a．誤り。電子伝達系はミトコンドリアの内膜で行われる。

b．誤り。ピルビン酸が分解され，二酸化炭素が発生するのはクエン酸回路である。

d．誤り。電子伝達系では，NADHや$FADH_2$などの還元型補酵素が酸化され，NAD^+やFADなどの酸化型補酵素が生成される。

問8． A型のヒトの遺伝子型はAAまたはAO，B型のヒトの遺伝子型はBBまたはBOである。父親がAOで母親がBOの場合，子の遺伝子型にはAO，BO，AB，OOが生じる可能性があり，血液型はそれぞれA型，B型，AB型，O型となる。

問9． 精原細胞は体細胞分裂によって増殖し，一次精母細胞となる。体細胞分裂は1個の母細胞から2個の娘細胞を生じるので，1個の母細胞がn回分裂すると2^n個の細胞になる。$2^7=128$，$2^8=256$なので，200個の細胞をつくるために必要な分裂回数は8となる。

問12． a・b．誤り。自己に対する免疫応答が抑制されていることが免疫寛容であり，免疫応答が自身の細胞や組織を攻撃してしまうことが自己免疫疾患である。

e．誤り。移植組織に対する拒絶反応はキラーT細胞による細胞性免疫によって起こる。

問13. a・b．正しい。神経細胞（ニューロン）の，興奮していない軸索の部位では細胞膜の外側がプラス，内側がマイナスに荷電している。細胞に閾値以上の刺激が加わると，細胞膜のナトリウムチャネルが開いてナトリウムイオンが細胞内に流入し，内側がプラスになる。

c．誤り。髄鞘を飛び越えて伝導する跳躍伝導は，有髄神経繊維で起こる。

d．誤り。神経細胞に加える刺激の強さと生じる興奮の強さの間には，全か無かの法則が成り立つ。

e．誤り。静止電位はおよそ−90〜−60mV である。

問14. bの半規管はからだの回転を，eの前庭はからだの傾きを受容する平衡受容器である。これらの受容器で受容した情報が大脳に伝えられて平衡覚が生じる。

問17. ①近交弱勢は，近縁な個体どうしの交配により有害な遺伝子が発現する現象で，個体数が減少することで起こりやすくなり，さらなる個体数の減少につながる。

②性比の偏りが起こると，交配の機会が減少するので，個体数が減少する。

③アリー効果は，個体群密度が上昇することで交配の機会が増加したり，天敵に襲われにくくなったりする現象で，アリー効果が低下すると，個体数の減少が促進される。

④外来生物は，在来生物を捕食したり競争によって排除したりするので，在来生物の絶滅を加速させる。

⑤遺伝的多様性は，減少することで近交弱勢などが生じやすくなり個体の減少につながるもので，その増大は絶滅を抑制する。

Ⅱ　解答　**問1.** ③　**問2.** ⑨　**問3.** ⑧　**問4.** ①　**問5.** ①

解説

《タンパク質の構造と性質》

問3． タンパク質はアミノ酸が多数結合したポリペプチドからなり，このアミノ酸の配列順序を一次構造，らせん構造やジグザク構造のようなポリペプチドの一部分にできる特徴的な立体構造を二次構造，立体的になったタンパク質全体の構造を三次構造，複数のポリペプチドが組み合わさってつくる構造を四次構造とよぶ。

問4. d・e．誤り。高温や極端なpH（酸やアルカリ）によってタンパク質の立体構造は変化し，その性質や機能も変化する。これをタンパク質の変性という。また，変性によって，タンパク質がはたらき（活性）を失うことを失活という。

III　解答　問1．①　問2．⑧　問3．①　問4．③　問5．⑦

解説

《バイオテクノロジー》

問1. プラスミドへDNA断片を組みこむ際には，プラスミドの1カ所と組み込みたい遺伝子領域の両端をそれぞれaの制限酵素で切断する。制限酵素はDNAを特定の塩基配列の部位で切断する酵素である。その後，切断されたプラスミドと目的の遺伝子を混合し，bのDNAリガーゼを加えると，DNAの切断された部分どうしが連結され，目的の遺伝子がプラスミドに組みこまれる。

cのDNAポリメラーゼはDNAの複製時に新生鎖を合成する酵素，dのDNAヘリカーゼはDNAの複製時に鋳型DNAを開裂する酵素，eのRNAポリメラーゼは転写時にRNAを合成する酵素である。

問2. a．誤り。PCR法は人工的にDNAの複製をする方法であり，細胞内での複製と異なるところがある。細胞内での複製では，DNAが一定の方向に開裂されていくので，それと同じ方向に新生鎖が合成されるリーディング鎖と逆方向に合成されるラギング鎖ができるが，PCR法では高温にすることでDNA全体を解離するので，リーディング鎖とラギング鎖の区別はない。

d．誤り。PCR法ではヌクレオチド鎖の合成を行うDNAポリメラーゼを溶液に加えるが，DNAを解離するために95℃に加熱すると高温により失活してしまうため，開発当初は1サイクルごとにDNAポリメラーゼを加えていた。しかし現在では，熱に強く失活しないDNAポリメラーゼを使用するのが一般的なので，1サイクルごとに加える必要はない。

e．正しい。DNAの複製時に新生鎖が伸長する際には，塩基1個と糖（デオキシリボース）1個にリン酸が3個結合したヌクレオシド三リン酸（デオキシリボヌクレオシド三リン酸）が鋳型鎖に結合し，続いてそこか

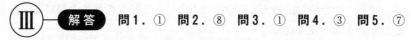

ら2個のリン酸が取れて，新生鎖の末端に結合する。よって，PCR 法においては，合成されるヌクレオチド鎖の材料として，ヌクレオシド三リン酸を溶液に加える。

問4． PCR 法では，下図右端に示したような，増幅させたい部分（増幅領域）のみの2本のヌクレオチド鎖からなる DNA（目的 DNA）が多量に合成されるが，鋳型 DNA は増幅させたい部分の 3′ 末端側と 5′ 末端側の両側に長く伸びている。四角で囲んだ部分が1サイクル目の反応で，1サイクル目を終えたところでは鋳型鎖と図にXで示されている 3′ 末端側が長く伸びたヌクレオチド鎖のみが存在する。2サイクル目ではこのXを鋳型とする反応も起こり，その時一方のヌクレオチド鎖が目的の領域のみでできた DNA ができる。さらに次のサイクル（3サイクル目）で，増幅領域のみの2本のヌクレオチド鎖からなる DNA ができる。

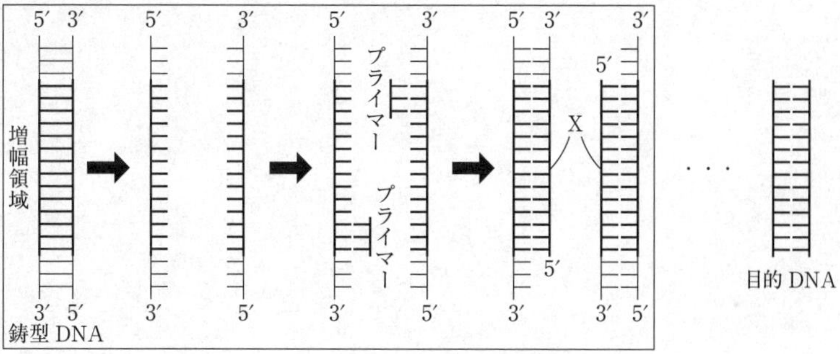

Ⅳ **解答**　**問1．** ②　**問2．** ⑦　**問3．** ⑤　**問4．** ④　**問5．** ④

解説

《両生類の発生》

問1． a．正しい。カエルの卵は卵黄が植物極に偏った端黄卵である。

b．誤り。カエルの初期発生では卵割（分裂）によって生じた割球（細胞）は成長することなく卵割が進行していく。よって，分裂のたびに割球は小さくなる。

d．誤り。羊膜はハ虫類，鳥類，哺乳類において胚を包む膜である。

e．誤り。カエルの卵において，黒い色素は動物半球に多く分布する。

問4． 両生類の発生では，初期原腸胚の原口背唇部が形成体（オーガナイザー）となり，原腸陥入によって背側の外胚葉を裏打ちし，予定外胚葉域にはたらきかけて，その領域を神経（神経管）に分化させる。

問五　**カ**―①　**ク**―④

問六　③

問七　①

問八　②

問九　③

問十　③

解説

問六　傍線部Aの前後に注目する。「意匠登録」について、直前には「素直に受け入れることのできない」とあるが、その後、画廊主などと会話し、最終段落では水上勉のオリジナルな人生について言及している。

問七　空欄B直後の「こんな程度で申請されたのだと思います」より、A氏は水上勉が軽い気持ちで申請したと考えていることがわかる。骨壺作りに執念を燃やしている水上勉が「週刊朝日」のエッセーで吐露した「おかしかった」「ユカイでもあった」などの心情や、意匠登録の目的が「金儲けのためじゃなかった」ことから、①が適切。

問八　傍線部Cの直後に、意匠登録に関しての複雑な思いが書かれている。「故郷への思い入れは強い」ために亀のデザインを「真似されたくない」ことと、登録が「遊び感覚」であったことが書かれている。両方の内容が含まれているのは②である。

問九　傍線部Dの直後に注目する。A氏は金儲けについては、「三十分の一の歩留まり」と述べている。B氏は、金儲けのために亀の意匠登録を取ることについては「仮の話」と断っている。そのため、金儲けのために意匠登録しようと考えたわけではないと解釈できる。両方の内容と合致するのは③である。

問十　①はどちらも一九九四年一月。②は意味段落2つ目の「『自己主張』か『人生のおまけ』か」の内容と合致している。④は最終段落直前の発言内容と合致している。よって、答えは③である。

リー」の「近隣住区理論」である。

問七　第二・三段落から、傍線部Aの「上」とは行政を指すことがわかる。「上から下に降ろすという都市政策から、市民の主体性を尊重した方向に変わっていく」とあることから、この場合の「下」は市民を指すと考えられる。

問八　傍線部Bの直前に「その意味では」とあり、「その」は前文を指す。「都市の計画から生まれた『まちづくり』は、モノづくりを中心とした計画系の視点を根拠」とし、「農山村部の地域振興から生まれた『まちづくり』は、主に企画系の視点が重視」されているのが特徴的で、「その境がなくなりつつある」とある。これと同様の内容を記した④が適切。

問九　傍線部Cの前二段落に注目する。近代都市における市民社会は、ヨーロッパにおいては自由かつ平等なものである。しかし日本においては、一九七〇年代の都市は、「新しい貧困」といわれる状況にあった。この内容と合致するのは④である。

問十　傍線部Dの次の段落に、「わが国における『公共』概念は、個人の集団への埋没を意味している」とある。同様の内容となるのは①である。

問十一　②が最後から三段落目の内容と矛盾する。他の選択肢は「まちづくりの計画性」の内容とそれぞれ合致する。

二

出典　守誠『特許の文明史』〈第五部　第二章　明日の日本人とオリジナリティの模索〉（新潮選書）

解答

問一　**ア**—②　**ウ**—④　**コ**—②

問二　③

問三　②

問四　**オ**—③　**キ**—④　**ケ**—②

国語

一

出典 阿蘇裕矢「まちづくりと地域振興」（上野征洋編『文化政策を学ぶ人のために』世界思想社）

解答

問一 ア―④ ケ―②
問二 イ―① ウ―③ エ―④
問三 オ―① カ―②
問四 ③
問五 ②
問六 ④
問七 ②
問八 ④
問九 ④
問十 ①
問十一 ②

解説

問六 傍線部の「後者」とは、直後に示されているように「コミュニティ再生の政策」に関係する考え方である。意味段落Ｅ「まちづくりの計画性」で示されている二つの都市計画についての考え方のうち、合致するのは「アーサー・ペ

//////////////////// · memo · ////////////////////

//////////////////// · memo · ////////////////////

//////////////////// · memo · ////////////////////

//////////////////// · **memo** · ////////////////////

////////////////////// · memo · //////////////////////

/////////////////// · **memo** · ///////////////////

//////////////////// · memo · ////////////////////

2023年度

問題と解答

■総合型選抜　信長入試Ⅱ期

問題編

▶試験科目・配点

学部	試験科目	配点
法・経営・保健医療	プレゼンテーション（口頭）	100点
	面接（個人面接）	段階評価
歯	基礎能力テスト（英語，時事問題・一般常識〈省略〉）	100点
	プレゼンテーション（口頭）	100点
	面接（個人面接）	段階評価

▶備　考

- 上記および書類審査（段階評価）の総合判定により選抜。
- 基礎能力テストの英語は「コミュニケーション英語Ⅰ」。
- プレゼンテーションのテーマは「あなたが朝日大学で実現したい目標は何ですか。そのためにどのような努力をしますか」。

基礎能力テスト

英 語

（時事問題・一般常識とあわせて60分）

I Read the sentences and complete each one with the most appropriate vocabulary item.
次の文（問 1～2）の空所に入れるのに最も適当なものを，それぞれ下の①～④のうちから一つずつ選んで解答欄にその番号を書け。（解答番号 1～2）

問1 The weather reporter said that the amount of rain in the last 48 hours is about the same as the total [1] amount of rain. A year's worth of rain has fallen in two days!

① annual ② critical ③ experimental ④ liberal

解答 1 ＿＿＿＿＿＿

問2 During training, the dogs are given a [2] of their food in the morning, and the rest during the training sessions.

① refund ② portion ③ boost ④ demonstration

解答 2 ＿＿＿＿＿＿

II　Read the dialogs and complete each one with the most appropriate choice.

次の対話文（問 3〜4）の空所に入れるのに最も適当なものを，それぞれ下の①〜④のうちから一つずつ選んで解答欄にその番号を書け。（解答番号 3〜4）

問3　(On the phone)

A: I would like to book a table for later this evening. Can I do it by telephone?

B: Sorry, but you [3]. No other method is possible.

A: What if we just show up at the restaurant?

B: Sorry, but we are always fully booked. You won't be able to get a table that way.

① can only make reservations online　② have to arrive at the restaurant in person

③ need to add 15% for the tip　④ won't be able to get a table for four

解答 3 ＿＿＿＿＿＿

問4　(At home)

A: Do you know where the car key is? I have a meeting to go to.

B: Did you check your bag?

A: Yes, I did. I [4].

B: Oh, sorry! I just remembered. I used the car in the morning and put the key on the kitchen table.

① looked under the table　② went through all my pockets

③ already asked your father　④ even emptied it out

解答 4 ＿＿＿＿＿＿

Ⅲ Read the passages and select the most appropriate choice for each blank.
次の文章（問 5〜6）の空所に入れるのに最も適当なものを，それぞれ下の①〜④のうちから一つずつ選んで解答欄にその番号を書け。（解答番号 5〜6）

問 5 [5] is the total greenhouse gas emissions caused by an individual, event, organization, service, place or product. It is a measure of the use of oil, gas, and other energy sources that contribute to global warming. It began to be used in order to show how individuals and personal lifestyle choices also have responsibility for climate-change-causing pollution.

① Carbon footprint ② Renewable energy ③ Food loss ④ Fossil fuel

解答 5 ＿＿＿＿＿

問 6 [6] is the change in the characteristics of biological populations over many generations. These characteristics are the result of genes that are passed on from parent to offspring during reproduction. Different characteristics emerge as a result of mutation, or genetic change, leading to genetic variation.

① Emotion ② Circulation ③ Evolution ④ Architecture

解答 6 ＿＿＿＿＿

[IV] Read the information and the passage, and answer the questions.

次のグラフと文章を読み，問の文（問 7～10）の空所に入れるのに最も適当なものを，それぞれ下の①～④のうちから一つずつ選んで解答欄にその番号を書け。(解答番号 7～10)

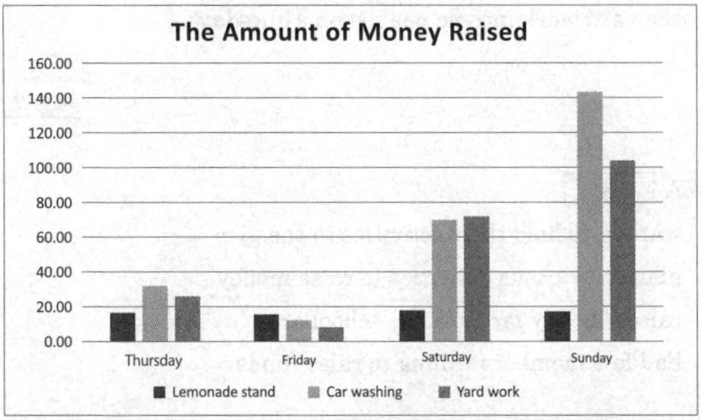

This year, after students at Westbrook High School had learned about the droughts in East Africa, they decided to try to raise some money for the people affected. A number of different groups came up with ideas for raising funds. The football team held a Casino Night in the gym. The girls' basketball team held a free-throw competition at lunchtime on the basketball courts. The Gay Straight Alliance (GSA) decided that instead of planning one event, they would organize three different activities to raise money. That way, all of the members of the GSA could participate in the fundraising events and they could maximize their profit. After some discussion, they decided that they would open a lemonade stand outside the school and sell lemonade by the glass, open a car wash service in the school parking lot, and offer to do yard work such as cutting grass and moving heavy items in the surrounding neighborhood. All activities were planned for four days from Thursday to Sunday.

Although they managed to make a big profit by the last day, things didn't start off so well. There was a lack of advertising, which resulted in a small number of customers for all activities on the first day. Thanks to some effective use of social media and a lot of word of mouth from happy customers, gradually the number of customers increased and all of the students were really busy on the weekend. Although most of the GSA activities depended on good weather, they were lucky to have really nice and sunny days except for Friday, when the temperature dropped and a little rain fell from early morning to early afternoon. The GSA students who participated in the fundraising said that they would like to do the same thing again next year, with the exception of the lemonade stand, which everyone felt was too much work for too little profit.

問7 The graph shows that [7].

① the amount raised decreased over the four days
② the lemonade stand earned the most money
③ the car washing made the majority of the money earned
④ the yard work income peaked on Thursday

解答 7 ______

問8 The GSA [8].

① wanted to hold their activities in the gym
② planned various activities to raise money
③ raised money far from the school area
④ had few members willing to raise funds

解答 8 ______

問9 The students were quite lucky to [9].

① avoid any rain on all four days of their activities
② find recipes for lemonade on social media
③ have a huge number of customers on the first day
④ have generally good weather on the weekend

解答 9 ______

問10 The students of the GSA expressed an interest in [10].

① doing exactly the same activities again next year
② cutting one of the activities next year
③ working harder to earn more money next time
④ trying to get customers to pay higher prices next time

解答 10 ______

解答編

基礎能力テスト

英　語

I 解答　1－①　2－②

解説　問1．第2文で「1年分の雨が2日の間に降った」とあるので，①「1年分の」が正解。

問2．犬に与える食物が対象で，後述部で「残りは訓練の間に」とあるので，食べ物における②「1食分」が正解。

II 解答　3－①　4－④

解説　問3．（電話で）　レストランの予約を電話でできるか問い合わせているAに対してBは空所の返答をし，「他の方法は不可能」と付け加える。レストランに直接出向くのではどうかとのAの問いにも「その方法でも不可能です」と答えているので，①「ネットでしか予約できません」が適切。

問4．Bは「バッグの中は探した？」と尋ねているので，④「空っぽにさえしたよ」が文脈に合う。

III 解答　5－①　6－③

解説　問5．温室効果ガスの総排出量のことなので，①「カーボンフットプリント」が正解。

問6．「何世代にもわたる生物学的個体群の特徴の変化」とあるので，③

「進化」が正解。

Ⅳ　**解答**　7－③　8－②　9－④　10－②

解説　≪干ばつに苦しむ東アフリカの人々を救うための募金活動≫

問7．棒グラフの値をそれぞれ合計するとCar washing「洗車」が最も多い。

問8．第1段第5文（The Gay Straight …）に「1つのイベントを計画する代わりに彼らは募金を集めるため3つの異なる活動を計画しようとした」とあるので，②「募金を集めるためさまざまな活動を計画した」が正解。

問9．第2段第4文（Although most of …）に「GSAの活動の大部分はよい天気に頼っており，幸い金曜日以外は好天に恵まれた」とあるので，④「週末には全般的に天気がよい」が正解。

問10．第2段第5文（The GSA students …）に「彼らはレモネードスタンドを除いて来年も同じことをしたい」とあるので，②「来年は活動のうち1つを削ること」が正解。

■学校推薦型選抜　指定校推薦入試，一般推薦入試Ⅰ期

問題編

▶試験科目・配点

区分・学部(学科)		試　験　科　目	配　点
指定校推薦入試	法・経営・保健医療	小論文（800 字以内）	100 点
		面接（個人面接）	段階評価
	歯	小論文（800 字以内）	100 点
		基礎学力テスト（英語・理科）	100 点
		面接（個人面接）	段階評価
一般推薦入試Ⅰ期	法・経営・保健医療（健康スポーツ科）	小論文（800 字以内）	100 点
		面接（個人面接）	段階評価
	保健医療（看護）	小論文（800 字以内）	100 点
		基礎学力テスト（英語・国語）	100 点
		面接（個人面接）	段階評価
	歯	小論文（800 字以内）	100 点
		基礎学力テスト（英語・理科）	100 点
		面接（個人面接）	段階評価

▶備　考

- 上記および書類審査（段階評価）の総合判定により選抜。
- 基礎学力テストの英語は「コミュニケーション英語Ⅰ」。
- 基礎学力テストの理科は「物理基礎」「化学基礎」「生物基礎」から1科目選択。
- 基礎学力テストの国語は「国語総合（古文・漢文を除く）」。

小論文

（60 分
解答例省略）

■指定校推薦入試，一般推薦入試Ⅰ期

◀法学部法学科▶

現在の日本では少子高齢化が進展し，全人口に占める高齢者の割合が高くなっています。2019 年時点で，65 歳以上の人口が総人口に占める割合（高齢化率）は 28.4％ですが，国立社会保障・人口問題研究所が公表した「日本の将来推計人口」という調査によれば，2065 年には 38.4％に達すると推測されています。国民の 3 人に 1 人以上が高齢者となる社会の到来が，予測されているのです。

日本社会の，このような現状と展望の中で，「民主主義」をどのように維持するかが問われています。具体的には，有権者のうち，高齢者が占める割合が高くなりすぎて，若い人びとの声が政治に反映されにくくなる，いわゆる「シルバー民主主義」の問題が指摘されています。

この「シルバー民主主義」の問題が現在の日本社会にどのような影響をもたらしているか，将来の日本社会はこの問題に対してどのように対処すべきか，あなたの考えを 800 字以内で述べなさい。

◀経営学部経営学科▶

今日，気候変動や国際紛争を原因とした世界的な食糧危機の発生が懸念されています。その一方で，日本では，大量の食品ロス（まだ食べられるのに廃棄される食品）が生じています。生産や消費の観点から，わが国の社会課題としての食品ロス問題を解決するために必要なことは何か，あな

たの考えを 800 字以内で述べなさい。

◀保健医療学部看護学科▶

SNS の利用とコミュニケーションについて，あなたの考えを 800 字以内で述べなさい。

◀保健医療学部健康スポーツ科学科▶

今年発表された「健康日本 21（第二次）最終評価報告書」によると，適正体重を維持している子どもの増加は，D（悪化している），健康な生活習慣（栄養，食生活，運動）を有する子どもの割合の増加は，C（変わらない）という結果であった。次世代の健康づくりをどのように考えるかは，重要な課題である。日本の子どもの健康づくりを考える上で，望まれる具体的な方法やあなたの考えを 800 字以内で述べなさい。

◀歯学部歯学科▶

スタンダードプレコーションとは，標準感染予防策ともいわれ，院内感染予防の標準対策として米国で作成された。これは全ての患者・医療従事者に適応され，病原微生物の感染源確認の有無にかかわらず，血液，全ての体液，汗を除く分泌物，排泄物，傷のある皮膚，そして粘膜が感染原因になりうるという考えに基づいている。（日本救急医学会医学用語解説集から引用改変）

歯科治療におけるスタンダードプレコーションついて，あなたの考えを 800 字以内で述べなさい。

基礎学力テスト

英　語

（2科目60分）

I Read the sentences and complete each one with the most appropriate vocabulary item.
次の文(問1～5)の空所に入れるのに最も適当なものを，それぞれ下の①～④のうちから一つずつ選べ。

問1　The weather reporter said that the amount of rain in the last 48 hours is about the same as the total [1] amount of rain. A year's worth of rain has fallen in two days!

①　annual　②　critical　③　experimental　④　liberal

問2　An [2] is someone who moves to another country to live. Often such people face language problems and difficulties finding employment.

①　entire　②　immigrant　③　element　④　adjustment

問3　Japan is a leader in [3] technology. Temperature and moisture sensors, aerial images, and GPS technology are now commonly used to produce more and better crops.
①　agricultural　②　genuine　③　incentive　④　federal

問4　Maisy did not know that she couldn't bring [4] onto the airplane. She had a bottle of her favorite shampoo and bottled water in her carry-on bag.

①　details　②　resources　③　portraits　④　liquids

問5　During training, the dogs are given a [5] of their food in the morning, and the rest during the training sessions.

① refund　② portion　③ boost　④ demonstration

Ⅱ Read the dialogs and complete each one with the most appropriate choice.
次の対話文(問6～8)の空所に入れるのに最も適当なものを，それぞれ下の①～④のうちから一つずつ選べ。

問6　(At school)

A: Can I borrow your notes from yesterday's biology class?
B: Sorry. I missed the class because of a doctor's appointment.
A: Oh, no. The quiz is tomorrow. What should we do?
B: Let's ask Rina. She never misses class and always takes good notes. [6].

① She can ask the teacher　② She can check our answers
③ She'll let us copy hers　④ She knows a lot about computers

問7　(On the phone)

A: I would like to book a table for later this evening. Can I do it by telephone?
B: Sorry, but you [7]. No other method is possible.
A: What if we just show up at the restaurant?
B: Sorry, but we are always fully booked. You won't be able to get a table that way.

① can only make reservations online　② have to arrive at the restaurant in person
③ need to add 15% for the tip　④ won't be able to get a table for four

問8　(At home)

A: Do you know where the car key is? I have a meeting to go to.
B: Did you check your bag?
A: Yes, I did. I [8].
B: Oh, sorry! I just remembered. I used the car in the morning and put the key on the kitchen table.

① looked under the table　② went through all my pockets
③ already asked your father　④ even emptied it out

Ⅲ Read the passages and select the most appropriate choice for each blank.
次の文章(問9～11)を読み，空所に入れるのに最も適当なものを，それぞれ下の①～④のうちから一つずつ選べ。

問9 [9] is the total greenhouse gas emissions caused by an individual, event, organization, service, place or product. It is a measure of the use of oil, gas, and other energy sources that contribute to global warming. It began to be used in order to show how individuals and personal lifestyle choices also have responsibility for climate-change-causing pollution.

① Carbon footprint　② Renewable energy　③ Food loss　④ Fossil fuel

問10 The term [10] refers to any collection of written work, but it is often used for writings considered to be art, especially fiction, drama, and poetry. Some of these works are taught in schools. Some people even pursue learning about it in universities. Therefore, people may think that having knowledge about them is a sign of status and education.

① literature　② woodblock print　③ textile　④ philosophy

問11 [11] is the change in the characteristics of biological populations over many generations. These characteristics are the result of genes that are passed on from parent to offspring during reproduction. Different characteristics emerge as a result of mutation, or genetic change, leading to genetic variation.

① Emotion　② Circulation　③ Evolution　④ Architecture

Ⅳ　Read the passage and select the most appropriate choice for each blank.
次の文章を読み，空所(問12 ～ 17)に入れるのに最も適当なものを，それぞれ下の①～④のうちから一つずつ選べ。

Lake Biwa Canal is a historic waterway in Japan connecting Lake Biwa [12] the nearby city of Kyoto. Constructed during the Meiji Period, the canal was originally designed [13] water from the nearby lake to Kyoto for people to drink, and for use on farms and in factories. However, there were two other important uses of the canal: to carry goods and people, and to produce electricity. [14] 1895, water from the canal helped power Japan's first hydroelectric generator, providing electricity for street lights and trains in Kyoto.

After Tokyo became the capital of Japan, the economy of Kyoto went down and the population [15] slightly. It was thought that a new waterway would improve the lives of the people in Kyoto and help improve the economy. For many years, the project was discussed. [16], the idea of a canal to Kyoto from Lake Biwa had been debated since at least the 17th century. Finally, construction work for the canal began in August 1885. It was an important means of transportation for people and products until the 1940s. [17] the waterway is no longer used for carrying goods, it continues to provide water for drinking and irrigation purposes to the city of Kyoto as well as hydroelectric power. Now, some parts, such as Nanzen-ji aqueduct and Philosopher's Walk have become popular with tourists.

問12　① to　② from　③ by　④ in
問13　① having brought　② to bring　③ bringing　④ had brought
問14　① Before　② From　③ About　④ With
問15　① decrease　② decreasing　③ decreased　④ has decreased
問16　① In fact　② Furthermore　③ On the other hand　④ Unfortunately
問17　① Whenever　② During　③ While　④ Even

V Read the information and the passage, and answer the questions.

次のグラフと文章を読み，次の文(問18 ～ 21)の空所に入れるのに最も適当なものを，それぞれ下の①～④のうちから一つずつ選べ。

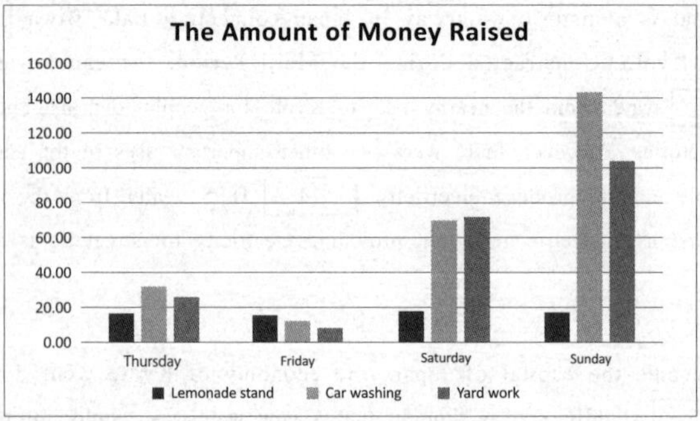

This year, after students at Westbrook High School had learned about the droughts in East Africa, they decided to try to raise some money for the people affected. A number of different groups came up with ideas for raising funds. The football team held a Casino Night in the gym. The girls' basketball team held a free-throw competition at lunchtime on the basketball courts. The Gay Straight Alliance (GSA) decided that instead of planning one event, they would organize three different activities to raise money. That way, all of the members of the GSA could participate in the fundraising events and they could maximize their profit. After some discussion, they decided that they would open a lemonade stand outside the school and sell lemonade by the glass, open a car wash service in the school parking lot, and offer to do yard work such as cutting grass and moving heavy items in the surrounding neighborhood. All activities were planned for four days from Thursday to Sunday.

Although they managed to make a big profit by the last day, things didn't start off so well. There was a lack of advertising, which resulted in a small number of customers for all activities on the first day. Thanks to some effective use of social media and a lot of word of mouth from happy customers, gradually the number of customers increased and all of the students were really busy on the weekend. Although most of the GSA activities depended on good weather, they were lucky to have really nice and sunny days except for Friday, when the temperature dropped and a little rain fell from early morning to early afternoon. The GSA students who participated in the fundraising said that they would like to do the same thing again next year, with the exception of the lemonade stand, which everyone felt was too much work for too little profit.

問18　The graph shows that [18].

① the amount raised decreased over the four days
② the lemonade stand earned the most money
③ the car washing made the majority of the money earned
④ the yard work income peaked on Thursday

問19　The GSA [19].

① wanted to hold their activities in the gym
② planned various activities to raise money
③ raised money far from the school area
④ had few members willing to raise funds

問20　The students were quite lucky to [20].

① avoid any rain on all four days of their activities
② find recipes for lemonade on social media
③ have a huge number of customers on the first day
④ have generally good weather on the weekend

問21　The students of the GSA expressed an interest in [21].

① doing exactly the same activities again next year
② cutting one of the activities next year
③ working harder to earn more money next time
④ trying to get customers to pay higher prices next time

VI　Read the passage and answer the questions.

次の文章を読み，次の問い（問22～25）の答えとして最も適当なものを，それぞれ①～④のうちから一つずつ選べ。

My family is Italian-American. My grandfather moved from Italy to the United States and opened a restaurant in the small town in Ohio in which my family still lives. Was it an Italian restaurant? No, it was a Chinese restaurant. Nobody ever knew why he had decided to do this. He had no connection with China nor Chinese food. Whenever he was asked, he always replied that there were too many Italian restaurants in town already. My father grew up working in the family restaurant, and he took it over after my grandfather passed away. Actually, my father wasn't really keen on that; he wanted to be a journalist when he was young, but he ended up being a chef.

Like my father, I planned a career that did not include standing in a kitchen making noodles or fried rice. But unlike my father, I was more determined to avoid it. I moved to New York to study history at university. I studied hard, but I also tried to learn about the world. I read the newspaper carefully each day, and read books recommended to me by friends. I tried as many different foods as possible, something that is easy to do in New York, with its large number of immigrants. Although I missed the taste, however, I never stepped inside a Chinese restaurant or ordered take-out.

After studying for a few years, I became more and more interested in East Asian history. I was continually surprised at how unfamiliar it was to me. I had never learned any of that history before then, with almost all of my courses to date focusing on European or American history. Around the time that I got more and more interested in it, one of my professors suggested doing a semester abroad in Japan or China. Perhaps because I was still avoiding my past, I decided on Japan.

I loved my courses at the university where I studied. There were also many other international students. Near campus, the most popular place to go for lunch was a Chinese restaurant. It was cheap and delicious, and everyone went there regularly. And so did I. I watched the couple who ran the place while I ate and talked with my classmates. The woman who served the meals was the same age as my mother, and the man who worked behind the counter reminded me immediately of my father. They worked hard, but they were also always so very cheerful, always smiling at customers and each other.

Over the next few months, I ate there many times. I was getting older, getting to the age where I needed to begin considering what I would do after graduation. A history degree was not really a ticket to a good job. Although I hadn't decided completely, watching the chef work as I ate my noodles, I thought that taking over from my father might not be so bad after all.

問22　Where did the author grow up?　[22]

① In Italy.
② In Ohio.
③ In China.
④ In New York.

問23　What do we learn about the author's father?　[23]

① He was born in China.
② He used to be a journalist.
③ He didn't want to be a cook.
④ He wasn't happy to move to the US.

問24　What action did the author NOT take because he didn't like the family business?　[24]

① He chose a school far from home.
② He refused to eat Chinese food.
③ He avoided studying in China.
④ He argued with his parents.

問25　What did the author come to understand during his time in Tokyo?　[25]

① East Asian history is difficult.
② Running a restaurant is not a bad idea.
③ Getting a job with an international company would be best.
④ Moving back to the U.S. might be difficult given his age.

■物理基礎■

（2科目60分）

物理に関する問い(1～10)について，最も適当なものを①～⑤のうちから一つ選べ。
(解答番号［ 1 ］～［ 10 ］)

問1　x 軸上の原点Oから，時刻0秒に x 軸の正の向きに初速度の大きさ0.60 m/sで小球を打ち出したところ等加速度直線運動をして，時刻4.0秒に0.80 mの位置を x 軸の負の向きに通過した。小球の変位が x 軸の正の向きに最大になる位置は［ 1 ］mである。

①　0.20　　②　0.30　　③　0.50　　④　0.70　　⑤　0.90

問2　ある高層ビルのエレベーターにスピードメーターを付け，時刻0秒に上に向かって動き出したエレベーターの $v-t$ グラフを作成したところ，図のようになった。このエレベーターが時刻0秒から40秒の間に上昇した距離は［ 2 ］mである。

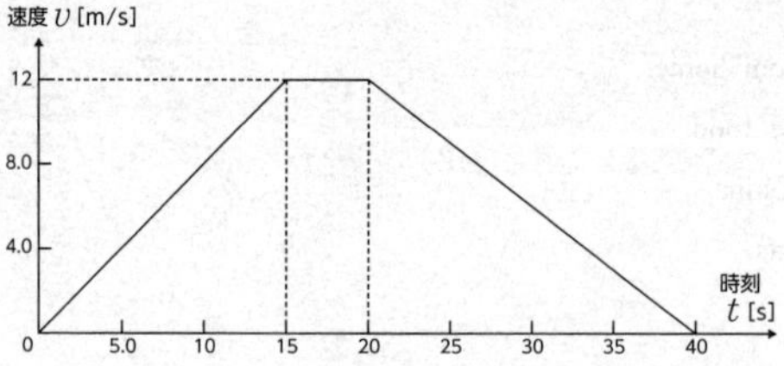

①　60　　②　90　　③　120　　④　210　　⑤　270

問3　図のように物体A（質量0.20 kg）と物体B（質量0.30 kg）を軽くて伸びない糸でつなぎ，Aを鉛直上向きに8.0 Nの力で引いた。このとき，糸1がBを引く力は［ 3 ］Nである。ただし，重力加速度の大きさを9.8 m/s^2 とし，物体にはたらく空気抵抗は無視できるものとする。

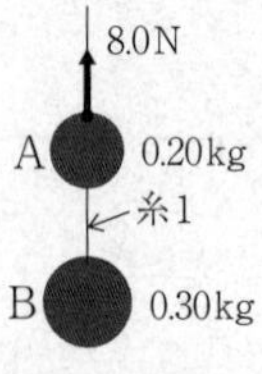

①　2.4　　②　4.8　　③　6.2　　④　7.4　　⑤　8.0

問4　図のように1辺が10 cm（= 0.10 m）の立方体の物体を水に浮かべたところ，物体の体積の半分が水面下に沈んだ。この物体の質量は [4] kgである。ただし，水の密度を 1.0×10^3 kg/m^3，重力加速度の大きさを 9.8 m/s^2 とする。

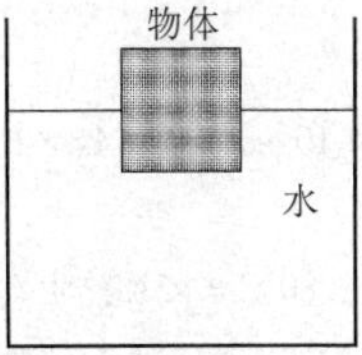

①　0.50　　②　1.0　　③　1.5　　④　3.0　　⑤　5.0

問5　図のようになめらかな水平面上で，一端を固定したばね定数が25 N/mのばねに質量1.0 kgの物体をつなぎ，ばねを自然の長さから0.50 m伸ばして手をはなした。ばねの縮みが0.30 mになったときの物体の速さは [5] m/sである。ただし，物体にはたらく空気抵抗は無視できるものとする。

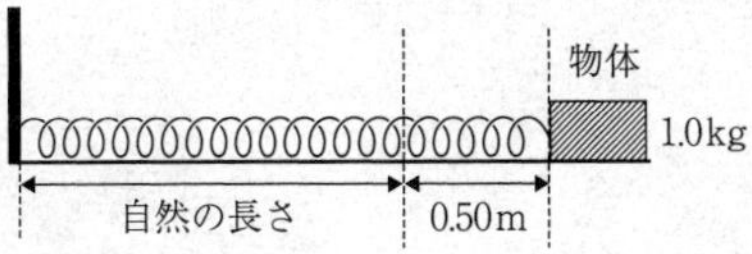

①　1.0　　②　1.5　　③　2.0　　④　2.5　　⑤　3.0

問6　重油1.0 kgを燃焼させると，4.0×10^7 Jの熱が発生する。熱効率0.40のディーゼルエンジンが重油2.0 kgを消費したときの仕事は [6] Jである。

①　1.0×10^7　　②　1.6×10^7　　③　2.0×10^7　　④　2.8×10^7　　⑤　3.2×10^7

問7　図は x 軸上を正の向きに進む縦波の，ある時刻における媒質の変位を横波のように表したものである（x 軸の正の向きの変位を，y 軸の正の向きに表す）。図の時刻において，媒質の速度が x 軸の正の向きに最大となっている位置は [7] である。

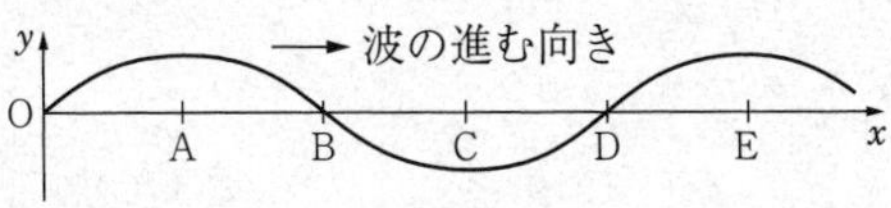

①　A　　②　B　　③　C　　④　D　　⑤　E

問8 図のように，間隔が0.60 m の2つの支点AとBの間に弦を張り，一端におもりをつり下げた。この弦を振動させて，腹の数が1個の定在波を生じさせたとき，その振動数は4.0×10^2 Hz であった。弦を伝わる波の速さは [8] m/s である。

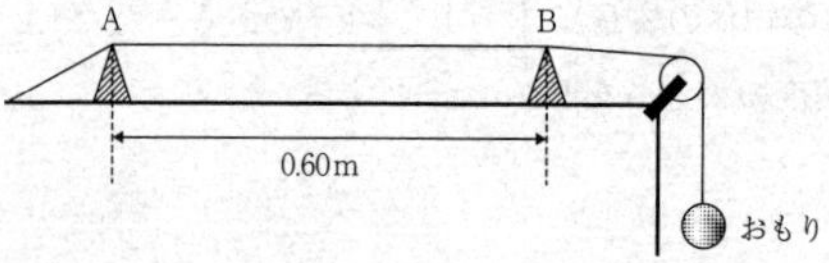

① 80　② 1.6×10^2　③ 2.4×10^2　④ 3.6×10^2　⑤ 4.8×10^2

問9 消費電力500 W の電子レンジを用いて，10 ℃，200 g の水を80 ℃まで加熱するのに必要な時間は約 [9] 秒である。ただし，水の比熱を4.2 J/(g・K)とし，消費電力500 W すべてが水の加熱に使われているとする。

① 30　② 60　③ 120　④ 180　⑤ 240

問10 炭素14($^{14}_{6}$C)の半減期は約5700年である。$^{14}_{6}$C の数が初めの数の$\frac{1}{4}$に減少するのは約 [10] 年後である。

① 1900　② 2900　③ 5700　④ 11000　⑤ 17000

■化学基礎■

（２科目60分）

化学に関する問い（１～10）について，最も適当なものを①～⑤のうちから一つ選べ。
（解答番号 ［ 1 ］ ～ ［ 10 ］）

問１　自然界の物質を分類すると，空気のように２種類以上の物質からなる＜Ａ＞と，単一の物資である＜Ｂ＞に分けられる。
＜Ａ＞，＜Ｂ＞に当てはまる語句と，それぞれの例の組合せとして，正しいものは ［ 1 ］ である。

	＜Ａ＞	＜Ａ＞の例	＜Ｂ＞	＜Ｂ＞の例
①	純物質	海水	混合物	食塩
②	混合物	食塩	純物質	牛乳
③	純物質	ドライアイス	混合物	アンモニア水
④	混合物	牛乳	純物質	ドライアイス
⑤	純物質	アンモニア水	混合物	海水

問２　原子とイオンに関する記述として，最も適当なものは ［ 2 ］ である。

① 物質を構成する粒子の種類を原子という。
② 原子中で最も内側の電子殻にある電子を価電子という。
③ 同じ族の元素の原子では，原子番号が大きいほど原子の半径が大きい。
④ 原子が陽イオンになると，もとの原子よりも半径が大きくなる。
⑤ 同じ電子配置のイオンでは，原子番号が大きいほど原子核の正電荷は小さい。

問３　化学変化の前後で，物質や原子が「還元された」のは ［ 3 ］ である。

① 物質が水素原子を失ったとき
② 物質が酸素原子を受け取ったとき
③ 原子が陽イオンになったとき
④ 物質が電子を受け取ったとき
⑤ 原子の酸化数が増加したとき

問４　原子の電子配置を表に示す。下の組合せのうち，表中のａ～ｊに当てはまる数値が最も大きいものの組合せは [4] である。

①　ａとｆ　　②　ｂとｅ　　③　ｃとｄ　　④　ｇとｊ　　⑤　ｈとｆ

原子の種類	電子配置		
	K	L	M
水素	1		
ヘリウム	2		
リチウム	2	1	
ベリリウム	2	a	
ホウ素	2	b	
炭素	2	c	
窒素	2	d	
酸素	2	e	
フッ素	2	f	
ネオン	2	g	
ナトリウム	2	h	1
⋮	⋮	⋮	⋮
塩素	2	i	7
アルゴン	2	j	8

問５　原子番号を横軸に，原子番号の変化に伴って変化する＜Ａ＞を縦軸としたグラフを示す。＜Ａ＞は [5] である。

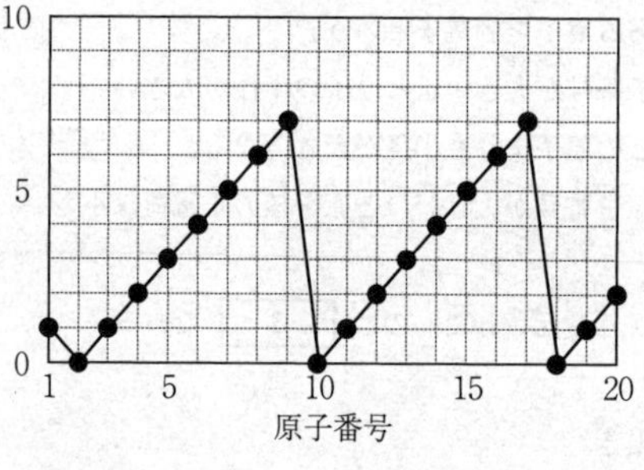

①　原子価　　②　価電子数　　③　中性子数

④　総電子数　　⑤　最外殻電子数

問6　第1周期あるいは第2周期の元素の原子から構成されるある分子の電子式を模式的に示した。次の物質のうち，この分子として最も適当なものは [6] である。ただし，□は元素記号を表すものとする。

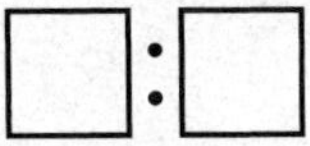

①　水素　②　窒素　③　酸素　④　フッ素　⑤　塩化水素

問7　次の物質のうち，イオン結合のみを含む物質の組合せは [7] である。

①　黒鉛と亜鉛

②　水酸化ナトリウムと二酸化炭素

③　酸化カルシウムと塩化セシウム

④　二酸化ケイ素と酸化マグネシウム

⑤　塩化アンモニウムと塩化水素

問8　I_2，Cl_2，S が関与する化学反応式を示す。I_2，Cl_2，S を酸化力の強い順に並べると [8] である。

$$2KI + Cl_2 \longrightarrow 2KCl + I_2$$

$$H_2S + I_2 \longrightarrow S + 2HI$$

①　$Cl_2 > I_2 > S$　②　$Cl_2 > S > I_2$　③　$I_2 > Cl_2 > S$

④　$I_2 > S > Cl_2$　⑤　$S > Cl_2 > I_2$

問9　1 g 中に含まれる分子の数が最も多いものは [9] である。

ただし，原子量は H = 1，C = 12，N = 14，O = 16，S = 32 とする。

①　硝酸　②　メタン　③　酸素(単体)

④　二酸化炭素　⑤　二酸化硫黄

問10　0.1 mol/L 希硫酸 5 mL を正確にはかり取り，0.1 mol/L 水酸化ナトリウム水溶液で滴定した。加えた水酸化ナトリウム水溶液の体積と水溶液中の水酸化物イオンの物質量の関係を表したグラフは [10] である。

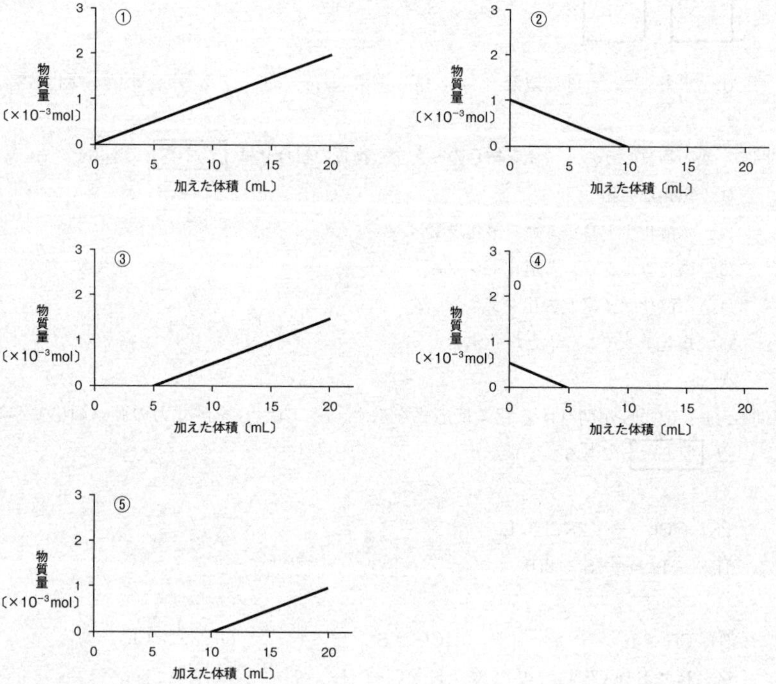

■生物基礎■

（2 科目 60 分）

生物に関する問い（1～10）について，最も適当なものを①～⑤のうちから一つ選べ。
（解答番号 [1] ～ [10] ）

問１　光学顕微鏡の分解能よりも小さいものはどれか。 [1]

①　酵母菌　　②　大腸菌　　③　葉緑体
④　ウイルス　　⑤　ミトコンドリア

問２　ＡＴＰを構成する塩基はどれか。 [2]

①　アデニン　　②　ウラシル　　③　グアニン
④　シトシン　　⑤　チミン

問３　ブロッコリーからＤＮＡを抽出する実験の手順を正しく並べたものはどれか。
[3]

［実験手順］　ア　乳鉢に入れて乳棒ですりつぶす。
イ　冷やしたエタノールを加える。
ウ　ガーゼを用いてろ過する。
エ　中性洗剤を含む食塩水を加える。
オ　繊維状の物質をガラス棒で巻き取る。

①　ア → イ → ウ → エ → オ
②　ア → イ → エ → ウ → オ
③　ア → ウ → イ → エ → オ
④　ア → ウ → エ → イ → オ
⑤　ア → エ → ウ → イ → オ

問４　光合成に関する説明で**誤っている**のはどれか。 [4]

①　有機物を合成する反応である。
②　二酸化炭素と水を必要とする。
③　反応の過程で酸素が排出される。
④　ミトコンドリア内で進行する。
⑤　生態系における生産者でみられる。

問5　グリコーゲンが主に貯蔵される臓器はどれか。 5

①　すい臓　②　肝臓　③　ひ臓　④　腎臓　⑤　副腎

問6　イヌリンの血しょう中の濃度と尿中の濃度を測定すると，それぞれ1.0 mg/mL，120 mg/mL であった。1日あたりの尿量が1500 mL のとき，1日あたりの原尿量はどれか。ただし，イヌリンは腎臓ですべてろ過されるが，まったく再吸収されない物質である。 6

①　30L　②　60L　③　120L　④　180L　⑤　360L

問7　ヒトの心臓に関する説明で正しいのはどれか。 7

①　開放血管系の中心的な役割を果たす。

②　左心房に洞房結節が存在する。

③　2つの心房と2つの心室をもつ。

④　副交感神経の作用によって拍動数が増す。

⑤　二酸化炭素に富んだ血液が肺から流れ込む。

問8　交感神経について正しいのはどれか。 8

①　中脳と延髄から出ている。

②　立毛筋には分布しない。

③　消化管運動を促進する。

④　瞳孔を縮小する。

⑤　排尿を抑制する。

問9　インスリンを分泌するのはどれか。 9

①　甲状腺　②　副腎髄質　③　副腎皮質

④　すい臓ランゲルハンス島のA細胞

⑤　すい臓ランゲルハンス島のB細胞

問10　バイオームと代表的な植物との組合せで正しいのはどれか。 10

①　針葉樹林 ―――――― フタバガキ

②　夏緑樹林 ―――――― ミズナラ

③　硬葉樹林 ―――――― スダジイ

④　照葉樹林 ―――――― カラマツ

⑤　熱帯多雨林 ―――――― オリーブ

市井の人々の自然なことばの使い方で取り決めがなく、個々人が日々の暮らしの中で思い思いに使うため、共通する使用がほとんど認められないものである。

④「定義」は行政や司法がことばの使い方を便宜上決めることで、公的かつ公式で個人の意思を挟む隙間がないものである。一方、「意味」はその言語話者の多数が実際に使っていることばの使い方で、多くの人に共通するものの、人によって使い方が正反対であったり、時代によって使い方が逆転したりするものである。

⑤「定義」はある集団において、ことばが指し示す範囲を明確に定めることで、人や時代が変わっても指し示す範囲は同じである。一方、「意味」はそのことばが指す事物の認識の仕方であり、多くの人に共通するものの、人や時代によって指し示す範囲がゆれたり、変わったりするものである。

① ことばは唯一の正解がある、または絶対的な間違いはないなどと議論するようなものではない。したがって、ことばは確信的かつ普遍的なものである。
② ことばの制約は曖昧で、正しさの判断を下せない場合がほとんどである。すなわち、ことばは捉えどころがなく、また自由度が高いものである。
③ ことばには一定の決まりはあるものの、特定の条件でしか使えないようなものではない。むしろ、ことばはしなやかで柔軟なものである。
④ ことばには制約があるものの、その制約は明文化できるようなものではない。つまり、ことばは抽象的で漠然としたものである。
⑤ ことばは専門家や先生だけが使い方の正誤や適切さを決めるようなものではない。言い換えれば、ことばは平等で大衆に開かれたものである。

問九　筆者が考えることばの「定義」と「意味」の説明として最も適当なものを、次の①～⑤のうちから一つ選べ。解答番号は 42 。

① 「定義」は専門家や有識者が取り決め、政府によって公式に定められた厳密なことばの使用で、公的な場面で対象となる概念を二分する際に使われるものである。一方、「意味」は多くの人々に共有されている自然なことばの使い方で、厳密な使いわけや認識の齟齬《そご》が問題にならない日常場面で使われるものである。
② 「定義」は特定の分野の専門家などが集まって事前にあることばが指し示す範囲を取り決めることで、専門分野の辞典や用語集に記述されている書きことばである。一方、「意味」は我々が日常生活の中で使っていることばの事例から共通する事項を統合したもので、国語辞典に記述されている話しことばである。
③ 「定義」はことばの使用を人工的に取り決めるもので、一般の人々のことばの使用とは異なる極めて厳格なものである。一方、「意味」は

④　ことばの厳密な定義が同じ人だけが集まり、共通理解の下で日々の生活を送ろうとする実際にはあり得ない世界。

⑤　広くのびのびとした現実世界の一部に存在するであろう約束は必ず守られる極めて限定的な世界。

問七　傍線部C「残念でなりません」とあるが、筆者は何を残念だと言っているか。その説明として最も適当なものを、次の①～⑤のうちから一つ選べ。解答番号は 40 。

①　読者が満足する正確で厳密なことばの定義が書かれていない国語辞典は不満だとして、専門分野の辞典や用語集で意味を調べようとする人がいること。

②　使い方に自信がないことばを辞書で調べ、その人が期待する答えが辞書に書かれていない場合、辞書の記述方法が問題だと不満を持つ人が少なからずいること。

③　国語辞典の記述が不十分であると、急に正確で厳密なことばの定義が気になりだし、辞典編集部に抗議の電話をかけてくる人が少なからずいること。

④　ことばの使い方に自信がなくなったときに、ことばの本質である使用範囲の幅を狭め、定義に答えを求めて満足しようとしてしまうこと。

⑤　ことばの厳密さと正しさを混同しており、自信がないことばの意味を辞書で確かめてもはっきり分からないことに不満を抱く人が存在すること。

問八　傍線部D「ことばはそんなやわなものではない」とあるが、筆者は「ことば」をどのようなものだと考えているか。最も適当なものを、次の①～⑤のうちから一つ選べ。解答番号は 41 。

オ　信仰　[36]

① 熱烈に崇拝する事象
② 長く抱いている願望
③ 信じて疑わない信念
④ 心の支えとなる拠《よ》り所
⑤ 人知の及ばない救済措置

ク　称して　[37]

① 自負して
② 銘打って
③ 肝に銘じて
④ 端緒にして
⑤ 抱負にして

コ　頑張らなくてもよい　[38]

① 意味や用法に執着しなくていい
② 専門的知識を身につけなくていい
③ ことばの本質を追究しなくていい
④ 詳しい取り決めを知らなくていい
⑤ 定義にこだわらなくていい

問六　傍線部**B**「閉じた世界の中で生きるほかない」とあるが、「閉じた世界」の説明として最も適当なものを、次の①～⑤のうちから一つ選べ。
解答番号は [39]。

① ことばに対して厳密な人だけが集まり、理路整然とした会話がなされ、外部の人の進入を拒む世界。
② ことばが指し示す範囲を事細かく、そして明確に定めたうえで互いに了解し、その範囲内に限定してことばを使用する世界。
③ 事前にことばの厳密な定義を行うことで、ことばの指し示す範囲が狭くなり、現実世界よりも萎縮してしまった世界。

問三　傍線部**ウ**「仕事柄」とあるが、ここでの「柄」に意味が最も近いものを、次の①～⑤のうちから一つ選べ。解答番号は 33 。

ウ　仕事柄

① 向こうから柄のいい男が近づいてきた
② 時節柄ご自愛ください
③ 今年は米の作柄がいい
④ パソコンで図柄を作る
⑤ 大きな手柄をあげる

問四　空欄(a)、(b)を補うのに最も適当な語句を、次の各群の①～⑤のうちから、それぞれ一つずつ選べ。解答番号は 34 ～ 35 。

(a) 34
① 「変化」「乱れ」　② 辞典編集者　③ 意味・用法　④ ことばの正しさ　⑤ 大勢が使っていることば

(b) 35
① 漢字やひらがなの表記に厳しい　② 正解が一つしかないような　③ 辞書の記述とは異なる
④ 一般社会では通用しない　⑤ 子どもは全問正解できないような

問五　傍線部**オ**、**ク**、**コ**の本文中における意味として最も適当なものを、次の各群の①～⑤のうちから、それぞれ一つずつ選べ。解答番号は 36 ～ 38 。

問二　傍線部ア、イ、エ、カ、キ、ケに相当する漢字を含むものを、次の各群の①～⑤のうちから、それぞれ一つずつ選べ。解答番号は 27 ～ 32 。

ア　カンサツ　27

①　公共工事をニュウサツで決める
②　コサツを巡る
③　マサツで熱くなる
④　人事をサッシンする
⑤　地震を事前にサッチする

イ　ナゲかれる　28

①　熱意と努力にカンタンする
②　セキベツの言葉を述べる
③　作業の合間にキュウソクする
④　無礼な態度にフンガイする
⑤　トケツして入院する

エ　ゲンキュウ　29

①　キュウダイテンを取れなかった
②　二十年ぶりにキュウユウに再会する
③　メイキュウに入り込む
④　キュウインリョクが強い掃除機
⑤　上流カイキュウの生活をする

カ　テッテイテキ　30

①　テイショクにつかず、生活する
②　記念品をゾウテイする
③　社則にテイショクする行為
④　仏教思想がテイリュウにある映画
⑤　話し合いのカテイを記録する

キ　シショウ　31

①　成績優秀でヒョウショウされる
②　ショウガイ事件を起こす
③　管理者のショウダクを得る
④　キョショウの作品を鑑賞する
⑤　ショウジを張り替えた

ケ　キュウクツ　32

①　燃料をホキュウする
②　議会はフンキュウした
③　生活にコンキュウする
④　コウキュウの平和を祈願する
⑤　フキュウの名作を読む

辞典通りに書いて、うちの子どもが×をもらった。なぜか」というような電話が、学校の先生にではなく辞典編集部にかけられることは少なくありません。ことばの教育とは何か、そのそもそもについて、専門家である先生方に是非とも考えていただきたい、切実にそう思います。

ことばについて、こうなくてはならぬという一つだけの正解がないと同時に、絶対的な間違いということも非常に少ないものです。Dことばはそんなやわなものではない。ある制約がありながらも、その中で自由にできる余地のことを、「遊び」とか「はば」とか言うことがあります。ことばには「はば」があるのです。

（増井 元『辞書の仕事』による。出題にあたり、一部を省略した。）

問一 傍線部A「ことばの正しさについて、辞典読者が辞典編集者よりずっと楽天的だ」とはどういうことか。その説明として最も適当なものを、次の①～⑤のうちから一つ選べ。解答番号は 26 。

① 辞典編集者は毎日ことばに意識を向け、冷静に辞書の記述を考えるのに対し、辞典読者は時々ことばを意識して、感情的にことばの変化を指摘すること。

② 辞典編集者はことばの移り変わりを自然現象だと考え、常に意識を向け続けるのに対し、辞典読者は時々辞典を開いては自身の感覚だけで記述の仕方に文句を言うこと。

③ 辞典編集者は古典文学の日本語と現在の日本語を比較して正しい日本語について考えるのに対し、辞典読者は少し過去の日本語を基準にして気づいたときだけことばの乱れを指摘すること。

④ 辞典編集者はことばの意味・用法の変化を比較的長いスパンで捉えるのに対し、辞典読者はことばの意味・用法を非常に短いスパンで捉えること。

⑤ 辞典編集者は現在使われている日本語を調査や研究をもとに記述するのに対し、辞典読者は気の向くままにことばの移り変わりを意識し、自分勝手に意見を言うこと。

「砂」は『広辞苑《こうじえん》』によれば、「細かい岩石の粒の集合。主に各種鉱物の粒子から成る。通常、径二ミリメートル以下、一六分の一ミリメートル以上の粒子をいう。」とあります。岩石学ではこのように取り決めているのですが、それが「通常」かどうかは疑問です。そんな数字を知らなくても、物差しを持ち合わせていなくても、私たちは日常の場で即座に「石」か「砂」かを判別し、何のシショウもなく会話することができます。投げるのは石、砂は撒《ま》く。時として石には躓《つまず》き、また砂を噛《か》む思いもするでしょう。ことばが表す世界は思いのほか広くて、がちがちの定義では捉えきれないふくらみを持っているものです。

日常普通に使っている日本語なのに、ふと自信が持てなくなって、辞書で意味を確かめるということはあります。それに答えるのが辞書の仕事です。しかし、そこで辞書の記述が不満だとして、とたんに「正確」で「厳密」な「定義」の方向に向かってしまう方がおられるのが残念でなりません。「厳密」がことばとして「正しい」とは限らないのです。

例えば、天気予報や新聞の報道では、「未明」を「午前0時から午前三時頃まで」と決めていますが、「未明」の語の本来の意味（まだ夜が明けきらないころ、明け方）に比してずいぶん早過ぎはしないでしょうか。厳密に言うためと称して、正しい意味を壊してしまってよいはずがありません。

天気予報と言えば、私たちが何気なく聞いている「曇り、一時、雨」の「曇り」「一時」「雨」の用語は、それぞれが驚くほど厳密に定義されています。例えば、「一時」は「現象が連続的に起こり、その現象の発現期間が予報期間の1／4未満のとき」であり、その「連続的」とは「現象の切れ間がおよそ一時間未満」の場合を言うのだと取り決めているのです。ただ傘が要るかどうかを知りたいだけのときでも、天気予報はこんなに正確に、こんなにキュウクツに、発表されているのですね。

気象庁は理由があってそうしているわけですが、私たちは、そこまで頑張らなくてもよいのにと思う場面で、あるはずの正解を求めようとすることがあります。厳密な正しいことばを求めようとするあまり、つい、その正解はただ一つで、他は誤りと思いがちです。漢字の使い分け、送り仮名、漢字を手書き（筆写）する時の止めや撥《は》ね。

困ったことに、学校教育の現場でも、指導上の便宜からか、［ (b) ］教え方がされることがままあります。「テストで単語に対応した普遍かつ不変の意味領域を持つべきだ、とでも言うようなオ信仰です。

そのような深い信仰心を持つ方は、辞典に「正しい日本語」というよりは「厳密な定義」を要求されるのです。「辞典はことばを定義するもの」とおっしゃる方もいますが、それは違います。国語辞典はことばの意味を記述しますが、定義はしません。

「老人」とは厳密には何歳からを言うのか、「未明」は何時から何時までか、「岩」と「石」と「砂」、あるいは「湖」と「沼」と「池」とはどう定義されるのか。そこを厳密にしたからといって、日々の生活が特に変わることもないという問題が大半ですが、気になると、きちんとしないではいられなくなるもののようです。電話でいきなり「夜中に日付が変わる瞬間は、今日の内に入るのか翌日か(一二時か0時か)」などと聞かれると、とっさに何のことかとまどうのですが、辞典編集部にこうした問い合わせは少なからずあります。カテッテイテキに厳密にしたいのであれば、すべて定義づけたことばだけで、その定義が通用するB閉じた世界の中で生きるほかないのですが、厳密屋さんはそうしたことが可能だと思っておれるようなのです。

「定義」というのはある特定の世界の中での約束のことです。このことばはこういう時にこういう意味で使うことにしましょうという取り決めに他なりません。私たちは時としてその世界の中で会話することもありますが、いつもはもっと広いのびのびとしたところで、特別に約束をしたこともないことばを使って、感じたり考えたり表現したりしています。そのことばを、人工言語に対して自然言語と言うこともあります。一般の国語辞典はその自然言語の辞書なのです。一方、ことばを定義している辞書は専門分野の辞典や用語集に見られます。

先の「老人」について、普通の国語辞典は「年とった人。年寄り。」くらいしか書いてありません。何歳から、などという明確な取り決めは自然言語にはありません。それは、行政上の都合とか統計をとる便宜とかのために役所や法律が、例えば「老人福祉法」では六五歳以上を「老人」とする、と決めただけのものであって、「老人」の意味ではありません。にもかかわらず、「老人」ということばの意味が曖昧だなどということはないのです。「老人」の語は、さまざまの場面でのさまざまの対象(人)を指すことが可能ですが、その対象(人)をどう捉えようとしているか、それらに向けられた視線の方向は共通で、多くの人々に共有されているのです。対象を捉えようとして向けた視線、その向きがことばの意味というものであろうと思うのです。

■国　語■

（二科目六〇分）

次の文章を読んで、後の問い（問一～九）に答えよ。（解答番号 26 ～ 42 ）

辞典の読者と辞典編集者とが行き違うことがあるとすれば、一番の理由は、おそらく、Aことばの正しさについて、辞典読者が辞典編集者よりずっと楽天的だという点にあると思われます。

古典文学などに現れて以後まったく使われないようなことばでなく、現代社会の中で生きていることばであれば、今に到《いた》るまでに必ずなんらかの変化を受け、また今も変化し続けている――いささかでもことばをアカンサツすれば、それは明らかです。

その変化とは、もとの意味・用法からの逸脱です。それを「乱れ」と呼ぶのであれば、ことばはいつも「乱れ」ています。しかし、ことばの正しさとはいつの時点での姿を言うのでしょうか。いまの日本語は乱れているから、奈良時代のことばに戻れ、とおっしゃる方はいません。現在から見て少し過去の辺りの日本語を「正しい」として、そこからの「変化」を「乱れ」としてイナゲかれるのです。

ことばが絶えず変わっていることを、辞典編集者はウ仕事柄忘れることができません。しかし、辞典を使う方は時折それに気付いては、不快に思ったり怒ったりされるのです。変化することこそ通常のあり方であることばについて、辞典が忠実であろうとすれば、現時点で大勢が使っていることばをそのままに記述し、せいぜい変化してきた経過についてエゲンキュウする、といった姿勢をとるほかにはありますまい。

辞典を使われる方が「正しい日本語」と言われる内容は、（a）を抑えようということの他に、実は、もう一つあるようです。それは、ことばの意味はいつも「正確」「厳密」であるべきだ、とすることです。正しいことば（単語）は、いつどんな場面においても、きちんとその

解答編

基礎学力テスト

英　語

Ⅰ **解答**　1―①　2―②　3―①　4―④　5―②

解説　問1．第2文で「1年分の雨が2日の間に降った」とあるので，①「1年分の」が正解。

問2．「居住目的で外国に引っ越す人」であると書かれているので，②「移民」が正解。

問3．第2文で「より多くの，よりよい作物を生産するために」とあるので，①「農業の」が正解。

問4．第2文で「お気に入りのシャンプーひと瓶とボトル入りの水」とあるので，④「液体」が正解。

問5．犬に与える食物が対象で，後述部で「残りは訓練の間に」とあるので，食べ物における②「1食分」が正解。

Ⅱ **解答**　6―③　7―①　8―④

解説　問6．（学校で）昨日の生物のノートを貸してほしいというAに対して，Bはリサに頼むことを提案する。「彼女は決して授業を休まないし，いつもよくノートを取っている」とあるので，③「彼女は私たちにノートをコピーさせてくれる」が文脈に合う。

問7．（電話で）レストランの予約を電話でできるか問い合わせているAに対してBは空所の返答をし，「他の方法は不可能」と付け加える。レストランに直接出向くのではどうかとのAの問いにも「その方法でも不可能です」と答えているので，①「ネットでしか予約できません」が適切。

問8．Bは「バッグの中は探した？」と尋ねているので，④「空っぽにさえしたよ」が文脈に合う。

Ⅲ　解答　9―①　10―①　11―③

解説　問9．温室効果ガスの総排出量のことなので，①「カーボンフットプリント」が正解。

問10.「特に小説や戯曲，詩といった芸術と考えられる文章」とあるので，①「文学」が正解。

問11.「何世代にもわたる生物学的個体群の特徴の変化」とあるので，③「進化」が正解。

Ⅳ　解答　12―①　13―②　14―②　15―③　16―①　17―③

解説　問12．connect *A* to *B*「*A* を *B* と接続する」

問13．be designed to *do*「～するように設計されている」

問14．主節を修飾する副詞句を作る。③About では副詞句にならないので不適切。①Before と②From で迷うが第2段第5・6文（Finally, construction work …）に，水路の建設が開始されたのは1885年8月で，1940年代までは主に交通や運搬の手段であったと記述されており，水力発電として利用されるのはその後と推定される。①Before にすると1895年以前に水力発電による電力が広く供給されていることになり，文意と合致しない。②From であれば1895年以降となり，文意と合致するので正解。④With は年代とともに用いないので不適切。

問15．過去形の went down と等位接続詞 and で結ばれているため，同じ過去形の③が正解。

問16．空所の前に「何年もの間その計画は議論された」とあり，後ろの「琵琶湖から京都へ運河を通すという考えは，少なくとも17世紀から議論されていた」はその強調となっている。①「実際」が適当。

問17．２つの文を接続する接続詞が入る。②と④はそれぞれ前置詞，副詞なので不適切。「その水路はもはや品物を運ぶために使われていない」

と「それは飲料水を供給し続けている」は逆接関係にあるので，③「一方」が正解。

Ｖ 解答　18―③　19―②　20―④　21―②

解説　≪干ばつに苦しむ東アフリカの人々を救うための募金活動≫

問18. 棒グラフの値をそれぞれ合計するとCar washing「洗車」が最も多い。

問19. 第1段第5文（The Gay Straight …）に「1つのイベントを計画する代わりに彼らは募金を集めるため3つの異なる活動を計画しようとした」とあるので，②「募金を集めるためさまざまな活動を計画した」が正解。

問20. 第2段第4文（Although most of …）に「GSAの活動の大部分はよい天気に頼っており，幸い金曜日以外は好天に恵まれた」とあるので，④「週末には全般的に天気がよい」が正解。

問21. 第2段第5文（The GSA students …）に「彼らはレモネードスタンドを除いて来年も同じことをしたい」とあるので，②「来年は活動のうち1つを削ること」が正解。

Ⅵ 解答　22―②　23―③　24―④　25―②

解説　≪家業の中華料理店を継ぐに至った経緯≫

問22. 第1段第2文（My grandfather moved …）に「私の家族が今でも住んでいるオハイオ州の小さな町でレストランを開き」とあるので，②が正解。

問23. 第1段最終文（Actually, my father …）に「実は父はそれ（中華料理店を継ぐこと）にあまり興味がなく，彼はジャーナリストになりたかった」とあるので，③「彼は料理人になりたくなかった」が正解。

問24. 筆者が家業を好まなかったために両親と口論したということは本文中に言及がないので，④「彼は両親と口論した」が正解。

問25. 最終段最終文（Although I hadn't …）に「私は父の跡を継ぐことはそれほど悪いことではないと思った」とあるので，②「レストランを経営することは悪い考えではない」が正解。

■物理基礎■

解答　1－⑤　2－⑤　3－②　4－①　5－③　6－⑤　7－②
8－⑤　9－③　10－④

解説　≪小問10問≫

問1．小球の加速度を a〔m/s^2〕とすると，等加速度直線運動の式より

$$0.80=0.60\cdot4.0+\frac{1}{2}a(4.0)^2 \qquad a=-0.20\,[\mathrm{m/s^2}]$$

変位が最大 X〔m〕となるとき速度が0となるので

$$0-0.60^2=2\cdot(-0.20)\cdot X \qquad \therefore\quad X=0.90\,[\mathrm{m}]$$

問2．移動距離は v-t グラフにおいて，グラフと横軸とで囲まれた面積から計算できる。

よって　$(5+40)\times12\times\frac{1}{2}=270\,[\mathrm{m}]$

問3．糸1がBを引く力を T〔N〕，AとBの加速度を a〔m/s^2〕とする。右図のように，A，Bは鉛直上向きに等加速度運動をする。A，Bそれぞれの運動方程式は

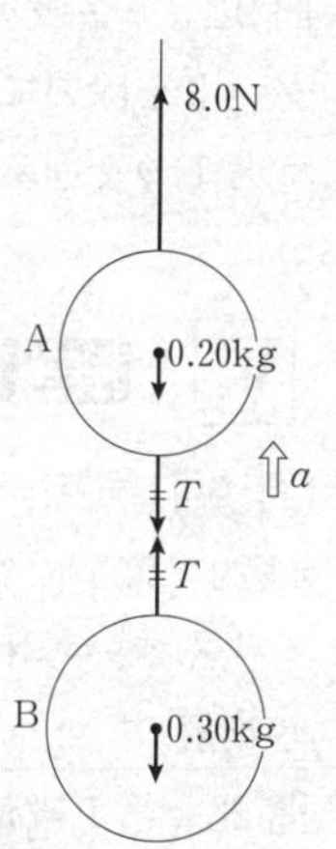

$$0.20a=8.0-T-0.20\cdot9.8 \quad \cdots\cdots(\mathrm{A})$$

$$0.30a=T-0.30\cdot9.8 \quad \cdots\cdots(\mathrm{B})$$

(A)＋(B)より

$$(0.20+0.30)a=8.0-(0.20+0.30)9.8$$

$$a=16-9.8=6.2\,[\mathrm{m/s^2}]$$

(B)より

$$T=0.30\cdot(6.2+9.8)=4.8\,[\mathrm{N}]$$

問4．求める物体の質量を m〔kg〕とすると，物体の重さは $9.8m$〔N〕であり，これが浮力 $(1.0\times10^3)\left(\frac{1}{2}\cdot0.10^3\right)\cdot9.8$〔N〕とつりあっているので

$$9.8m=(1.0\times10^3)\left(\frac{1}{2}\cdot0.10^3\right)\cdot9.8$$

$$m=0.50\,[\mathrm{kg}]$$

問5．求める物体の速さを v〔m/s〕とすると，力学的エネルギー保存則より

$$\frac{1}{2}\cdot 25\cdot 0.30^2+\frac{1}{2}\cdot 1.0\cdot v^2=\frac{1}{2}\cdot 25\cdot 0.50^2$$

$$v=2.0\text{〔m/s〕}$$

問6．重油1.0kgを燃焼させると，4.0×10^7 J の熱が発生するので，重油2.0kgでは 8.0×10^7 J の熱が発生する。ディーゼルエンジンの熱効率は0.40なので，仕事 W〔J〕は

$$W=8.0\times 10^7\times 0.40=3.2\times 10^7\text{〔J〕}$$

問7．媒質の速さが最大になるのは，振動中心にあるときなので，BかD。少し時間が経過したときの波形（右図の破線）を考えると，y 軸の正の向きに動いているのはBなので，x 軸の正の向きに動いているのもBだとわかる。

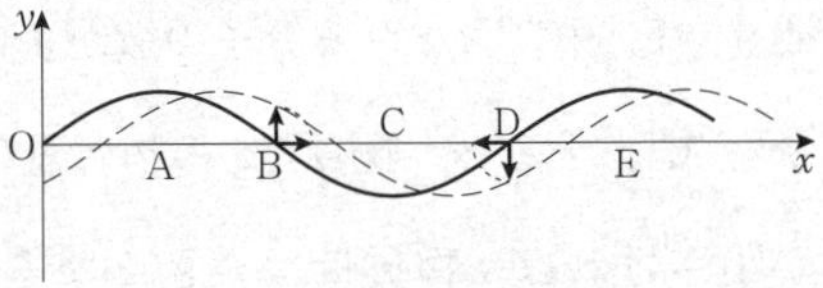

問8．基本振動のときの波長 λ は，弦の長さの2倍となる。振動数を f〔Hz〕，弦を伝わる波の速さを v〔m/s〕とすると

$$v=f\lambda=4.0\times 10^2\cdot 0.60\times 2=4.8\times 10^2\text{〔m/s〕}$$

問9．水200gを，10°Cから80°Cまで加熱するのに要する熱量 Q〔J〕は

$$Q=200\cdot 4.2\cdot(80-10)$$

これを電子レンジで発生する熱量で得るとするので，求める時間を t〔s〕とすると

$$500t=200\cdot 4.2\cdot 70$$

$$t=\frac{200\cdot 4.2\cdot 70}{500}=117\fallingdotseq 120\text{〔s〕}$$

問10．半減期の約5700年で原子核の数が半分になり，さらに半減期の約5700年でその半分，つまり $\frac{1}{4}$ になる。よって，求める時間を t 年とおくと

$$t=5700\times 2=11400\fallingdotseq 11000\text{ 年}$$

■化学基礎■

解答　1―④　2―③　3―④　4―④　5―②　6―①　7―③
8―①　9―②　10―⑤

解説　≪小問10問≫

問8．Cl_2 は I^- から e^- を奪っているので，酸化力は $Cl_2>I_2$ となる。I_2 は H_2S から e^- を奪っているので，酸化力は $I_2>S$ となる。よって，酸化力の強弱は，① $Cl_2>I_2>S$ となる。

問9．1g中に含まれる分子の数が多いなら，物質量も大きくなる。分子量を M とすると，物質1gの物質量は $\frac{1}{M}$〔mol〕で表せる。つまり，M が小さければ，物質量は大きくなる。よって，分子量が最も小さい② CH_4 が1g中に含まれる分子の数が最も多くなる。

問10．0mLから中和点までは中和によって OH^- が消費されるので，0molとなる。中和点以降，OH^- の物質量は増加する。
中和点までに加えるNaOHaqを V〔mL〕とすると，中和の関係から

$$2\times0.1\times\frac{5}{1000}=1\times0.1\times\frac{V}{1000}$$

$$V=10\text{〔mL〕}$$

よって，⑤のグラフのようになる。

■生物基礎■

解答　1－④　2－①　3－⑤　4－④　5－②　6－④　7－③
8－⑤　9－⑤　10－②

解説　≪小問10問≫

問1．分解能とは，近接した2点を見分けることのできる最小の間隔であり，光学顕微鏡の分解能は約0.2μmである。①酵母菌は約10μm，②大腸菌は約3μm，③葉緑体は約5μm，④ウイルスは約0.1μm，⑤ミトコンドリアは約2μmである。

問3．ブロッコリーのような植物からDNAを抽出する際には，すりつぶしたものに，細胞膜や核膜を溶かす中性洗剤とDNAを水に溶けやすくする食塩水を加え，ガーゼでろ過して不純物を取り除く。そこに冷やしたエタノールを加えるとDNAが白い繊維状となって沈殿するので，それをガラス棒で巻き取る。

問6．イヌリンを使った原尿量測定の計算により

原尿量＝尿量×イヌリンの濃縮率

$$=1500\times\frac{120}{1.0}=180000\,(\mathrm{mL})=180\,(\mathrm{L})$$

問7．①誤り。ヒトの血管系は動脈と静脈が毛細血管でつながった閉鎖血管系である。

②誤り。心臓を一定のリズムで拍動させるための洞房結節は右心房にある。

④誤り。副交感神経は心臓の拍動数を減少させる。

⑤誤り。肺から心臓へ流れ込む血液は酸素に富んだ動脈血である。

問10．①フタバガキは熱帯多雨林，③スダジイは照葉樹林，④カラマツは針葉樹林，⑤オリーブは硬葉樹林の代表的な植物である。

とあるので、同様の内容が書かれている選択肢を選ぶ。

問七　傍線部Cの直後の文で「厳密」（＝定義）と「正しい」が対比して述べられており、厳密な定義を望む一部の読者に対して、筆者は残念に思っている。その理由は、続く段落に述べられるように、厳密さにこだわると言葉が窮屈になるからである。「使用範囲の幅を狭め」という点に触れた④が正解。

問八　傍線部Dの直後に、「ある制約がありながらも、その中で自由にできる余地のことを、『遊び』とか『はば』」といい、「ことばには『はば』がある」と述べている。制約はあるが、自由にできる余地があるという内容と合致する選択肢を選ぶ。

問九　「定義」の本文中の意味は第八段落に書かれていて、「このことばはこういう時にこういう意味で使うことにしましょうという取り決め」とある。それに対して、本文中での「意味」は、第六段落に「国語辞典はことばの意味を記述します」とあるように、「国語辞典」に記述されていることがらを指している。本文中での「定義」「意味」と同義になるのは⑤である。②が紛らわしいが、「書きことば」「話しことば」と限定している点が不適切。

■国　語■

出典　増井元『辞書の仕事』＜第一章　辞書の楽しみ＞（岩波新書）

解答

問一　②
問二　ア－⑤　イ－①　エ－①　カ－④　キ－⑤　ケ－③
問三　ウ－②
問四　(a)－①　(b)－②
問五　オ－③　ク－②　コ－⑤
問六　②
問七　④
問八　③
問九　⑤

解説

問一　第二段落から第四段落に注目する。言葉の変化を「乱れ」ととるのかと、「ことばの正しさ」とは一体どのようなものなのかについて書かれている。「現代社会の中で生きていることばであれば、今に到るまでに必ずなんらかの変化を受け、また今も変化し続けている」とあり、筆者はことばの移り変わりを自然現象だと考えていることがわかる。また、「ことばの正しさとはいつの時点での姿を言うのでしょうか」と疑問を投げかけている。一方で読者は「時折それに気付いては、不快に思ったり怒ったり」する。したがって正解は②。

問六　傍線部Bの直前が、「閉じた世界」の説明になっている。「すべて定義づけたことばだけで、その定義が通用する」

■一般選抜　一般入試Ⅰ期Ａ日程

問題編

▶試験科目・配点

学部	教　科	科　　　目	配　点
法・経営 保健医療	選　択	「コミュニケーション英語Ⅰ・Ⅱ，英語表現Ⅰ」，「日本史Ｂ」，「世界史Ｂ」，「数学Ⅰ・Ⅱ・Ａ」，「物理基礎・物理」，「化学基礎・化学」，「生物基礎・生物」，「国語総合（古文・漢文を除く）・現代文Ｂ」から２教科２科目選択。ただし，保健医療学部看護学科は「日本史Ｂ」，「世界史Ｂ」の選択不可。	200 点 （各 100 点）
歯	外国語	コミュニケーション英語Ⅰ・Ⅱ，英語表現Ⅰ	100 点
歯	選　択	「数学Ⅰ・Ⅱ・Ａ」，「物理基礎・物理」，「化学基礎・化学」，「生物基礎・生物」から１科目選択。	100 点
歯	面　接	個人面接	段階評価

▶備　考

上記および書類審査（段階評価）の総合判定により選抜。

【大学入学共通テストプラス入試】

- 法・経営・保健医療（健康スポーツ科）学部：一般入試の高得点１科目と大学入学共通テストの高得点１科目および書類審査で判定。
- 保健医療（看護）学部：一般入試の高得点１科目と大学入学共通テストの高得点２科目および書類審査で判定。
- 歯学部：一般入試の高得点１科目・面接と大学入学共通テストの高得点２科目および書類審査で判定。

英語

（2科目 120分）

I Read the sentences and complete each one with the most appropriate vocabulary item.
次の文(問1～5)の空所に入れるのに最も適当なものを，それぞれ下の①～④のうちから一つずつ選べ。

問1 The student did not like her trip to the museum because she had to [1] trains twice. This added a lot of time to the journey.

① predict ② transfer ③ install ④ exhaust

問2 Kei took his friend to a sushi restaurant, but he could not eat any of the [2] fish. Kei should have been more careful in choosing a place to eat.

① core ② raw ③ innocent ④ fallen

問3 Karen explained that she had failed the course because she had not made [3] effort. She admitted that she had not done her best on most assignments.

① adequate ② exact ③ rural ④ participant

問4 Rio started his own business selling spices from Indonesia. At first, he could not make [4] because of the costs he had for traveling and advertising.

① profit ② resource ③ foundation ④ advantage

問5 Teenagers are often told that they are not [5] enough to make decisions by themselves. They need to grow and gain more experience.

① possessive ② numerous ③ majestic ④ mature

Ⅱ Read the dialogs and complete each one with the most appropriate choice.
次の対話文(問6～8)の空所に入れるのに最も適当なものを，それぞれ下の①～④のうちから一つずつ選べ。

問6 (At school)

A: Did you hand in the biology assignment?

B: No, why? It's due on Thursday, isn't it?

A: No, it had to be [6].

B: Oh, well. I'll go and talk to the professor and explain that I mixed up the dates.

① handed in yesterday ② made in a hurry
③ passed to the librarian ④ pasted onto the paper

問7 (At a restaurant)

A: What is included in the lunch special?

B: Well, it comes with salad and a pasta of your choice. Then you can have any two of our [7], including our prize-winning tarts.

A: That sounds wonderful. I love sweets.

① four dessert items ② finest champagnes
③ best seats by the window ④ discounted appetizers

問8 (At home)

A: Don't let the dogs up on the sofa!

B: But they love to sit up here with me.

A: You know the rule: no dogs [8].

B: That's just Mom's stupid rule. They don't want to sit only on their dog cushions.

① under the bed ② in the hallway
③ over the top ④ on the furniture

Ⅲ Read the passages and select the most appropriate choice for each blank.
次の文章(問9～11)を読み,空所に入れるのに最も適当なものを,それぞれ下の①～④のうちから一つずつ選べ。

問9 For many years, medical experts believed that diseases were caused by bad air. They claimed that especially bad air at night was responsible for many common diseases. It was not until after 1880 that medical experts began to understand that these diseases were actually caused by microscopic [9] that are too small to see without a microscope. Eventually scientists and physicians came to believe in germ theory, the idea that specific germs cause specific diseases.

① organisms ② concepts ③ details ④ fuels

問10 International trade was revolutionized by the introduction of [10]. Their use greatly increased after World War II. Prior to that, goods on ships were usually loaded and unloaded by hand, requiring hundreds of hours of work. With the new system, large boxes of goods can be easily transferred from trucks or trains to ships and then back to trucks or trains without being opened. This dramatically reduced the costs of transport, helped international trade, and was a major element in globalization.

① canals ② containers ③ airplanes ④ advertisements

問11 Modern human civilization in societies all around the world require [11] to function. Mostly this is achieved through accessing resources such as fossil fuels, nuclear fuel, or renewable sources. Securing a sufficient amount of this in a clean form that does not damage the environment is one of the biggest challenges of the current age.

① production ② digestion ③ energy ④ wind

Ⅳ Read the passage and select the most appropriate choice for each blank.
次の文章を読み，空所(問12～17)に入れるのに最も適当なものを，それぞれ下の①～④のうちから一つずつ選べ。

The father of public health in Thailand is Prince Mahidol Adulyadej. [12] he became famous as a doctor and public health official, in his early life, he actually began training as a military officer. In 1905 at the age of 13, he [13] to London, where he studied for one and a half years in Harrow School, before moving to Germany to attend military college. [14] in Germany, he won a competition for submarine design. He later became an officer in [15] the Imperial German Navy and the Royal Thai Navy in 1912, but when World War I started, he returned to Thailand.

After visiting a hospital in Bangkok a few years later, he [16] he would study medicine and public health. He went to the United States and enrolled at Harvard University in 1917. He received his Certificate in Public Health in 1921, and worked in Thailand over the next few years before [17] to Harvard to earn his Doctor Degree of Medicine. After he returned to Thailand, he worked as a doctor and set up many scholarships for students in the fields of medicine, nursing, and public health. The students who went abroad with Mahidol's scholarships helped develop modern medicine in Thailand.

問12	① When	② Although	③ Whether	④ Because
問13	① send	② sent	③ was sent	④ had sent
問14	① Before	② While	③ Since	④ During
問15	① both	② either	③ neither	④ nor
問16	① decides	② decided	③ deciding	④ has decided
問17	① return	② returned	③ returning	④ have returned

V Read the information and the passage, and answer the questions.

次のグラフと文章を読み，次の文(問18～21)の空所に入れるのに最も適当なものを，それぞれ下の①～④のうちから一つずつ選べ。

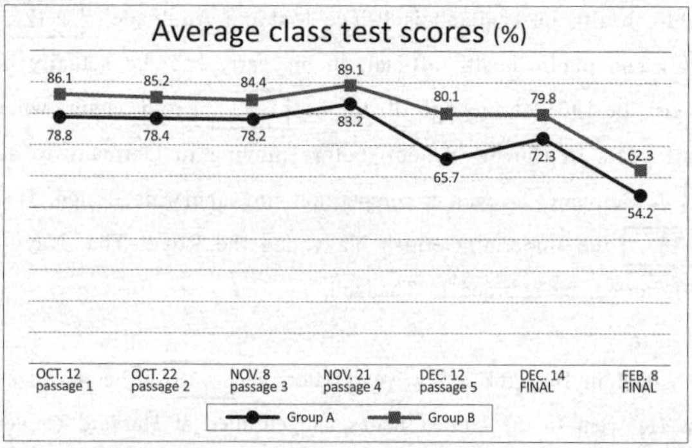

This past year, Alvin Chung, a French teacher at Westbrook High School, wanted to see if he could determine the best way to help his students learn French. Westbrook is located in Ontario, Canada, and most of the students are native English speakers. Since Canada uses both French and English as its official languages, all students are required to study French. Mr. Chung wanted to help them do it better. With the agreement of the students and their parents, he decided to try an experiment with learning vocabulary.

Mr. Chung was teaching two classes of first year students. He decided to make two groups. For his vocabulary experiment, he made five French passages. The students would learn new words using the passages for the last ten minutes of class twice a week. Group A would use flashcards and vocabulary lists, and learn new words through reading. The other group, Group B, did the same, but they listened to the passages and practiced reading them out loud. The aim of the experiment was to see if listening to the passages helped them learn new words better. In order to get the data, small vocabulary quizzes after completing each passage and two big vocabulary tests, one right after finishing all the five passages and another two months later, were given to students.

The experiment had a few minor problems. Group A was unable to finish the fifth passage because some classes were cancelled due to an unusual snowstorm. In addition, some of the members of the same group were on the soccer team and had to miss a few classes. For these reasons, Mr. Chung is not sure if his results tell us anything with certainty, but he was happy to see that the group that listened to the passages did seem to learn better. With that in mind, Mr. Chung plans to encourage all of his students to listen to textbook passages more in the future.

問18　The graph shows that [18].

① Group B outperformed Group A on average
② the first few tests were most difficult for students
③ scores for both groups increased over the first five small tests
④ scores on the two big tests were lower than those of the small tests

問19　Alvin Chung [19].

① wanted his students to take more French courses
② was looking for ways to help his students learn better
③ asked his students to design a new learning experiment
④ didn't ask parents for permission to try an experiment

問20　The students at the school [20].

① had to take French courses
② were divided into five groups
③ read five passages each week
④ listened to weekly online lectures

問21　The results of the experiment may have been affected by [21].

① Mr. Chung's doubts about the tests
② some unusually bad weather
③ the quality of the passages
④ the number of flashcards

VI Read the passage and answer the questions.
次の文章を読み，次の問い（問22～25）の答えとして最も適当なものを，それぞれ下の①～④のうちから一つずつ選べ。

Chloe had a part-time job in a rather expensive restaurant. She had been familiar with working in the restaurant industry because her parents owned one. When she moved to a big city to attend university and needed to find a part-time job, she naturally searched for one in a restaurant. The Brick House Restaurant, where she was hired, was named after the building made of brick, and was one of the nicest restaurants in the city. In order to have enough time to study, she limited the number of hours she worked to eight per week, usually on Friday and Saturday evenings, when the restaurant was the busiest in the week.

Among the customers of the restaurant was a man who was seen as a little mysterious by the staff. He always came to have dinner on the 25th of each month and he ordered two meals, even though he came alone. Chloe had seen him only once and it was shortly after she began working there. At the time she was too busy to take much notice. Another strange thing about the customer was that he never tipped, which made all the staff members want to avoid being his server.

On Friday evening of January 25th, however, the customer came and sat in Chloe's section. She knew that she couldn't expect a tip, but she decided to give him her best service anyway. She chatted with him, recommended some dishes, and took his order. She served him doing her best to have him feel as comfortable as possible. At the end of the meal, she asked if he wanted anything else. Then, he asked her if she knew why he had ordered two meals. Chloe said that she had no idea, but thanked him for coming to the restaurant and told him that she was glad to serve him. The man smiled and thanked her. Then he paid and left. There was no tip.

The next Friday when Chloe showed up for her shift, the restaurant manager told her that a letter for her had arrived. She opened it and found it was from someone she did not recognize. She read through the letter and realized that it was from the mysterious customer. The man explained that he had made a promise to his wife before she died that he would do something to remember her. He decided to have dinner at their favorite restaurant once a month for one year on the day she died, the 25th. The dinner he had a week before was the twelfth time and the last one. He thanked Chloe for making it a pleasant evening. He said that it was time for him to move on, and that he wouldn't be returning as a customer. Included in the envelop was money for tips for the twelve meals he had enjoyed. He asked Chloe to distribute the money to all the staff members and, if possible, to do something memorable with the money.

問22　What do we learn about Chloe? [22]

① She lives with her parents.
② Her parents pay everything for her.
③ Trying new restaurants is her hobby.
④ Having enough study time is important for her.

問23　What do we learn about the restaurant where Chloe works? [23]

① It is only open two days per week.
② Many famous people are among its customers.
③ It is located in a building made of brick.
④ There are few customers on weekends.

問24　What did Chloe decide to do with the unusual customer on the 25th? [24]

① Avoid talking with him as much as possible.
② Recommend that he order only one meal.
③ Ask another server to take over from her.
④ Serve him as well as she was able to.

問25　What did the customer explain in his letter? [25]

① Why he never gave his servers tips.
② Why he always ordered food for two.
③ How he was able to make reservations.
④ How his wife got sick the year before.

日本史

（2科目120分）

Ⅰ　次の年表を見て，下記の設問に答えなさい。（解答欄 ア ～ キ ）

645年	(a)乙巳の変が起きる
	↕ (e)
672年	(b)壬申の乱が起きる
	↕ (f)
710年	(c)＿＿＿＿に遷都する
	↕ (g)
743年	(d)大仏造立の詔が出される

問１　下線部(a)の出来事で暗殺された人物は誰か，選択肢①～⑤より一つ選びなさい。

解答欄 ア

①　物部守屋　　②　大伴金村　　③　蘇我馬子
④　蘇我入鹿　　⑤　中臣鎌足

問２　下線部(b)の出来事で勝利した人物は誰か，選択肢①～⑤より一つ選びなさい。

解答欄 イ

①　中大兄皇子　　②　大海人皇子　　③　大友皇子
④　山背大兄王　　⑤　舎人親王

問３　下線部(c)に当てはまる語句はどれか，選択肢①～⑤より一つ選びなさい。

解答欄 ウ

①　藤原京　　②　恭仁京　　③　平城京　　④　平安京　　⑤　長岡京

問４　下線部(d)と同年に発出された法令はどれか，選択肢①～⑤より一つ選びなさい。

解答欄 エ

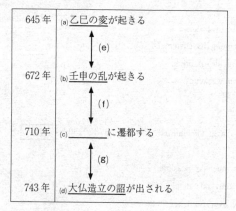

①　蓄銭叙位令　　②　墾田永年私財法　　③　飛鳥浄御原令

④　三世一身法　　⑤　延久の荘園整理令

問５　(e)の期間に起きた出来事を説明した文章として**誤っているもの**を，選択肢①～⑤より一つ選びなさい。解答欄 オ

①　百済復興を支援するために倭は朝鮮半島に大軍を派遣するが，白村江の戦いで唐および新羅の連合軍に大敗した。

②　唐から帰国していた吉備真備や玄昉は新政権に重用された。

③　改新の詔が出され，公地公民制への移行を目指す政策方針が示された。

④　最初の全国的な戸籍である庚午年籍を作成した。

⑤　皇極天皇が重祚して斉明天皇となった。

問６　(f)の期間に起きた出来事を説明した文章として正しいものを，選択肢①～⑤より一つ選びなさい。解答欄 カ

①　新しい都の造営を指揮していた藤原種継が暗殺される事件が起きた。

②　新たな仏教として真言宗や天台宗が開かれ，王城鎮護の思想が流布した。

③　律令国家の支配権のおよぶ地域を拡大するため，坂上田村麻呂を征夷大将軍に任命し，東北地方に大軍を派遣することで，蝦夷を制圧しようとした。

④　冠位十二階が制定され，それまでの氏族ではなく，個人の才能や功績に対して冠位を付与する制度が完成した。

⑤　持統天皇のもとで藤原京への遷都が行われた。

問７　(g)の期間に起きた出来事を説明した文章として正しいものを，選択肢①～⑤より一つ選びなさい。解答欄 キ

①　称徳天皇の寵愛を受けた道鏡は，太政大臣禅師として仏教政治を展開した。

②　淳仁天皇の信任が厚かった藤原仲麻呂(恵美押勝)は，道鏡を政界から排斥しようと反乱を起こした。

③　嵯峨天皇と平城太上天皇が対立し，「二所朝廷」と称されるような政治混乱が生じた。

④　孝謙天皇の在位時，政界で勢力をのばしていた藤原仲麻呂を排除しようと，橘奈良麻呂が反乱を計画したが捕らえられた。

⑤　聖武天皇の在位時，藤原四子の策謀によって長屋王が自殺させられる事件が起こった。

Ⅱ　次の説明文を読み，下記の設問に答えなさい。(解答欄 ク ～ セ)

(a)　平清盛は，この地にあった港を修築し，瀬戸内海の航路を整備することで，日宋貿易の推進につとめた。

(b)　ポルトガル人を乗せた中国船がこの島に漂着したことを契機として，日本各地に鉄砲(火縄銃)が急速に広まった。

(c)　承久の乱に敗れた後鳥羽上皇は，この島へと配流された。

(d)　この島の藩主である宗氏は，朝鮮との間に己酉約条を締結して，朝鮮との貿易を独占することになった。

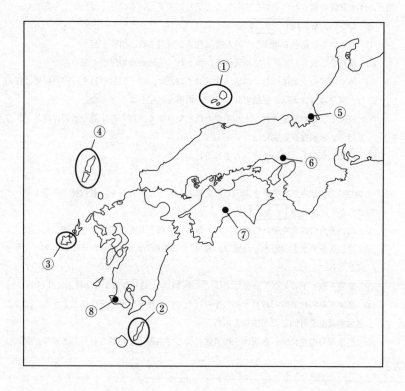

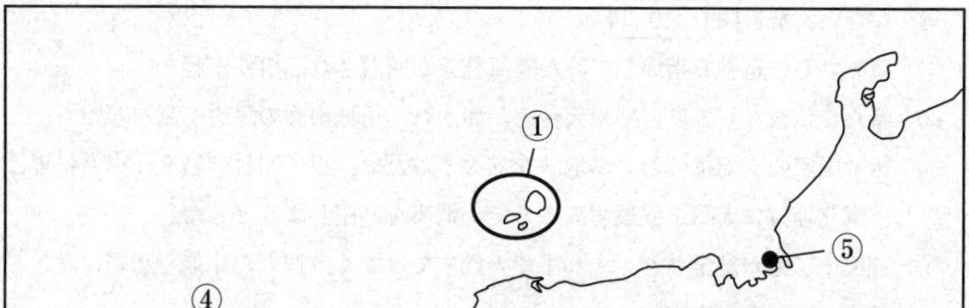

問1 (a)の下線部の「この地」はどこか，地図中の選択肢①～⑧より一つ選びなさい。

解答欄 ク

問2 (a)で修築された港の名前は何というか，選択肢①～⑤より一つ選びなさい。

解答欄 ケ

① 直江津　② 浦戸　③ 敦賀　④ 坊津　⑤ 大輪田泊

問3 (b)の下線部の「この島」はどこか，地図中の選択肢①～⑧より一つ選びなさい。

解答欄 コ

問4 (b)の出来事以降，ポルトガル人は九州の港に来航して貿易をするようになったが，ポルトガル人やスペイン人との間で展開された貿易を何というか，選択肢①～⑤より一つ選びなさい。

解答欄 サ

① 朝貢貿易　② 勘合貿易　③ 南蛮貿易
④ 朱印船貿易　⑤ 日元貿易

問5 (c)の下線部の「この島」はどこか，地図中の選択肢①～⑧より一つ選びなさい。

解答欄 シ

問6 (c)の後鳥羽上皇により新設された上皇の直轄軍を何というか，選択肢①～⑤より一つ選びなさい。

解答欄 ス

① 西面の武士　② 滝口の武士　③ 奉公衆
④ 北面の武士　⑤ 御内人

問7 (d)の下線部の「この島」はどこか，地図中の選択肢①～⑧より一つ選びなさい。

解答欄 セ

Ⅲ 次の史料を読み，下記の設問に答えなさい。(解答欄 ソ ～ ナ)

［史料A］

一，諸国（ a ）人奉行の事

右，右大将家の御時定め置かるる所は，(b)大番催促・謀叛・殺害人 付たり。夜討・強盗・山賊・海賊 等の事なり。

出典：佐藤進一・池内義資編『中世法制史料集』第1巻

（読み下し文，句読点および並列点は出題者）

問1 ［史料A］は鎌倉時代に制定された日本初の武家法の一節である。この法令名は何か，選択肢①～⑤より一つ選びなさい。

解答欄 ソ

① 建武式目　② 武家諸法度　③ 貞観格式

④ 御成敗式目　⑤ 延喜格式

問2 ［史料A］を制定した人物は誰か，選択肢①～⑤より一つ選びなさい。

解答欄 タ

① 北条義時　② 北条泰時　③ 北条時頼　④ 北条時宗　⑤ 北条貞時

問3 ［史料A］の法令の特徴を説明した文章として**誤っているもの**を，選択肢①～⑤より一つ選びなさい。

解答欄 チ

① 成立当初より，朝廷をはじめとした幕府の支配する領域以外にも完全に適用された。

② 源頼朝以来の先例や武家社会の道理を基準とした。

③ 51か条で構成されている。

④ この法の精神は，のちの室町幕府の法令や戦国大名の分国法に継承されていった。

⑤ 御家人の所領の相続や譲渡に関する規定が含まれていた。

問4 （ a ）に当てはまる職名は何か，選択肢①～⑤より一つ選びなさい。

解答欄 ツ

① 所司　② 別当　③ 執事　④ 守護　⑤ 地頭

問５　下線部(b)はある土地の警備を担う役目である。その土地はどこか，選択肢①～⑤より一つ選びなさい。

解答欄 テ

①　江戸　　②　鎌倉　　③　京都　　④　奈良　　⑤　博多

問６　[史料A]が成立した時代の文化を説明した文章として**誤っているもの**を，選択肢①～⑤より一つ選びなさい。

解答欄 ト

①　法然の浄土宗や親鸞の浄土真宗をはじめとする新仏教がおこった。

②　鎌倉の地に臨済宗の寺院である建長寺や円覚寺が建立された。

③　源実朝は和歌集である『金槐和歌集』をのこした。

④　北条氏一族の金沢実時によって武蔵国六浦荘金沢の地に金沢文庫が設けられた。

⑤　村田珠光によって侘茶が創出され，茶の湯が大成した。

問７　[史料A]が成立した時代の社会を説明した文章として**誤っているもの**を，選択肢①～⑤より一つ選びなさい。

解答欄 ナ

①　元の皇帝フビライは，二度にわたって日本に大軍を派遣したことで，文永の役・弘安の役が勃発した。

②　農業の発展により，畿内では麦を裏作とする二毛作がはじめておこなわれるようになった。

③　御家人の所領の相続は，経年による所領の細分化を防ぐため，分割相続から単独相続へと次第に変化していった。

④　経済的に困窮した農村では，幕府に対して徳政を求める土一揆が多発した。

⑤　紀伊国阿氐河荘の訴状のように，地頭の圧迫・非法を訴える農民の動きがみられた。

Ⅳ　次の史料および説明文はともに，ある人物のことについて述べたものである。史料および説明文を読んだうえで，下記の設問に答えなさい。（解答欄 [ニ] ～ [ノ]）

［史料A］「看聞日記」

廿五日※1，晴。昨日の儀，粗聞《あらあら》く※2。一献両三献※3，猿楽初《はじまり》時分，内方どゝめく※4。何事ぞと御尋有るに，雷鳴かなど三条※5申さるるの処，御後《うしろ》の障子引あけて，武士数輩出て則ち(a)公方を討ち申す。

※1…25日。
※2…ざっと聞く。
※3…盃の回数。
※4…とどろく。
※5…正親町三条実雅。

出典：笹山晴生ほか編『詳説　日本史史料集』再訂版
（読み下し文，句読点など一部を出題者が改めた）

［説明文］

（　b　）は，足利義満の子であったが，異母兄として足利義持がいたために将軍の後継者にはなれず，当初は仏門に入っていた。ところが，義持の子である足利義量が亡くなり，義持も後継となる将軍を指名しないまま死去してしまう。そのため，急遽「くじ引き」にて将軍に選ばれたのが（　b　）である。

（　b　）は将軍権力を強化するため，(c)幕府との関係が悪化していた鎌倉公方の足利持氏を滅ぼしたり，(d)一色義貫などの有力守護を謀殺して，その家督や守護職の継承に介入するなど，専制的な政治を推し進めていった。

問1　［史料A］下線部(a)「公方」と［説明文］（　b　）は同一人物である。該当する人物は誰か，選択肢①～⑤より一つ選びなさい。

解答欄 [ニ]

① 足利義教　② 足利義政　③ 足利義澄
④ 足利義輝　⑤ 足利義昭

問2　［説明文］下線部(c)の出来事を何というか，選択肢①～⑤より一つ選びなさい。

解答欄 [ヌ]

①　結城合戦　　②　享徳の乱　　③　応永の乱
④　永享の乱　　⑤　明徳の乱

問3　[説明文]下線部(d)「一色義貫」は，武士の統率や京都の警備などをおこなう室町幕府の機関の長官を輩出する家の出身と推察される。この機関とは何か，選択肢①～⑤より一つ選びなさい。

解答欄 ネ

①　侍所　　②　政所　　③　問注所　　④　奥州探題　　⑤　九州探題

問4　[史料A]に記されている下線部(a)「公方」が殺害された出来事を何というか，選択肢①～⑤より一つ選びなさい。

解答欄 ノ

①　応天門の変　　②　嘉吉の変　　③　慶安の変
④　本能寺の変　　⑤　安和の変

V

江戸時代のある幕閣を風刺した狂歌を読み，下記の設問に答えなさい。
(解答欄 ハ ～ ヒ)

[狂歌] A
世の中に蚊ほどうるさきものはなし　ぶんぶ《文武》といふて夜もねられず
出典：松浦静山著，中村幸彦・中野三敏校訂『甲子夜話』1

[狂歌] B
(a)白川の清きながれに魚すまず　にごる(b)田沼の水ぞ恋しき
出典：笹山晴生ほか編『詳説　日本史史料集』再訂版

問1　[狂歌] Aで風刺された人物と[狂歌] B下線部(a)「白川」は同一人物を指しており，『宇下人言』や『花月草紙』を著したことでも知られている。この人物の政策について述べた文章として**誤っているもの**を，選択肢①～⑤より一つ選びなさい。

解答欄 ハ

①　湯島聖堂の学問所にて朱子学以外の講義などを禁止する寛政異学の禁を出した。
②　経済的に困窮していた旗本や御家人を救済するため，札差に対して債権放棄を求める棄捐令を発した。

③　出版統制令を出して，作家の為永春水や柳亭種彦が処罰された。

④　飢饉に備えて，江戸では七分積金の制度を創出した。

⑤　飢饉により江戸に流入していた人々を農村へと帰村させるため，旧里帰農令を出した。

問２　［狂歌］B下線部(b)「田沼」が指す人物の政策について述べた文章として正しいものを，選択肢①～⑤より一つ選びなさい。

解答欄 ヒ

①　国外への金銀流出を避けるため海舶互市新例を出して，長崎貿易を制限した。

②　金銭訴訟の当事者間での解決を促すために相対済し令を出した。

③　上知令を出して，江戸周辺の大名領や旗本領を幕府の直轄領にしようとした。

④　異国船打払令を出して，海外からの脅威に対抗しようとした。

⑤　株仲間を広く公認するかわりに運上や冥加を幕府に上納させた。

Ⅵ　以下のA～Eは，明治時代に日本を訪問したアメリカ人女性エリザ・R・シドモアの記録であり，その一節を抜き出したものである。その文章を読み，下記の設問に答えなさい。（解答欄 フ ～ ユ ）

A　江戸の創建者であり，(a)太閤の後継者であり，日本芸術の黄金時代を築いた軍事支配者である家康は，聖なる（　b　）の山腹に埋葬された最初の徳川将軍として崇められ，当時可能なかぎりの手業が駆使され，彼の壮麗な神殿を墓前に造るよう計画されたのです。

B　江戸城濠が東京の中心部を通り，螺旋形に広く巻き付いています。最も内側の環状濠が皇居を囲み，さらに運河の枝々が外郭河川へ達し，また封建時代，将軍はこの環状濠内を占有し，そこから外側環状濠までは広大な大名屋敷がありました。楼門や濠の角はそれぞれ櫓で守られ，区域全体が堅固な陣地でした。(c)日本中の大名が江戸に屋敷を構え，各大名は隔年交替で六ヵ月間暮らすことを余儀なくされ，万一戦争が起きた場合は将軍への忠義の証として自分の家族を人質として置きました。

C　(d)ペリー提督が世界に向け日本の門戸を開いて以来，米国民は年ごとに緑茶をますます消費し，合衆国とカナダは日本のいいお得意さんになっています。

D　神奈川を過ぎ東海道を上るとリチャードソンの碑があります。彼は一八六二年九月十四日薩摩の大名の行列に遭遇して斬殺されました。〔中略〕(e)リチャードソン殺害事件は，

(f)鹿児島砲撃と賠償金一二万五〇〇〇ポンドという報復を招きました〔後略〕。

E　〝(g)憲法と(h)議会〟は，専制下でも決して苛立つことなく代表権を要求した国民へ無償で与えられました。日本の陸海軍の創設，警察機構，行政組織は諸外国の最高例を範とし，また(i)教育機関は完璧で，米国，英国，ドイツの制度から得た賞賛すべき最高結合体となりました。〔中略〕日本人が抗議のできない時期，また条約運用の理解もできず予知もできない時期，不平等条約が強要されました。〔中略〕今日の日本国内の状況や制度は，最初の交渉のときのように特別異質な国家体制ではないのに，(j)依然この不平等条約は改正されないままの状態です。

出典：エリザ・R・シドモア，外崎克久訳『シドモア日本紀行』講談社
（〔　〕内は出題者による注記。また引用に際しては訳者による註を省略）

問１　下線部(a)の「太閤」が示している人物とは誰か，選択肢①～⑤より一つ選びなさい。
解答欄 フ
①　豊臣秀吉　②　豊臣秀頼　③　足利義昭　④　織田信長　⑤　織田信忠

問２　江戸と（　b　）を結ぶために整備された街道はどれか，選択肢①～⑤より一つ選びなさい。
解答欄 ヘ
①　東海道　②　中山道　③　甲州道中　④　日光道中　⑤　奥州道中

問３　下線部(c)は江戸時代のある制度を示していると考えられる。この制度を定めた将軍は誰か，選択肢①～⑤より一つ選びなさい。
解答欄 ホ
①　徳川家康　②　徳川秀忠　③　徳川家光　④　徳川家綱　⑤　徳川綱吉

問４　下線部(d)の「ペリー提督」が来航した際，幕政の責任者として対応した老中首座は誰か，選択肢①～⑤より一つ選びなさい。
解答欄 マ
①　阿部正弘　②　堀田正睦　③　井伊直弼　④　安藤信正　⑤　水野忠邦

問５　下線部(e)の「リチャードソン殺害事件」とは何を指しているか，選択肢①～⑤より一つ選びなさい。
解答欄 ミ

①　生麦事件　②　東禅寺事件　③　赤穂事件
④　宝暦事件　⑤　明和事件

問6　下線部(f)の「鹿児島砲撃と賠償金一二万五〇〇〇ポンドという報復」に該当する出来事はどれか，選択肢①～⑤より一つ選びなさい。

解答欄 ム

①　四国艦隊下関砲撃事件　②　薩英戦争　③　モリソン号事件
④　フェートン号事件　⑤　アロー戦争

問7　下線部(g)の「憲法」は大日本帝国憲法を指していると考えられる。この大日本帝国憲法の作成過程に携わった人物として**誤っているもの**を，選択肢①～⑤より一つ選びなさい。

解答欄 メ

①　伊東巳代治　②　井上毅　③　金子堅太郎
④　ベルツ　⑤　ロエスレル

問8　下線部(h)の「議会」は帝国議会を指していると考えられる。1890年の第1回衆議院議員総選挙において，選挙権を得るために必要な直接国税の納税額はいくらか，選択肢①～⑤より一つ選びなさい。

解答欄 モ

①　1円以上　②　3円以上　③　5円以上　④　10円以上　⑤　15円以上

問9　下線部(i)の「教育機関」に関して，1872(明治5)年，近代学校制度を定めた法令を何というか，選択肢①～⑤より一つ選びなさい。

解答欄 ヤ

①　学制　②　教育令　③　小学校令
④　国民学校令　⑤　学校教育法

問10　下線部(j)「依然この不平等条約は改正されないままの状態」として最後まで残存していた課題，すなわち関税自主権の回復を完全に達成した際の外務大臣は誰か，選択肢①～⑤より一つ選びなさい。

解答欄 ユ

①　寺島宗則　②　井上馨　③　小村寿太郎
④　陸奥宗光　⑤　青木周蔵

Ⅶ　次の文章を読み，下記の設問に答えなさい。（解答欄 ヨ ～ リ ）

1931（昭和６）年9月18日，(a)奉天郊外で南満州鉄道の線路が爆破されるという事件が起こった。これを契機として，関東軍が軍事行動を展開して，奉天や長春などの南満州の主要都市を占領していった。(b)この時の内閣は，事変の不拡大方針を表明したが，関東軍は引き続き戦線を拡大したため，総辞職に追いやられた。

問１　下線部(a)の事件を何というか，選択肢①～⑤より一つ選びなさい。

解答欄 ヨ

①　盧溝橋事件　②　柳条湖事件　③　ノモンハン事件
④　満州某重大事件　⑤　済南事件

問２　下線部(a)中の「南満州鉄道」は，日本がある講和条約で獲得した旅順と長春を結ぶ鉄道を基に成立したものである。ある条約とは何か，選択肢①～⑤より一つ選びなさい。

解答欄 ラ

①　下関条約　②　ベルサイユ条約　③　ロンドン条約
④　ポーツマス条約　⑤　サンフランシスコ条約

問３　下線部(b)「この時の内閣」の総理大臣は誰か，選択肢①～⑤より一つ選びなさい。

解答欄 リ

①　山本権兵衛　②　原敬　③　鈴木貫太郎
④　林銑十郎　⑤　若槻礼次郎

世界史

（２科目120分）

Ⅰ　古代地中海世界に関する次の文章を読んで，以下の設問に答えよ。
（解答欄［ア］～［サ］）

地中海東部のエーゲ海では，前3000年頃から前1200年頃まで (a)エーゲ文明が栄え，海上交易が行われていた。エーゲ文明が崩壊した後，ポリスという小都市国家群が成立した。(b)ポリスの規模は大小さまざまで，特にアテネとスパルタが強大であった。アテネでは平民が武器を自弁し重装歩兵部隊の一員として活躍するようになると，貴族の政治独占に対して反発を見せるようになり，やがて (c)アテネでは民主政が完成した。

その過程の中で，ギリシアは，(d)アケメネス朝ペルシアとの間で (e)ペルシア戦争を戦った。この戦争では，アテネとスパルタが主力となり，ペルシアの侵入をくい止めた。その後，ギリシアではポリス間の対立・抗争が続き，次第にポリス社会は変質していった。そしてアレクサンドロス大王の登場となる。アレクサンドロス大王は，強大な軍隊を率いて東方遠征を行い，やがて (f)ヘレニズム世界が形成されることになった。

一方，イタリア人の一派ラテン人が建国した都市国家ローマでは，前６世紀末に先住民の王を追放して共和政を樹立した。ローマでもギリシア同様，平民が重装歩兵部隊の一員として活躍するようになると，(g)貴族との間で身分闘争が起こり，平民たちの権利が拡大していった。その後，(h)前２世紀末から前１世紀末までの「内乱の１世紀」を経て，前27年，アウグストゥスによって事実上の帝政が開始された。アウグストゥスから五賢帝末期までの約200年間，(i)「ローマの平和」と呼ばれる繁栄の時代が続いた。

３世紀に入ると，各地に駐屯しているローマ軍が，皇帝をたてて争う軍人皇帝時代となった。この混乱を収拾して帝国を再建したのが (j)ディオクレティアヌス帝であり，これ以降，ローマは専制君主政へと移行した。コンスタンティヌス帝を経て，テオドシウス帝が没した395年に，ローマ帝国は東西に２分された。

問1　下線(a)に関連して，右の地図中の A が示す島はエーゲ文明の中心地の一つである。この島について述べた文として**誤りを含むもの**を①～④より一つ選べ。 ア

①　この島はクレタ島といい，その中心市はクノッソスである。

②　この島で栄えた文明は発見された壁画や壺絵などから平和的であったと考えられている。

③　この島で栄えた文明で使用された線文字Aは未解読である。

④　この島で栄えた文明の宮殿跡はシュリーマンによって発掘された。

問2　下線(b)に関連して述べた文として正しいものを①～④より一つ選べ。 イ

①　ポリスの人々は自らをバルバロイと称し，共通の言語を使用した。

②　ポリスではアクロポリスと呼ばれる公共広場で集会や交易が行われた。

③　スパルタではリュクルゴスの制と呼ばれる独特の軍国主義体制が維持された。

④　アテネはドーリア人の集住によって成立したポリスである。

問3　下線(c)に関連して，アテネの民主政について述べた文として正しいものを①～④より一つ選べ。 ウ

①　ペイシストラトスは財産政治を行った。

②　ソロンは僭主政治を防ぐために，陶片追放の制度を創設した。

③　ペリクレスの時代に，アテネの民主政が完成した。

④　古代民主政の発展に伴って，奴隷制度が廃止された。

問4　下線(d)に関連して述べた次の文AとBの正誤の組み合わせとして正しいものを①～④より一つ選べ。 エ

A　全国を州に分け，サトラップと呼ばれる知事に統治させた。

B　被征服民族に強制移住や重税を課すなど，圧政を行った。

①　A－正　B－正　　②　A－正　B－誤

③　A－誤　B－正　　④　A－誤　B－誤

問5　下線(e)に関連して述べた文として**誤りを含むもの**を①～④より一つ選べ。 オ

①　ペルシアに対するイオニア植民市の反乱が戦争のきっかけとなった。

②　アテネの重装歩兵部隊がマラトンの戦いでペルシア軍に勝利した。

③　サラミスの海戦では，アテネの無産市民が船のこぎ手として活躍した。

④　アテネ・スパルタ連合軍がカイロネイアの戦いでペルシア軍に勝利した。

問６　下線(f)に関連して，ヘレニズム期にアレクサンドリアのムセイオンで研究したとされる人物について述べた文として正しいものを①～④より一つ選べ。 カ

①　数学者のエラトステネスは平面幾何学を大成した。

②　物理学者のアルキメデスは浮体の原理を発見した。

③　哲学者のエピクロスは禁欲主義を唱えた。

④　自然哲学者のタレスは万物の根源は「火」であるとした。

問７　下線(g)に関連して，平民と貴族の争いの過程で成立したＡ～Ｃの法律について述べた文を年代の古い順に配列した場合，正しく配列されているものを①～⑥より一つ選べ。

キ

Ａ　ホルテンシウス法により平民会の決議が元老院の許可なしに国法となった。

Ｂ　ローマ最古の成文法である十二表法が成立した。

Ｃ　リキニウス・セクスティウス法により貴族の大土地所有が制限された。

①　Ａ→Ｂ→Ｃ　　②　Ａ→Ｃ→Ｂ　　③　Ｂ→Ａ→Ｃ

④　Ｂ→Ｃ→Ａ　　⑤　Ｃ→Ａ→Ｂ　　⑥　Ｃ→Ｂ→Ａ

問８　下線(h)に関連して，下の(1)と(2)の問いに答えよ。

(1)　「内乱の１世紀」の中で，前73年に剣奴の反乱が起こったが，これについて記載された史料の(　Ａ　)に適する人名を①～④より一つ選べ。 ク

> …カプアで見せ物のための訓練を受けていた剣闘士の中に，トラキア生まれの(　Ａ　)という人物がいたが，彼は見せ物になるより自分たちの自由のために闘おうと，仲間の者約70人を説得し，一緒に見張りを打ち倒して逃走した。
>
> (『新訳　世界史史料・名言集』山川出版社)

①　スパルタクス　　②　ポンペイウス　　③　ハンニバル　　④　グラックス

(2)　剣奴たちの闘いの場であったローマにある右の写真の建造物を何というか。①～④より一つ選べ。

ケ

①　ジッグラト　　②　カタコンベ

③　パンテオン　　④　コロッセウム

問９　下線(i)に関連して，この時代のローマ文化について述べた文として**誤りを含むもの**を①～④より一つ選べ。[コ]

①　タキトゥスが『ゲルマニア』を著した。
②　プリニウスが『対比列伝』を著した。
③　ウェルギリウスが『アエネイス』を著した。
④　マルクス＝アウレリウス＝アントニヌス帝が『自省録』を著した。

問10　下線(j)に関連して，この皇帝の業績について述べた文として正しいものを①～④より一つ選べ。[サ]

①　二人の正帝と二人の副帝で統治する四帝分治制を始めた。
②　この時代にローマ帝国の領土が最大域に達した。
③　帝国全土の自由民にローマ市民権を初めて与えた。
④　ミラノ勅令によりキリスト教を公認した。

Ⅱ

中国の歴代王朝と周辺民族や周辺諸国との関係に関する次の文章を読んで，以下の設問に答えよ。(解答記号 [シ] ～ [ノ])

「中華思想」とは，中華(中国)が世界の中心であり，その文化・思想を神聖なものであると自負し，中華以外の民族を蔑視するという考え方である。そしてそれに基づく「朝貢」とは，周辺諸国が中国の皇帝に敬意を表して貢物を持って訪れることをいい，中国の皇帝はその返礼として諸国の首長に爵位や官位を与え，その地域を統治することを承認した。こうして生まれた君臣の国際秩序を冊封体制といい，19世紀末までの中国と周辺諸国との関係を考える上で重要なものといえる。この中華思想と朝貢・冊封体制を念頭において，中国の歴代王朝の歴史を見ていく。

中国最初の統一王朝となったのが，前221年に中国を統一した秦である。秦は(a)始皇帝のもとで中央集権化を進めるとともに，「中華世界」を守るために，万里の長城を建設するなどして北方の匈奴の侵入を防いだ。しかし急激な改革は人々を苦しめ，始皇帝の死後，農民反乱が勃発し滅亡した。代わった漢は，途中，中断はあったもののおよそ400年間，中国を支配した。前漢の高祖劉邦は，匈奴に対して和親策をとったが，第７代(b)武帝の時代から強硬策に転じた。この漢から「朝貢」という独特の交易が始まったと言われ，後漢の時代には，倭の奴国が朝貢し，国王の称号を受けている。

後漢滅亡後，３世紀前半から６世紀後半まで魏晋南北朝と呼ばれる分裂期に入り，華北には遊牧民族が進出して興亡を繰り返した。特に鮮卑の拓跋氏が立てた(c)北魏は華北に異民族による統一政権を樹立した。(d)江南では，建康を都に漢民族の王朝が交替した。

この分裂状態に終止符を打ったのが隋である。それに続く唐は，国内では律令などの法典を整備し，対外的には周辺民族を征服して領土を拡大した。唐の制度や文化は (e)周辺諸国にも大きな影響を及ぼした。唐は周辺諸国に対して朝貢を促し，冊封体制は安定期を迎えた。

唐が滅亡した後，五代十国を経て宋(北宋)が中国を統一し，文治主義による中央集権的な君主独裁体制を確立した。宋の軍事力は弱体であったため，周辺民族が相次いで侵入した。(f)1127年，宋は女真族の金に華北を奪われ，皇帝と上皇が捕虜となった。江南に逃れた一族が建国した南宋では朱子学が重んじられ華夷の別が強調された。

13世紀後半，中国全土はモンゴル人の (g)元の支配下に入ったが，漢民族は江南の経済力を基盤に明を興し，モンゴル人を北方に追いやった。明では第３代永楽帝の時代に全盛期を迎え，(　h　)の南海遠征など，活発な外征・外交を繰り返し，周辺諸国に朝貢を促した。その後，国力は衰え1644年に滅亡した。

明の後を受けたのが満州族の清である。(i)第４代康熙帝の時代には中国支配の基礎を固め，続く雍正帝，乾隆帝の時代に全盛期を迎え，(j)18世紀以降は人口も大幅に増加した。異民族王朝である (k)清は威圧策と懐柔策を併用して巧妙に中国統治を行った。

この頃からイギリスをはじめとするヨーロッパ列強が広大な中国市場への進出の機会をうかがった。自由貿易を求めるイギリスは，朝貢を主張する清との貿易を改善するために，使節を派遣したが，成果は得られなかった。しかし，清が (l)アヘン戦争に敗北したことで伝統的な朝貢・冊封体制は終わりを告げ，この後，長く続く半植民地時代の幕開けとなった。清は外国列強による侵略を受け，国内では (m)太平天国の乱をはじめとする民衆の反乱が相次いだ。清では，王朝支配の体制を存続させるために (n)中国の伝統的な文化や制度を維持しながら西洋の技術を導入し，富国強兵を目指す運動も行われたが，あくまでも伝統的な中華思想に基づくものであったため中途半端な改革で終わった。その後，1911年に起きた辛亥革命によって清は滅亡した。

問１　下線(a)に関連して，秦の始皇帝が実施した政策について述べた文として**誤りを含むもの**を①～④より一つ選べ。［　シ　］

①　統一貨幣として半両銭を鋳造させた。

②　言論・思想の統制を図り，焚書・坑儒を行った。

③　儒家の董仲舒を重んじた。

④　郡県制を実施し，中央集権化を図った。

問２　下線(b)に関連して，武帝時代の対外関係について述べた文として正しいものを①～④より一つ選べ。［　ス　］

①　匈奴挟撃の同盟を結ぶための使者として張騫が大月氏に派遣された。

② 大秦王安敦の使者と称する者が日南郡を訪れた。

③ 西域都護班超の部下の甘英が大秦に派遣された。

④ 西域には楽浪郡などの４郡が置かれた。

問３　下線(c)に関連して，北魏時代について述べた文として**誤りを含むもの**を①～④より一つ選べ。 セ

① 官吏任用法として，九品中正(九品官人)法がこの王朝より始められた。

② 漢化(中国化)政策がとられ，都が洛陽に移された。

③ 土地制度として均田制が実施された。

④ 雲崗や竜門において石窟寺院の造営が始まった。

問４　下線(d)に関連して，江南で栄えた六朝文化について述べた下の文の波線部分①～④の中で**誤りがあるもの**を一つ選べ。 ソ

> 魏晋南北朝の時代，江南では貴族文化が発達した。詩文では梁の①昭明太子によって『文選』が編纂された。絵画では「女史箴図」を描いた②顧愷之，書道では「蘭亭序」を書いた③顔真卿が有名である。また，この頃，老荘思想の影響から世俗を超越して論議にふける④清談という哲学論議が生まれた。

問５　下線(e)に関連して，唐代の周辺諸国や周辺民族の状況について述べた文として**誤りを含むもの**を①～④より一つ選べ。 タ

① 日本では，律令制度に基づく国家体制ができた。

② 朝鮮半島を統一した百済には骨品制という身分制度があった。

③ ウイグルは安史の乱では唐を援助した。

④ ベトナム北部には安南都護府が設置された。

問６　下線(f)に関連して，金と南宋の境界線となった下の地図中の矢印Aの河川の名称と当時，Bの地域にあった国の名称との組み合わせとして正しいものを①～④より一つ選べ。 チ

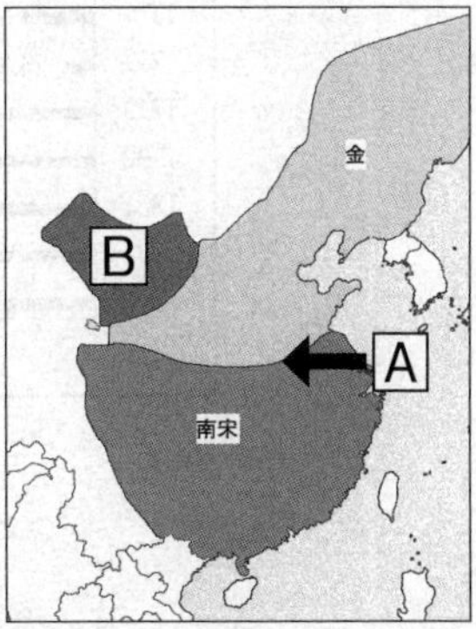

① A－渭水　　B－遼

② A－渭水　　B－西夏

③ A－淮河　　B－遼

④ A－淮河　　B－西夏

問7　下線(g)に関連して，元代の経済について述べた文として正しいものを①～④より一つ選べ。［ツ］

①　交鈔という紙幣が発行されたが，末期に乱発により経済が混乱した。

②　広州や泉州などで海外貿易が盛んに行われ，海上貿易の事務を統括する市舶司が初めて広州に置かれた。

③　長江中流域が穀倉地帯となり，「湖広熟すれば天下足る」と言われた。

④　大土地所有が進展し，佃戸と呼ばれる地主が多くの農民を支配した。

問8　(　h　)には，ムスリムの宦官で，大艦隊を率いて南海遠征を行った人物の名前が入るが誰か。①～④より一つ選べ。［テ］

①　衛青　　②　岳飛　　③　鄭成功　　④　鄭和

問9　下線(i)に関連して，康熙帝と最も関係の深い文を①～④より一つ選べ。［ト］

①　ロシアとの間でネルチンスク条約を結んだ。

②　交易港を広州1港に限定した。

③　キリスト教の布教を全面的に禁止した。

④　『五経大全』，『四書大全』を編纂させた。

問10　下線(j)に関連して，下のグラフは明清時代の人口の推移を表したものである。グラフをみると1749年以降，人口が急増しているが，その一因として，18世紀初頭から始まった新しい税制が関係している。そのことを説明した次の文の(　A　)と(　B　)に入る語句の組み合わせとして正しいものを①～④より一つ選べ。［ナ］

明清時代に把握された人口の推移

（『詳説　世界史図説』（山川出版）をもとに作成）

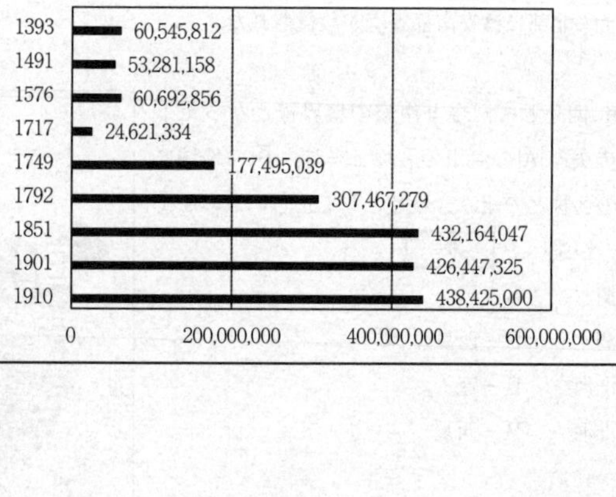

新しい税制とは(　A　)のことである。この税制により(　B　)が廃止され，代わりに土地税を増額し，税は銀で納入させた。人に税がかからなくなったため，戸籍をごまかす必要がなくなり，正しい人口が申告されたことが人口増加の一因となった。

①　A－一条鞭法　　B－人頭税　　②　A－一条鞭法　　B－雑徭
③　A－地丁銀制　　B－人頭税　　④　A－地丁銀制　　B－雑徭

問11　下線(k)に関連して述べた文として**誤りを含むもの**を①～④より一つ選べ。 ニ
①　満州族の風習である辮髪を強制した。
②　科挙を廃止して，中央官職は満州族が独占した。
③　文字の獄などによって，清の統治に反対する者の取り締まりを行った。
④　漢民族の学者を優遇し，大規模な図書の編纂事業などを行わせた。

問12　下線(l)に関連して，下の図はアヘン戦争前のイギリス・インド・清の三角貿易を示したものである。商品A・B・Cの組み合わせとして正しいものを①～④より一つ選べ。 ヌ

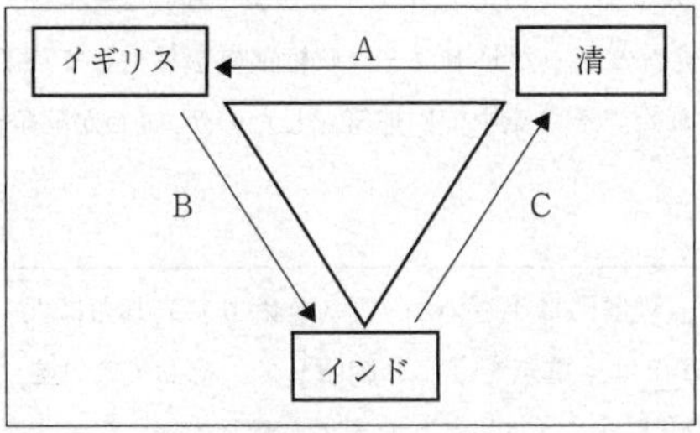

	A	B	C
①	アヘン	綿製品	茶
②	茶	綿製品	アヘン
③	茶	アヘン	綿製品
④	綿製品	茶	アヘン

問13　下線(m)に関連して，太平天国の乱について述べた文として正しいものを①～④より一つ選べ。 ネ
①　この反乱の指導者は，拝上帝会を組織した洪秀全であった。
②　この反乱のスローガンは「扶清滅洋」であった。
③　この反乱は，8カ国連合軍により鎮圧された。
④　道教の影響が強くキリスト教を排斥した。

問14　下線(n)に関連して，1860年頃から曾国藩，李鴻章などの進歩派官僚を中心に行われたこの近代化運動のことを何というか。①～④より一つ選べ。 ノ
①　仇教運動　　②　変法運動　　③　白話運動　　④　洋務運動

Ⅲ　ドイツの近現代史に多大なる影響を与えたビスマルクとヒトラーという二人の政治家に関する次の文章を読んで，以下の設問に答えよ。（解答記号 ハ ～ ユ ）

1862年，(a)プロイセンの首相に就任したビスマルクは，就任後1週間目の9月30日，予算委員会において，ドイツ統一の見解を表明した。その一部を下記に掲載するが，これがいわゆる「鉄血演説」である。

> (b)ウィーン条約によるプロイセンの国境は健全な国家の生命にとり好ましいものではない。(c)時代の大問題は言論や多数決によってではなく，…それこそは (d)1848年と1849年の大失敗であった。…鉄と血によって解決されるのである。
>
> （『新訳　世界史史料・名言集』山川出版社）

(e)プロイセンはこの軍備拡張政策によって国力を拡大し，1871年にドイツ帝国を成立させた。(f)ドイツ帝国の宰相となったビスマルクはさまざま改革を行ったが，1888年に皇帝に就いたヴィルヘルム2世と対立し1890年に辞任した。その後，ヴィルヘルム2世の「世界政策」は，他の列強との対立を引き起こし(g)第一次世界大戦へとつながっていく。

第一次世界大戦に敗れたドイツでは，社会民主党を中心とするヴァイマル共和国が誕生したが，(h)ヴェルサイユ体制に対する不満も大きく，そうした中で，ナチ党（国家社会主義ドイツ労働者党）が台頭してきた。ナチ党の党首となったヒトラーは政権獲得を目指して1923年ミュンヘン一揆を起こすが失敗し投獄された。その獄中で口述筆記したのが，『わが闘争』である。その一部を下記に掲載する。

> 大衆の受容能力は非常に限られており，理解力は小さいが，そのかわりに忘却力は大きい。この事実からすべて (i)効果的な宣伝は，重点をうんと制限して，そしてこれをスローガンのように利用し，そのことばによって，目的としたものが最後の一人にまで思いうかべることができるように継続的に行わなければならない。
>
> （『わが闘争』平野一郎，将積茂訳，角川文庫）

ミュンヘン一揆後の1925年に再編成されたナチ党は，宣伝により大衆の支持を得，(j)議会への進出を通して政権を獲得するという路線に転じた。(k)世界恐慌による深刻な不況の中，1933年，首相となったヒトラーは，全権委任法を制定して独裁的権力を握り，その後，(l)第二次世界大戦を引き起こすことになる。

問1　下線(a)に関連して，プロイセン王国のフリードリヒ2世（在位1740 ～ 1786）について述べた文として**誤りを含むもの**を①～④より一つ選べ。 ハ

① 啓蒙専制君主と呼ばれフランスのヴォルテールと親交があった。

② スペイン継承戦争でスペインからシュレジエンを獲得した。

③ オーストリア，ロシアとともに第1回ポーランド分割に参加した。

④ ポツダムにロココ式のサンスーシ宮殿を建設した。

問2 下線(b)に関連して，ウィーン体制下のヨーロッパ各国では，自由主義・国民主義運動が起こったが，ドイツ以外の国で起こった運動に関して述べた文として**誤りを含むもの**を①～④より一つ選べ。 ヒ

① 1817年，フランスでは，ブルシェンシャフトが自由と統一を求めて運動を起こした。

② 1820年，イタリアでは，秘密結社カルボナリが独立と統一を目指す運動を起こした。

③ 1820年，スペインでは，ブルボン朝の専制政治に対し憲法復活を求める革命が起った。

④ 1825年，ロシアでは，デカブリストがツァーリズム打破と農奴解放を求めて反乱を起こした。

問3 下線(c)に関連して，1848年から1849年にかけて，ドイツ連邦の自由主義者がドイツ統一と憲法制定のための議会を開いたが，最終的に失敗に終わった。この議会が開催された都市の名称として正しいものを①～④より一つ選べ。 フ

① フランクフルト＝アム＝マイン　② アウクスブルク

③ ハンブルク　④ リューベック

問4 下線(d)に関連して，この1848年という年は世界史の大きな転換となった年でもある。1848年に起こった出来事と**関係のないもの**を①～④より一つ選べ。 ヘ

① 『共産党宣言』がマルクスとエンゲルスによって発表された。

② フランスでは，七月革命が起こり，ルイ＝フィリップが王位に就いた。

③ オーストリアでは，三月革命が起こってメッテルニヒが失脚した。

④ アメリカ合衆国は，アメリカ＝メキシコ戦争に勝利してカリフォルニアを獲得した。

問5 下線(e)に関連して，プロイセンによるドイツ統一について述べたA～Cの文を年代の古い順に配列した場合，正しく配列されているものを①～⑥より一つ選べ。 ホ

A プロイセン＝フランス戦争が勃発した。

B プロイセン＝オーストリア戦争が勃発した。

C ドイツ関税同盟が発足した。

① A→B→C　② A→C→B　③ B→A→C

④ B→C→A　⑤ C→A→B　⑥ C→B→A

問6　下線(f)に関連して，ビスマルクが宰相時代に行った政策として正しいものを①～④より一つ選べ。 マ

①　ベルリン会議でロシアの南下政策を支持した。

②　国家発展のために社会主義者を保護する法律を認めた。

③　カトリック勢力との間で文化闘争を展開した。

④　門戸開放宣言を発して，中国市場への参入をねらった。

問7　下線(g)に関連して，第一次世界大戦中の出来事について述べた文として**誤りを含むもの**を①～④より一つ選べ。 ミ

①　日本は日英同盟を理由に参戦した。

②　イタリアは三国同盟を離脱し，オーストリアに対して宣戦した。

③　アメリカ合衆国はドイツの無制限潜水艦作戦を理由に参戦した。

④　ドイツ軍はタンネンベルクの戦いでロシア軍に大敗した。

問8　下線(h)に関連して，ヴェルサイユ体制下における国際協調について述べた文として正しいものを①～④より一つ選べ。 ム

①　国際連盟には，提唱国であるアメリカ合衆国など有力国が加盟した。

②　不戦条約がアメリカ合衆国とフランスの提唱で成立した。

③　ロカルノ条約によりソ連が国際連盟に加盟した。

④　九カ国条約によって，太平洋地域の現状維持が確認された。

問9　下線(i)に関連して，大衆の支持を得ることになったヒトラーの巧みな宣伝や業績について述べた文として**誤りを含むもの**を①～④より一つ選べ。 メ

①　ハーケンクロイツ(鉤十字)というシンボルマークを策定した。

②　ラテラン条約を結んで，ローマ教皇庁と和解した。

③　アウトバーン建設など，大規模な土木工事を起こし失業者を救済した。

④　ラジオや映画という新技術のマスメディアを有効活用した。

問10　下線(j)に関連して，次の表は当時のドイツ国会における政党勢力(議席数)の推移を表したものである。そこから読み取ることができるAとBの文章の正誤の組み合わせとして正しいものを①～④より一つ選べ。 モ

政党名	1928.5	1930.9	1932.7	1932.11	1933.3
共　産　党	54	77	89	100	81
社会民主党	153	143	133	121	120
中　央　党	62	68	75	70	74
人　民　党	45	30	7	11	2
国家国民党	73	41	37	52	52
ナ　チ　党	12	107	230	196	288

(『世界史リブレット　ナチズムの時代』(山川出版社)をもとに作成)

A　1930年9月の時点で，ナチ党が議席数を大きく伸ばしたのは，世界恐慌による失業者の増大で社会不安が広がり，過激な現状否定を唱えるナチ党に期待が高まったためである。

B　1933年3月の時点で，共産党が議席数を減らしたのは，国会議事堂放火事件が起こり，それを共産党の陰謀とされたためである。

①　A－正　B－正　　②　A－正　B－誤
③　A－誤　B－正　　④　A－誤　B－誤

問11　下線(k)に関連して，世界恐慌下におけるアメリカ合衆国の政策について述べた文として**誤りを含むもの**を①～④より一つ選べ。［ヤ］

①　農業調整法(AAA)により，農業生産を制限し農作物価格の安定を図った。
②　善隣外交を進め，ラテンアメリカ諸国との関係改善を図った。
③　テネシー川流域開発公社(TVA)などの公共事業により失業者の救済をはかった。
④　プラット条項を定め，労働者の団結権と団体交渉権を認めた。

問12　下線(l)に関連して，ヒトラーの侵略について述べた文として**誤りを含むもの**を①～④より一つ選べ。［ユ］

①　1938年，ミュンヘン会談によりズデーテン地方の併合を認められたドイツは，その協定を破り，翌1939年，チェコスロヴァキアを解体した。
②　1939年，ドイツがポーランドに侵攻したことにより第二次世界大戦が起こった。
③　1940年，ドイツ軍のパリ占領に対して，ド＝ゴールはヴィシー政府を樹立した。
④　1941年，ヒトラーは独ソ不可侵条約を破り，ソ連に侵攻した。

Ⅳ　インドの歴史は多くの宗教の対立と融和の歴史でもある。インドの歴史について述べた次の文章を読んで，以下の設問に答えよ。(解答記号 ヨ ～ ゴ)

右の図は1947年のインド独立に際して策定されたインドの国旗である。上段の色はサフラン(オレンジ色)で，これはヒンドゥー行者の僧衣の色を，下段の緑色はムハンマドのターバンの色を，そして，真ん中の白色は二つの宗教の融和とその他の宗教を示している。中央に描かれている法輪はアショーカ・チャクラといい，輪の中の24本の線は1日の時間や「輪廻転生」を意味している。インドの歴史を宗教との関わりの中で見ていく。

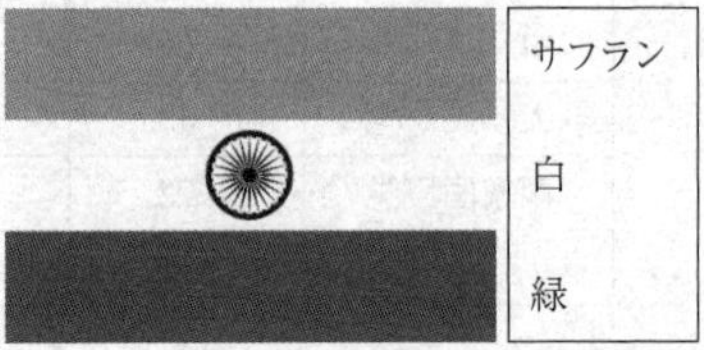

インドの歴史は，前2600年頃に栄えた(a)インダス文明から始まった。この文明は次第に衰退し，前1500年頃には西北からアーリヤ人が侵入してきた。彼らは，ヴェーダを聖典としたバラモン教を成立させ，厳格な身分制度を形成した。その後，仏教やジャイナ教などの新しい宗教も誕生した。

前4世紀後半，インド最初の統一王朝であるマウリヤ朝が誕生し，(b)アショーカ王の時代に最盛期を迎えた。(c)マウリヤ朝の後，クシャーナ朝，グプタ朝，ヴァルダナ朝と交替したが，グプタ朝時代には，バラモン教を中心に民間信仰などを取り入れた(d)ヒンドゥー教が確立し，インド社会に定着していった。その後，(e)インドは分裂期に入るが，10世紀以降，アフガニスタンに拠点を置いていたイスラーム王朝がしばしば侵攻し，インドのイスラーム化が進んでいった。

そして16世紀の前半にイスラーム王朝であるムガル帝国が誕生した。第3代皇帝のアクバルは，イスラームとヒンドゥー両教徒の融和を図るために，非イスラーム教徒に課されていた人頭税である(　f　)を廃止するなど，その政治手腕を発揮した。しかし，第6代皇帝のアウラングゼーブは(　f　)を復活するなどの政策を行ったためヒンドゥー教徒の反乱を招いた。文化的には，このムガル帝国時代に，イスラーム文化とヒンドゥー文化の融合が進み，特色ある(g)インド=イスラーム文化が栄えた。

18世紀以降，ムガル帝国が衰退する中で，イギリスが植民地化を進めた。イギリスの支配に対して1857年に起こった(　h　)の反乱は北インド全域に拡大したが，イギリス側の反撃で鎮圧された。この反乱によりムガル帝国は滅亡し，(i)1877年，イギリスのヴィクトリア女王が直接，インドを統治するインド帝国が誕生した。

その後，イギリスはインドの宗教的・民族的な分裂を巧みに利用した統治を行っていくが，1905年のベンガル分割令に対して，(j)インド人はイギリスに真正面から対抗する姿勢を見せた。第一次世界大戦において，インドはイギリスに対して軍事・経済面で貢献したが，戦後，独立は認められず，逆に(k)弾圧が強化された。こうした中，インド国民会議にガンディーが登場し，反英運動の指導者となり，(l)非暴力・不服従運動を展開した。しかしながら，インドの完全な独立の達成は第二次世界大戦後の1947年を待たなければならなかった。

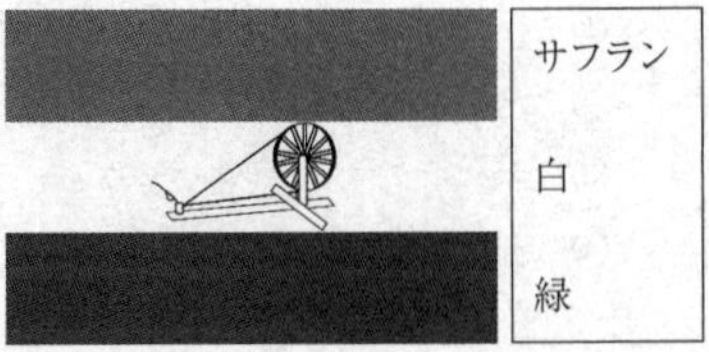

右の図は1931年にガンディーが提唱したインドの国旗である。中央に描かれているのは，チャルカというインドの伝統的な糸紡ぎ機で，非暴力の象徴でもあった。特定の運動の象徴をインドの国旗に描くことに対する反対もあり，最終的には，文頭に記した国旗に落ち着いたが，ガンディーの願いもむなしく，戦後もヒンドゥー・イスラームの対立は続いている。特に(　m　)の帰属をめぐるインド・パキスタン間の地域紛争は終わりが見えない。世界の中で今なお続く紛争についても，ガンディーの「暴力によって得られた勝利は敗北に等しい。それは，ほんの一瞬しか続かない」という言葉を教訓としたいものである。

問１　下線(a)に関連して，インダス文明について述べた文として正しいものを①～④より一つ選べ。 ヨ

① 霊魂不滅などの信仰からミイラが作られた。

② ウル，ウルクなどを中心にシュメール人都市国家が建設された。

③ 楔形文字が作られ，粘土板に刻まれた。

④ モエンジョ＝ダーロなど下水が整備された都市が建設された。

問２　下線(b)に関連して，この王の時代について述べた文として正しいものを①～④より一つ選べ。 ラ

① 仏教学の中心としてナーランダー僧院が建立された。

② プルシャプラに都を置き，ガンダーラ美術が発展した。

③ デカン高原を支配し，ローマとの海上交易が盛んとなった。

④ ダルマ(法)による統治を行い，スリランカ(セイロン島)へ仏教を伝えた。

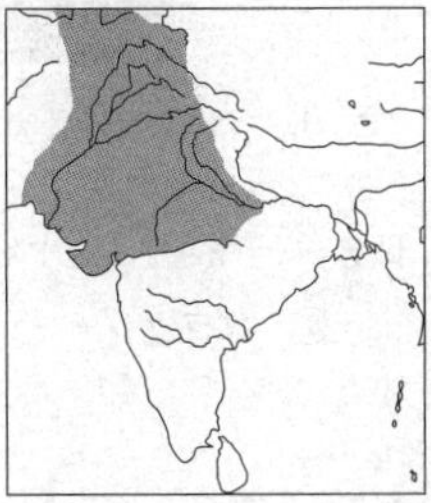

問３　下線(c)に関連して，右の地図はどの王朝の版図を示しているか。①～④より一つ選べ。 リ

① マウリヤ朝　　② クシャーナ朝

③ グプタ朝　　④ ヴァルダナ朝

問4　下線(d)に関連して，ヒンドゥー教について述べた文として正しいものを①～④より一つ選べ。 ル

①　『マヌ法典』は信者の義務や生活規範を規定した。

②　八正道の実践により，輪廻からの解脱を目指した。

③　ヴァルダマーナ(マハーヴィーラ)を開祖としている。

④　苦行を重視し，極端な不殺生主義をとった。

問5　下線(e)に関連して，この分裂期の7世紀後半に仏典を求めて海路インドを訪れ，『南海寄帰内法伝』を著した唐の僧は誰か。①～④より一つ選べ。 レ

①　法顕　②　玄奘　③　仏図澄　④　義浄

問6　（　f　）に適する語を①～④より一つ選べ。 ロ

①　ハラージュ　②　ザカート　③　ジズヤ　④　ジンミー

問7　下線(g)に関連して，インド＝イスラーム建築の代表的な建造物を①～④より一つ選べ。 ワ

①

②

③

④

問8　（　h　）に適する語を①～④より一つ選べ。 ン

①　プラッシー　②　マラーター　③　シパーヒー　④　バーブ教徒

問9　下線(i)に関連して，この帝国が成立した時のイギリスの内閣について述べた文として正しいものを①～④より一つ選べ。 ガ

① スエズ運河会社の株を買収した。

② 第1回選挙法改正を行った。

③ 第1回対仏大同盟を提唱した。

④ 審査法を成立させた。

問10　下線(j)に関連して，この時のインドにおける反英運動について述べた文として正しいものを①～④より一つ選べ。 ギ

① 日本への留学を勧めるドンズー運動が行われた。

② 英貨排斥・スワデーシ・スワラージ・民族教育の4綱領を決議した。

③ イギリス支配に抵抗するサレカット＝イスラーム(イスラーム同盟)が結成された。

④ イギリスの利権独占に抵抗してタバコ＝ボイコット運動が起こった。

問11　下線(k)に関連して，1919年にイギリスのインド政庁が発布した，インド人に対する令状なしの逮捕や裁判抜きの投獄などを定めた法令は何か。正しいものを①～④より一つ選べ。 グ

① インド統治法　② 新インド統治法　③ ワグナー法　④ ローラット法

問12　下線(l)に関連して，ガンディーの非暴力主義に啓発され，アメリカ合衆国で，黒人差別撤廃法である公民権法の制定に尽力した左下の写真の人物と，1964年の公民権法成立時の大統領の組み合わせとして正しいものを①～④より一つ選べ。 ゲ

	写真の人物名	大統領名
①	キング牧師	ニクソン
②	キング牧師	ジョンソン
③	マンデラ	ニクソン
④	マンデラ	ジョンソン

問13　(　m　)に適する語を①～④より一つ選べ。 ゴ

① アムリットサール　② ラホール　③ カルカッタ　④ カシミール

数学

（2科目120分）

解答欄記入上の注意

1　問題の文中の $\boxed{\text{ア}}$，$\boxed{\text{イ}}\boxed{\text{ウ}}$ などには，数字（0～9）又は符号（－）が入ります。ア，イ，ウ，・・・の一つ一つは，これらのいずれか一つに対応します。それらを解答用紙のア，イ，ウ，・・・で示された解答欄にマークして答えなさい。

2　分数形で解答する場合，分数の符号は分子につけ，分母につけてはいけません。
例えば，$\dfrac{\boxed{\text{エ}}\boxed{\text{オ}}}{\boxed{\text{カ}}}$ に $-\dfrac{2}{3}$ と答えたいときは，$\dfrac{-2}{3}$ として答えなさい。
また，それ以上約分できない形で答えなさい。

3　根号を含む形で解答する場合は，根号の中に現れる自然数が最小となる形で答えなさい。
例えば，$\boxed{\text{キ}}\sqrt{\boxed{\text{ク}}}$ に $4\sqrt{2}$ と答えるところを，$2\sqrt{8}$ のように答えてはいけません。

4　分数形で根号を含む形で解答する場合，$\dfrac{\boxed{\text{ケ}}+\boxed{\text{コ}}\sqrt{\boxed{\text{サ}}}}{\boxed{\text{シ}}}$ に $\dfrac{3+2\sqrt{2}}{2}$ と答えるところを，$\dfrac{6+4\sqrt{2}}{4}$ や $\dfrac{6+2\sqrt{8}}{4}$ のように答えてはいけません。

$\boxed{\text{I}}$　以下の問いに答えよ。

(1)　$\sqrt{2023\times n}$ が整数となるような自然数 n のうち最小のものは $\boxed{\text{ア}}$ である。

(2)　$y=x^3$ のグラフと直線 $y=-\dfrac{1}{3}x+k$ とが第1象限内で直交するならば，$k=\dfrac{\boxed{\text{イ}}}{\boxed{\text{ウ}}}$ である。

(3)　不等式 $8^x-4^{x+1}-2^x+4<0$ を満たす x の範囲は $\boxed{\text{エ}}<x<\boxed{\text{オ}}$ である。

Ⅱ　△ABCにおいてBC = 6，$\cos B = \dfrac{1}{5}$，$\cos C = \dfrac{5}{7}$とする。以下の問いに答えよ。

(1)　$\sin C = \dfrac{\boxed{\text{カ}}\sqrt{\boxed{\text{キ}}}}{\boxed{\text{ク}}}$ である。

(2)　$\sin A = \dfrac{\boxed{\text{ケ}}\boxed{\text{コ}}\sqrt{\boxed{\text{サ}}}}{\boxed{\text{シ}}\boxed{\text{ス}}}$ である。

(3)　AB = $\boxed{\text{セ}}$，△ABCの面積 = $\boxed{\text{ソ}}\sqrt{\boxed{\text{タ}}}$ である。

Ⅲ　放物線$y = 1 - x^2$上に点$\mathrm{P}(t,\ 1 - t^2)$をとる。ただし$0 < t < 1$である。点Pにおける法線(点Pを通り点Pにおける接線に直交する直線)とx軸との交点をA，点Pからx軸に引いた垂線とx軸との交点をBとする。以下の問いに答えよ。

(1)　ABの長さは $t = \dfrac{\sqrt{\boxed{\text{チ}}}}{\boxed{\text{ツ}}}$ のとき最大値 $\dfrac{\boxed{\text{テ}}\sqrt{\boxed{\text{ト}}}}{\boxed{\text{ナ}}}$ をとる。

(2)　△ABPの面積は $t = \dfrac{\sqrt{\boxed{\text{ニ}}}}{\boxed{\text{ヌ}}}$ のとき最大値 $\dfrac{\boxed{\text{ネ}}\boxed{\text{ノ}}\sqrt{\boxed{\text{ハ}}}}{\boxed{\text{ヒ}}\boxed{\text{フ}}\boxed{\text{ヘ}}}$ をとる。

Ⅳ　A，Bの2人でゲームを行う。1個のさいころを投げて，1回投げるごとにあるルールでAに得点を与え，その得点を加算していく。ただしさいころを投げる回数は3回までとし，それまでにAの得点がちょうど6点になればAの勝ちとする。3回投げ終わって6点に満たなかったり，6点を超えてしまった場合はBの勝ちとする。次のそれぞれのルールの場合について，Aが勝つ確率を求めよ。

(1)　偶数の目が出れば6点，奇数の目が出れば0点を得点とするルールのとき，Aが勝つ確率は $\dfrac{\boxed{ホ}}{\boxed{マ}}$ である。

(2)　偶数の目が出れば3点，奇数の目が出れば0点を得点とするルールのとき，Aが勝つ確率は $\dfrac{\boxed{ミ}}{\boxed{ム}}$ である。

(3)　偶数の目が出れば3点，奇数の目が出れば2点を得点とするルールのとき，Aが勝つ確率は $\dfrac{\boxed{メ}}{\boxed{モ}}$ である。

(4)　出た目の数をそのまま得点とするルールのとき，Aが勝つ確率は $\dfrac{\boxed{ヤ}\boxed{ユ}}{\boxed{ヨ}\boxed{ラ}}$ である。

物理

（2科目120分）

解答欄記入上の注意

1　問題 [I] では，問題の文中の [ア]，[イ]，[ウ] ・・・などには数字(0 ～ 9)または符号(－)が入る。[ア]，[イ]，[ウ] ・・・の一つ一つは，これらのいずれか一つに対応する。それらを解答用紙の [ア]，[イ]，[ウ] ・・・で示された解答欄にマークして答えよ。

その際，解答欄が指数表示形式の場合は最高位の数字は0ではないものとする。例えば，[ア].[イ] × 10^[ウ] に 3.0×10^2 と答えるところを，0.3×10^3 等のように答えてはならない。ただし，指数表示形式でない場合はこの限りではない。例えば [ア].[イ] に 0.5 と答える設問はあり得る。

2　問題 [II] 以降では，各文章の下に掲げた＜解答群＞の中から適切なものを一つ選び，その番号で答えよ。

I　解答欄記入上の注意に従って，次の各問いに答えよ。また，必要があれば地表での重力加速度の大きさを $9.80\ \mathrm{m/s^2}$，円周率を3.14とし，$\sqrt{2}=1.41$，$\sqrt{3}=1.73$，$\sqrt{5}=2.24$，$\sqrt{7}=2.65$ を用いてよい。

(1)　質量 $1.2\times10^3\ \mathrm{kg}$ の車が速さ $36\ \mathrm{km/h}$ で壁に激突して静止した。車が壁に接触してから静止するまでに要した時間は 2.4×10^{-2} 秒であった。このとき，車に作用した平均の力の大きさは

$\boxed{\text{ア}}.\boxed{\text{イ}}\times10^{\boxed{\text{ウ}}}$ Nになる。

(2)　体積 $0.020\ \mathrm{m^3}$ の容器Aと体積 $0.040\ \mathrm{m^3}$ の容器Bがコックの付いた細い管でつながれている。容器Aには絶対温度300 Kで圧力が $1.5\times10^5\ \mathrm{Pa}$ の理想気体が，また容器Bには360 K，$1.8\times10^5\ \mathrm{Pa}$ の理想気体が封入されている。容器Aと容器Bの温度を保ったままコックを開いて十分時間を経過させる。このとき，容器内の圧力は

$\boxed{\text{エ}}.\boxed{\text{オ}}\times10^{\boxed{\text{カ}}}$ Paになる。ただし，気体定数を $8.31\ \mathrm{J/(mol\cdot K)}$，

容器Aと容器Bの温度はコックを開いた後もそれぞれ300 Kと360 Kに保たれているものとする。

(3)　一辺が2.0 mの正三角形ABCの各頂点にそれぞれ $3.0\times10^{-4}\ \mathrm{C}$ の電荷がある。BCの中点Oにおける電場の大きさは

$\boxed{\text{キ}}.\boxed{\text{ク}}\times10^{\boxed{\text{ケ}}}$ N/Cである。ただし，クーロンの法則の比例定数を

$9.0\times10^9\ \mathrm{N\cdot m^2/C^2}$ とする。

(4)　静止しているラジウム原子 $^{226}_{88}\mathrm{Ra}$ が，α 粒子を放出してラドン原子 $^{222}_{86}\mathrm{Rn}$ になった。ラドン原子の運動エネルギーを測定したところ，1.4×10^{-14} Jであった。このとき，放出された α 粒子の運動エネルギーは

$\boxed{\text{コ}}.\boxed{\text{サ}}\times10^{-\boxed{\text{シ}}\boxed{\text{ス}}}$ Jである。

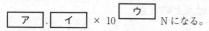

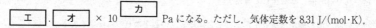

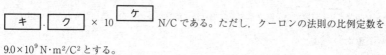

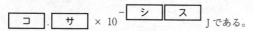

Ⅱ　図のように，なめらかな水平面と半径が r の内面がなめらかな半円筒を下端点Pでつないだ。また，一端を固定した質量の無視できるばね定数 k のばねに接するように質量 m の小球Aを置き，ばねを自然の長さから l だけ押し縮めてはなした。Aは，ばねが自然の長さになったときにはなれ，水平面から半円筒内面と上がっていく。ただし，重力加速度の大きさを g とし，小球にはたらく空気抵抗は無視できるとし，水平面と半円筒はなめらかにつながれているものとする。以下の問いに答えよ。

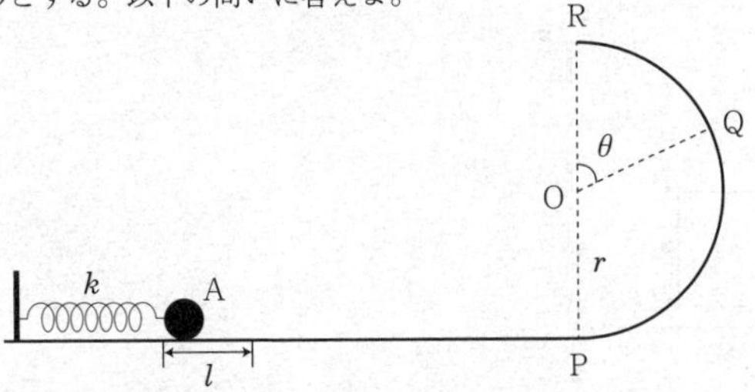

(1)　半円筒内面に入射するときのAの速さは［　セ　］である。

①　$l\sqrt{\dfrac{k}{m}}$　②　$l\sqrt{\dfrac{m}{k}}$　③　$l\sqrt{\dfrac{2k}{m}}$　④　$l\sqrt{\dfrac{m}{2k}}$

⑤　$2l\sqrt{\dfrac{k}{m}}$　⑥　$2l\sqrt{\dfrac{m}{k}}$　⑦　$2l\sqrt{\dfrac{2k}{m}}$　⑧　$2l\sqrt{\dfrac{m}{2k}}$

(2)　Aが半円筒内面に沿って上がり，はなれるときの $\cos\theta$ は［　ソ　］である。ただし，半円筒内面からはなれるときのAの位置を点Qとし，上端点Rとの角度を θ とする。

①　$\dfrac{kl^2-mg}{mgr}$　②　$\dfrac{kl^2-3mgr}{2mgr}$　③　$\dfrac{kl^2-2mgr}{3mgr}$　④　$\dfrac{kl^2-3mgr}{4mgr}$

⑤　$\dfrac{kl^2+3mgr}{2mgr}$　⑥　$\dfrac{kl^2+3mgr}{4mgr}$　⑦　$\dfrac{2mgr-kl^2}{3mgr}$　⑧　$\dfrac{3mgr-kl^2}{4mgr}$

(3)　Aが半円筒内面をはなれた後に，中心点Oを通過するようにするためには，ばね定数 k は［　タ　］である。

①　$\dfrac{mgr}{l^2}$　②　$\dfrac{\sqrt{3}\,mgr}{l^2}$　③　$\dfrac{2mgr}{l^2}$　④　$\dfrac{\sqrt{3}\,mgr}{2l^2}$　⑤　$\dfrac{(1+\sqrt{2})mgr}{l^2}$

⑥　$\dfrac{(1+\sqrt{3})mgr}{l^2}$　⑦　$\dfrac{(2+\sqrt{3})mgr}{l^2}$　⑧　$\dfrac{(1+\sqrt{3})mgr}{2l^2}$

Ⅲ　図のように，十分に長い直線の導線 OP と導線 QR が平行に固定されている。その間に一辺の長さが a の正方形コイル ABCD を OPQR の平面上に置く。辺 AD が導線 OP に平行で導線から距離 b，辺 BC は導線 QR に平行で導線からの距離 c とする。ただし，周囲の透磁率を μ とし，コイルに電流が流れるとき，その電流による磁場は考えなくてよいものとする。

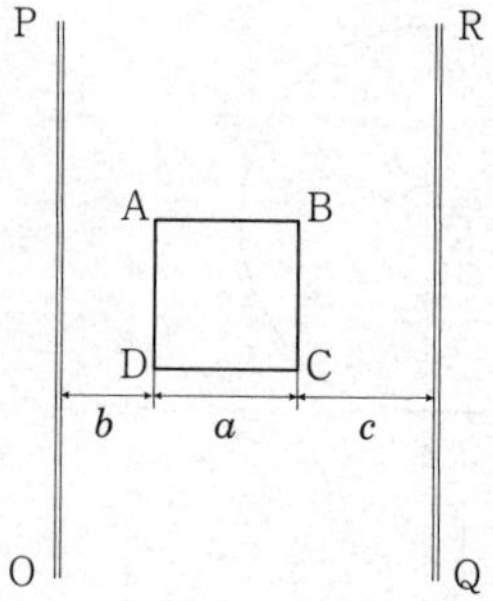

(1)　導線 OP に強さ I_1 の電流を O から P の向きに流し，同時に導線 QR に強さ I_2 の電流を Q から R の向きに流したところ，辺 AD 上で両者の電流がつくる磁場の合成磁場の強さが 0 になった。このとき，I_2 は I_1 の［　チ　］倍である。

①　$\dfrac{b+c}{a}$　②　$\dfrac{a+c}{b}$　③　$\dfrac{a+b}{c}$　④　$\dfrac{a}{b+c}$

⑤　$\dfrac{b}{a+c}$　⑥　$\dfrac{c}{a+b}$　⑦　$\dfrac{a}{a+b+c}$　⑧　$\dfrac{a+b}{a+b+c}$

(2)　この状態でコイルに強さ i の電流を反時計方向に流すと，コイル全体が受ける力の大きさは，［　ツ　］$\times I_1$ である。

①　$\dfrac{\mu(a+c)i}{2\pi c(a+b)}$　②　$\dfrac{\mu a^2 i}{2\pi b(a+c)}$　③　$\dfrac{\mu a^2 i}{2\pi b(a+b+c)}$

④　$\dfrac{\mu(b+c)i}{2\pi ab(a+b+c)}$　⑤　$\dfrac{\mu a(b+c)i}{2\pi bc(a+b)}$　⑥　$\dfrac{\mu a(a+b+c)i}{2\pi bc(a+b)}$

⑦　$\dfrac{\mu a^2(a+b+c)i}{2\pi bc(a+b)}$　⑧　$\dfrac{\mu a^2(a+b+c)i}{2\pi bc(b+c)}$

(3) 次に，導線QRに流す電流の向きを変え，コイル全体にはたらく力が0になるように電流を調整した。このとき導線QRに流す電流の強さは I_1 の［テ］倍である。

① $\dfrac{b+c}{a}$　② $\dfrac{a+c}{a(a+b)}$　③ $\dfrac{a+b}{a(a+c)}$

④ $\dfrac{c(a+c)}{b(a+b)}$　⑤ $\dfrac{c(a+b+c)}{b(a+b)}$　⑥ $\dfrac{b(a+b+c)}{(a+b)(a+c)}$

⑦ $\dfrac{a(a+b+c)}{(a+b)(a+c)}$　⑧ $\dfrac{c(a+b+c)}{(a+b)(a+c)}$

化学

（2科目120分）

必要であれば，次の値を使うこと。ただし，気体はすべて理想気体として扱うものとする。
原子量　H＝1.0，He＝4.0，C＝12，N＝14，O＝16，Ne＝20，Na＝23，Cl＝35.5，Ca＝40
気体定数 R＝ 8.3×10^3 Pa・L/(K・mol)　標準状態における気体1 molの体積　22.4 L

Ｉ　次の問1～問15の空欄 ア ～ ソ に当てはまるものを，それぞれの解答群から一つ選べ。

問1　次の原子またはイオンの組合せのうち，電子配置が同じものは ア である。

① ナトリウムイオンとヘリウム原子
② フッ化物イオンとアルゴン原子
③ マグネシウムイオンと塩化物イオン
④ 酸化物イオンとカリウムイオン
⑤ 塩化物イオンとカルシウムイオン

問2　希ガス(貴ガス)に関する説明として，最も適当なものは イ である。

① 周期表では18族に属し，原子は全て8個の価電子をもつ。
② ヘリウム原子はイオン化エネルギーが最も小さい。
③ ネオンは水素に次いで軽い気体である。
④ ヘリウムは可燃性の気体であり，飛行船などの燃料として用いられている。
⑤ アルゴンは空気中に約1％(体積比)含まれている。

問3　次の物質の組合せのうち，ともに結晶が電気をよく導くものは ウ である。

① 黒鉛と亜鉛
② 黒鉛とダイヤモンド
③ カルシウムと塩化カルシウム
④ 塩化アンモニウムと塩化水素
⑤ 二酸化ケイ素と酸化マグネシウム

問４　次の元素を電気陰性度の大小関係で比較したとき，正しいものは [エ] である。

①　H < Na　　②　N < C　　③　F < Cl

④　H < O　　⑤　N < H

問５　ある溶液の冷却曲線を図に示す。この溶液の凝固点は [オ] である。

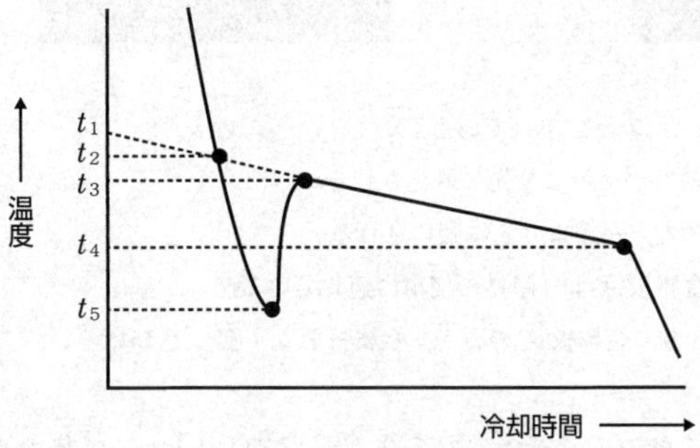

①　t_1　　②　t_2　　③　t_3　　④　t_4　　⑤　t_5

問６　アンモニアを水に溶かすと次式で表す電離平衡が成り立つ。

$$NH_3 + H_2O \rightleftarrows NH_4^+ + OH^-$$

次の操作をおこなうと，その後の平衡が右に移動するものは [カ] である。

a　塩化水素を加える。

b　塩化ナトリウムの結晶を加える。

c　水を加えて溶液を３倍に薄める。

d　水酸化ナトリウムの結晶を加える。

①　aのみ　　②　bのみ　　③　cのみ　　④　dのみ　　⑤　a，b

⑥　a，c　　⑦　a，d　　⑧　b，c　　⑨　b，d　　⓪　c，d

問７　鉄板の表面に亜鉛あるいはスズをメッキした金属板ＡおよびＢがある。図は金属板ＡおよびＢの表面の傷に水滴が付いた様子を示している。

金属板ＡおよびＢとそれぞれを構成する金属に関する記述として，最も適当なものは [キ] である。

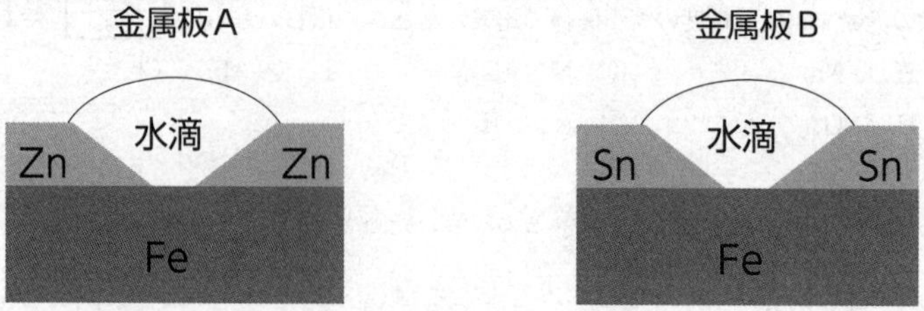

① イオン化傾向は Sn ＞ Zn ＞ Fe である。
② 金属板Aでは，鉄の方が亜鉛より先に酸化される。
③ 金属板Bでは，スズの方が鉄より先に酸化される。
④ 金属板Bの方が，金属板Aより屋外の使用に適している。
⑤ 小さな傷がついたとき，金属板Aの方が，金属板Bより鉄がさびにくい。

問8　25℃，1.01×10^5 Pa において，液体の水の生成熱が286 kJ/mol，気体の水の生成熱が242 kJ/mol であるとき，水の蒸発熱は（　A　）kJ/mol で（　B　）反応である。（　A　）と（　B　）に当てはまる数値と語句の組合せとして，最も適当なものは［ク］である。

	A	B
①	44	発熱
②	44	吸熱
③	264	発熱
④	528	吸熱
⑤	528	発熱

問9　次にあげる気体について，その捕集方法と用いる乾燥剤の組合せとして，正しいものは［ケ］である。

	気体	捕集方法	乾燥剤
①	塩素	水上置換	ソーダ石灰
②	窒素	水上置換	塩化カルシウム
③	塩化水素	下方置換	ソーダ石灰
④	二酸化炭素	上方置換	濃硫酸
⑤	アンモニア	上方置換	十酸化四リン

問10　昇華性のある次の物質に共通する性質は［コ］である。

ヨウ素　　二酸化炭素　　ナフタレン$C_{10}H_8$

①　水に溶けやすい。　②　有機化合物である。　③　結晶の融点が高い。
④　無極性分子である。　⑤　多原子分子である。

問11　分子式C_3H_8Oで表される化合物のうち，次の(1)および(2)の性質をもつ構造異性体の数の組合せとして，最も適当なものは **サ** である。

(1)　金属ナトリウムと反応して水素を発生させる。

(2)　穏やかに酸化すると，フェーリング液を還元する化合物が得られる。

	性質を示す構造異性体の数	
	(1)	(2)
①	1	1
②	1	2
③	2	1
④	2	2
⑤	3	1

問12　次の物質のうち，不斉炭素原子をもつものは **シ** である。

①　酢酸　②　乳酸　③　2-ブテン
④　グリシン　⑤　2-プロパノール

問13　次の物質のうち，エタノールが酸化されることによって生じるものは **ス** である。

①　ギ酸　②　酢酸　③　ナトリウムエトキシド
④　アセトン　⑤　ジエチルエーテル

問14　次に示す気体とその性質や特徴との組合せとして，最も適当なものは **セ** である。

	気体	性質・特徴
①	硫化水素	亜硫酸ガスともよばれる無臭の有毒な気体である。
②	二酸化硫黄	タンパク質の腐敗によっても発生する，無毒の気体である。
③	一酸化窒素	水に溶けやすい，腐卵臭がある気体である。
④	二酸化窒素	刺激臭のある赤褐色の有毒な気体である。
⑤	二酸化炭素	水に溶けて塩基性を示す。

問15　官能基A～Cのうち，窒素原子を含む官能基は [ソ] である。

A）アミノ基　B）スルホ基　C）ヒドロキシ基

① Aのみ　② Bのみ　③ Cのみ
④ AとB　⑤ AとC　⑥ BとC

Ⅱ　次にあげる5種類の2族元素はすべて金属元素である。これらの金属に関する以下の問1～問5の空欄 [タ] ～ [ト] に当てはまるものを，それぞれの解答群から一つ選べ。

Ba	Ca	Mg	Be	Sr

問1　5種類の元素を原子番号が小さいものから順に並べたとき，正しいものは [タ] である。

① Ba < Ca < Mg < Be < Sr
② Mg < Be < Sr < Ca < Ba
③ Be < Mg < Ca < Sr < Ba
④ Ca < Sr < Be < Mg < Ba
⑤ Sr < Ba < Be < Mg < Ca

問2　次の組合せのうち，どちらも炎色反応を示すものは [チ] である。

① Ba と Mg　② Ca と Sr　③ Mg と Sr
④ Ca と Be　⑤ Sr と Be

問3　次の水酸化物のうち，最も水に溶けにくいものは [ツ] である。

① $Ba(OH)_2$　② $Ca(OH)_2$　③ $Mg(OH)_2$　④ $Sr(OH)_2$

問4　次の水酸化物のうち，その水溶液が石灰水として，広く実験に用いられているものは [テ] である。

① $Ba(OH)_2$　② $Ca(OH)_2$　③ $Mg(OH)_2$　④ $Sr(OH)_2$

問5　次の硫酸塩のうち，セッコウの主成分であるものは [ト] である。

① $BaSO_4$　② $CaSO_4$　③ $MgSO_4$　④ $SrSO_4$

Ⅲ　単糖と二糖に関する，以下の問1～問5の空欄 ナ ～ ノ に当てはまるものを，それぞれの解答群から一つ選べ。

問1　単糖の1つであるグルコースの水溶液中での平衡状態の図を示す。図中の官能基Xは ナ である。

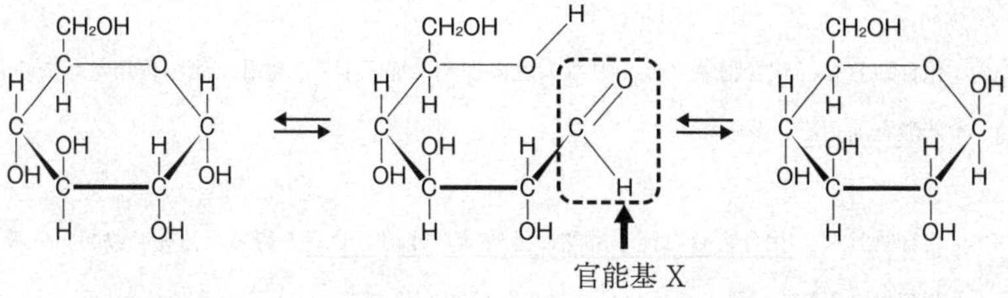

① ニトロ基　② アミノ基　③ ヒドロキシ基
④ カルボキシ基　⑤ ホルミル(アルデヒド)基

問2　問1の官能基を検出するための試薬として，最も適当なものは 二 である。

① アンモニア水　② フェーリング液
③ ニンヒドリン水溶液　④ ヨウ素ヨウ化カリウム水溶液

問3　スクロース，マルトースおよびラクトースのうち，十分に加水分解することで，グルコースのみを生じるものは ヌ である。

① スクロースのみ　② マルトースのみ
③ ラクトースのみ　④ スクロースとマルトース
⑤ マルトースとラクトース　⑥ スクロースとラクトース

問4　次の単糖，または二糖のうち，還元性を**示さない**ものは ネ である。

① フルクトース　② ガラクトース　③ マルトース
④ ラクトース　⑤ スクロース

問5　問3であげた二糖は，単糖が2分子縮合した化合物であるが，このときできる結合を ノ という。

① イオン結合　② ペプチド結合
③ エステル結合　④ グリコシド結合

Ⅳ 4種類の芳香族化合物A～Dに関する次の文章を読み，以下の問1～問10の空欄 [ハ] ～ [モ] に当てはまるものを，それぞれの解答群から一つ選べ。

(1) 化合物Aは元素分析の結果，炭素，水素，酸素のみからなる化合物で，炭素，水素，酸素の質量構成比は36：3：8であった。分子内の炭素原子はすべて同一平面上に位置している。

(2) 化合物Bは，化合物Aのナトリウム塩に加熱・加圧下で二酸化炭素を作用させたのち，希硫酸を加える㋑と得られる。

(3) 化合物Cは，化合物Bと無水酢酸に濃硫酸を作用させる㋺と得られる化合物で，医薬品として用いられている。

(4) 化合物Dは化合物Aの合成材料である。工業的には，化合物Dとプロペンから得られるクメンを用いたクメン法で化合物Aが合成されている㋩。

問1　化合物Aの組成式は [ハ] である。

①　C_3H_3O　　②　C_3H_6O　　③　C_6H_6O　　④　C_7H_8O　　⑤　$C_7H_6O_2$

問2　化合物Aに，濃硫酸と濃硝酸を加えて反応させると得られる化合物の中には，かつて火薬として使用されていた化合物Eがある。

下線部の反応の名称と化合物Eの組合せとして，最も適当なものは [ヒ] である。

	反応	化合物E
①	スルホン化	フェノール
②	スルホン化	ベンゼンスルホン酸
③	ニトロ化	アニリン
④	ニトロ化	ピクリン酸
⑤	還元	シクロヘキサン

問3　下線部㋑の希硫酸の役割は [フ] である。

①　乾燥剤として用いた。

②　酸化剤として用いた。

③　スルホン化のための試薬として用いた。

④　反応を促進させるために触媒として用いた。

⑤　弱酸を遊離させるために強酸として用いた。

問４　化合物Ｂは［ ヘ ］である。

①　安息香酸　　②　サリチル酸　　③　フタル酸

④　ベンゼン　　⑤　アニリン

問５　化合物Ｂにメタノールと少量の硫酸を作用させると，化合物Ｆが得られた。化合物ＢとＦに共通する性質として，最も適当なものは［ ホ ］である。

a　25 ℃，1.01×10^{5} Pa において固体である。

b　水酸化ナトリウム水溶液に溶ける。

c　炭酸水素ナトリウム水溶液に溶ける。

d　水にわずかに溶け弱塩基性を示す。

e　さらし粉水溶液を加えると赤紫色に呈色する。

①　ａのみ　　②　ｂのみ　　③　ｃのみ　　④　ｄのみ　　⑤　ｅのみ

⑥　ａ，ｂ　　⑦　ｂ，ｃ　　⑧　ｃ，ｄ　　⑨　ｄ，ｅ　　⓪　ａ，ｃ

問６　下線部㋺の反応は［ マ ］である。

①　酸化　　②　ニトロ化　　③　ジアゾ化

④　アセチル化　　⑤　スルホン化

問７　下線部㋩の反応の概略を次に示す。反応Ｘは［ ミ ］反応である。

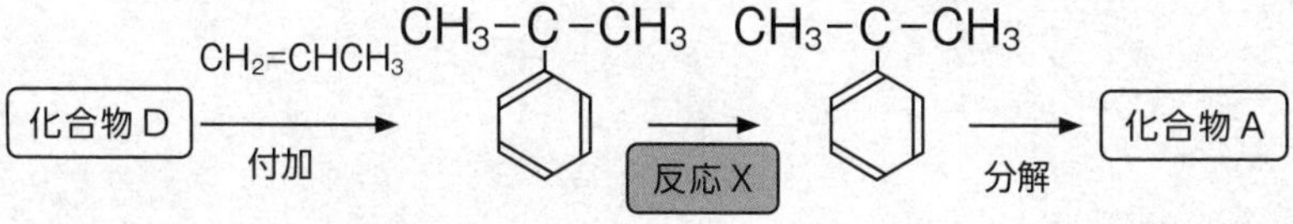

①　重合　　②　酸化　　③　付加　　④　中和　　⑤　加水分解

問８　化合物Ａ～Ｄのうち，塩化鉄(Ⅲ)水溶液で呈色するものは［ ム ］である。

①　化合物Ａのみ　　②　化合物Ｂのみ　　③　化合物Ｃのみ

④　化合物Dのみ　　⑤　化合物AとB　　⑥　化合物AとC
⑦　化合物AとD　　⑧　化合物BとC　　⑨　化合物BとD
⓪　化合物CとD

問9　化合物A～Dをほぼ同量ずつ混合したジエチルエーテル溶液に，等量の0.1 mol/Lの水酸化ナトリウム水溶液を加えて，よく振り混ぜたのち静置すると，溶液は二層に分離した。エーテル層に含まれるものは［メ］である。

①　化合物Aのみ　　②　化合物Bのみ　　③　化合物Cのみ
④　化合物Dのみ　　⑤　化合物AとB　　⑥　化合物AとC
⑦　化合物AとD　　⑧　化合物BとC　　⑨　化合物BとD
⓪　化合物CとD

問10　問9の操作で得られた水層の一部を分取し，過剰量の二酸化炭素を通じた後，新たに等量のジエチルエーテルを加えてよく振り混ぜた。エーテル層に抽出されるものは［モ］である。

①　化合物Aのみ　　②　化合物Bのみ　　③　化合物Cのみ
④　化合物Dのみ　　⑤　化合物AとB　　⑥　化合物AとC
⑦　化合物AとD　　⑧　化合物BとC　　⑨　化合物BとD
⓪　化合物CとD

生物

（2科目120分）

I　次の問い(問1～20)について，正しいものを一つ選べ。
［解答記号 ア ～ ト ］

問1　細胞接着に関与するタンパク質はどれか。 ア

a カドヘリン　b インテグリン　c プロトロンビン
d アクチンフィラメント　e ミオシンフィラメント

① abc　② abd　③ abe　④ acd　⑤ ace　⑥ ade　⑦ bcd　⑧ bce　⑨ bde　⓪ cde

問2　酵素に関する説明で正しいのはどれか。 イ

a 化学反応に関与した後に，酵素の構造が変化する。
b 活性化エネルギーを上昇させることによって化学反応を促進する。
c 酵素反応が起こるとき，酵素の活性部位と基質が結合する。
d 酵素反応の速度は，基質濃度に比例して増加し続ける。
e ほとんどの酵素は，60~70℃以上の高温で変性して活性を失う。

① ab　② ac　③ ad　④ ae　⑤ bc　⑥ bd　⑦ be　⑧ cd　⑨ ce　⓪ de

問3　光合成の過程のうち，チラコイド膜で起こる反応はどれか。 ウ

a 水の分解　b CO_2の固定　c ＡＴＰの合成
d 有機物の合成　e $NADP^+$の還元

① abc　② abd　③ abe　④ acd　⑤ ace　⑥ ade　⑦ bcd　⑧ bce　⑨ bde　⓪ cde

問4　ＤＮＡのヌクレオチドを構成するのはどれか。 エ

a デオキシリボース　b リボース　c アデニン
d ウラシル　e リン酸

① abc　② abd　③ abe　④ acd　⑤ ace　⑥ ade　⑦ bcd　⑧ bce　⑨ bde　⓪ cde

問５　２組の対立遺伝子ＡとＢ，ａとｂが，それぞれ連鎖しており，Ａ，Ｂが顕性(優性)を示すとする。遺伝子型ＡａＢｂの個体を検定交雑したところ，次世代の表現型の比は[ＡＢ]：[Ａｂ]：[ａＢ]：[ａｂ]＝４：１：１：４であった。この場合の組換え価は何％か。 オ

① 10％　② 20％　③ 25％　④ 30％　⑤ 40％

問６　卵の形成過程において，減数分裂の第一分裂によって出現する細胞はどれか。 カ

a 一次卵母細胞　b 二次卵母細胞　c 第一極体　d 第二極体　e 卵原細胞

① ab　② ac　③ ad　④ ae　⑤ bc　⑥ bd　⑦ be　⑧ cd　⑨ ce　⓪ de

問７　外胚葉から分化する細胞群はどれか。 キ

a 表皮　b 腎節　c 体節　d 神経管　e 脊索

① ab　② ac　③ ad　④ ae　⑤ bc　⑥ bd　⑦ be　⑧ cd　⑨ ce　⓪ de

問８　健常なヒトの原尿に含まれるのはどれか。 ク

a グルコース　b タンパク質　c 赤血球　d カリウムイオン　e アミノ酸

① abc　② abd　③ abe　④ acd　⑤ ace　⑥ ade　⑦ bcd　⑧ bce　⑨ bde　⓪ cde

問９　自然免疫について正しいのはどれか。 ケ

① 好中球が異物の排除を行う。
② 異物に対する特異性が非常に高い。
③ 記憶細胞が作られる。
④ キラーＴ細胞が関与する。
⑤ Ｂ細胞が関与する。

問10　自己免疫疾患はどれか。 コ

a 関節リウマチ　b 食物アレルギー　c 花粉症
d アナフィラキシー　e Ⅰ型糖尿病

① ab　② ac　③ ad　④ ae　⑤ bc　⑥ bd　⑦ be　⑧ cd　⑨ ce　⓪ de

問11　近くの物体を見るときに起こる水晶体，毛様体，チン小帯の変化の組合せで正しいのはどれか。 サ

	[水晶体]	[毛様体]	[チン小帯]
①	厚くなる	収縮する	緊張する
②	厚くなる	弛緩する	緊張する
③	厚くなる	収縮する	緩む
④	厚くなる	弛緩する	緩む
⑤	薄くなる	収縮する	緊張する
⑥	薄くなる	弛緩する	緊張する
⑦	薄くなる	収縮する	緩む
⑧	薄くなる	弛緩する	緩む

問12　子葉に養分を蓄える種子をもつのはどれか。 シ

a エンドウ　b ナズナ　c イネ　d カキ　e ムギ

① ab　② ac　③ ad　④ ae　⑤ bc　⑥ bd　⑦ be　⑧ cd　⑨ ce　⓪ de

問13　オジギソウの葉の開閉運動を引き起こす刺激はどれか。 ス

① 光　② 重力　③ 水分　④ 接触　⑤ 温度

問14　発芽の促進と抑制に働くホルモンの組合せで正しいのはどれか。 セ

	[促　進]	[抑　制]
①	アブシシン酸	ジベレリン
②	アブシシン酸	サイトカイニン
③	サイトカイニン	アブシシン酸
④	サイトカイニン	ジベレリン
⑤	ジベレリン	アブシシン酸
⑥	ジベレリン	サイトカイニン

問15　本州中部の丘陵帯にみられるバイオームはどれか。 ソ

① 針葉樹林　② 照葉樹林　③ 夏緑樹林　④ 硬葉樹林　⑤ 雨緑樹林

問16　酸性雨の原因となるのはどれか。 タ

a 酸素　b 窒素　c オゾン　d 硫黄酸化物　e 窒素酸化物

① ab　② ac　③ ad　④ ae　⑤ bc　⑥ bd　⑦ be　⑧ cd　⑨ ce　⓪ de

問17　ある池で網を使ってフナを 100 個体捕獲し，それぞれに標識をつけてその場で放流した。3 日後に同じ網を使って 120 個体のフナを捕獲したところ，15 個体に標識がみとめられた。この池のフナの推定される総個体数はどれか。ただし，調査期間中はフナの総

個体数には増減がないものとする。 チ

① 400個体　② 600個体　③ 800個体　④ 1000個体　⑤ 1200個体

問18 イルカとサメにみられる形態の類似性を説明する現象はどれか。 ツ

① 地理的隔離　② 収束進化(収れん)　③ 共進化
④ 適応放散　⑤ 中立進化

問19 五界説を提唱または修正した人物は誰か。 テ

a ウーズ　b リンネ　c ヘッケル
d マーグリス　e ホイタッカー(ホイッタカー)

① ab　② ac　③ ad　④ ae　⑤ bc　⑥ bd　⑦ be　⑧ cd　⑨ ce　⓪ de

問20 古細菌はどれか。 ト

a 超好熱菌　b メタン菌　c 高度好塩菌　d 大腸菌　e 酵母菌

① abc　② abd　③ abe　④ acd　⑤ ace　⑥ ade　⑦ bcd　⑧ bce　⑨ bde　⓪ cde

Ⅱ

遺伝情報の転写調節に関する次の文章を読み，以下の問い(問1～5)に答えよ。
[解答記号 ナ ～ ノ]

多細胞生物のからだは真核細胞で構成されており，それらの細胞は同じ遺伝情報をもっている。同じ遺伝情報をもっていても，(a)さまざまな形やはたらきをもつ細胞に分化するのは，環境条件や発生・成長の段階に応じて遺伝子の発現を制御するしくみが存在するからである。このような遺伝子発現は，ＤＮＡの遺伝情報が転写されてｍＲＮＡがつくられる段階で主に調節される。

真核細胞のＤＮＡは，(1)というタンパク質に巻きついて(2)を形成し，さらに複雑に折りたたまれて(3)という構造を形成している。(3)は核の中で凝集しており，ほどけた状態になってはじめて転写が可能になる。

ＤＮＡ上の遺伝子には，転写の開始に関与する領域が存在する。この領域にＲＮＡポリメラーゼと(4)と呼ばれる複数のタンパク質が結合することによって，転写が開始される。

このほかにも転写調節にかかわるＤＮＡの領域があり，この部分は(5)とよばれる。(5)には，さまざまな種類の(6)が結合し，転写が調節される。(b)このように真核生物では，複雑なしくみによって転写調節が行われている。

また，ホルモンによっても遺伝子発現の調節が生じる。(c)細胞内の受容体に結合するホルモンの場合には，ホルモンと受容体の複合体がＤＮＡに結合し，その結果，転写と特定のタンパク質の合成を調節する。

問1　下線部(a)について，分化した細胞と発現している遺伝子の組合せで正しいのはどれか。一つ選べ。 ナ

[分化した細胞]	[発現している遺伝子]
① 皮膚の細胞	ヘモグロビン遺伝子
② 水晶体の細胞	クリスタリン遺伝子
③ 筋肉の細胞	アミラーゼ遺伝子
④ だ腺の細胞	インスリン遺伝子
⑤ 肝臓の細胞	ミオシン遺伝子

問2　文章中の(　1　)，(　2　)，(　3　)に入る語はどれか。正しい組合せを一つ選べ。 ニ

	(　1　)	(　2　)	(　3　)
①	ヒストン	クロマチン	ヌクレオソーム
②	ヒストン	ヌクレオソーム	クロマチン
③	クロマチン	ヒストン	ヌクレオソーム
④	クロマチン	ヌクレオソーム	ヒストン
⑤	ヌクレオソーム	ヒストン	クロマチン
⑥	ヌクレオソーム	クロマチン	ヒストン

問3　文章中の(　4　)，(　5　)，(　6　)に入る語はどれか。正しい組合せを一つ選べ。 ヌ

	(　4　)	(　5　)	(　6　)
①	基本転写因子	転写調節領域	調節タンパク質
②	プロモーター	転写調節領域	調節タンパク質
③	調節タンパク質	プロモーター	基本転写因子
④	調節タンパク質	基本転写因子	プロモーター
⑤	オペレーター	プロモーター	基本転写因子
⑥	オペレーター	基本転写因子	プロモーター

問4　下線部(b)について，真核生物の転写および転写調節に関わる記述で適切なのはどれか。正しい組合せを一つ選べ。 ネ

a　転写は細胞質内で起こる。

b　転写と同時に翻訳が行われる。

c　転写された後にはスプライシングが行われる。

d　一つのプロモーターにより，複数の隣接した遺伝子が同時に転写される。

e　一つの転写調節因子が，複数の遺伝子の転写調節に関わる場合がある。

① ab　② ac　③ ad　④ ae　⑤ bc　⑥ bd　⑦ be　⑧ cd　⑨ ce　⓪ de

問5　下線部(c)について，該当するホルモンはどれか。一つ選べ。 ノ

① インスリン　② グルカゴン　③ アドレナリン
④ バソプレシン　⑤ 糖質コルチコイド

Ⅲ　古生代の生物の進化に関する次の文章を読み，以下の問い(問1～5)に答えよ。
［解答記号 ハ ～ ホ ］

約10億年前に現れたと考えられる多細胞生物は，古生代を迎える頃になると飛躍的に多様化して種類を増やした。(　1　)紀の海には，現生のほぼすべての動物門が出そろい，この時代の地層から発見された(a)バージェス動物群には，現生のグループに当てはまらない独特の姿をした動物が含まれている。(　1　)紀の中期に現れた最古の脊椎動物は(b)ヤツメウナギに近い魚類であり，さらに遊泳能力の優れた軟骨魚類や硬骨魚類はオルドビス紀に出現して(　2　)紀に大繁栄した。

一方，オゾン層の形成によって有害な紫外線が遮られることになった(c)陸上では，シルル紀の末期に植物の進出が起こり，さらにこれらを求めて上陸した昆虫類や両生類が誕生することとなった。初期の陸上植物であるコケ植物では重力や乾燥への適応が十分にみとめられないが，これらの条件に適応して構造を変化させた(d)シダ植物は，数十メートルの高さまで成長して(　3　)紀の森林を形成することとなった。

問1　文章中の(　1　)，(　2　)，(　3　)に入る適切な地質年代はどれか。正しい組合せを一つ選べ。 ハ

	(　1　)	(　2　)	(　3　)
①	石炭	デボン	カンブリア
②	石炭	カンブリア	デボン
③	デボン	カンブリア	石炭
④	デボン	石炭	カンブリア
⑤	カンブリア	デボン	石炭
⑥	カンブリア	石炭	デボン

問2　下線部(a)のバージェス動物群に含まれる化石種はどれか。正しい組合せを一つ選べ。
ヒ

a アンモナイト　b ピカイア　c イクチオステガ

d アノマロカリス　e ユーステノプテロン

① ab　② ac　③ ad　④ ae　⑤ bc　⑥ bd　⑦ be　⑧ cd　⑨ ce　⓪ de

問3　下線部(b)のヤツメウナギの仲間に**みられない**器官はどれか。適切な組合せを一つ選べ。

フ

a あご　b えら　c うきぶくろ　d 胸びれ　e 中枢神経

① abc　② abd　③ abe　④ acd　⑤ ace　⑥ ade　⑦ bcd　⑧ bce　⑨ bde　⓪ cde

問4　下線部(c)の陸上に進出した植物を，古い年代に出現したものから順に並べたのはどれか。一つ選べ。 へ

① クックソニア　→　リニア　→　リンボク

② リニア　→　リンボク　→　クックソニア

③ リンボク　→　クックソニア　→　リニア

④ クックソニア　→　リンボク　→　リニア

⑤ リニア　→　クックソニア　→　リンボク

⑥ リンボク　→　リニア　→　クックソニア

問5　下線部(d)のシダ植物について適切なのはどれか。正しい組合せを一つ選べ。 ホ

a 前葉体には，雄株と雌株がある場合が多い。

b 胞子体には，根・茎・葉の区別がある。

c 胞子体には，維管束がみられる。

d 重複受精によって子孫を残す。

e 胚は，胚乳を栄養として成長する。

① ab　② ac　③ ad　④ ae　⑤ bc　⑥ bd　⑦ be　⑧ cd　⑨ ce　⓪ de

Ⅳ　体内におけるナトリウムの役割に関する次の文章を読み，以下の問い(問1～5)に答えよ。
[解答記号 マ ～ モ]

体内に食塩として摂取されることが多いナトリウムは，細胞に作用する浸透圧を調節したり，神経系を介して情報を伝えるなどの重要な役割を担っている。

細胞外にはナトリウムイオン，細胞内にはカリウムイオンが多く存在しており，これらのイオンの量は，(a)副腎皮質から分泌される鉱質コルチコイドの働きによって調節されている。細胞の周囲を満たす(b)体液(細胞外液)中のナトリウムイオンは，浸透圧を調節することによって細胞の体積をほぼ一定に保っている。この浸透圧が適正な値に保たれない場合，(c)細胞膜を通過する水分の移動によって細胞の正常な機能が損なわれる。

また，ナトリウムイオンは，神経系における興奮の発生と(　1　)にも大きく関与している。興奮が起こる前の神経細胞では，細胞膜の内側が(　2　)，外側が(　3　)に帯電している。神経細胞に一定以上の大きさの刺激が加わると，電位依存型のナトリウム(　4　)が開き，細胞外のナトリウムイオンが細胞内に流入することで細胞膜の電位が瞬間的に逆転する。このようにして発生した興奮が軸索内の隣接した部分へと順番に伝わり，最終的にはシナプスへと到達する。一方，最初に刺激が加わった部分では，興奮の発生直後にナトリウム(　4　)が閉ざされ，細胞内に流入したナトリウムイオンはナトリウム(　5　)によって外へ汲み出される。そのため，刺激によって逆転した細胞膜の電位は再び元の状態に戻る。

興奮が到達したシナプスでは(　6　)イオンが神経細胞内に流入し，シナプス間隙にノルアドレナリンなどの物質が放出される。これらの物質は，隣接する神経細胞の受容体に結合し，興奮性シナプスではナトリウムイオン，抑制性シナプスでは(　7　)イオンの流入を引き起こすことで興奮を(　1　)する。

問1　下線部(a)の副腎皮質で産生されるホルモンは，刺激ホルモンの作用によって分泌が促進される。同じしくみによって分泌されるのはどれか。一つ選べ。 マ

① アドレナリン　② チロキシン　③ グルカゴン
④ バソプレシン　⑤ インスリン

問2　下線部(b)の体液は，存在する場所によって名称が異なる。細胞の周囲を満たす液体と血管内の液体の名称の組合せで正しいのはどれか。一つ選べ。 ミ

	［細胞の周囲］	［血管内］
①	組織液	血しょう
②	組織液	血清
③	リンパ液	血しょう
④	リンパ液	血清
⑤	組織液	リンパ液
⑥	血しょう	リンパ液

問３　下線部(c)について，細胞内外への水分などの移動に関する適切な説明はどれか。正しい組合せを一つ選べ。 ム

a　細胞を低張液に入れた場合，その体積が減少する。

b　赤血球から水分が失われて収縮する現象を溶血という。

c　液体中の物質は，濃度の高い方から低い方へと移動する。

d　植物細胞を高張液に入れると膨圧が発生する。

e　細胞膜は，半透膜に近い性質によって物質を通過させる。

① ab　② ac　③ ad　④ ae　⑤ bc　⑥ bd　⑦ be　⑧ cd　⑨ ce　⓪ de

問４　文章中の（　1　），（　2　），（　3　），（　4　），（　5　）に入る適切な語はどれか。正しい組合せを一つ選べ。 メ

	（　1　）	（　2　）	（　3　）	（　4　）	（　5　）
①	伝達	正	負	チャネル	ポンプ
②	伝達	正	負	ポンプ	チャネル
③	伝達	負	正	チャネル	ポンプ
④	伝達	負	正	ポンプ	チャネル
⑤	伝導	正	負	チャネル	ポンプ
⑥	伝導	正	負	ポンプ	チャネル
⑦	伝導	負	正	チャネル	ポンプ
⑧	伝導	負	正	ポンプ	チャネル

問５　文章中の（　6　），（　7　）に入る適切な語はどれか。正しい組合せを一つ選べ。

モ

	(6)	(7)
①	塩化物	マグネシウム
②	塩化物	カルシウム
③	マグネシウム	塩化物
④	マグネシウム	カルシウム
⑤	カルシウム	塩化物
⑥	カルシウム	マグネシウム

② トラス構造によって造られる建物は柱のない広い空間が基本になるため、柱や壁によって特徴づけられる建物の個性がみられなくなったから。

③ クリスタル・パレスが建てられた第1回万国博覧会時代とは異なり、現代では屋根や外壁に安全性や防災性が求められるようになったから。

④ 豊かになった都市部の暮らしでは、世界のより進んだ都市を模倣した建物が求められ、地元の職人の手では建築が不可能になったから。

⑤ 新しい都市ではまずオフィスや住宅の建設から始められ、地域色が強く打ち出される教会や文化施設の建設はその後になるから。

問十　空欄**E**を補うのに最も適当な語句を、次の①〜⑤から一つ選べ。解答番号は 33 。

① 改善を促す　② 利点を増やす　③ 不足を補う　④ 評判を呼ぶ　⑤ 機能を加える

問十一　傍線部**F**「地元の人々にとっても『非日常』な場所を観光客が訪れるという、従来の観光行動」とあるが、その例にあてはまるものとして最も適当なものを、次の①〜⑤から一つ選べ。解答番号は 34 。

① 戦前から続いている定期的な朝市の探訪ツアー

② 漁港の魚市場見学を組み込んだ町歩きハイク

③ 山村の集落で合掌《がっしょう》造りの家に宿泊するプラン

④ 外国の歴史ある町並みを模したテーマパーク

⑤ 市街地で築百年の古民家を活用したカフェ

問八　傍線部**C**「限られた手法を用いて人々がいかに他との違いを演出しようとしていたか」とあるが、その説明として最も適当なものを、次の①〜⑤から一つ選べ。解答番号は 31 。

① アーチ状に石やレンガを組み合わせる構法は画期的だったため、建物内の開口部以外にも応用され、さまざまな間取りの建築に用いられるようになった。

② 材料としてもっぱら石やレンガを用いていた時代には、構法はアーチ状に積み上げる以上に発達しなかったが、装飾面ではさまざまな様式が工夫され生み出された。

③ 石やレンガをアーチ状に組み合わせる技術は、当初は教会建築だけしかみられなかったが、後に貴族の居城や公共施設などにも広がっていった。

④ 教会は多くの人が集まれるよう柱を減らした広い空間を必要としたが、同時に高さも兼ね備えるため、石やレンガ以外の建材も工夫されるようになった。

⑤ 教会は人々が集まる宗教施設として広く大きく進化したが、同時に観光地としても人気を得られるよう、アーチ形式による荘厳な内部空間を備えるようになった。

問九　傍線部**D**「新たに建設された都市はどこも似たような建物が林立することとなり」とあるが、それはなぜか。最も適当なものを、次の①〜⑤から一つ選べ。解答番号は 32 。

① 世界中のどこでも、現代的な都市建築では機能性が重視され、工業化された同じような建材が用いられることで形態も似たものになるから。

問七　傍線部B「各時代で人々が何を目指して建築してきたのかがみえてくる」とあるが、本文に即した要約として最も適当なものを、次の①～⑤のうちから一つ選べ。解答番号は 30 。

① 建物の構造材として木や石が主流だった時代には広くて堅牢な建物を造ることが第一の目的とされたが、鉄が主要な構造材になると、できるだけ柱を減らして空間を大きくするとともに、複雑で優美な装飾を生み出しデザイン性を重視した建物が都市部を中心に多く作られた。

② すべての時代を通してより大きく丈夫な建物を作ることが目指されたが、まず道具を利用して建材を運搬し加工する技術が進み、次に柱を減らすために石材やレンガをアーチ状に組み合わせる構法が開発され、さらに鉄骨構造の発達によって建物が大規模化するとともに屋根や外壁の素材に自由度が増した。

③ 建材として鉄が用いられるようになるまでは、市や教会など大勢の人々が一堂に会するための広い建物が必要とされたが、強固な鉄骨構造が生み出されると、人々の集まりではなくもっぱら蒸気機関車や工場といった近代の産業を支える事物を収容するために、建物が大規模化していった。

④ 自然の状態の木材を用いていた時代には建物には丈夫さだけが求められたが、石材やレンガをアーチ状に組み合わせる構法の開発により、教会や貴族の邸宅のように広さと高さを兼ね備えた建物が造られるようになり、さらに鉄骨のトラス構造によって装飾性を高めた建物が主流になっていった。

⑤ 人々が集まる空間としての広い建物が求められていた時代には、柱を減らして見通しをよくするために石材を組み合わせ、アーチ状の構造を造る構法が主流だったが、より強固な建材として鉄が用いられるようになると、むしろ屋根を支えるための柱が多用され垂直的や水平的な印象の建物が増えた。

問三　傍線部**カ**、**キ**と同じ読み方のものを、次の各群の①～⑤のうちから、それぞれ一つずつ選べ。解答番号は 25 ～ 26 。

カ　荘厳　25

① 謙譲の美徳
② 下弦の月
③ 勘弁してほしい
④ 詩を吟詠する
⑤ 遺言を残す

キ　帰依　26

① 余剰金
② 為政者
③ 会釈して通り過ぎる
④ 道路を舗装する
⑤ 真摯な対応

問四　傍線部**ク**「停車」と熟語の構造が同じものを、次の①～⑤のうちから一つ選べ。解答番号は 27 。

ク　停車

① 創世　② 変異　③ 花園　④ 有害　⑤ 予告

問五　傍線部**コ**「非日常」とあるが、冒頭に「非」を付けて熟語を**作らないもの**を次の①～⑤のうちから一つ選べ。解答番号は 28 。

コ　非日常

① 会員　② 公式　③ 常識　④ 風流　⑤ 暴力

問六　空欄**A**を補うのに最も適当な語句を、次の①～⑤から一つ選べ。解答番号は 29 。

① 経費や価格設定
② 特殊なテーブルマナー
③ 材料や調理方法
④ 店舗数の分布
⑤ 好みの個人差

サ　醍醐味　[20]

① ほんとうの面白さや味わい
② 体験して初めて得られる感想
③ 長いあいだ残る思い出
④ 心理的な痛手や衝撃
⑤ 主目的ではなく副次的なもの

問二　傍線部イ、ウ、オ、ケに相当する漢字を含むものを、次の各群の①～⑤のうちから、それぞれ一つずつ選べ。解答番号は [21] ～ [24] 。

イ　シャクド　[21]

① 家のアマドを閉める
② ドハツ天を衝《つ》く
③ わがキョウドの誇り
④ ドキョウがすわっている
⑤ ドリョクを惜しまない

ウ　シュウゲキ　[22]

① 持ち込み品をボッシュウする
② 向かってくる敵をイッシュウする
③ 元通りにシュウフクする
④ シュウイツな出来ばえ
⑤ 先代のやり方をトウシュウする

オ　オオう　[23]

① 仕事がトドコオる
② 返事にイキドオる
③ 結論をクツガエす
④ 来賓としてタテマツる
⑤ 反旗をヒルガエす

ケ　ヒカク　[24]

① レイコクムヒな仕打ち
② 議会でヒケツする
③ ヒに油を注ぐ
④ ヒセンキョケンの年齢
⑤ 安全地帯にタイヒする

るというサービス提供型の事業であるが、地元の人たちもその価値に気づいていなかった自分たちの日常の生活文化体験の魅力を宿泊サービスに付加できることで、新たな宿泊ビジネスが生まれてきている。地元の人々が実際に暮らしていた建物を宿泊施設として活用するという考え方は、F地元の人々にとっても「非日常」な場所を観光客が訪れるという、従来の観光行動に対応した観光地からの転換を地元が求め始めたととらえることができる。異なる生活を体験し、互いにコミュニケーションをはかり、相互理解を促進する観光が、理想的な形態へと進化し始めているのかもしれない。

（毛谷村英治「文化ツーリズムの基礎としての建築学」による。出題にあたり、一部を省略した。）

＊1　大梁……「梁《はり》」は屋根や上階の床の重さを受け支えるために、柱と柱の間に渡される横木。「大梁」はその主要なもの。

＊2　ヴォールト屋根……アーチ状をなす天井や屋根。かまぼこ型屋根。

問一　傍線部**ア**、**エ**、**サ**の本文中における意味として最も適当なものを、次の各群の①～⑤のうちから、それぞれ一つずつ選べ。解答番号は 18 ～ 20 。

ア　醸成(する)　18

① 新しいものを取り入れる
② 急速に変化させる
③ 次第に作り上げていく
④ 人々が慣れ親しむ
⑤ 全く違うものに取り替える

エ　ヒエラルキー　19

① 思想傾向や、政治や社会に対する考え方
② ピラミッド型の上下関係に整序された組織
③ 個人の自由よりも全体の秩序を重んじる風潮
④ 個人に対して求められる職業的役割
⑤ 時代に応じて変化する規定や法律

ロンドン)の会場となったジョセフ・パクストン設計のクリスタル・パレス(=水晶宮)などはその代表であり、その後の建築デザインのあり方に大きな影響を及ぼすこととなる。

　豊かになった社会ではオフィスや一般の人々向けの住宅などが次々と建てられていった。人の行動様式に基づいて機能的に室空間が構成され、工業化された建材を多用する建物の形態は地元産の材料を用いて地元職人がつくりだす地域的特色にあふれた建築形態を凌駕《りょうが》し、世界共通のインターナショナルスタイルとして各地に広がっていくこととなる。このため、D新たに建設された都市はどこも似たような建物が林立することとなり、地域的な特色を見出《みいだ》すことが難しくなった。

(……中略……)

　畳や板の間で床座の生活をしてきた日本人であるが、洋家具の普及により正座や胡座《あぐら》ができない人も増えており、ワンルームマンションをはじめとした和室のない住宅に暮らす日本人も珍しくはない。このような人たちにとって、伝統的な木造軸組みの在来構法や数寄屋《すきや》造りでつくられた旅館はすでにコ非日常な空間となっており、旅館の方が洋室のしつらえのホテルよりもかえって珍しく、魅力的に見えることすらある。もちろん、伝統的な在来木造の日本家屋よりも西洋建築の方が便利で快適にみえたことから洋風化が進んだのであるから、それなりの快適性や利便性が現代の旅館にも備わっていなければ洋室での生活になじんだ利用客には我慢を強いることになる。全《すべ》ての旅館が不便であるととらえられているわけではないが、あえて不便を味わうことも旅のサ醍醐味《だいごみ》であると考える人は少なからず存在しており、立地や宿泊単価次第でそれなりの需要は存在することから営業が成り立っている。

　実際のところ、近年各地に広がり始めているゲストハウスも、ハードウェアとしてはかつて日本に数多く存在した民宿と大きな差はない。宿泊客同士あるいはゲストハウスのスタッフとの間でコミュニケーションをはかることができるという身近さや親しみやすさが魅力となって、設備的な[　E　]要素として前面に押し出されており、若者や外国人旅行者を中心としたバックパッカーなどから人気を得ている。

　こういったゲストハウスを運営することで、日常的に多様な旅行者とふれあうことができるという点に魅力を感じ、新たにゲストハウスを開業する人々が出始めており、空き家の利用などを通じて町の活性化につながっている。モノを売るのではなく、地元の日常的な暮らし体験を売的エヒエラルキーができあがると、人々が実際に集まり話し合いを行うための広い空間が求められるようになっていく。屋外広場の場合は周囲の条件さえ許せばいくらでも大きく広げていくことが可能であるが、屋内の場合はそこをオオオう屋根を支える構法を考え出す必要がある。柱があると見通しが悪く使い勝手もよくないため、できるだけ柱の数を減らす構法が模索され、さまざまな工夫が試みられてきた。大梁《おおばり》（＊1）はその部材断面が巨大になり、それを支える柱のスケールも大きくなってしまう。こういった状況の中で開口部の上部を支えるために扇形の石材やレンガをアーチ状に組み合わせる構法が開発され、その技術を応用したヴォールト屋根（＊2）やドームが生み出されてきた。このような技術的な進化はヨーロッパの教会建築の形態に顕著に現れており、教会建築は広さと高さを兼ね備えてカ荘厳な内部空間をもつ建築へと発展してきた。そのため、教会は建築としても人気の高い観光対象となっている。

石やレンガを積み上げて利用するしか選択肢がなかった時代にはアーチのほかに革新的な構法の進化はみられなかったが、装飾面ではさまざまな工夫がみられるようになり、垂直性を強調したゴシック様式、水平性を意識したルネッサンス様式、さらには曲線を多用したバロック様式やロココ様式と呼ばれる複雑で優美な建築様式へとつながっていくことになる。C限られた手法を用いて人々がいかに他との違いを演出しようとしていたかを鑑賞するのは興味深い。

手のこんだ装飾は手間がかかる分だけ費用がかかり高価な建物となるため、豊かな人々でなければ手に入れることができない。そのため、王や皇帝などの居城や公共施設、あるいは多くの人々がキ帰依する宗教関連の施設等のほかは、一部の限られた資産家の邸宅などにおいてしか立派な装飾はみられないものであった。

その後、19世紀に入って建物の構造材に鉄が利用されるようになると、簡便に大規模な空間をつくることができるようになったが、鉄骨部材を小さな三角形に組み合わせてつくるトラス構造の出現によってそれまでのスケールをはるかに凌ぐ大空間を支える梁をつくることが可能になり、柱のない広い空間をつくりだすことができるようになっていった。

もくもくと煙を吐く蒸気機関車がク停車する駅の大屋根や、産業革命によって必要となった大規模な工場の屋根を鉄骨トラスが支えた。日本では学校の体育館や工場の屋根をこのトラス構造で支えていることが多いのでケヒカク的なじみ深い。鉄骨の骨組みが荷重を支えるので、屋根や外壁は防水性や気密性を発揮する素材であればよく、ガラスやスレートが建物に多用されるようになった。第１回万国博覧会（１８５１年開催、

二　次の文章を読んで、後の問い（問一～十二）に答えよ。（解答番号 18 ～ 34 ）

建築は、本来、人間の活動に必要な空間を提供するための入れ物でしかなかったが、その入れ物の形や構法、機能、地域性などの特徴から脚光を浴びることがあり、観光資源になっているものがある。建築そのものの技術的な進化や環境への適応が、結果として地域固有の町並みとなり、地域景観としてア醸成されている。建築に興味がない人であっても、建築を時間的あるいは技術的なイシャクドとして利用し、各自にとっての観光対象をとらえなおしてみると、それまで見えていなかったものが見えてくる可能性がある。訪れた地域で出される料理の［　A　］に着目すると、地域間の関係性について理解が深まるのと同じようなものだと考えればよい。

人々が暮らすための空間を囲む建築は世界中に存在しており、その建築についての基礎知識を身につけることで、訪れた地域と他の地域との関係性を考察することができる。具体的には、建物の形状に注目することになるが、その相違は建築の材料や構造、工法によるところが大きく、これらについての基本を理解しておくことが必要である。それにより異なる地域を訪れた際に建物を見比べることができ、目に見える形として現れた文化の違いを楽しみながら鑑賞し、理解することができるようになるに違いない。

建築の歴史を古代から現代まで長いスパンで眺めてみると、B各時代で人々が何を目指して建築してきたのかがみえてくる。人が他の動物と大きく異なる点は道具を使うところであるが、それによって人は自分の体重の何倍もあるような大きくて重い岩や木を動かしたり、切断したり、さらには適当な形に加工したりして利用することが可能になった。道具を使うことができるようになるまでは、倒木や枝木、石などから適当な形状のものを選んで運び、それらを組み合わせて利用することしかできない。そのため、人がつくりだせる空間の大きさはそれほど大きくはなかった。梃《てこ》やコロを利用するようになって大きな部材を運べるようになり、手斧《ておの》などの道具を使って形状を整えた部材を組み合わせることができるようになると、大きな空間を形作ることができるようになっていく。そして、大勢の人々がその中に入って雨や風を凌《しの》ぎ、猛獣や敵対する集団のウシュウゲキから身を守ることができるシェルターとして堅牢《けんろう》な建物が造られるようになってきたのである。

人が集まって住むようになって集落ができ、個々の人々が得た物品を互いに交換する市《いち》ができ、なんらかの力をもつ者がリーダーとなる社会

④　孤独を嫌い、寄り添う誰かを必要とする。

⑤　小説世界に読者を誘い込む。

問十一　傍線部D「『私』を使いこなす術」の説明として最も適当なものを、次の①～⑤のうちから一つ選べ。解答番号は 16 。

①　文章を書く際、普段の生活の中で「私」がどのような振る舞いをしているかを反映させる手順。

②　文章を書く際、「私」をどのように位置づけ、どんな役割を担わせ、そして何を図るかといったことに関する手立て。

③　文章を書く際、「私」の潜在的な部分をどれだけ顕在化できるかという文章の奥深さを決めるための道筋。

④　文章を書く際、人生における「私」の実体験や経験をもとに、書く内容にリアリティをもたせようとする方策。

⑤　文章を書く際、どれだけ上手に心身ともに「私」を管理し、文章の執筆に向かわせるかという身の律し方。

問十二　この文章はある本の一部分を抜き出したものであるが、どの部分を抜き出したものか。空欄(a)を補うのに最も適当なものを、次の①～⑤のうちから一つ選べ。解答番号は 17 。

①　はじめに

②　おわりに

③　編集後記

④　寄稿コラム

⑤　推薦文

問九　傍線部B「おそらく近代小説の特色は（省略）ほとんど不可能に近いことである」の説明として最も適当なものを、次の①～⑤のうちから一つ選べ。解答番号は 14 。

①　近代の小説は世界の出来事を作者の立場から描写することが多かった。しかし、実際は小説の作者と異なる視点で世界の出来事を捉えている人もおり、作者の立場だけで物事を描写するのは妥当だとは言えない。

②　近代の小説は世界は一つの共同体だという視点で描写されるという傾向が強かった。しかし、実際には世界にはさまざまな国があり、それぞれの国の主義主張が異なるため、統一的な視点で語るのは極めて難しい。

③　近代の小説は世界の価値観は一つだとする立場に立って語られるのがほとんどだった。しかし、実際には善悪の判断がつけられない問題も多数存在するため、一面的な価値観で世界を語ることはできない。

④　近代の小説は世界の出来事を描写する際、特定の立場から描かれることが多いという特徴があった。しかし、例えば政治家が世界の出来事を語る場合と現場で働く人々が語る場合のように語る立場には大きな違いがある。

⑤　近代の小説は出来事を描写する際、首尾一貫した立場から描こうと試みられていた。しかし、視点を統合して世界の出来事をずれや矛盾なく描写するのには無理がある。

問十　傍線部C「この黒子を作中に潜在する『私』と名付けてみてはどうだろう」とあるが、この「私」の説明として、**適当でないもの**を、次の①～⑤のうちから一つ選べ。解答番号は 15 。

①　登場人物の一人になることがある。

②　時に全てを知っている存在になる。

③　作者に代わり、作者の思いを代弁する。

シ　自分一人のものにしておく手はない

① 自分一人だけで楽しんで、他の人に魅力を伝えないのは品を欠くだろう
② 自分一人だけの発見にして、他の人の功績を奪い取るのは大人げないだろう
③ 自分一人だけでとどめて、他の人に伝えないという選択肢はないだろう
④ 自分一人の秘密にして、他の人に知られないようにするのは倫理に反するだろう
⑤ 自分一人で占有して、他の人には使わせないのは良心の呵責《かしゃく》に苛《さいな》まれるだろう

問八　傍線部**A**「この暗黙の合意」の指示する内容は何か。最も適当なものを、次の①～⑤のうちから一つ選べ。解答番号は 13 。

① 文章には形式ばった述べ方、直接的な表現、丁寧な言い方など、さまざまなスタイルがあるが、読み手はこのようなスタイルの違いを無視し、全く意識せずに文章を読んでいるという了解。
② 我々がさまざまな場面や状況で書かれる文章について異なる様式を思い描くのに対応して、そこで表現される文章自体にもさまざまな場面や状況に相応《ふさわ》しい文体があるという了解。
③ 文章にはさまざまなスタイルがあり、その文章が書かれる媒体に応じて内容よりもスタイルのほうが重視され、読み手のほうもこれを心得ていて、相応の読み方をしているという了解。
④ 同じ文章でも新聞、広告、本など、どのような媒体に書かれるかによって伝わるニュアンスが異なるのと同様に、読み手の側も同じ文章でも新聞、広告、本などの媒体の違いによって受け取るニュアンスが異なるという了解。
⑤ 読み手は新聞や広告、百科事典などを読む際にそれぞれに求める目的があるのだから、新聞や広告、百科事典の側も読み手の目的に合わせた内容であるべきだとする了解。

問四 空欄**オ**を補うのに最も適当な語句を次の①～⑤のうちから一つ選べ。解答番号は [9] 。

オ　① 読み手の受け止め方　② よそおい方　③ 読む上での工夫　④ 頭に浮かぶイメージ　⑤ 思想や世界観

問五 傍線部**カ**「捉え直して」とあるが、ここでの「直す」と**異なる意味のもの**を、次の①～⑤のうちから一つ選べ。解答番号は [10] 。

カ　捉え直す　[10]

① 曲がった根性を叩き直す
② 間違えたところを書き直す
③ 短い間に、彼は何度も足を組み直す
④ 祖父が建てた家を建て直す
⑤ 聞こえにくかったところを聞き直す

問六 傍線部**ク**「俯瞰的」とあるが、ここでの「俯瞰的」と最も意味が近いものを、次の①～⑤のうちから一つ選べ。解答番号は [11] 。

ク　俯瞰的　① 大局的　② 萌芽《ほうが》的　③ 実質的　④ 一義的　⑤ 感情的

問七 傍線部シ「自分一人のものにしておく手はない」の本文中における意味として最も適当なものを、次の①～⑤のうちから一つ選べ。解答番号は [12] 。

問二　傍線部**イ**、**キ**と**反対の意味の語句**を、次の各群の①～⑤のうちから、それぞれ一つずつ選べ。解答番号は [4] ～ [5] 。

イ　漠然　[4]

①　突然
②　唖然《あぜん》
③　瞭然
④　自然
⑤　忽然《こつぜん》

キ　実践　[5]

①　応用
②　理論
③　基本
④　計画
⑤　準備

問三　傍線部**ウ**、**エ**、**ケ**と同じ読み方のものを、次の各群の①～⑤のうちから、それぞれ一つずつ選べ。解答番号は [6] ～ [8] 。

ウ　凝らす　[6]

①　大企業による寡占
②　兄が会社を興した
③　言葉の端を捉えて文句を言う
④　新聞で誇大な宣伝をする
⑤　お金の工面に苦労する

エ　抽出　[7]

①　平和条約を締結する
②　銀行から融資を受ける
③　両者の折衷案を提示する
④　他人の失敗を嘲笑する
⑤　会社の実権を掌握する

ケ　縫合　[8]

①　地震で建物が崩壊する
②　専門家に諮問する
③　文明が発祥した地
④　恩師の訃報に涙する
⑤　近くの内科医に往診してもらう

としてその内容を共有したいという野望をひそかに抱いているのである。

（安藤宏『「私」をつくる　近代小説の試み』による。出題にあたり、一部を省略した。）

＊1　八面六臂……多方面で目ざましい活躍をすること。また、一人で数人分の働きをすること。

＊2　虻蜂取らず……両方とも手に入れようとして、両方とも得られないこと。欲張ったせいで何も得られないこと。

問一　傍線部**ア**、**コ**、**サ**に相当する漢字を含むものを、次の各群の①～⑤のうちから、それぞれ一つずつ選べ。解答番号は 1 ～ 3 。

ア　ヤクガラ　1

①　チョウヘイ制度がある国
②　市町村がガッペイする
③　不正をインペイする
④　オウヘイな口をきく
⑤　経済発展に伴うヘイガイ

コ　シナン　2

①　決戦を前にチームのシキが高まる
②　講演のヨウシをまとめる
③　ダイシキュウ駆け付けた
④　シフクの制限で全部書けない
⑤　健康シコウの若者が増える

サ　コウノウ　3

①　コウテイ的な意見
②　オンコウな性格
③　不良少年をコウセイさせる
④　都心キンコウに住む
⑤　コウリツの良い働き方

ここで仮に人形浄瑠璃で、舞台の世界を円滑に、スムーズに演出するために八面六臂《はちめんろっぴ》（＊1）の活躍をしている黒子《くろこ》の存在を想定してみることにしよう。どのような小説にも実は隠れた演技者である黒子が潜在していて、さまざまな矛盾を解消すべく、独自のパフォーマンスを繰り広げているのではあるまいか。

仮に「X」としておいてもよいのだが、C この黒子を作中に潜在する「私」と名付けてみてはどうだろう。潜在する「私」がある時は登場人物をよそおい、ある時は「何でもお見通し」をよそおっているのだと考えてみると、小説表現の持つ演技性が、よりはっきりと浮き彫りにされてくるように思われるのである。

念のために言っておくと、ここに言う「私」は作者を連想させつつも、あくまでもそれとは別物だ。作者の意図を受け、作中を自由に浮遊しながら小説に独自の奥行きを創り出していく虚構の言表《げんぴょう》主体なのである。

ちなみにこの隠れた「私」は大変寂しがり屋で、一人だけでは生きていくことができない。そのため、時に理解者である「あなた」を求め、あるいは「私たち」を構想すべく、現実の読者にさまざまな魔術を仕掛けてくることになる。その働きによって、日常とは異なる夢の世界に「私たち」を連れ出してしまうことすら不可能ではないのである。

潜在する「私」がどのようなパフォーマンスを繰り広げてきたのかを歴史的にふりかえってみると、その立ち現れ方には、いくつか興味深い法則のようなものがあることに気がつく。それはまた、日本語表現の特色や奥行きの深さについて考えるきっかけにもなるだろう。D 同時に「私」を使いこなす術《すべ》を身につけることは、文章を書く実践的なコツ、あるいはまた「小説」を書く創作方法のヒントになるかもしれない。

（省略）

これだけ〝サ コウノウ〟を並べると、あるいは虻蜂《あぶはち》取らず（＊2）のそしりをまぬがれぬかもしれない。しかし実際に書き進めてみると、右の問題は相互に切っても切り離せぬ関係にあり、だからこそ個々の観点が生き生きと見えてくることにあらためて驚かされたのである。そしてそれはまた、著者として、大変面白い発見でもあった。面白い発見である以上、シ これを自分一人のものにしておく手はない。

これを書いている「私」もまた、新書の （a） を演じるパフォーマーだ。寂しがり屋の「私」はぜひ「あなた」にこれを伝え、「私たち」のもの

国語

（二科目一二〇分）

一　次の文章を読んで、後の問い（問一～十二）に答えよ。（解答番号 1 ～ 17 ）

文章には、それぞれその[ア]ヤクガラに合った、演じられるべきスタイルとでもいうべきものがある。新聞の社説しかり、広告のコピーしかり、百科事典の記述しかり、それぞれ誰もが[イ]漠然と頭に浮かべるイメージのようなものがあるだろう。文章の側もまた、[A]この暗黙の合意に沿って精一杯に〝らしさ〟をよそおい、これを演じて見せているのである。

これを小説に適用してみるとどうだろう。小説にもまた、いかにもそれが「小説」らしく見えるように、さまざまな工夫が[ウ]凝らされているのではないだろうか。

いつの頃からだろう、作品から[エ]抽出された思想や世界観よりも、むしろその小説がどのように「小説らしさ」をよそおっているのか、といったことばかりが気になり始め、〝 オ 〟こそが内容を決定していくのだ、という発想にとりつかれるようになってしまった。これはどう考えても正当な受け止め方ではないのではないか、と自問しつつも、近代小説の展開をこうした工夫の歴史として[カ]捉え直してみたい、という誘惑を断つことができなくなってしまったのである。

[B]おそらく近代小説の特色は、世界をある一つの立場から整合的に語ることが可能であると考え、これを[キ]実践してみたところにあるのだろう。しかし試してみればわかることだが、現実にはそれはほとんど不可能に近いことである。たとえば世界を[ク]俯瞰《ふかん》的に語る視点と、現場の実況中継的な視点とをいかに両立させるか、という点一つをとっても、両者を調整し、[ケ]縫合していくのは実に[コ]シナンの業なのだ。

解答編

英語

I

解答　1－②　2－②　3－①　4－①　5－④

解説　問1．第2文に「このために旅行によけい時間がかかった」とあるので，列車を「乗り換える」の意味になる②が正解。ただし「乗り換える」の意味の transfer は自動詞で，他動詞の同語は「(人) を乗り換えさせる」の意味となり，例えば transfer *oneself* to another bus「別のバスに乗り換える」のように使う。本問では trains という目的語がついているため正しくは change trains となるが，選択肢は①「～を予言する」，③「～を設置する」，④「～を疲れ果てさせる」といずれも文脈に合わないため，最も意味の近い②が正解となる。

問2．「ケイは友人をすし屋に連れて行った」とあるので，「しかし彼は生魚が食べられなかった」となる② raw「生の」が最も文脈に合う。

問3．第2文に「彼女はほとんどの課題を頑張らなかったと認めた」とあるので，「十分な努力をしなかった」となる① adequate「十分な」が正解。

問4．because of 以降で「出張や広告の費用が原因で」とあるので，「彼は利益を上げられなかった」となる① profit「利益」が文脈に合う。

問5．第2文に「彼らは成長しもっと経験を積む必要がある」とあるので，「彼らは自分で決断するほど成熟していない」となる④ mature「成熟した」が正解。

II

解答　6－①　7－①　8－④

解説　問6．(学校で)　Bは生物の課題は「木曜日が締め切りじゃなかったっけ」と尋ねるが，A は No と答えている。「昨日提出しなければいけなかった」となる①が正解。hand in ～「～を提出する」

問7．（レストランで）　Bによる空所の発言を受けてAは「スイーツ大好き」と答えているので，「4つのデザートから2つを食べられる」となる①が正解。

問8．（家で）　Aは「犬をソファの上に座らせないで」と言っている。「家具の上には犬を乗せては駄目」となる④が正解。

Ⅲ　**解答**　9－①　10－②　11－③

解説　問9．空所を含む文の意味は「これらの病気は，実際には，顕微鏡を使わなければ見えない [9] によって引き起こされた」となる。その後に「科学者や医師たちは特定の細菌が特定の病気を引き起こすという細菌理論を信じるようになった」とあるので，①「生物」が正解。

問10．空所を含む文の意味は「国際貿易は [10] の導入によって大改革をもたらされた」となる。第4文（With the new …）に「品物の入った大きな箱はトラックや列車から船へと簡単に積み換えられ，それから開けられることなくトラックや列車に戻される」とあるので，②「コンテナ」が正解。

問11．空所を含む文の意味は「世界中の社会における現代の人間文明は機能するために [11] を必要とする」となる。第2文（Mostly this is …）に「これは化石燃料や核燃料，あるいは再生可能な資源によって達成される」とあるので，③「エネルギー」が正解。

Ⅳ　**解答**　12－②　13－③　14－②　15－①　16－②　17－③

解説　問12．「彼は医師，公衆衛生官として有名になった」の内容と「若いときに彼は実は将校としての訓練を始めた」の内容は対立するので，②「～だが」が正解。

問13．send は「～を送る」という他動詞だが，空所の後には目的語がない。文意から判断しても「彼はロンドンへ送られた」と受動態にするのが適切。受動態は原則目的語がつかないので，③が正解。

問14．接続詞の後のS＋be動詞は省略が可能。空所を含む節は While he was in Germany の he was を省略した While in Germany「ドイツにいる間に」であり，②が正解。①Beforeならば主節は大過去となるので動詞が過去完了形にならなければならない。③Sinceは「～から（今まで）」を表すが，主節が過去形のため不適切（現在完了形と共に用いるのが正しい）。④Duringは前置詞のため後ろにSVをとれない。

問15. 空所の後にandがあるので①が正解。both *A* and *B*「*A*と*B*の両方」

問16. 空所の後のwouldは過去から見た未来を表している。したがって，過去形の②が正解。

問17. 空所の前のbeforeは接続詞か前置詞で，それぞれSVか名詞を後ろにとるが選択肢にはいずれもない。③を選べば接続詞つきの分詞構文となり，文が成立するので正解。

V　解答　18―①　19―②　20―①　21―②

解説　≪フランス語習得のための最善の方法を探る実験≫

問18. グラフ全体を通してグループBの数値がグループAのそれを上回っている。outperformは「～よりパフォーマンス（性能・機能など）が優れている，～をしのぐ」という意味の他動詞。

問19. 第1段第4文（Mr. Chung wanted …）に「チャン氏は彼らがそれ（フランス語の習得）をよりよくできる手助けをしたかった」とあるので，②「彼の生徒たちがよりよく学ぶことを手助けする方法を探していた」が正解。

問20. 第1段第3文（Since Canada uses …）に「全ての生徒たちはフランス語を習うことを要求されている」とあるので，①「フランス語の授業をとらなければならなかった」が正解。

問21. 第3段第2文（Group A was …）に「何回かの授業は珍しい吹雪のために休講となった」とあるので，②「ある珍しい悪天候」が正解。

VI　解答　22―④　23―③　24―④　25―②

解説　≪チップを払わない謎の客の正体≫

問22. 第1段第5文（In order to …）に「勉強するための十分な時間を

持つため，彼女は働く時間を制限した」とあるので，④「十分な勉強時間を持つことが彼女にとって重要だった」が正解。

問23．第1段第4文（The Brick House Restaurant, …）に「彼女が雇われたブリックハウスレストランは，レンガでできた建物から名付けられた」とあるので，③「それはレンガでできた建物の中にある」が正解。

問24．第3段第2文（She knew that …）に「とにかく彼女は彼に最高のサービスを提供しようと決めた」とあるので，④「彼にできるだけよいサービスをする」が正解。

問25．第4段第4文（The man explained …）に「彼は妻が死ぬ前に，自分は彼女を思い出すために何かをすると妻に約束した」とある。これは妻の月命日である毎月25日に亡き妻とディナーを共にすることの理由なので，②「なぜ彼はいつも二人分の食事を注文したのか」が正解。

日本史

Ⅰ　解答

問1．④　問2．②　問3．③　問4．②　問5．②
問6．⑤　問7．⑤

解説　≪古代の政治≫

問1．645年に中大兄皇子らによって蘇我蝦夷・入鹿が滅ぼされた。

問2．壬申の乱に勝利した大海人皇子が飛鳥浄御原宮で即位して天武天皇となった。

問4．墾田永年私財法は743年5月，大仏造立の詔は743年10月に発布された。

問5．②誤文。吉備真備や玄昉は，8世紀の橘諸兄政権を補佐した。

問6．⑤正文。藤原京遷都が行われたのは694年である。

①藤原種継の暗殺は785年，②真言宗・天台宗が開かれたのは9世紀，③坂上田村麻呂の征夷大将軍就任は797年，④冠位十二階の制定は603年。

問7．⑤正文。長屋王が自殺に追い込まれたのは729年である。

①道鏡が太政大臣禅師となったのは765年，②恵美押勝の乱は764年，③嵯峨天皇と平城太上天皇の対立による政治混乱は809～810年，④橘奈良麻呂の変は757年。

Ⅱ　解答

問1．⑥　問2．⑤　問3．②　問4．③　問5．①
問6．①　問7．④

解説　≪中世の外交≫

問1・問2．大輪田泊は現在の神戸港の一部にあたる。

問3．中国船が漂着したのは，大隅国（現鹿児島県）の種子島である。

問4．ポルトガル人やスペイン人を南蛮人と呼んだので，その貿易を南蛮貿易という。

問5．後鳥羽上皇が配流となったのは，隠岐島（隠岐国・現島根県）である。

Ⅲ **解答**　問1．④　問2．②　問3．①　問4．④　問5．③
問6．⑤　問7．④

解説　≪鎌倉時代の政治・社会・文化≫

問1・問2．御成敗式目は1232年に北条泰時によって制定された。

問3．①誤文。御成敗式目の適用範囲は，当初は幕府の勢力範囲に限られたが，しだいに拡大していった。

問5．「大番」とは京都大番役をさす。

問6．⑤誤文。村田珠光が侘茶を創始したのは室町時代である。

問7．④誤文。土一揆が多発したのは室町時代である。

Ⅳ **解答**　問1．①　問2．④　問3．①　問4．②

解説　≪室町時代の政治≫

問2．永享の乱は，1438～39年にかけて，鎌倉公方足利持氏が足利義教によって殺害された事件。

問3．一色氏は，侍所の長官職（＝所司）に就任した守護大名で，四職の一つ。

問4．嘉吉の変は，1441年，足利義教が播磨守護赤松満祐によって謀殺された事件。

Ⅴ **解答**　問1．③　問2．⑤

解説　≪江戸時代の政治≫

問1．設問文にある「白川」「この人物」とは松平定信をさす。

③誤文。人情本の為永春水や合巻の柳亭種彦が処罰されたのは，天保の改革においてである。

問2．設問文にある「田沼」とは田沼意次をさす。

①誤文。海舶互市新例を出したのは新井白石である。

②誤文。相対済し令は徳川吉宗の享保の改革において発布された。

③誤文。上知令は水野忠邦の天保の改革において発布された。

④誤文。異国船打払令は1825年に発布された。

Ⅵ

解答　問1．①　問2．④　問3．③　問4．①　問5．①
問6．②　問7．④　問8．⑤　問9．①　問10．③

解説　≪江戸～明治時代の政治・社会・外交≫

問2．徳川家康ははじめ久能山，のちに日光山に埋葬された。

問3．設問文の「ある制度」とは，1635年に制度化された参勤交代をさす。

問5・問6．1862年の生麦事件が翌1863年の薩英戦争に発展した。

問7．ベルツは，お雇い外国人教師として招かれたドイツ人医師。

問9．学制はフランスの制度にならって定められた。

問10．小村寿太郎は，1911年に改正日米通商航海条約に調印して，関税自主権を回復した。

Ⅶ

解答　問1．②　問2．④　問3．⑤

解説　≪近代の外交≫

問2．1905年のポーツマス条約で，旅順・大連の租借権と長春以南の鉄道とその付属利権などを獲得した。

問3．⑤正答。柳条湖事件が起こったのは，立憲民政党を与党とした第2次若槻礼次郎内閣の時である。

世界史

I **解答**　問1．④　問2．③　問3．③　問4．②　問5．④
問6．②　問7．④　問8．(1)―①　(2)―④　問9．②
問10．①

解 説　≪古代地中海世界≫

問1．④誤文。クレタ島で栄えたクノッソス宮殿などクレタ文明の遺跡の発掘者は，エヴァンズである。シュリーマンはミケーネ文明やトロヤ文明の発掘者である。

問2．①誤文。ポリスの人々の自称はヘレネス。バルバロイは異民族に対して用いた蔑称である。

②誤文。ポリス内の公共広場はアゴラ。アクロポリスは神殿などが置かれた城山。

④誤文。アテネはイオニア人の集住型ポリス。ドーリア人のポリスとして知られるのはスパルタである。

問3．①誤文。財産政治を行ったのはソロン。

②誤文。陶片追放の制度はクレイステネスが創設した。

④誤文。古代民主政のもとでも奴隷制度は維持された。

問4．A．正文。B．誤文。この説明はアッシリアに関するものである。アケメネス朝は服属異民族に対して寛容な統治を行った。

問5．④誤文。カイロネイアの戦いは，前 338 年にアテネ・テーベ連合軍がマケドニア王フィリッポス 2 世の軍勢に敗れた戦いである。

問6．①誤文。平面幾何学を大成した数学者はエウクレイデス。エラトステネスは地球の周囲を科学的に計算した天文学者である。

③誤文。禁欲主義を唱えた哲学者はストア派の創始者ゼノン。エピクロスは精神的な快楽を重視した。

④誤文。万物の根源を「火」とした自然哲学者はヘラクレイトス。タレスは「水」とした。

問9．②誤文。『対比列伝』はプルタルコスの著作。プリニウスは『博物誌』を著した博物学者で軍人である。

問10. ②誤文。ローマ帝国の領土を最大としたのはトラヤヌス帝。
③誤文。帝国全土の自由民にローマ市民権を初めて与えたのはカラカラ帝。
④誤文。ミラノ勅令でキリスト教を公認したのはコンスタンティヌス帝。

Ⅱ 解答

問1．③　問2．①　問3．①　問4．③　問5．②
問6．④　問7．①　問8．④　問9．①　問10．③
問11．②　問12．②　問13．①　問14．④

解説　≪中国歴代王朝と周辺との関係≫

問1．③誤文。儒家の董仲舒を重用したのは前漢の武帝である。
問2．②・③誤文。どちらも後漢の対外関係である。
④誤文。楽浪郡などの4郡が置かれたのは朝鮮半島。武帝が西域に置いたのは敦煌郡などの4郡。
問3．①誤文。九品中正（九品官人）法を創始したのは魏の文帝である。
問4．③誤り。顔真卿は唐代の書家。「蘭亭序」を書いたのは王羲之。
問5．②誤文。骨品制という血縁を重視した身分制は新羅の制度。
問7．②誤文。広州に市舶司が初めて置かれたのは唐代。
③誤文。明代の経済の説明である。
④誤文。佃戸は地主に地代を支払う小作人である。
問9．②不適。交易港を広州1港に限定したのは乾隆帝。
③不適。キリスト教の布教を全面的に禁止したのは雍正帝。
④不適。『五経大全』『四書大全』を編纂させたのは明の永楽帝。
問11．②誤文。清は明に引き続き科挙を行った。
問13．②・③誤文。太平天国の乱のスローガンは「滅満興漢」。「扶清滅洋」をスローガンとし，日本やロシアを中心とした8カ国連合軍により鎮圧されたのは，義和団事件である。
④誤文。洪秀全は自らキリストの弟を名乗るなど，キリスト教の影響がみられる。

Ⅲ 解答

問1．②　問2．①　問3．①　問4．②　問5．⑥
問6．③　問7．④　問8．②　問9．②　問10．①
問11．④　問12．③

解説　≪ビスマルクとヒトラー≫

問1．②誤文。フリードリヒ2世は，鉱工業の盛んなシュレジエン地方をオーストリア継承戦争でオーストリアから奪い，その後，シュレジエン奪回をはかるオーストリアとの七年戦争に勝利して領土としている。

問2．①誤文。大学生を中心とした組織であるブルシェンシャフトが活動したのは，フランスではなくドイツである。

問4．②誤文。オルレアン家のルイ＝フィリップが即位したのは，1830年の七月革命においてである。

問6．①誤文。ビスマルクは，1878年のベルリン会議においてロシアの南下政策を阻止した。

②誤文。ビスマルクは1878年に社会主義者鎮圧法を制定し，社会主義者を弾圧した。

④誤文。中国の門戸開放・機会均等・領土保全を求めた門戸開放宣言は，アメリカの国務長官ジョン＝ヘイが発した。

問7．④誤文。第一次世界大戦開戦当初の1914年，ヒンデンブルク率いるドイツ軍は，タンネンベルクの戦いでロシア軍を破った。

問8．①誤文。アメリカ合衆国は，上院が反対したため国際連盟には加盟しなかった。

③誤文。1925年に調印されたロカルノ条約は，ヨーロッパの7カ国が結んだ集団安全保障条約の総称である。このロカルノ条約の発効を条件にドイツが国際連盟に加盟した。ソ連が国際連盟に加盟したのは，日本やドイツが脱退した後の1934年である。

④誤文。ワシントン会議において，太平洋地域の現状維持を確認したのは四カ国条約である。九カ国条約は，中国に関する取り決めである。

問9．②誤文。1929年，ラテラン条約を結び，ローマ教皇庁と和解したのはムッソリーニ。

問11．④誤文。ニューディールのもとで労働者の団結権と団体交渉権を認めたのはワグナー法である。プラット条項は，キューバを事実上の保護国とするに至ったアメリカとキューバとの間の取り決めである。

問12．③誤文。ヴィシー政府を樹立したのは，第一次世界大戦時のフランス軍の英雄ペタンである。ドイツによるパリ占領に際してド＝ゴールはロンドンに移り，自由フランス政府を樹立し，対独レジスタンスを呼びかけた。

IV 解答 問1．④ 問2．④ 問3．② 問4．① 問5．④
問6．③ 問7．① 問8．③ 問9．① 問10．②
問11．④ 問12．② 問13．④

解説 ≪インドの歴史≫

問1．①不適。エジプト文明の説明である。

②・③不適。メソポタミア文明の説明である。

問2．①不適。のち玄奘や義浄も訪れたナーランダー僧院は，グプタ朝期に建立された。

②不適。インダス川流域のプルシャプラに都を置いたのはクシャーナ朝。マウリヤ朝の都はガンジス川流域のパータリプトラ。

③不適。デカン高原を支配し，ローマとの海上交易を盛んに行ったのはサータヴァーハナ朝。

問4．②不適。仏教の説明である。

③・④不適。ジャイナ教の説明である。

問9．ヴィクトリア女王を初代皇帝とするインド帝国が成立したのは，保守党のディズレーリ内閣の時である。

②不適。1832年の第1回選挙法改正は，ホイッグ党グレイ内閣による。

③不適。1793年，第1回対仏大同盟を提唱したのはトーリ党のピットである。

④不適。審査法は，チャールズ2世のカトリック政策に対抗した議会が1673年に制定したもの。

問10．①誤文。ドンズー運動を行ったのは，ベトナムで維新会を結成したファン＝ボイ＝チャウである。

③誤文。1911年，サレカット＝イスラーム（イスラーム同盟）はインドネシアにおいて結成され，オランダ支配に抵抗した。

④誤文。タバコ＝ボイコット運動は，1891～92年にイランで起きた。

数学

I

解答　(1)ア．7　(2)イ．4　ウ．3　(3)エ．0　オ．2

解説　≪素因数分解，曲線と直線の直交条件，指数不等式≫

(1)　$2023=7\times17^2$ であるから，$\sqrt{2023\times n}=\sqrt{7\times17^2\times n}$ が整数となるような最小の自然数 n は　　$n=7$　→ア

(2)　$y=x^3$ のグラフと直線 $y=-\dfrac{1}{3}x+k$ とが直交するとは，$y=x^3$ 上の点 $(t,\ t^3)$ における接線と直線 $y=-\dfrac{1}{3}x+k$ とが，点 $(t,\ t^3)$ において直交するということである。

点 $(t,\ t^3)$ における接線の傾きは，$y'=3x^2$ から，$3t^2$ である。これより直線と直交するとき

$$3t^2\times\left(-\frac{1}{3}\right)=-1\iff t^2=1\iff t=\pm1$$

第 1 象限内で直交するから，$t>0$ より　　$t=1$

直線 $y=-\dfrac{1}{3}x+k$ が点 $(1,\ 1^3)$ を通るから

$$1=-\frac{1}{3}+k\iff k=\frac{4}{3}\quad\text{→イ，ウ}$$

(3)　$2^x=X$ とおく。$(X>0)$

$8^x=(2^x)^3$，$4^{x+1}=4\cdot(2^x)^2$ から

$$8^x-4^{x+1}-2^x+4<0\qquad X^3-4X^2-X+4<0$$

$$(X-4)(X^2-1)<0\qquad (X-4)(X+1)(X-1)<0$$

$$X<-1,\ 1<X<4$$

$X>0$ から　　$1<X<4$

$$1<2^x<4\iff 2^0<2^x<2^2$$

底 2 は 1 より大きいから　　$0<x<2$　→エ，オ

II **解答** (1)カ．2 キ．6 ク．7

(2)ケコ．12 サ．6 シス．35

(3)セ．5 ソ．6 タ．6

解説 ≪三角形における正弦の値・辺の長さ・面積≫

(1) 三角形の内角より，$0<C<\pi$ であるから $\sin C>0$

よって

$$\sin C=\sqrt{1-\cos^2 C}=\sqrt{1-\left(\frac{5}{7}\right)^2}=\sqrt{\frac{24}{49}}$$

$$=\frac{2\sqrt{6}}{7} \quad \to カ〜ク$$

(2) $0<B<\pi$ から，$\sin B>0$ より

$$\sin B=\sqrt{1-\cos^2 B}=\sqrt{\frac{24}{25}}=\frac{2\sqrt{6}}{5}$$

ここで，三角形の内角の和は π なので

$$A+B+C=\pi \Longleftrightarrow A=\pi-(B+C)$$

これより

$$\sin A=\sin\{\pi-(B+C)\}=\sin(B+C)=\sin B\cos C+\cos B\sin C$$

$$=\frac{2\sqrt{6}}{5}\times\frac{5}{7}+\frac{1}{5}\times\frac{2\sqrt{6}}{7}$$

$$=\frac{12\sqrt{6}}{35} \quad \to ケ〜ス$$

別解 点Aから，辺BCに下ろした垂線の足をHとする。

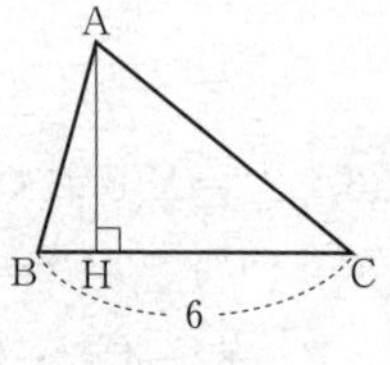

$$\mathrm{BH}=\mathrm{AB}\cos B=\frac{1}{5}\mathrm{AB}$$

$$\mathrm{CH}=\mathrm{AC}\cos C=\frac{5}{7}\mathrm{AC}$$

ここで，△ABCにおいて正弦定理を用いると

$$\frac{\mathrm{BC}}{\sin A}=\frac{\mathrm{AC}}{\sin B}=\frac{\mathrm{AB}}{\sin C}$$

$\mathrm{BC}=6$，(1)から $\sin C=\dfrac{2\sqrt{6}}{7}$，また，$0<B<\pi$ から $\sin B=\sqrt{1-\cos^2 B}$

$=\dfrac{2\sqrt{6}}{5}$ なので

$$AB=\frac{6}{\sin A}\times\frac{2\sqrt{6}}{7}=\frac{12\sqrt{6}}{7\sin A}$$

$$AC=\frac{6}{\sin A}\times\frac{2\sqrt{6}}{5}=\frac{12\sqrt{6}}{5\sin A}$$

これより　$BH=\frac{12\sqrt{6}}{35\sin A}$，$CH=\frac{60\sqrt{6}}{35\sin A}$

$BH+CH=BC$ であり，$BC=6$ から

$$\frac{12\sqrt{6}}{35\sin A}+\frac{60\sqrt{6}}{35\sin A}=6 \iff \sin A=\frac{12\sqrt{6}}{35}$$

(3)　△ABC で正弦定理を用いると

$$\frac{BC}{\sin A}=\frac{AB}{\sin C} \iff AB=6\times\frac{35}{12\sqrt{6}}\times\frac{2\sqrt{6}}{7}$$

$$\iff AB=5 \quad \to セ$$

また，△ABC の面積は

$$\frac{1}{2}\times AB\times BC\times\sin B=\frac{1}{2}\times5\times6\times\frac{2\sqrt{6}}{5}$$

$$=6\sqrt{6} \quad \to ソ，タ$$

III 解答

(1)チ．3　ツ．3　テ．4　ト．3　ナ．9
(2)ニ．5　ヌ．5　ネノ．16　ハ．5　ヒフヘ．125

解説　≪線分の長さの最大値，三角形の面積の最大値≫

(1)　$y'=-2x$ から，点 $P(t,\ 1-t^2)$ における法線の方程式は，傾きが $\frac{1}{2t}$ より

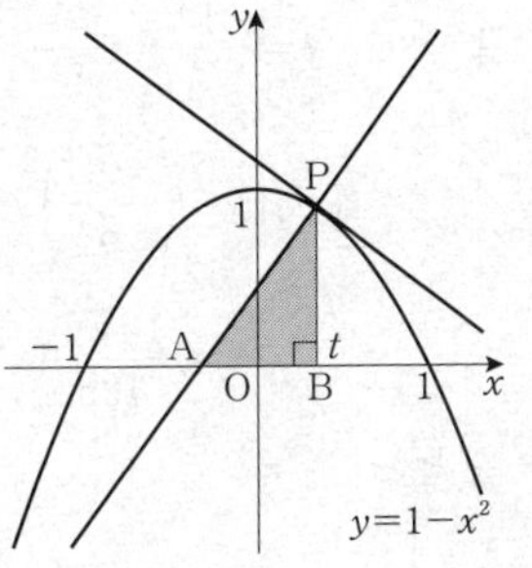

$$y=\frac{1}{2t}(x-t)+1-t^2$$

$$\iff y=\frac{1}{2t}x+\frac{1}{2}-t^2$$

$y=0$ のとき

$$0=\frac{1}{2t}x+\frac{1}{2}-t^2 \iff x=2t^3-t$$

であるから，$A(2t^3-t,\ 0)$ で $B(t,\ 0)$ なので，AB の長さを l とおくと

$0<t<1$ から法線の傾き $\dfrac{1}{2t}>0$ なので，$2t^3-t<t$ より

$$l=t-(2t^3-t)\Longleftrightarrow l=-2t^3+2t$$

$$\frac{dl}{dt}=-6t^2+2$$

$$=-6\left(t+\frac{1}{\sqrt{3}}\right)\left(t-\frac{1}{\sqrt{3}}\right)$$

より，増減表は右のようになる。

t	0	…	$\frac{1}{\sqrt{3}}$	…	1
$\frac{dl}{dt}$		+	0	−	
l		↗	(極大)	↘	

よって，$t=\dfrac{1}{\sqrt{3}}=\dfrac{\sqrt{3}}{3}$　→チ，ツ のとき

最大値　$-2\left(\dfrac{\sqrt{3}}{3}\right)^3+\dfrac{2\sqrt{3}}{3}=\dfrac{4\sqrt{3}}{9}$

→テ～ナ

をとる。

(2)　△ABP の面積を S とおくと

$$S=l\times \mathrm{BP}\times\frac{1}{2}=(-2t^3+2t)\times(1-t^2)\times\frac{1}{2}=(t^3-t)(t^2-1)$$

$$=t^5-2t^3+t$$

$$\frac{dS}{dt}=5t^4-6t^2+1=(5t^2-1)(t^2-1)$$

$$=(\sqrt{5}\,t+1)(\sqrt{5}\,t-1)(t+1)(t-1)$$

より，増減表は右のようになる。

t	0	…	$\frac{1}{\sqrt{5}}$	…	1
$\frac{dS}{dt}$		+	0	−	
S		↗	(極大)	↘	

よって，$t=\dfrac{1}{\sqrt{5}}=\dfrac{\sqrt{5}}{5}$　→ニ，ヌ のとき

最大値　$\left(\dfrac{\sqrt{5}}{5}\right)^5-2\left(\dfrac{\sqrt{5}}{5}\right)^3+\dfrac{\sqrt{5}}{5}$

$=\dfrac{16\sqrt{5}}{125}$　→ネ～ヘ

をとる。

Ⅳ　**解答**

(1)ホ．7　マ．8　(2)ミ．1　ム．2

(3)メ．3　モ．8　(4)ヤユ．19　ヨラ．54

解 説　≪さいころを投げるときの各ルールにおける勝者の決まる確率≫

(1)　このルールで，さいころを投げる回数が3回までてAが勝つのは

(i) 1回目に偶数の目が出るとき

(ii) 1回目は奇数の目が出て，2回目に偶数の目が出るとき

(iii) 1，2回目は奇数の目が出て，3回目に偶数の目が出るとき

の3通りがあり，これらは，互いに排反である。よって，求める確率は

$$\frac{1}{2}+\frac{1}{2}\times\frac{1}{2}+\frac{1}{2}\times\frac{1}{2}\times\frac{1}{2}=\frac{7}{8}$$ →ホ，マ

別解　Aが勝つ事象の余事象は「Aが負ける」事象であり，これは3回とも奇数の目が出るときなので，求める確率は

$$1-\left(\frac{1}{2}\right)^3=\frac{7}{8}$$

(2)　このルールで，さいころを投げる回数が3回まででAが勝つのは

(i) 1，2回目に偶数の目が出るとき

(ii) 1，3回目に偶数の目が出て，2回目に奇数の目が出るとき

(iii) 1回目に奇数の目が出て，2，3回目に偶数の目が出るとき

の3通りがあり，これらは互いに排反である。よって，求める確率は

$$\left(\frac{1}{2}\right)^2+\left(\frac{1}{2}\times\frac{1}{2}\times\frac{1}{2}\right)\times2=\frac{1}{2}$$ →ミ，ム

(3)　このルールで，さいころを投げる回数が3回まででAが勝つのは

(i) 1，2回目に偶数の目が出るとき

(ii) 3回とも奇数の目が出るとき

の2通りがあり，これらは互いに排反である。よって，求める確率は

$$\left(\frac{1}{2}\right)^2+\left(\frac{1}{2}\right)^3=\frac{3}{8}$$ →メ，モ

(4)　このルールで，さいころを投げる回数が3回まででAが勝つのは

(i) 1回目に6の目が出るとき

(ii) 1回目に6以外の目が出て，2回目に1回目に出た目との和が6になる目が出るとき

(iii) 3回の目の出方の組が(2，2，2)，(1，2，3)，(1，1，4)のとき

の3通りがあり，これらは互いに排反である。

(i)の確率は　$\frac{1}{6}$

(ii)の確率は1回目が5通りあり，それぞれについて2回目は1通りなので

$$\frac{5}{6}\times\frac{1}{6}=\frac{5}{36}$$

(iii)の確率は

(2, 2, 2) のとき　1通り

(1, 2, 3) のとき何回目にどの目を出すかで　$3!=6$ 通り

(1, 1, 4) のとき　$\frac{3!}{2!1!}=3$ 通り

であるから

$$\frac{1+6+3}{6^3}=\frac{10}{216}$$

以上(i)〜(iii)から，求める確率は

$$\frac{1}{6}+\frac{5}{36}+\frac{10}{216}=\frac{36+30+10}{216}=\frac{76}{216}$$

$$=\frac{19}{54}$$　→ヤ〜ラ

物理

I **解答**　(1)ア．5　イ．0　ウ．5　(2)エ．1　オ．7　カ．5
(3)キ．9　ク．0　ケ．5　(4)コ．7　サ．8　シ．1
ス．3

解説　≪運動量と力積，密閉気体の混合，点電荷による電場，原子核崩壊≫

(1)　求める力の大きさを F〔N〕とおくと，運動量の変化と力積の関係より

$$0-(1.2\times10^3)\left(36\times\frac{1000}{60^2}\right)=-2.4\times10^{-2}F$$

$$F=\frac{1.2\times10^3\cdot10}{2.4\times10^{-2}}=5.0\times10^5\text{〔N〕}\quad\rightarrow\text{ア〜ウ}$$

(2)　容器 A，B の絶対温度を T_A，T_B，体積を V_A，V_B，圧力を P_A，P_B，物質量を n_A，n_B とすると，コックを開く前は，気体定数を R として

$$n_A=\frac{P_AV_A}{RT_A},\quad n_B=\frac{P_BV_B}{RT_B}$$

コックを開いた後の圧力を P' とすると，絶対温度と体積は変わらないので，全体の物質量 n は

$$n=\frac{P'V_A}{RT_A}+\frac{P'V_B}{RT_B}$$

密閉気体であるから，$n_A+n_B=n$ より

$$\frac{P_AV_A}{RT_A}+\frac{P_BV_B}{RT_B}=\frac{P'V_A}{RT_A}+\frac{P'V_B}{RT_B}$$

$$P'=\frac{P_AV_AT_B+P_BV_BT_A}{V_AT_B+V_BT_A}=\frac{1.5\cdot0.02\cdot360+1.8\cdot0.04\cdot300}{0.02\cdot360+0.04\cdot300}\times10^5$$

$$=\frac{27}{16}\times10^5=1.68\times10^5\fallingdotseq1.7\times10^5\text{〔Pa〕}\quad\rightarrow\text{エ〜カ}$$

(3)　頂点 B，頂点 C にある電荷が点 O につくる電場 E_B，E_C は互いに打ち消しあうので，点 O に存在する電場は頂点 A にある電荷がつくる電場 E_A のみとなる。

$$E_A = 9.0\times10^9\times\frac{3.0\times10^{-4}}{(\sqrt{3})^2}$$

$$= 9.0\times10^5\,[\mathrm{N/C}]\quad\rightarrow キ〜ケ$$

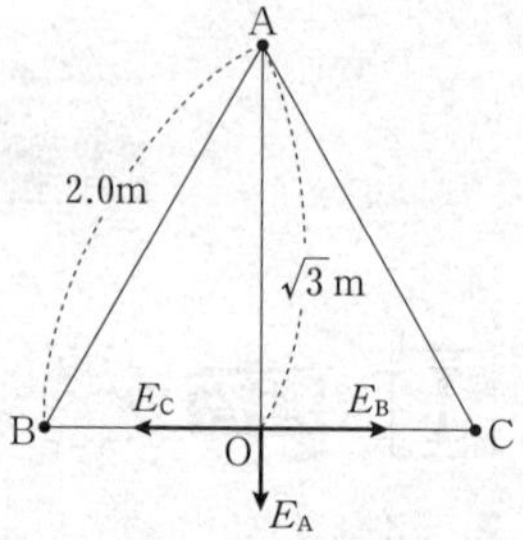

(4)　ラドン原子の質量と速さをそれぞれ M〔kg〕，V〔m/s〕，α 粒子の質量と速さをそれぞれ m〔kg〕，v〔m/s〕とすると，崩壊の前後で運動量保存則を考えて

$$0 = MV - mv \qquad v = \frac{M}{m}V$$

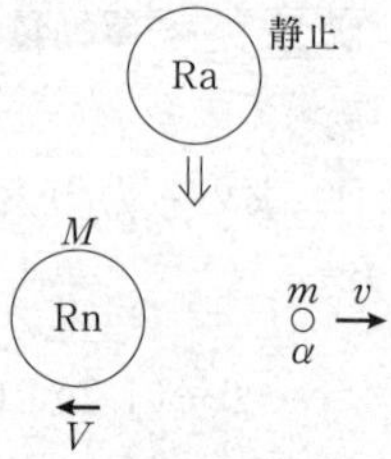

α 粒子の運動エネルギーは

$$\frac{1}{2}mv^2 = \frac{1}{2}m\left(\frac{M}{m}V\right)^2 = \frac{1}{2}MV^2\times\frac{M}{m}$$

今，$\frac{1}{2}MV^2 = 1.4\times10^{-14}$〔J〕より

$$\frac{1}{2}mv^2 = 1.4\times10^{-14}\times\frac{222}{4} = 7.77\times10^{-13} \fallingdotseq 7.8\times10^{-13}\,[\mathrm{J}]\quad\rightarrow コ〜ス$$

Ⅱ　解答　(1)セ－①　(2)ソ－③　(3)タ－⑦

解説　≪鉛直面内の円運動≫

(1)　ばねの弾性エネルギーが小球 A の運動エネルギーになるので，A の速さ v は

$$\frac{1}{2}mv^2 = \frac{1}{2}kl^2 \qquad \therefore\ v = l\sqrt{\frac{k}{m}}\quad\rightarrow セ$$

(2)　点 Q での A の速さ v_Q は，力学的エネルギー保存則より

$$\frac{1}{2}kl^2 = \frac{1}{2}mv_Q{}^2 + mgr(1+\cos\theta)$$

$$\therefore\ v_Q{}^2 = \frac{kl^2}{m} - 2gr(1+\cos\theta)$$

点 Q での垂直抗力の大きさを N〔N〕とおくと，円運動の運動方程式は，向心加速度 $\frac{v_Q{}^2}{r}$ より

$$m\frac{v_Q{}^2}{r} = N + mg\cos\theta$$

はなれるのは $N=0$ となるときなので

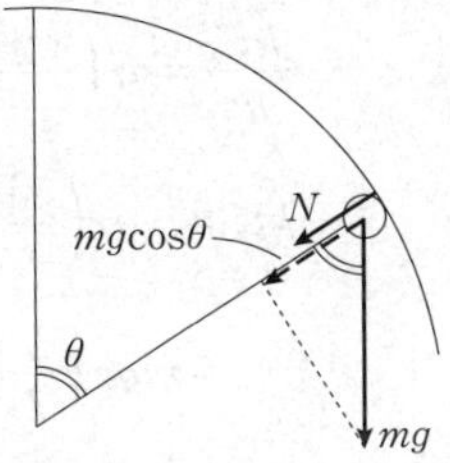

$$\frac{v_Q{}^2}{r}=g\cos\theta$$

$v_Q{}^2$ を代入して

$$\frac{kl^2}{mr}-2g(1+\cos\theta)=g\cos\theta$$

$$\therefore\quad \cos\theta=\frac{kl^2-2mgr}{3mgr}\quad \to ソ$$

(3)　点 Q での速度の x 成分 v_x は　　$v_x=v_Q\cos\theta$

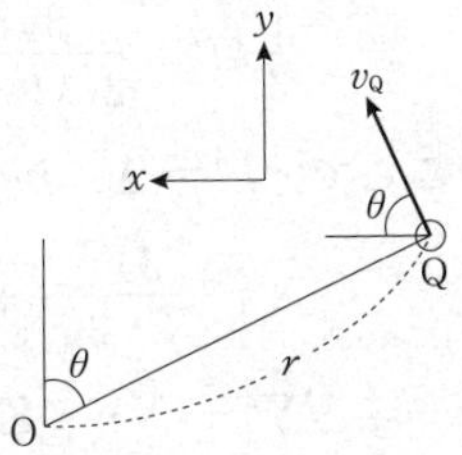

y 成分 v_y は　　$v_y=v_Q\sin\theta$　(x は左向きが正)

点 Q に達した時刻を $t=0$ として，そこから放物運動になる。x 方向に $r\sin\theta$ 進んだとき，点 Q を原点として y 座標が $-r\cos\theta$ となることから，中心点 O を通過する時刻を t とすると

$$v_xt=r\sin\theta$$

v_x を代入して

$$v_Q\cos\theta\cdot t=r\sin\theta\qquad \therefore\quad t=\frac{r}{v_Q}\tan\theta$$

y 座標は　　$y=v_yt-\dfrac{1}{2}gt^2$

であるが，時刻 t で $y=-r\cos\theta$ となるので

$$-r\cos\theta=v_Q\sin\theta\cdot\frac{r}{v_Q}\tan\theta-\frac{g}{2}\frac{r^2}{v_Q{}^2}\tan^2\theta$$

$$\frac{gr}{2v_Q{}^2}\tan^2\theta=\tan\theta\cdot\sin\theta+\cos\theta=\frac{1}{\cos\theta}$$

$$v_Q=\sqrt{\frac{gr}{2}\cos\theta\cdot\tan^2\theta}$$

また，点 P での速さを v_P とすると　　$v_P=l\sqrt{\dfrac{k}{m}}$

点 P と点 Q とで力学的エネルギー保存則より

$$\frac{1}{2}mv_P{}^2=\frac{1}{2}mv_Q{}^2+mgr(1+\cos\theta)$$

$$v_P{}^2=v_Q{}^2+2gr(1+\cos\theta)$$

$$\frac{kl^2}{m}=gr\left(\frac{\cos\theta\cdot\tan^2\theta}{2}+2+2\cos\theta\right)$$

$$kl^2=mgr\left(\frac{\sin^2\theta+\cos^2\theta}{2\cos\theta}+2+\frac{3}{2}\cos\theta\right)$$

$$=mgr\left\{\frac{1}{2}\left(\frac{3mgr}{kl^2-2mgr}\right)+2+\frac{3}{2}\left(\frac{kl^2-2mgr}{3mgr}\right)\right\}$$

$$=mgr\left\{\frac{3mgr}{2(kl^2-2mgr)}+2-1+\frac{kl^2}{2mgr}\right\}$$

$$\frac{1}{2}kl^2=\frac{3(mgr)^2}{2(kl^2-2mgr)}+mgr$$

ここで，$kl^2=X$，$mgr=Y$ とすると

$$X=\frac{3Y^2}{X-2Y}+2Y$$

$$X^2-4XY+Y^2=0$$

$$X=\frac{4Y\pm\sqrt{16Y^2-4Y^2}}{2}=(2\pm\sqrt{3})Y$$

$kl^2=X$ に X，Y を代入して　　$k=\dfrac{(2\pm\sqrt{3})mgr}{l^2}$

ここで，$k=\dfrac{(2-\sqrt{3})mgr}{l^2}$ のとき，(2)の $\cos\theta$ は負になる。

図の点Qの位置 $(0<\theta<90°)$ では $\cos\theta>0$ なので，これは不適。

したがって　　$k=\dfrac{(2+\sqrt{3})mgr}{l^2}$　→タ

III　解答　(1)チ－②　(2)ツ－⑦　(3)テ－④

解説　≪電流がつくる磁場と，電流が磁場から受ける力≫

(1)　辺AD上で I_1 がつくる磁場 H_1 は紙面の表から裏の向きへ

$$H_1=\frac{I_1}{2\pi b}$$

また，辺AD上で I_2 がつくる磁場 H_2 は，H_1 と逆向きに

$$H_2=\frac{I_2}{2\pi(a+c)}$$

今，$H_1=H_2$ より

$$\frac{I_1}{b}=\frac{I_2}{a+c} \qquad I_2=\frac{a+c}{b}I_1 \quad \to チ$$

(2)　コイルが受ける力は，辺 AB と辺 DC 部分の力は打ち消されるので，辺 BC が受ける力のみ考えればよい（辺 AD は合成磁場の強さが 0 なので力を受けない)。

辺 BC が，I_1 がつくる磁場から受ける力 F_1 は左向きに

$$F_1=\frac{\mu I_1 ia}{2\pi(a+b)}$$

辺 BC が，I_2 がつくる磁場から受ける力 F_2 は右向きに

$$F_2=\frac{\mu I_2 ia}{2\pi c}=\frac{\mu I_1 ia(a+c)}{2\pi bc}$$

右向きを正として，コイル全体が受ける力 F は

$$F=F_2-F_1=\frac{\mu I_1 i}{2\pi}\left\{\frac{a(a+c)}{bc}-\frac{a}{a+b}\right\}$$

$$=\frac{\mu a^2(a+b+c)i}{2\pi bc(a+b)}\times I_1 \quad \to ツ$$

(3)　導線 QR に流す電流の強さを I_2' とする。電流 I_1，I_2' がコイル上につくる磁場の向きは，いずれも紙面の表から裏へ向かう向きとなる。よって，辺 AD が受ける力 F_{AD} の向きは右向き，辺 BC が受ける力 F_{BC} の向きは左向きとなる。

$$F_{AD}=\frac{\mu I_1 ia}{2\pi b}+\frac{\mu I_2' ia}{2\pi(a+c)}$$

$$F_{BC}=\frac{\mu I_1 ia}{2\pi(a+b)}+\frac{\mu I_2' ia}{2\pi c}$$

$F_{AD}-F_{BC}=0$ なので

$$\frac{I_1}{b}+\frac{I_2'}{a+c}=\frac{I_1}{a+b}+\frac{I_2'}{c}$$

$$I_1\left(\frac{1}{b}-\frac{1}{a+b}\right)=I_2'\left(\frac{1}{c}-\frac{1}{a+c}\right)$$

$$I_1\cdot\frac{(a+b)-b}{b(a+b)}=I_2'\cdot\frac{(a+c)-c}{c(a+c)}$$

$$I_1\cdot\frac{a}{b(a+b)}=I_2'\cdot\frac{a}{c(a+c)}$$

$$\therefore \quad I_2'=\frac{c(a+c)}{b(a+b)}I_1 \quad \to テ$$

化学

Ⅰ

解答　問1．⑤　問2．⑤　問3．①　問4．④　問5．②
問6．⑥　問7．⑤　問8．②　問9．②　問10．④
問11．③　問12．②　問13．②　問14．④　問15．①

解説　≪小問15問≫

問1．単原子イオンの電子配置は，原子番号の最も近い希ガス（貴ガス）の電子配置と同じである。

問6．a．塩化水素を加えると中和により OH^- が減少するので，平衡は右に移動する。

b．塩化ナトリウムを加えても，平衡は移動しない。

c．希釈すると電離度が大きくなるので，平衡は右に移動する。

d．水酸化ナトリウムを加えると OH^- が増加するので，平衡は左に移動する。

問7．A をトタン，B をブリキという。A では，イオン化傾向が Zn＞Fe であることから，Fe より Zn が先に酸化されるので，Fe が酸化されにくくなる。

問8．生成熱を熱化学方程式で表すと

$$H_2(気)+\frac{1}{2}O_2(気)=H_2O(液)+286\,kJ \quad ……①$$

$$H_2(気)+\frac{1}{2}O_2(気)=H_2O(気)+242\,kJ \quad ……②$$

②−①より　$H_2O(液)=H_2O(気)-44\,kJ$

このことから，水の蒸発熱は 44kJ/mol で吸熱反応である。

問11．C_3H_8O で表される構造異性体は，次の3種類である。

$$CH_3-CH_2-\underset{\displaystyle OH}{\underset{|}{CH_2}} \qquad CH_3-\underset{\displaystyle OH}{\underset{|}{CH}}-CH_3 \qquad CH_3-CH_2-O-CH_3$$

(1)　OH 基の検出であるから，$CH_3-CH_2-\underset{\displaystyle OH}{\underset{|}{CH_2}}$ と $CH_3-\underset{\displaystyle OH}{\underset{|}{CH}}-CH_3$ の2種類。

(2)　穏やかに酸化するとアルデヒドを生じるので，第一級アルコールであるから，$\mathrm{CH_3{-}CH_2{-}\underset{\underset{OH}{|}}{CH_2}}$ の1種類。

Ⅱ　**解答**　問1．③　問2．②　問3．③　問4．②　問5．②

解説　≪2族元素の性質≫

問3．水酸化物の溶解度は，小さいものから順に次のようになる。

$$\mathrm{Mg(OH)_2 \ll Ca(OH)_2 < Sr(OH)_2 < Ba(OH)_2}$$

Ⅲ　**解答**　問1．⑤　問2．②　問3．②　問4．⑤　問5．④

解説　≪単糖と二糖の性質≫

問2．フェーリング液の反応または銀鏡反応は，還元性のある官能基を検出する。

問4．スクロース中にはヘミアセタール構造がなく，水溶液中でホルミル（アルデヒド）基を生じることはない。

Ⅳ　**解答**　問1．③　問2．④　問3．⑤　問4．②　問5．②
問6．④　問7．②　問8．⑤　問9．④　問10．①

解説　≪芳香族化合物の推定とそれらの性質≫

化合物 **A**～**F** は以下の物質である。

A. 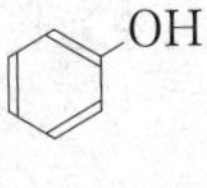

B. 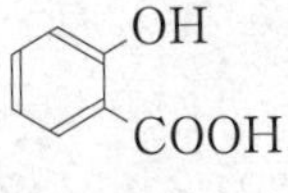

C. 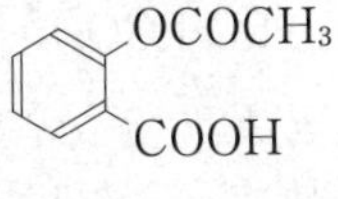

D. 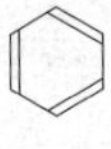

E. 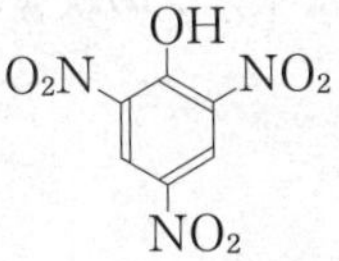

F. 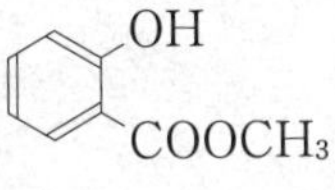

問1．物質量比にすると

$$\mathrm{C:H:O}=\frac{36}{12}:\frac{3}{1.0}:\frac{8}{16}=3:3:0.5=6:6:1$$

よって，**A** の組成式は $\mathrm{C_6H_6O}$ となる。

問5．**F**はサリチル酸メチルである。

a．誤り。**F**は液体である。

b．正しい。**B**と**F**は共に酸であるので，中和されて水酸化ナトリウム水溶液に溶ける。

c．誤り。炭酸より弱い酸であるフェノール性OH基と$NaHCO_3$は反応しない。一方で，カルボキシ基は$NaHCO_3$と反応する。これらのことから**B**は炭酸水素ナトリウム水溶液に溶けるが，**F**は溶けない。

d．誤り。水溶液は酸性を示す。

e．誤り。さらし粉水溶液の呈色反応は，アニリンを検出するために用いる。

問9・問10．化合物の移動は下図のようになる。

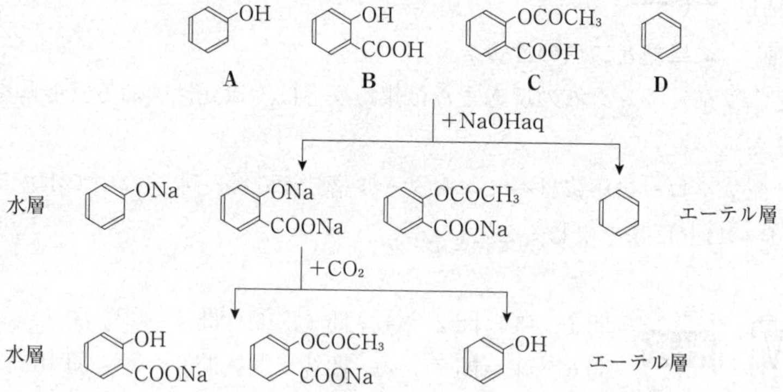

酸である物質は，NaOHにより中和され，水層に移動する。酸の強さは，

R−COOH＞$H_2CO_3(H_2O+CO_2)$＞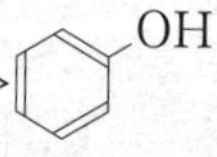

であるので，CO_2を通じること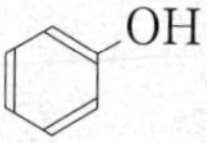

が遊離する。カルボキシ基はイオンの状態なので，水層に溶けたままとなる。

生物

I

解答

問1．②　問2．⑨　問3．⑤　問4．⑤　問5．②
問6．⑤　問7．③　問8．⑥　問9．①　問10．④
問11．③　問12．①　問13．④　問14．⑤　問15．②　問16．⓪
問17．③　問18．②　問19．⓪　問20．①

解説　≪小問20問≫

問1．多細胞生物の細胞は，膜タンパク質によって細胞接着を形成している。aのカドヘリンは接着結合やデスモソームにおいて，bのインテグリンはヘミデスモソームにおいて，それぞれ細胞外ではたらき，dのアクチンフィラメントは接着結合において細胞内ではたらいている。cのプロトロンビンは血液凝固，eのミオシンフィラメントは筋収縮に関与するタンパク質である。

問2．a・b．誤り。酵素は生体内で触媒としてはたらいており，反応において自身は変化しない。また，触媒は化学反応を進行するための活性化エネルギーを低下させることで，反応を促進する。

d．誤り。酵素反応の速度は，酵素と基質が結合した酵素-基質複合体が形成される頻度によって決まるので，基質濃度を上昇させるとしばらくは反応速度が上昇する。しかし，基質濃度が一定濃度以上になると，すべての酵素が常に基質と結合した状態になるため，反応速度は上昇せず一定になる。

問5．検定交雑の結果から，遺伝子型AaBbの個体がつくる配偶子の遺伝子型の比はAB：Ab：aB：ab＝4：1：1：4とわかる。AとB，aとbが連鎖していることから，AbとaBが組換えを起こした配偶子なので

$$\text{組換え価}=\frac{\text{組換えを起こした配偶子の数}}{\text{全配偶子の数}}\times 100$$

$$=\frac{1+1}{4+1+1+4}\times 100=20\,[\%]$$

となる。

問8．腎臓では，糸球体を通る血液に高い圧力がかかり，血液の成分のう

ち，水・各種イオン・グルコース・老廃物などの分子の小さい物質が，ほぼそのままの組成でボーマンのうへこし出される。このはたらきをろ過といい，ろ過されたものが原尿である。このとき，血球やタンパク質などの分子の大きい物質はろ過されない。

問10．自己免疫疾患とは，免疫により自分自身の正常な細胞や組織が攻撃されてしまうことによる疾患であり，関節にある細胞が標的となって関節が炎症を起こしたり変形したりするａの関節リウマチや，インスリンの分泌細胞が標的となるｅのⅠ型糖尿病などがある。ｂの食物アレルギー，ｃの花粉症，ｄのアナフィラキシーは，いずれも外界からの異物に対する免疫反応が過敏になることで起こるアレルギーの一種である。

問11．近くの物体を見るときには，レンズである水晶体が厚くなり焦点距離を短くする必要がある。そのため，毛様体の筋肉である毛様筋が収縮することでチン小帯が緩む。すると，水晶体を引っ張る力が弱まり水晶体の弾性によって厚さが増す。

問12．多くの被子植物の種子は胚乳に養分を蓄える。しかし，ａのエンドウやｂのナズナでは胚乳が発達せず子葉に養分を蓄える。このような種子を無胚乳種子という。

問17．このような個体数の調査方法を標識再捕法という。標識再捕法において全体の個体数は

$$\text{最初に捕獲して標識した個体数} \times \frac{\text{2度目に捕獲した個体数}}{\text{再捕獲された標識個体数}}$$

であるので

$$100 \times \frac{120}{15} = 800 \text{ 個体}$$

Ⅱ　解答　問1．②　問2．②　問3．①　問4．⑨　問5．⑤

解説　≪遺伝情報の転写調節≫

問1．分化した細胞では，その細胞に必要なタンパク質の遺伝子が発現している。①ヘモグロビンは赤血球に含まれていて酸素を運搬する。ただし，赤血球では核が退化しているので，ヘモグロビン遺伝子は赤血球のもとになる造血幹細胞で発現している。②クリスタリンは水晶体を構成するタン

パク質である。③アミラーゼはだ液に含まれデンプンを分解する酵素である。④インスリンはすい臓から分泌されるホルモンである。⑤ミオシンは筋肉に含まれ筋収縮に関わるタンパク質である。

問3．基本転写因子は，真核生物において RNA ポリメラーゼとともに遺伝子のプロモーターに結合するタンパク質である。また，ある遺伝子の転写を調節する遺伝子を調節遺伝子といい，調節遺伝子が発現して合成される調節タンパク質が，調節を受ける遺伝子の近傍にある転写調節領域に結合することで転写が調節（促進や抑制）される。

問4．a・b．誤り。真核生物では核内で転写が起こり，合成された mRNA が核外（細胞質）に移動してそこで翻訳が起こるため，転写と翻訳は同時には起こらない。一方，原核生物では転写途中の mRNA にリボソームが結合することで，両者が同時に起こる。

c．正しい。真核生物の遺伝子には翻訳されない領域であるイントロンが存在しており，この部分も転写される。したがって，転写の後に核内でこの部分を取り除く過程があり，これをスプライシングという。

d．誤り。一つのプロモーターによって調節され，DNA 上に隣接していて同時に転写される遺伝子群をオペロンというが，これは一般に原核生物のみにみられる。

e．正しい。真核生物では一つの転写調節因子（調節タンパク質）が複数の遺伝子の転写を調節することで，細胞に必要な各種遺伝子が発現し，細胞が分化する。

問5．ホルモンのうち，細胞内の受容体に結合するのは細胞膜を透過できる脂溶性のステロイドホルモンである。①～⑤のうちでステロイドホルモンは⑤糖質コルチコイドであり，その他は水溶性のペプチドホルモンである。

Ⅲ 解答 問1．⑤ 問2．⑥ 問3．④ 問4．① 問5．⑤

解説 ≪古生代の生物の進化≫

問2．バージェス動物群はカナダのロッキー山脈で化石が見つかったカンブリア紀の動物群であり，ｂのピカイアやｄのアノマロカリスの他にハルキゲニアやオパビニアなどが含まれる。ａのアンモナイトは中生代に繁栄した軟体動物，ｃのイクチオステガとｅのユーステノプテロンは，デボン紀に魚類から両生類が進化する過程で出現した動物である。

問３．ヤツメウナギはあごのない脊椎動物である無顎類に属し，胸びれ，腹びれ，うきぶくろをもたない。

問４．クックソニアはシルル紀に出現し，化石が確認されている最古の陸上植物で，維管束はない。リニアはその後に出現した維管束をもつ植物である。リンボクはさらにその後の石炭紀に繁栄し，森林を形成していたシダ植物である。

問５．ａ．誤り。シダ植物の前葉体は造精器と造卵器の両方をもっており，雄株と雌株の区別はない。

ｂ・ｃ．正しい。シダ植物の胞子体は根・茎・葉の区別がある植物体であり，維管束もみられる。

ｄ．誤り。重複受精は被子植物のみが行う。

ｅ．誤り。胚乳は種子の中にできるが，シダ植物は種子をつくらない。

Ⅳ　解答　問１．②　問２．①　問３．⑨　問４．③　問５．⑤

解説　≪体内におけるナトリウムの役割≫

問１．副腎皮質で産生される糖質コルチコイドは，脳下垂体前葉から分泌される副腎皮質刺激ホルモンの作用によって分泌が促進される。②チロキシンは甲状腺で産生され，脳下垂体前葉から分泌される甲状腺刺激ホルモンの作用によって分泌が促進される。①アドレナリンと③グルカゴンは交感神経，⑤インスリンは副交感神経の作用でそれぞれ分泌が促進される。④バソプレシンは間脳視床下部を構成する神経細胞でつくられ，脳下垂体後葉に神経分泌される。

問２．体液には血しょう（血液），組織液，リンパ液の３種があり，血管内を流れているのが血しょう，毛細血管から浸み出て細胞の周囲を満たしているのが組織液，組織液の一部がリンパ管に入ったものがリンパ液である。血清（けっせい）は血液が凝固したときの上澄みであり，血しょうとは異なる。

問３．ａ．誤り。細胞を低張液に入れると，より浸透圧の高い細胞内に水が流入し細胞の体積は増加する。

b．誤り。溶血とは赤血球を極端な低張液に入れたために水が流入し，膨張して破裂する現象である。

c．正しい。拡散とよばれる現象である。

d．誤り。膨圧とは，植物細胞を低張液に入れたときに水が流入し膨脹する際に細胞が細胞壁を押す圧力である。植物細胞を高張液に入れると水が流出して原形質分離をするので膨圧は発生しない。

問4．ニューロン（神経細胞）で生じた興奮が，1つの細胞内を伝わっていくことを伝導といい，他の細胞に伝わることを伝達という。シナプスはニューロンとニューロンの連結部であるため，空所1に入る語は伝達が適切である。

問5．興奮が軸索の末端（ここではシナプスとよんでいる）に到達すると，電位依存型のカルシウムチャネルが開いてカルシウムイオンの流入が起こり，このことによりシナプス間隙にノルアドレナリンなどの神経伝達物質が放出される。これを隣接する神経細胞の受容体が受け取るのだが，この受容体は伝達物質と結合することで開く伝達物質依存型のイオンチャネルであり，興奮性シナプスではナトリウムイオンなどの陽イオンを通すチャネルとなっていて，イオンの流入によりこの細胞の電位が上昇し興奮性シナプス後電位（EPSP）が発生することで活動電位が発生する。一方，神経伝達物質が伝わることで隣接する神経細胞の興奮を抑制するシナプス（抑制性シナプス）では，受容体が塩化物イオンなどの陰イオンを通すチャネルとなっており，イオンの流入によりこの細胞の電位が低下し抑制性シナプス後電位（IPSP）が発生することで活動電位の発生を抑制する。

問八 ②

問九 ①

問十 ③

問十一 ④

解説

問七 傍線部Bの含まれる段落に注目する。大きな空間を求める点は、全時代に共通している。その点を満たしている選択肢は②と③。③は「人々の集まりではなくもっぱら蒸気機関車や工場といった近代の産業を支える事物を収容するために」の部分が、本文に書かれていない。

問八 傍線部Cの直前に注目する。「アーチのほかに革新的な構法の進化はみられなかったが」以下の内容と合致するのは②である。

問九 傍線部Dの直前に注目する。「豊かになった社会ではオフィスや…地域的特色にあふれた建築形態を凌駕し」とあるので、正解は①である。

問十一 選択肢を「日常」と「非日常」に分けて考えてみるとよい。

容よりもスタイルのほうが重視され」という部分が言い過ぎである。

問九　傍線部Bの直後にある具体例の内容より、傍線部内の「世界をある一つの立場から整合的に語る」という内容を正しく説明しているのは、⑤の「首尾一貫した立場から描こうと試みられ」「視点を統合して…矛盾なく描写する」である。

問十　傍線部Cの次の段落に、「ここに言う『私』は作者を連想させつつも、あくまでもそれとは別物だ」とある。③は明確にこの部分と矛盾する。

問十一　傍線部D内の「私」とは本文における「黒子」のことである。傍線部Dの含まれる段落の四段落前に黒子の説明があり、「実は隠れた演技者である黒子が潜在していて、さまざまな矛盾を解消すべく、独自のパフォーマンスを繰り広げているのではあるまいか」とある。「隠れ」た状態で「矛盾を解消」する役割を担わせて、文章を書くという意味になる選択肢を選ぶ。

二

出典　毛谷村英治「文化ツーリズムの基礎としての建築学」（菊地俊夫・松村公明編著『よくわかる観光学3　文化ツーリズム学』朝倉書店）

解答

問一　ア―③　エ―②　サ―①

問二　イ―④　ウ―⑤　オ―③　ケ―①

問三　カ―⑤　キ―③

問四　①

問五　④

問六　③

問七　②

国語

一

出典 安藤宏『「私」をつくる――近代小説の試み』〈はじめに〉（岩波新書）

解答

問一 ア―④ コ―③ サ―⑤
問二 イ―③ キ―②
問三 ウ―④ エ―③ ケ―①
問四 ②
問五 ①
問六 ①
問七 ③
問八 ②
問九 ⑤
問十 ③
問十一 ②
問十二 ①

解説 問八 傍線部A中の「この」は、冒頭の「文章には、それぞれのヤクガラに合った、演じられるべきスタイルとでもいうべきものがある」の箇所を指す。同様の内容が書かれている選択肢は②である。③が紛らわしいが、「内

2022年度

問題と解答

■学校推薦型選抜　指定校推薦入試，一般推薦入試Ⅰ期

問題編

▶試験科目・配点

区分・学部(学科)		試験科目	配点
指定校推薦入試	保健医療・法・経営	小論文（800字以内）	100点
		面接	段階評価
	歯	小論文（800字以内）	100点
		基礎学力テスト（英語・理科）〈省略〉	100点
		面接	段階評価
一般推薦入試	保健医療（看護）	小論文（800字以内）	100点
		基礎学力テスト（英語・国語）〈省略〉	100点
		面接	段階評価
	保健医療（健康スポーツ科）・法・経営	小論文（800字以内）	100点
		面接	段階評価
	歯	小論文（800字以内）	100点
		基礎学力テスト（英語・理科）〈省略〉	100点
		面接	段階評価

▶備　考

上記および書類審査の総合判定により選抜。

小論文

（60 分
解答例省略）

■指定校推薦入試，一般推薦入試Ⅰ期

◀法学部法学科▶

現在の日本では，夫婦は，婚姻の際に夫か妻のどちらかの氏を選択することになっています（民法 750 条）。この「夫婦同氏制度」に対して，夫婦が望む場合には，夫婦それぞれが婚姻前の氏を婚姻後も名乗ることを認める制度，いわゆる「選択的夫婦別姓制度」の導入を求める意見が存在します。この選択的夫婦別姓制度に関して，それが導入された場合にどのようなメリットとデメリットがあるでしょうか。あなたの考えを 800 字以内で述べなさい。

◀経営学部経営学科▶

天然資源の有効活用や地球環境問題の解決のために「循環型社会」の実現が求められています。そうした中で，私たちの消費生活をどのように見直していけばよいのか，あなたの考えを 800 字以内で述べなさい。

◀保健医療学部看護学科▶

「看護師として患者に寄り添う」とはどういうことか，あなたの考えを 800 字以内で述べなさい。

◀保健医療学部健康スポーツ科学科▶

スポーツは，プレーする人本人だけでなく，周囲の人や社会に対しても大きな影響力を持つものです。あなたが，大学へ入学してからの4年間のスポーツ活動を想定してください。あなたのスポーツ活動は，社会に対してどのように貢献できる可能性を持つでしょうか。論拠を示して800字以内で述べなさい。

◀歯学部歯学科▶

現在，新型コロナウイルス感染症（COVID-19）の新規感染者数は全国的に低い状態にある。今後，全国的に新型コロナウイルス感染症の新規感染者数が急激に増加した場合を想定し，そのような状況下における歯科医療について，あなたの考えを800字以内で述べなさい。

■一般選抜　一般入試Ⅰ期Ａ日程

問題編

▶試験科目・配点

学部	教　科	科　　目	配　点
法・経営 保健医療	選　択	「コミュニケーション英語Ⅰ・Ⅱ，英語表現Ⅰ」，「数学Ⅰ・Ⅱ・Ａ」，「物理基礎・物理」，「化学基礎・化学」，「生物基礎・生物」，「国語総合（古文・漢文を除く）・現代文Ｂ」から２教科２科目選択。	200点
歯	外国語	コミュニケーション英語Ⅰ・Ⅱ，英語表現Ⅰ	100点
	選　択	「数学Ⅰ・Ⅱ・Ａ」，「物理基礎・物理」，「化学基礎・化学」，「生物基礎・生物」から１科目選択。	100点
	面　接		段階評価

▶備　考

上記および書類審査の総合判定により選抜。

【大学入学共通テストプラス入試】

- 法・経営・保健医療（健康スポーツ科）学部：一般入試の高得点１科目と大学入学共通テストの高得点１科目および書類審査で判定。
- 保健医療（看護）学部：一般入試の高得点１科目と大学入学共通テストの高得点２科目および書類審査で判定。
- 歯学部：一般入試の高得点１科目・面接と大学入学共通テストの高得点２科目および書類審査で判定。

英語

（2科目120分）

I　Read the sentences and complete each one with the most appropriate vocabulary item.
次の文(問1～5)の空所に入れるのに最も適当なものを，それぞれ下の①～④のうちから一つずつ選べ。

問1　Jimmy's little brother was having problems with a bully in his class, so Jimmy went to school with him to [1] him.

① protect　② provide　③ produce　④ promise

問2　Jenny didn't want to eat raw fish. She put a piece in her mouth and tried to chew it, but she couldn't [2] it and had to spit it out.

① consider　② convince　③ swallow　④ survive

問3　Ken didn't know that the fan he bought [3] batteries. He thought he could recharge it with a USB cable.

① required　② recovered　③ sourced　④ absorbed

問4　Nagano is famous for [4] such as lettuce, corn, and grapes.

① methods　② threats　③ crops　④ planets

問5　When Tim looked at his car after the accident, it was [5] that it would cost a lot to repair it.

① major　② obvious　③ unique　④ efficient

Ⅱ Read the dialogs and complete each one with the most appropriate choice.
次の対話文(問６～８)の空所に入れるのに最も適当なものを，それぞれ下の①～④のうちから一つずつ選べ。

問６ (At home)

A: Timmy, are you working at your part-time job on the weekend?

B: No, Mom, I don't [6] until next Tuesday. Why?

A: I was hoping that you could help me in the yard. There's lots to do.

B: Sure, but I'm going to the beach with my friends on Sunday afternoon.

① have any plans
② have to go in again
③ think I can work outdoors
④ plan to see my friends

問７ (In a shop)

A: I'm thinking of getting this shirt, but I really want to try it on. Would that be OK?

B: Sure. Let me [7].

A: Oh, thanks. I didn't know if it was all right to open it.

B: There you go. There's a mirror in the dressing room. Just in the back over there.

① take it out of the package
② know if we get any more
③ check the price right now
④ see if there is another one

問８ (At a zoo)

A: Aren't you coming to watch the dolphin show?

B: No, I'm going to go to the reptile house over there. I don't [8].

A: Really? But they're so cute and clever.

B: Yes, but I just don't think we should train animals to entertain us. It's not ethical.

① want to eat anything yet
② enjoy seeing animals in zoos
③ think dolphins are interesting
④ like to watch animals perform

Ⅲ　Read the passages and select the most appropriate choice for each blank.

次の文章(問9～11)を読み，空所に入れるのに最も適当なものを，それぞれ下の①～④のうちから一つずつ選べ。

問9　[9] is a marketing strategy that uses messages — audio, visual, and in print or other media — to promote or sell a product, service or idea. Typically, it is paid for by businesses who wish to promote their products or services.

① Advertising　② Education　③ Leisure　④ Illustration

問10　A [10] is a way of thinking about a phenomenon, or the results of such thinking. It is a way of thinking that tries to explain why something happens. It is often associated with such processes as observational study or research and represents the best interpretation of research findings to date.

① character　② representative　③ theater　④ theory

問11　[11] is an opinion about one's own skills and abilities. It generally indicates that a person accepts and trusts themself and has a sense of control. This opinion is not always related to a person's actual abilities, but is mostly based on perceptions.

① Template　② Vision　③ Memory　④ Confidence

Ⅳ Read the passage and select the most appropriate choice for each blank.

次の文章を読み, 空所(問12～17)に入れるのに最も適当なものを, それぞれ下の①～④のうちから一つずつ選べ。

There is a very famous myth from ancient Greece about a man and his son who flew into the sky on wings made of wax and feathers. Daedalus, the father, was a great inventor and builder from Athens. He [12] some fantastic things, but King Minos of Crete became angry with him. The king put him and his son in prison on Crete, [13] is an island. The two had no way to escape, and no boat to take them back to Athens. The king expected Daedalus and Icarus [14] there, but Daedalus was a very resourceful man.

Daedalus crafted two [15] of wings out of wax and feathers for himself and his son. Before using the wings, Daedalus warned his son not to fly too close to the sun, nor too close to the sea. Icarus promised to do so, but when he put on the wings and soared into the sky, he became too excited. The feeling of flying made him forget the danger. He flew too high and too close to the sun. [16] the heat of the sun, the wax in the wings began to melt. Icarus moved his wings as fast as he could, but soon he had no feathers [17], and began to fall. Daedalus watched his son fall into the sea. He called to him and followed him, but he was too late. Icarus drowned in the water.

	①	②	③	④
問12	make	making	has made	had made
問13	where	which	that	what
問14	dying	died	to die	will die
問15	pairs	pieces	units	items
問16	Because	Due to	Since	Despite
問17	left	in	over	lost

V Read the information and passage and answer the questions.
次の表と文章を読み，次のページの文(問18～21)の空所に入れるのに最も適当なものを，それぞれ下の①～④のうちから一つずつ選べ。

	May	June	July
Rainfall: Lehen	115 mm	151 mm	158 mm
Rainfall: Minami	169 mm	226 mm	279 mm
Sunshine: Lehen	186 hrs	201 hrs	226 hrs
Sunshine: Minami	200 hrs	153 hrs	168 hrs
High Temp: Lehen	15°C	20°C	25°C
High Temp: Minami	23°C	28°C	29°C

Minami Elementary School is a small school located on an island in the Seto Inland Sea in western Japan. There were only 18 students in sixth grade in 2020, but they were really lucky. Their new assistant language teacher (ALT) had started a program connecting an elementary school class from Lehen Elementary School in her hometown in Austria with the class in Japan. The English teacher had arranged for the classes to meet virtually once a week using an online video conferencing system. Both groups of students had been studying English for only a few short years, however, and it was difficult for them to communicate with each other beyond asking about names, ages, and favorite foods and music. For this reason, Ms. Tanaka, the regular homeroom teacher of the sixth grade class, came up with an idea. She designed an ongoing lesson where students would keep track of the weather and report to each other. That way, the students could have something to talk about.

At first it was really difficult. Describing weather trends requires some long words with difficult pronunciation such as "rainfall," and "temperature." The project continued for three months, and during that time, the students kept track of three things: amount of rainfall, number of hours of sunshine, and the average high temperature. At the end of each month, the total was calculated for sunshine and rain, and the average was calculated for the temperature.

Each week, the students took turns presenting their data. Two students were assigned each week to do the short presentation. Ms. Tanaka provided them with a template, but the students were responsible for filling in the data and practicing before the video sessions. Over the three months, the students in both countries began to get very excited about differences in the weather in each location. They learned about weather trends in their hometown, and thought about how the weather was different in another place.

問18 The chart shows that [18].

① the temperature is much warmer at Lehen than Minami
② the amount of sunshine at Lehen increases as summer progresses
③ Minami experiences considerably less rain than Lehen in summer
④ summer is much more comfortable for the students at Minami

問19 The idea of connecting the two classes [19].

① came from a request by the school in Austria
② was suggested by an assistant teacher in Japan
③ began with a research project led by Ms. Tanaka
④ was originally thought of by the social studies teacher

問20 The homeroom teacher was worried at first because [20].

① the Austrian students spoke English very well
② the Japanese students did not know enough about weather
③ students would not be able to communicate much
④ students would not be able to pronounce long words correctly

問21 During the video exchange program [21].

① a few students did all of the talking
② the teachers prepared all documents
③ students gradually began to lose interest
④ monthly totals for sunshine were calculated

VI　Read the passage and answer the questions.

次の文章を読み，次のページの問い（問22 ～ 25）の答えとして最も適当なものを，それぞれ下の①～④のうちから一つずつ選べ。

All through elementary school and middle school, Mika was my best friend. Our friendship started because we were part of the same group that walked to school every day. When we began our first year, the older students in grades five and six guided us to school together. We found out that we also had one more thing in common: we both went to the same English conversation school. Mika had started a few years before and was in an advanced group. Since I had started at the same time as I entered elementary shool, I was a total beginner and was in the beginner class. Because of that, our lessons were on different days.

English was our shared hobby. From third grade, we both began going to English summer camp every year. When we found out about it, we begged our families to let us go to the week-long camp. In total we attended four times, singing songs in English, playing games in English, and swimming in the lake. We also sent each other links for online videos in English, or English songs that we liked.

We both went to the same junior high school. We hated our lessons there because they were too simple. We got together regularly to complete our homework quickly and then tried to learn something more challenging on our own. Of course, we also did other things. Mika liked basketball, and I played soccer. But our love of English was like a glue that kept us connected. When it was time to choose a high school to apply to, the choice was clear. Only one high school in our area had a good international program, but it was hard to get in. We both studied extra hard. In the end, she got in and I didn't. I ended up going to my second-choice school, and my first week was really hard because I just didn't want to be there. I even thought about quitting school. But I stuck with it, and slowly I made some new friends and things improved.

A few months later, I found out about a district English speech contest. The prize was a scholarship to study for a summer in New Zealand. I entered immediately and began thinking of a topic. A month later the pamphlet with the names of participants and the titles of their speeches became available. When I read through the list, I noticed that Mika and I had almost identical titles. Mine was "How English Helped Me to Make a Best Friend" and hers was "If it weren't for English, I Wouldn't Have My Precious Friend."

問22 How did the author first become friends with Mika? [22]

① They walked to school together.
② They took younger students to school.
③ Mika took her to English conversation school.
④ Mika guided her to elementary school.

問23 What do we learn about the author's early English education? [23]

① She was better at English than Mika.
② She was in the same class as Mika.
③ She began a few years before her friend.
④ She began upon entering elementary school.

問24 Which of the following is true about how the two girls learned English in elementary school and junior high school? [24]

① They took special lessons online.
② They went to camp four years in a row.
③ They asked their teacher for extra assignments.
④ They joined a program to learn through sports.

問25 What happened to the two girls in high school? [25]

① Mika couldn't get into her first-choice school.
② The author originally liked her new school a lot.
③ They each wrote a speech about the other.
④ They helped each other to prepare for the contest.

数学

（2 科目 120 分）

解答欄記入上の注意

1　問題の文中の $\boxed{\text{ア}}$，$\boxed{\text{イ}}\boxed{\text{ウ}}$ などには，数字（0～9）又は符号（－）が入ります。ア，イ，ウ，・・・の一つ一つは，これらのいずれか一つに対応します。それらを解答用紙のア，イ，ウ，・・・で示された解答欄にマークして答えなさい。

2　分数形で解答する場合，分数の符号は分子につけ，分母につけてはいけません。

例えば，$\dfrac{\boxed{\text{エ}}\boxed{\text{オ}}}{\boxed{\text{カ}}}$ に $-\dfrac{2}{3}$ と答えたいときは，$\dfrac{-2}{3}$ として答えなさい。

また，それ以上約分できない形で答えなさい。

3　根号を含む形で解答する場合は，根号の中に現れる自然数が最小となる形で答えなさい。

例えば，$\boxed{\text{キ}}\sqrt{\boxed{\text{ク}}}$ に $4\sqrt{2}$ と答えるところを，$2\sqrt{8}$ のように答えてはいけません。

4　分数形で根号を含む形で解答する場合，$\dfrac{\boxed{\text{ケ}}+\boxed{\text{コ}}\sqrt{\boxed{\text{サ}}}}{\boxed{\text{シ}}}$ に $\dfrac{3+2\sqrt{2}}{2}$ と答えるところを，$\dfrac{6+4\sqrt{2}}{4}$ や $\dfrac{6+2\sqrt{8}}{4}$ のように答えてはいけません。

Ⅰ　以下の問いに答えよ。

(1)　$x=\sqrt{\dfrac{\sqrt{5}-1}{\sqrt{5}+1}}$ のとき，$x+\dfrac{1}{x}=\sqrt{\boxed{\text{ア}}}$，$x^2+\dfrac{1}{x^2}=\boxed{\text{イ}}$ である。

(2)　△ABC において $\dfrac{2}{\sin A}=\dfrac{3}{\sin B}=\dfrac{4}{\sin C}$ であるとき，$\cos C=\dfrac{\boxed{\text{ウ}}\boxed{\text{エ}}}{\boxed{\text{オ}}}$ である。

(3)　$\boxed{\text{カ}}$ 進法で表された数「2022」を 10 進数に直すと 262 になる。

Ⅱ　円 $x^2+y^2=1$ と直線 $y=-2x+k$ について，以下の問いに答えよ。ただし k は実数とする。

(1)　$k=1$ のとき，円と直線の共有点の座標は $\left(\boxed{\text{キ}},\ \boxed{\text{ク}}\right)$，$\left(\dfrac{\boxed{\text{ケ}}}{\boxed{\text{コ}}},\ \dfrac{\boxed{\text{サ}}\boxed{\text{シ}}}{\boxed{\text{ス}}}\right)$ である。

(2)　直線が円によって切り取られる線分をABとし，AOBが三角形となるとき，$\angle \mathrm{AOB}=\theta$ とする。ただしOは原点である。このとき $\cos\theta=\dfrac{\boxed{\text{セ}}}{\boxed{\text{ソ}}}k^2-\boxed{\text{タ}}$ である。

Ⅲ　1辺の長さが2の正四面体OABCについて，OAの中点をM，BCの中点をNとする。このとき，$\mathrm{ON}=\sqrt{\boxed{\text{チ}}}$，$\mathrm{MN}=\sqrt{\boxed{\text{ツ}}}$ であるから，平面OBCと平面MBCのなす角(鋭角)を θ とすると，$\cos\theta=\dfrac{\sqrt{\boxed{\text{テ}}}}{\boxed{\text{ト}}}$ である。また，直線MNに垂直な平面で四面体OABCを切断したとき，その切り口を底面とし頂点をMとする四角錐の体積 V の最大値は

$$V=\dfrac{\boxed{\text{ナ}}\boxed{\text{ニ}}\sqrt{\boxed{\text{ヌ}}}}{\boxed{\text{ネ}}\boxed{\text{ノ}}}$$

である。

Ⅳ　男子4人，女子3人が横一列に並ぶ。以下の問いに答えよ。

(1)　男女が交互に並ぶ並び方は $\boxed{\text{ハ}}\boxed{\text{ヒ}}\boxed{\text{フ}}$ 通りある。

(2)　女子が隣り合わない並び方は $\boxed{\text{ヘ}}\boxed{\text{ホ}}\boxed{\text{マ}}\boxed{\text{ミ}}$ 通りある。

(3)　両端の少なくとも一方が女子となる並び方は $\boxed{\text{ム}}\boxed{\text{メ}}\boxed{\text{モ}}\boxed{\text{ヤ}}$ 通りある。

物理

（2科目120分）

解答欄記入上の注意

1　問題 Ⅰ では，問題の文中の ア ， イ ， ウ ・・・などには数字（0 ～ 9）または符号（−）が入る。 ア ， イ ， ウ ・・・の一つ一つは，これらのいずれか一つに対応する。それらを解答用紙の ア ， イ ， ウ ・・・で示された解答欄にマークして答えよ。

その際，解答欄が指数表示形式の場合は最高位の数字は0ではないものとする。例えば， ア . イ $\times 10^{\text{ウ}}$ に 3.0×10^{2} と答えるところを，0.3×10^{3} 等のように答えてはならない。ただし，指数表示形式でない場合はこの限りではない。例えば ア . イ に 0.5 と答える設問はあり得る。

2　問題 Ⅱ 以降では，各文章の下に掲げた＜解答群＞の中から適切なものを一つ選び，その番号で答えよ。

I　解答欄記入上の注意に従って，次の各問いに答えよ。また，必要があれば地表での重力加速度の大きさを 9.80 m/s^2，円周率を 3.14 とし，$\sqrt{2}=1.41$，$\sqrt{3}=1.73$，$\sqrt{5}=2.24$，$\sqrt{7}=2.65$ を用いてよい。

(1)　自然長が 3.0 cm でばね定数が同じばね 4 本を図のようにつないで，10.0 cm 離れた壁の間に水平に張った。このとき，左端のばねの長さは，[ア].[イ] cm になる。

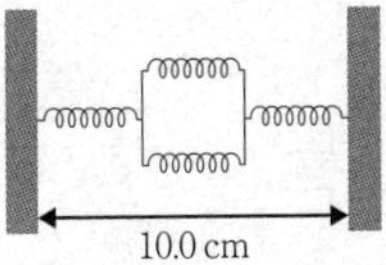

(2)　太さが一様で長さが 50.0 cm の一端が閉じたガラス管がある。空気中でガラス管の開口端の近くに発振器をつないだスピーカーを置き，音波をスピーカーから発生させる。音波の周波数を 0 からゆっくり増加させていく。最初に共鳴した音波の周波数は，[ウ][エ][オ] Hz である。次に，ヘリウムガスを満たした箱の中にガラス管を置き，十分時間がたった後，同様の実験をおこなった。最初に共鳴した音波の周波数は，[カ][キ][ク] Hz である。ただし，空気中の音の速さを 340 m/s，ヘリウムガス中の音の速さを 1020 m/s とし，ガラス管の開口端補正は無視できるものとする。

(3)　コイルに 2.0 A の電流が流れている。スイッチを切ると電流は減少し 0.010 秒後に 0 になり，コイル両端に 5.0 kV の起電力が誘導された。

スイッチを切る前にコイルに蓄えられていたエネルギーは，[ケ][コ] J である。ただし，コイルの電気抵抗は無視できるものとする。

(4)　量子数 n の定常状態における水素原子のエネルギー準位は，

$E_n = -\dfrac{13.6}{n^2}$ [eV] ($n = 1, 2, 3, \cdots$) で表される。電子が $n = 2$ から $n = 1$ の状態に移るときに，水素原子は光子を放出する。

この光子のエネルギーは，

[サ].[シ][ス] × 10$^{-[セ][ソ]}$ J である。

ただし，1 eV = 1.60×10^{-19} J とする。

Ⅱ　図のように，水平でなめらかな床の上に，質量 M のL字型の台が置かれている。台の右側の壁の上端から長さ l の軽くて伸び縮みしない糸によって，質量 m の小球がつり下げられている。小球の運動は，壁と垂直な鉛直面(紙面に平行な面)内に限られる。ただし，小球の大きさや空気抵抗は無視できるものとし，台は回転せず水平方向のみ運動し，重力加速度の大きさを g とする。以下の問いに答えよ。

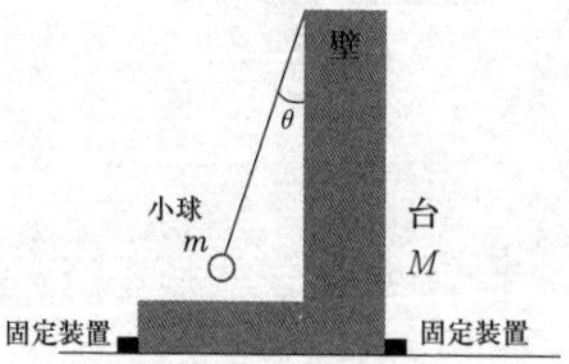

(1)　最初に，台を固定装置で床に固定した状態で実験をおこなった。糸が鉛直方向から角 θ 傾いた状態になるように小球を持ち上げ，静かにはなした。小球が壁に衝突する直前の速さは，［タ］である。ただし，$0<\theta<90°$ とする。

① $\sqrt{gl}$　② $\sqrt{2gl}$　③ $\sqrt{gl\cos\theta}$　④ $\sqrt{2gl\cos\theta}$

⑤ $\sqrt{gl(1-\cos\theta)}$　⑥ $\sqrt{2gl(1-\cos\theta)}$

⑦ $\sqrt{gl(1+\cos\theta)}$　⑧ $\sqrt{2gl(1+\cos\theta)}$

(2)　次に，台の固定装置を外して実験をおこなった。台が静止した状態で，位置が鉛直方向から角 θ 傾くように小球を持ち上げ，静かにはなした。小球が壁に衝突する直前の，床から見た小球の速さは，［チ］である。

① $\sqrt{gl(1-\cos\theta)}$　② $\sqrt{2gl(1-\cos\theta)}$

③ $\sqrt{\dfrac{mgl}{M}(1-\cos\theta)}$　④ $\sqrt{\dfrac{2mgl}{M}(1-\cos\theta)}$

⑤ $\sqrt{\dfrac{Mgl}{M+m}(1-\cos\theta)}$　⑥ $\sqrt{\dfrac{2Mgl}{M+m}(1-\cos\theta)}$

⑦ $\dfrac{m}{M}\sqrt{\dfrac{Mgl}{M+m}(1-\cos\theta)}$　⑧ $\dfrac{m}{M}\sqrt{\dfrac{2Mgl}{M+m}(1-\cos\theta)}$

(3)　この後，小球は壁に弾性衝突した。小球が壁に弾性衝突した直後の床から見た台の速さは，［ツ］である。

① $\sqrt{gl(1-\cos\theta)}$　　② $\sqrt{2gl(1-\cos\theta)}$

③ $\sqrt{\dfrac{mgl}{M}(1-\cos\theta)}$　　④ $\sqrt{\dfrac{2mgl}{M}(1-\cos\theta)}$

⑤ $\sqrt{\dfrac{Mgl}{M+m}(1-\cos\theta)}$　　⑥ $\sqrt{\dfrac{2Mgl}{M+m}(1-\cos\theta)}$

⑦ $\dfrac{m}{M}\sqrt{\dfrac{Mgl}{M+m}(1-\cos\theta)}$　　⑧ $\dfrac{m}{M}\sqrt{\dfrac{2Mgl}{M+m}(1-\cos\theta)}$

Ⅲ　図のように，平面ガラスの上に，一方が平面で他方が点Oを中心とする大きな半径Rの球面の一部になっている平凸レンズを載せ，上から平面ガラスに垂直に波長λの単色光を当てる。上から見ると，平凸レンズと平面ガラスの接点Cを中心とする同心円状の明暗のしま模様が観測できる。このしま模様をニュートンリングという。

点Cから距離r離れた平面ガラス上の点Aで反射した光と，点Aの直上の平凸レンズの球面上の点Bで反射した光の干渉を考える。ただし，AB間の距離dはRに比べて非常に小さいので，$d \fallingdotseq \dfrac{r^2}{2R}$と近似でき，空気の屈折率は1.0，平面ガラスと平凸レンズの屈折率はともに$n_g > 1.0$とする。以下の問いに答えよ。

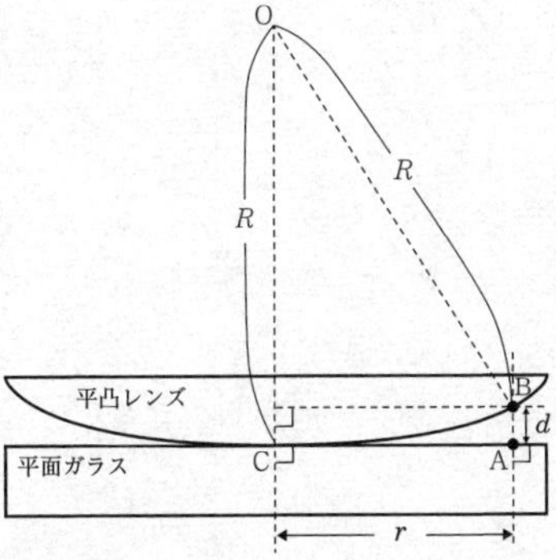

(1)　点A, Bで反射した光が強め合う場合のrは，［　テ　］である。

ただし，mは0以上の整数($=0, 1, 2, \cdots$)，Rが大きいため，点Bにおいて平凸レンズの球面は平面ガラスの面と平行とみなせるとする。

① $\sqrt{m\lambda R}$　　② $\sqrt{2m\lambda R}$　　③ $\sqrt{\left(m+\dfrac{1}{2}\right)\lambda R}$　　④ $\sqrt{\left(m-\dfrac{1}{2}\right)\lambda R}$

⑤ $m\lambda R$　　⑥ $2m\lambda R$　　⑦ $\left(m+\dfrac{1}{2}\right)\lambda R$　　⑧ $\left(m-\dfrac{1}{2}\right)\lambda R$

(2) 観測できるしま模様のうち中心部分を除いた明るい円環，暗い円環をそれぞれ明環，暗環とよぶ。小さい方からM番目と$M+1$番目の明環の半径 r_M，r_{M+1} の2乗の差 $(r_{M+1}{}^2-r_M{}^2)$ は，［ ト ］である。

① $\sqrt{\lambda}$　② $\sqrt{R}$　③ $\sqrt{\lambda R}$　④ $\sqrt{2\lambda R}$

⑤ λ　⑥ R　⑦ λR　⑧ $2\lambda R$

(3) 屈折率nの液体を平面ガラスと平凸レンズの間に入れると，明環，暗環の半径が全て，［ ナ ］倍になった。ただし，屈折率nは$1.0 < n < n_g$とする。

① $\dfrac{1}{\sqrt{n}}$　② $\dfrac{1}{\sqrt{n+1}}$　③ $\dfrac{1}{n}$　④ $\dfrac{1}{n+1}$

⑤ n　⑥ $n+1$　⑦ $2n$　⑧ $2n+1$

化学

（2科目120分）

必要であれば，次の値を使うこと。ただし，気体はすべて理想気体として扱うものとする。
原子量　H＝1.0，C＝12，N＝14，O＝16，Na＝23，Cl＝35.5
気体定数 $R=8.3\times10^3\,\mathrm{Pa\cdot L/(K\cdot mol)}$　アボガドロ定数 $N_A=6.0\times10^{23}/\mathrm{mol}$
標準状態における気体1 molの体積　22.4 L

I　次の問1～問15の空欄［ア］～［ソ］に当てはまるものを，それぞれの解答群から一つ選べ。

問1　分子結晶の一般的な性質に関する記述として，最も適当なものは［ア］である。
① 硬くこわれにくい。
② 融点の高いものが多い。
③ 固体は電気を導きやすい。
④ 融解液は電気をよく導く。
⑤ 昇華しやすいものがある。

問2　5種類の元素（ a ）～（ e ）について，原子の電子配置を表に示す。（ a ）～（ e ）の原子のうち，原子価が最も大きいものは［イ］である。

	元素	a	b	c	d	e
原子の電子配置	K殻	1	2	2	2	2
	L殻		4	5	6	7

① a　② b　③ c　④ d　⑤ e

問3　次の血しょう成分のうち，セロハン膜のような半透膜を通過できないものは［ウ］である。
① 水　② グルコース　③ アルブミン
④ 塩化物イオン　⑤ ナトリウムイオン

問4　炭素原子1個のおよその質量は［エ］gである。

① 1.0×10^{-23}　② 1.2×10^{-23}　③ 2.0×10^{-23}　④ 6.0×10^{-23}
⑤ 1.0×10^{23}　⑥ 1.2×10^{23}　⑦ 2.0×10^{23}　⑧ 6.0×10^{23}

問5　次の電池のうち，二次電池は［オ］である。
① 酸化銀電池　② リチウム電池　③ 空気亜鉛電池
④ アルカリマンガン乾電池　⑤ ニッケル・水素電池

問6　次の物質のうち，単結合のみからなるものは［カ］である。
① エタノール　② マレイン酸　③ アセチレン
④ プロピオン酸　⑤ アセトアルデヒド

問7　身の回りの化合物とその用途の組合せとして，最も適当なものは［キ］である。

	化合物	用途
①	炭酸水素ナトリウム	胃薬(制酸剤)
②	二酸化炭素(固体)	乾燥剤
③	酸化カルシウム	冷却剤
④	硫酸バリウム	建築材
⑤	硫酸カルシウム	造影剤

問8　プロパンの燃焼熱を表す熱化学方程式を示す。

$$C_3H_8(気) + 5O_2(気) = 3CO_2(気) + 4H_2O(液) + 2219\,kJ$$

プロパンを完全燃焼させ，一様に加熱して20℃の水10Lを100℃にするために必要なプロパンの物質量はおよそ［ク］molである。ただし，20℃の水の密度を1.0g/mL，比熱を4.2J/(g・K)とし，すべての熱が水に吸収されるものとする。
① 0.15　② 0.38　③ 1.5　④ 6.0　⑤ 15

問9　次の金属のうち，電気や熱を最もよく導くものは［ケ］である。
① 金　② 銀　③ 銅　④ 鉄　⑤ アルミニウム

問10　次の物質のうち，酸素を含む有機化合物は［コ］である。
① 硝酸　② メタン　③ アセトン
④ アセチレン　⑤ 二酸化炭素

問11　次のイオンのうち，形が直線形であるものは［サ］である。
① アンモニウムイオン　② オキソニウムイオン

③　ジアンミン銀(Ⅰ)イオン　　④　テトラアンミン銅(Ⅱ)イオン

⑤　テトラアンミン亜鉛(Ⅱ)イオン

問12　食塩 5 g 中のナトリウムのおよその質量は［シ］gである。

①　1　　②　2　　③　3　　④　4　　⑤　5

問13　窒素を図に示すように水上置換により捕集したところ，集気ビン内の水面と水槽内の水面の高さが一致したときの気体の体積は，27℃で830 mLであった。大気圧を1.0×10^5 Pa，水の飽和蒸気圧を4.0×10^3 Paとすると，得られた窒素の物質量は［ス］molである。

①　0.010

②　0.032

③　0.035

④　0.070

⑤　0.32

問14　次の物質を水に溶かした時の現象として，最も適当なものは［セ］である。

①　塩化アンモニウム：電離して中性を示す。

②　炭酸ナトリウム：電離して中性を示す。

③　硫酸ナトリウム：電離して生じるイオンが加水分解して塩基性を示す。

④　酢酸ナトリウム：電離して生じるイオンが加水分解して酸性を示す。

⑤　硫酸水素ナトリウム：電離して生じるイオンがさらに電離して酸性を示す。

問15　次の物質のうち，幾何異性体をもつものは［ソ］である。

①　1-ブテン　　②　2-ブテン　　③　プロペン

④　2-メチルプロペン　　⑤　2-メチルプロパン

Ⅱ ハロゲンに関する次の文章を読み，以下の問1～問5の空欄 タ ～ ト に当てはまるものを，それぞれの解答群から一つ選べ。

ハロゲン元素の原子は(A)個の価電子をもち，(B)価の(C)イオンになりやすい。単体は通常二原子分子であり，(D)ため，(E)としてはたらく。また，ハロゲンと水素の化合物は水によく溶けて，その水溶液は酸性を示す。

問1 次に示す周期表の概略図において，ハロゲン元素が含まれる領域は タ である。

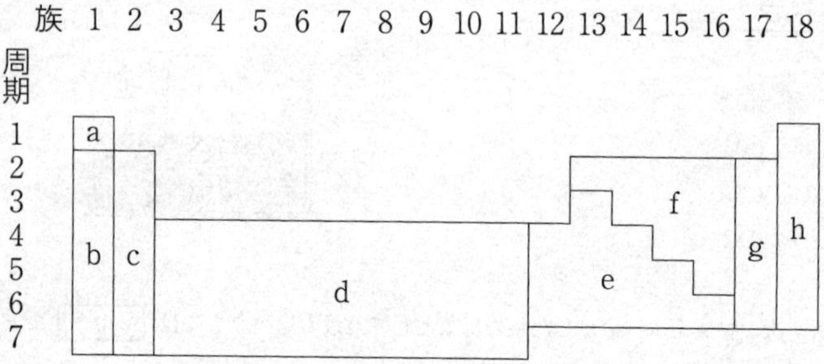

① a　② b　③ c　④ d
⑤ e　⑥ f　⑦ g　⑧ h

問2 文中の(A)～(C)に当てはまる数値と語句の組合せとして，正しいものは チ である。

	A	B	C
①	1	1	陽
②	2	2	陽
③	7	1	陽
④	1	1	陰
⑤	2	2	陰
⑥	7	1	陰

問3 文中の(D)(E)に当てはまる語句の組合せとして，最も適当なものは ツ である。

	D	E
①	電子を放出しやすい	酸化剤
②	電子を奪う力が強い	酸化剤
③	電子を放出しやすい	還元剤
④	電子を奪う力が強い	還元剤

問4　下線部に関して，ハロゲンのうち，周期表の第２周期から第５周期までの各周期に位置する４種類の元素を，順にW，X，Y，Zとするとき，その水素化合物が弱酸であるものは [テ] である。

①　W　　②　X　　③　Y　　④　Z

問5　問４と同様に４種類のハロゲン元素をW，X，Y，Zとするとき，（　E　）としての作用が最も強い単体は [ト] である。

①　W_2　　②　X_2　　③　Y_2　　④　Z_2

Ⅲ　有機化合物の成分元素分析に関する以下の問１～問５の空欄 [ナ] ～ [ノ] に当てはまるものを，それぞれの解答群から一つ選べ。

元素分析の実験１）２）の手順とその結果，および実験３）の手順と用いる元素分析装置の図を示す。

実験１）試料を酸化銅(Ⅱ)とともに試験管内で加熱した。その後，試料を付着させた白金線をガスバーナーの外炎に入れ，炎色反応を確認した。

実験２）試料に水酸化ナトリウム(固)を加えて加熱し，生じた気体㋑に濃塩酸をつけたガラス棒を近づけ，白煙が生じるのを確認した。

実験３）炭素と水素，および酸素からなる化合物を試料として，図に示した装置を用いて分析した。

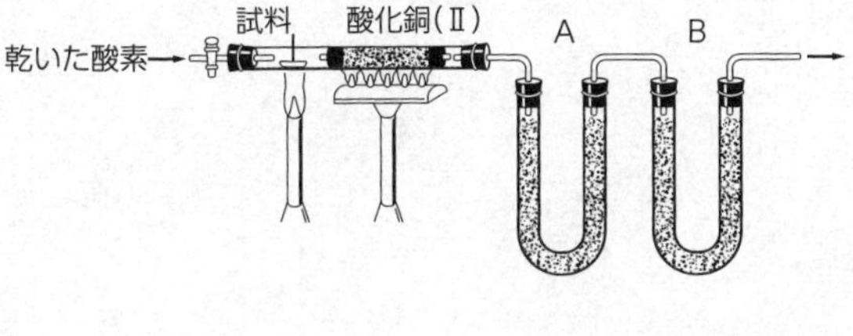

問１　実験１）で確認される有機化合物の成分元素は [ナ] である。

①　水素　　②　酸素　　③　炭素　　④　窒素　　⑤　塩素

問２　実験１）で確認された炎色反応の炎の色は [ニ] 色である。

①　黄　　②　紫　　③　赤　　④　橙赤　　⑤　青緑

問3　次の化合物のうち，実験2）で確認される成分元素を含む化合物は［ヌ］である。

①
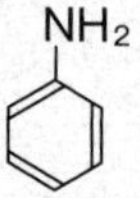

②
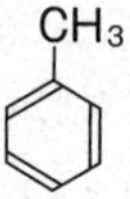

③
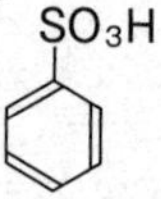

④
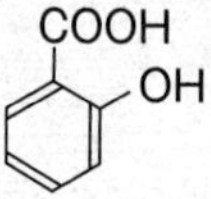

⑤
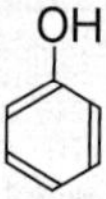

問4　実験2）の下線部㋑の気体は［ネ］である。

①　メタン　　②　硫化水素　　③　アンモニア

④　二酸化炭素　　⑤　二酸化硫黄

問5　実験3）の装置は有機化合物の組成式を求めるのに利用される。装置に使われているU字管A，B中の物質の組合せとして，最も適当なものは［ノ］である。

	A	B
①	炭酸ナトリウム	硫酸カルシウム
②	ソーダ石灰	塩化カルシウム
③	ソーダ石灰	硫酸カルシウム
④	炭酸ナトリウム	塩化カルシウム
⑤	硫酸カルシウム	炭酸ナトリウム
⑥	塩化カルシウム	ソーダ石灰
⑦	硫酸カルシウム	ソーダ石灰
⑧	塩化カルシウム	炭酸ナトリウム

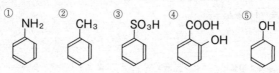

Ⅳ 繊維に関する次の文章を読み，以下の問１～問10の空欄 [ハ] ～ [モ] に当てはまるものを，それぞれの解答群から一つ選べ。

セルロースは天然繊維の一種である植物繊維の主成分である。セルロースはアミロースと同じく（　A　）が重合した構造㋑をもっているが，水に対する溶解性が大きく異なっている。それは，アミロースでは分子が（　B　）状の構造をとり，分子内で多くの（　C　）結合ができているが，セルロースでは（　D　）状の分子が平行に並び，分子間で（　C　）結合を形成し束になっているためである。このセルロースの束がさらに集まって繊維を形成している。天然繊維にはこのほかに動物繊維㋺もある。

人工的な方法で作られる化学繊維の中にもセルロースを原料とするものがあり，再生繊維㋩や半合成繊維㋥とよばれている。また，セルロースとは全く異なる物質を原料とする合成繊維㋭も数多い。これら高分子化合物の構造に共通する特徴は，その原料となった単量体に由来する基本単位の繰り返し構造をもつことである。

問１　（　A　）に当てはまる物質として，正しいものは [ハ] である。

①　グルコース　②　ラクトース　③　スクロース
④　フルクトース　⑤　ガラクトース

問２　下線部㋑について，重合反応の種類と形成された結合の名称との組合せとして，最も適当なものは [ヒ] である。

	反応の種類	結合の名称
①	付加重合	グリコシド結合
②	付加重合	ペプチド結合
③	付加重合	エステル結合
④	開環重合	グリコシド結合
⑤	開環重合	ペプチド結合
⑥	縮合重合	エステル結合
⑦	縮合重合	グリコシド結合
⑧	縮合重合	ペプチド結合

問３　（　B　）～（　D　）に当てはまる語句の組合せとして，正しいものは [フ] である。

	B	C	D
①	らせん	イオン	直線
②	ひだ	イオン	らせん
③	直線	イオン	ひだ
④	らせん	水素	直線
⑤	ひだ	水素	らせん
⑥	直線	水素	ひだ
⑦	らせん	共有	直線
⑧	ひだ	共有	らせん
⑨	直線	共有	ひだ

問4　下線部㋑に関して，セルロースの構造を調べるために次の実験を行った。

<u>糖類のメチル化分析</u>

セルロースのヒドロキシ基を完全にメチル化してメトキシ基（$-OCH_3$）に変換した。そののち希硫酸存在下で完全に加水分解すると，構成単位である単糖間の結合だけが加水分解され，<u>部分的にメチル化を受けていないヒドロキシ基をもつ生成物が得られた</u>㋬。

次の化合物のうち，下線部㋬に当てはまる生成物として考えられるものは［ヘ］である。

a
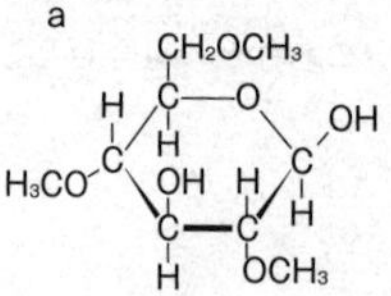

b
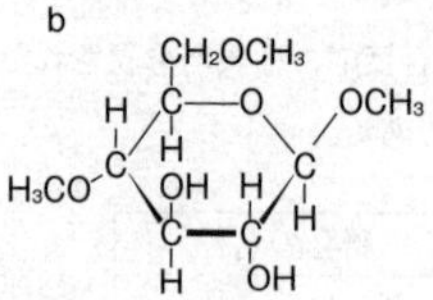

c
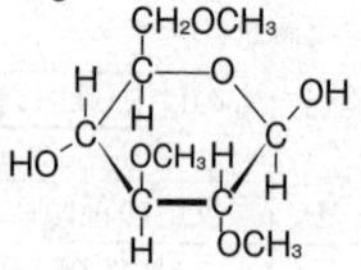

d
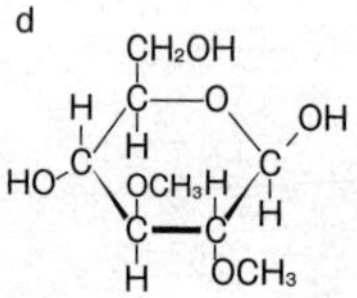

e
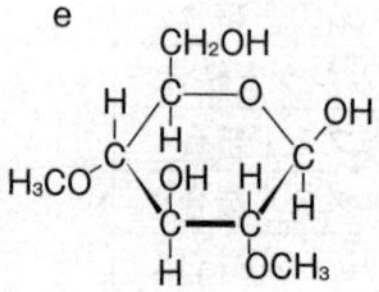

①　aのみ　　②　bのみ　　③　cのみ　　④　dのみ　　⑤　eのみ
⑥　a，b　　⑦　b，c　　⑧　c，d　　⑨　d，e　　⓪　a，c

問5　下線部㋺の主成分として，最も適当なものは［ホ］である。

①　核酸　　②　油脂　　③　脂肪酸
④　多糖類　　⑤　タンパク質

問6　下線部㋩の例として，正しいものは［マ］である。

①　麻　　②　絹　　③　ビニロン

④　ナイロン 66　　⑤　ビスコースレーヨン

問7　下線部㊁の一種であるアセテート繊維に関する記述として，最も適当なものは［ミ］である。

①　セルロースに無水酢酸を作用させて合成する。

②　セルロースにメタノールを作用させて合成する。

③　セルロースのヒドロキシ基がメチル化されている。

④　セルロースにシュバイツァー試薬を作用させて合成する。

⑤　セルロースのヒドロキシ基が濃硝酸によりニトロ化されている。

問8　下線部㋭の一種であるポリエチレンテレフタラートの合成に用いる単量体として，正しいものは［ム］である。

①　フタル酸のみ

②　テレフタル酸のみ

③　テレフタル酸とポリエチレン

④　フタル酸とエチレングリコール

⑤　テレフタル酸とエチレングリコール

問9　下線部㋭の一種であるポリアクリロニトリルは，単量体である $CH_2=CH-C\equiv N$（アクリロニトリル）が重合している。平均分子量が 1.06×10^5 のポリアクリロニトリルの重合度として，最も適当なものは［メ］である。

①　2.00×10^3　　②　2.16×10^3　　③　3.00×10^3

④　4.00×10^3　　⑤　6.24×10^3

問10　次の物質のうち，近年，手術糸などに用いられている生分解性高分子の単量体は［モ］である。

①　乳酸　　②　フタル酸　　③　アジピン酸

④　テレフタル酸　　⑤　アクリル酸ナトリウム

生物

（2科目120分）

Ⅰ　次の問い(問1～20)について，正しいものを一つ選べ。
［解答記号 ア ～ ト ］

問1　原核細胞に関する説明で正しいのはどれか。 ア

a 細胞の周囲を細胞膜と細胞壁が取り囲む。

b ミトコンドリアにおいてＡＴＰが産生される。

c 細胞質基質にＤＮＡが存在する。

d ｍＲＮＡのスプライシングが起こらない。

e 細胞が分裂する時に紡錘体が観察される。

① abc　② abd　③ abe　④ acd　⑤ ace　⑥ ade　⑦ bcd　⑧ bce　⑨ bde　⓪ cde

問2　生体膜がみられる細胞小器官はどれか。 イ

a 核　b ゴルジ体　c リボソーム　d リソソーム　e 中心体

① abc　② abd　③ abe　④ acd　⑤ ace　⑥ ade　⑦ bcd　⑧ bce　⑨ bde　⓪ cde

問3　カドヘリンが関わる細胞間結合はどれか。 ウ

a 接着結合　b 密着結合　c ギャップ結合

d デスモソーム　e ヘミデスモソーム

① ab　② ac　③ ad　④ ae　⑤ bc　⑥ bd　⑦ be　⑧ cd　⑨ ce　⓪ de

問4　ＡＴＰに蓄えられたエネルギーを消費する過程を含む現象はどれか。 エ

a モータータンパク質による物質の移動

b 肝臓におけるグリコーゲンの分解

c 酵母によるアルコール発酵

d 糸球体における血液成分のろ過

e チャネルを介した細胞内への物質輸送

① ab　② ac　③ ad　④ ae　⑤ bc　⑥ bd　⑦ be　⑧ cd　⑨ ce　⓪ de

問5　光合成に硫化水素を用いるのはどれか。 オ

a 硝酸菌　b 亜硝酸菌　c 硫黄細菌　d 紅色硫黄細菌　e 緑色硫黄細菌

① ab　② ac　③ ad　④ ae　⑤ bc　⑥ bd　⑦ be　⑧ cd　⑨ ce　⓪ de

問6　真核生物における遺伝情報の翻訳に関する説明で正しいのはどれか。 カ

a　タンパク質の合成は，ｍＲＮＡへの転写と同時に進行する。

b　ｒＲＮＡは，ｍＲＮＡに指定されたアミノ酸を運ぶ。

c　滑面小胞体に付着するリボソームでタンパク質が合成される。

d　メチオニンを指定するコドンと開始コドンは同じである。

e　塩基の置換が起こっても，指定するアミノ酸が変化しない場合がある。

① ab　② ac　③ ad　④ ae　⑤ bc　⑥ bd　⑦ be　⑧ cd　⑨ ce　⓪ de

問7　真核生物において２本鎖ＤＮＡがタンパク質に巻きついて形成される染色体の基本構造はどれか。 キ

① キアズマ　② ヒストン　③ クロマチン

④ セントロメア　⑤ ヌクレオソーム

問8　毛細血管の壁からしみ出た液体の名称はどれか。 ク

① 血しょう　② 血清　③ リンパ液　④ 組織液　⑤ 細胞内液

問9　交感神経がつながる場所はどれか。 ケ

① 脊髄　② 大脳　③ 中脳　④ 小脳　⑤ 延髄

問10　異物に対する食作用を示し，抗原提示能をもつのはどれか。 コ

① 好中球　② ＮＫ細胞　③ キラーＴ細胞

④ ヘルパーＴ細胞　⑤ マクロファージ

問11　免疫力が低下したときに起こるのはどれか。 サ

① 花粉症　② 日和見感染　③ 関節リウマチ

④ 食物アレルギー　⑤ アナフィラキシー

問12　出芽によって増殖するのはどれか。 シ

a　ウニ　b　ヒドラ　c　酵母菌　d　スギゴケ　e　ゾウリムシ

① ab　② ac　③ ad　④ ae　⑤ bc　⑥ bd　⑦ be　⑧ cd　⑨ ce　⓪ de

問13　細胞周期と体細胞分裂について正しいのはどれか。 ス

① 細胞に含まれるＤＮＡ量はＳ期に２倍になる。

② 間期はG_1期とG_2期に分けられる。

③ Ｍ期の前期に染色体が赤道面に整列する。

④ M期の後期に細胞質分裂が完了する。

⑤ G_2期の染色体は光学顕微鏡で観察できる。

問14　胚乳が発達している種子をもつのはどれか。 セ

a カキ　b クリ　c ナズナ　d エンドウ　e トウモロコシ

① ab　② ac　③ ad　④ ae　⑤ bc　⑥ bd　⑦ be　⑧ cd　⑨ ce　⓪ de

問15　視覚器を構成する構造物のうち，遠近調節に関与するのはどれか。 ソ

a 角膜　b 水晶体　c 毛様体　d チン小帯　e 網膜

① abc　② abd　③ abe　④ acd　⑤ ace　⑥ ade　⑦ bcd　⑧ bce　⑨ bde　⓪ cde

問16　地中海性気候の地域にみられるバイオームはどれか。 タ

① 針葉樹林　② 照葉樹林　③ 夏緑樹林　④ 硬葉樹林　⑤ 雨緑樹林

問17　生態系内で食物網の上位にあって，他の生物に大きな影響を与える生物種を示す用語はどれか。 チ

① 優占種　② 極相種　③ 絶滅危惧種

④ パイオニア種　⑤ キーストーン種

問18　収束進化(収れん)に当てはまる生物の組合せはどれか。 ツ

a ヒトとチンパンジー　b イルカと魚竜　c ランとスズメガ

d モモンガとフクロモモンガ　e カモノハシとシーラカンス

① ab　② ac　③ ad　④ ae　⑤ bc　⑥ bd　⑦ be　⑧ cd　⑨ ce　⓪ de

問19　シダ植物の胞子体にみられるのはどれか。 テ

a 茎　b 仮根　c 維管束　d 造精器　e 造卵器

① ab　② ac　③ ad　④ ae　⑤ bc　⑥ bd　⑦ be　⑧ cd　⑨ ce　⓪ de

問20　植物の維管束系に属しているのはどれか。 ト

a 師管　b 道管　c さく状組織　d 海綿状組織　e 表皮細胞

① ab　② ac　③ ad　④ ae　⑤ bc　⑥ bd　⑦ be　⑧ cd　⑨ ce　⓪ de

Ⅱ　酵素に関する次の文章を読み，以下の問い(問１～５)に答えよ。
[解答記号 ナ ～ ノ]

生体内では (a)酵素とよばれる物質の働きによって，さまざまな化学反応が効果的に進行する。酵素には固有の立体構造をもつ活性部位があり，そこに適合する基質が結合し，反応後に生成物ができる。

酵素反応は，温度の上昇とともに速度が増加する。しかし，ある一定の温度以上になると，反応速度は急速に低下する。酵素反応は，(b)反応溶液のpHの影響も受ける。多くの酵素は，強い酸性やアルカリ性のもとでは反応速度は急速に低下する。このように外的条件によって活性が失われることを酵素の (c)失活という。

また，酵素反応の速度は，基質以外の物質が酵素に結合することでも低下する。例えば，基質と似た構造をもつ物質が活性部位に結合して酵素反応を阻害することがある。このような作用を(　1　)阻害という。一方，活性部位とは異なる部分に結合する物質によって，酵素反応が阻害されることがある。このような作用を(　2　)阻害と呼ぶ。

このほかに，(d)酵素反応の速度は，基質濃度や酵素濃度を変えた場合でも変化する。

問１　下線部(a)について，酵素の特徴はどれか。正しい組合せを一つ選べ。 ナ

a　無機触媒と呼ばれる。

b　活性化エネルギーを低下させる。

c　反応エネルギーを増加させる。

d　反応の前後で構造が変化しない。

e　反応の前後で活性が変化しない。

①　abc　②　abd　③　abe　④　acd　⑤　ace　⑥　ade　⑦　bcd　⑧　bce　⑨　bde　⓪　cde

問２　下線部(b)について，次の酵素の最適pHで正しい組合せはどれか。一つ選べ。 ニ

	[だ液アミラーゼ]	[トリプシン]	[ペプシン]
①	pH2	pH7	pH8
②	pH2	pH8	pH7
③	pH7	pH2	pH8
④	pH7	pH8	pH2
⑤	pH8	pH2	pH7
⑥	pH8	pH7	pH2

問３　下線部(c)の失活について正しい組合せはどれか。一つ選べ。 ヌ

a　失活が起こる温度は，一般に60～70℃以上である。

b　補酵素を必要とする酵素では，失活が起こらない。

c　タンパク質に水素イオンが結合する。

d　タンパク質のアミノ酸配列が変化する。

e　タンパク質の立体構造が壊れる。

①ab　②ac　③ad　④ae　⑤bc　⑥bd　⑦be　⑧cd　⑨ce　⓪de

問4　前の文章中の(　1　)，(　2　)に入る語句の組合せで正しいのはどれか。一つ選べ。
[ネ]

	(　1　)	(　2　)
①	競争的	非競争的
②	競争的	アロステリック
③	非競争的	競争的
④	非競争的	アロステリック
⑤	アロステリック	競争的
⑥	アロステリック	非競争的

問5　下線部(d)について，酵素反応による生成物の量と反応時間との関係を図に示す。実線aは，ある基準の条件での生成物の量と反応時間との関係を示したものである。基質濃度または酵素濃度のみを2倍に変化させた場合のグラフはどれか。正しい組合せを一つ選べ。[ノ]

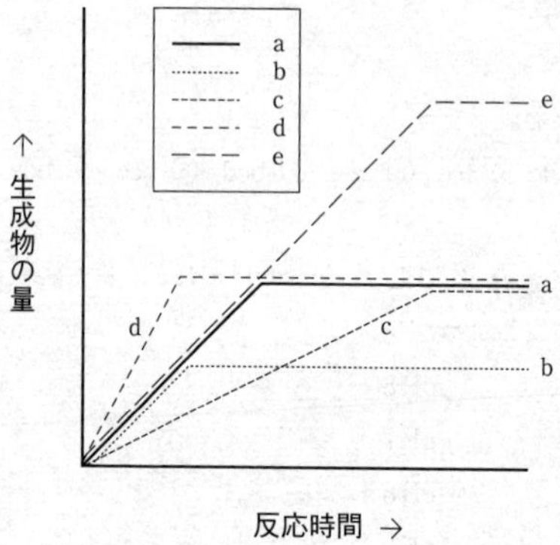

［基質濃度２倍］	［酵素濃度２倍］	
①	b	c
②	b	d
③	c	d
④	c	e
⑤	d	b
⑥	d	c
⑦	d	e
⑧	e	b
⑨	e	c
⓪	e	d

Ⅲ　原生生物に関する次の文章を読み，以下の問い(問１～５)に答えよ。
［解答記号 ハ ～ ホ ］

真核生物のうち最も単純なからだの構造をもつ原生生物には，単細胞生物と多細胞生物，従属栄養生物と (a)独立栄養生物など多様な種が含まれる。生物の分類における原生生物界は，かつては原始的な真核生物と細菌などの原核生物によって構成されていたが，1969年に(　1　)が提唱した(　2　)で初めて真核生物のみを含む区分に改められた。

原生生物のうち，原生動物と呼ばれるものは (b)鞭毛や繊毛を波打たせる，あるいは細胞質の流動によって形成された仮足を伸ばすなどの方法で運動する。原生動物の一つであるえり鞭毛虫は，(c)ある種の無脊椎動物のからだを構成する細胞に構造が似ていることから，動物の祖先となったグループであると考えられている。

また，藻類は植物と同じように，葉緑体によって光合成を行う原生生物である。藻類と植物の葉緑体にはクロロフィルａという光合成色素がともにみられる一方，それ以外の光合成色素の種類には違いがみとめられる。藻類の中でも(　3　)の葉緑体には植物と同じ(　4　)が存在して，このような共通性は(　3　)から植物が進化したと考える根拠の一つとなっている。

問１　下線部(a)の独立栄養生物であるのはどれか。正しい組合せを一つ選べ。 ハ

a　ゾウリムシ　　b　アメーバ　　c　ボルボックス
d　クロレラ　　e　ムラサキホコリカビ

①　ab　②　ac　③　ad　④　ae　⑤　bc　⑥　bd　⑦　be　⑧　cd　⑨　ce　⓪　de

問2 上の文章中の(1), (2)に入る語句の組合せで正しいのはどれか。一つ選べ。 [ヒ]

	(1)	(2)
①	ヘッケル	三界説
②	ヘッケル	五界説
③	ヘッケル	3ドメイン説
④	リンネ	三界説
⑤	リンネ	五界説
⑥	リンネ	3ドメイン説
⑦	ホイッタカー	三界説
⑧	ホイッタカー	五界説
⑨	ホイッタカー	3ドメイン説

問3 下線部(b)について，鞭毛と繊毛の運動，仮足の形成にそれぞれ関与する細胞骨格の組合せで正しいのはどれか。一つ選べ。 [フ]

	[鞭毛と繊毛の運動]	[仮足の形成]
①	アクチンフィラメント	中間径フィラメント
②	アクチンフィラメント	微小管
③	微小管	中間径フィラメント
④	微小管	アクチンフィラメント
⑤	中間径フィラメント	微小管
⑥	中間径フィラメント	アクチンフィラメント

問4 下線部(c)に相当する無脊椎動物のグループはどれか。一つ選べ。 [ヘ]

① 環形動物　② 線形動物　③ 扁形動物　④ 海綿動物　⑤ 刺胞動物

問5 前の文章中の(3), (4)に入る語句の組合せで正しいのはどれか。一つ選べ。 [ホ]

	(3)	(4)
①	褐藻類	クロロフィルb
②	褐藻類	クロロフィルc
③	紅藻類	クロロフィルb
④	紅藻類	クロロフィルc
⑤	シャジクモ類	クロロフィルb
⑥	シャジクモ類	クロロフィルc

Ⅳ　炭素循環に関する次の文章を読み，以下の問い(問1～5)に答えよ。
［解答記号 マ ～ モ ］

炭素は生体物質の合成に欠かせない成分であり，生態系のなかを循環し，くり返し利用されている。炭素は，炭水化物やタンパク質，核酸などの(a)有機物には必ず含まれており，もとをたどれば大気中に含まれていた二酸化炭素に由来する。

大気中の二酸化炭素は，(　1　)によって生産者のからだに取りこまれて有機物に変えられる。有機物中の炭素は，食物連鎖を通じて消費者のからだに移動する。有機物の一部は(　2　)に用いられ，再び二酸化炭素として大気中に戻される。生産者や消費者の枯死体・遺体・排出物中の有機物は，分解者の(　2　)によって再び大気中に戻る。(b)このように大気中の二酸化炭素は生態系のなかで循環している。近年，(c)化石燃料の大量消費により，生物以外による大気中への二酸化炭素の放出が増加している。

また，大気中の二酸化炭素は海水中に溶けこむ。(d)サンゴは海水中の二酸化炭素を材料にして骨格をつくり，その堆積物から石灰石や大理石が生成される。

問1　下線部(a)について，動物細胞の有機物で最も多いのはどれか。一つ選べ。 マ

①　脂質　　②　DNA　　③　RNA　　④　炭水化物　　⑤　タンパク質

問2　上の文章中の(　1　)，(　2　)に入る語句の組合せで正しいのはどれか。一つ選べ。
ミ

	(　1　)	(　2　)
①	光合成	呼吸
②	光合成	捕食
③	呼吸	光合成
④	呼吸	捕食
⑤	捕食	呼吸
⑥	捕食	光合成

問3　下線部(b)について，陸上生態系における炭素循環を図に示す。

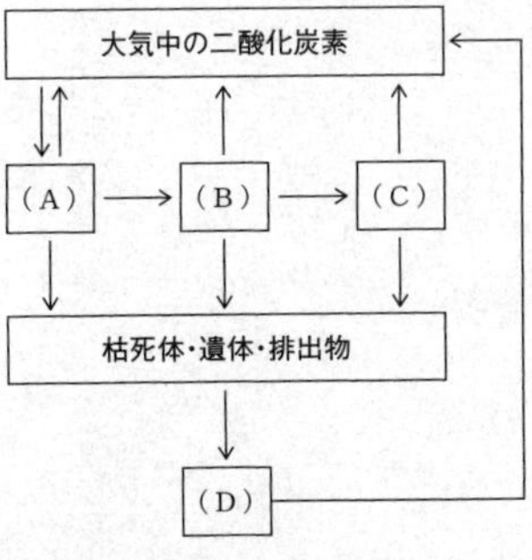

図中の（A），（B），（C），（D）に入る語句の組合せで正しいのはどれか。一つ選べ。

ム

	（A）	（B）	（C）	（D）
①	緑色植物	植食性動物	肉食性動物	細菌・菌類
②	緑色植物	肉食性動物	植食性動物	細菌・菌類
③	植食性動物	肉食性動物	細菌・菌類	緑色植物
④	肉食性動物	植食性動物	細菌・菌類	緑色植物
⑤	細菌・菌類	植食性動物	肉食性動物	緑色植物
⑥	細菌・菌類	肉食性動物	植食性動物	緑色植物
⑦	植食性動物	肉食性動物	緑色植物	細菌・菌類
⑧	肉食性動物	植食性動物	緑色植物	細菌・菌類

問4　下線部(c)の化石燃料について，石炭の元になった主な生物群とその生物が繁栄した時期はどれか。正しい組合せを一つ選べ。 メ

	[生物群]	[繁栄した時期]
①	コケ植物	先カンブリア時代
②	コケ植物	古生代
③	コケ植物	中生代
④	シダ植物	先カンブリア時代
⑤	シダ植物	古生代
⑥	シダ植物	中生代
⑦	裸子植物	先カンブリア時代
⑧	裸子植物	古生代
⑨	裸子植物	中生代

問5　下線部(d)のサンゴと同じ門に分類される生物はどれか。正しい組合せを一つ選べ。

モ

a　クラゲ　　b　ヒドラ　　c　イソギンチャク　　d　ヒトデ　　e　カイメン

① abc　② abd　③ abe　④ acd　⑤ ace　⑥ ade　⑦ bcd　⑧ bce　⑨ bde　⓪ cde

③　アメリカをバターにたとえ、ソビエトは戦力補強のためにアメリカと同盟関係を結んだものの、いずれ破棄して攻撃してくるかもしれないという不安をあおっている。

④　アメリカ国民の生活必需品であるバターを不可解な使い方で欠乏させているとして、連合国としてアメリカと協力し合う立場にあるソビエトとの統一感を失わせる。

⑤　バターはアメリカの経済力のたとえで、ソビエトに戦争資金を供出することによって戦局が有利になるはずだという、アメリカ国民の期待や願望が増幅される。

④ 真珠湾でどれだけ損害を受けたかは軍事上の秘密であること
⑤ ハワイ真珠湾の被害に関する流言が国民の心理に有害な影響を与えたこと

問十一　空欄**D**を補うのに最も適当な語句を、次の①～⑤から一つ選べ。解答番号は 33 。

① ベルが鳴っているのではないか
② 電話はかかってこないのではないか
③ ベルが壊れているのではないか
④ 自分は何を待っているのだろうか
⑤ 電話でどんな知らせがあるだろうか

問十二　傍線部**E**「ソビエトは、アメリカのバターの大部分を受け取って、それを大砲の油さしに使っている」とあるが、この流言が及ぼす影響として最も適当なものを、次の①～⑤のうちから一つ選べ。解答番号は 34 。

① バターはアメリカ国民を比喩的に表現したものであり、母国を捨ててソビエト軍に加入、協力する国民がいることを指摘し、そうした行為への加担を国民に戒めている。
② アメリカとソビエトの両国民にとって身近なバターを共有し合うことで、両国がいっそう強固な同盟関係を結べるようになることを、国民に対して啓蒙《けいもう》的に知らせている。

問九　傍線部B「流言を分類することもできるという」とあるが、本文で取り上げられたオルポートとポストマンによる流言の分類の説明として、**最も適当でないもの**を、次の①～⑤のうちから一つ選べ。解答番号は 31 。

① 流言を発生させる心理的メカニズムは、まず大きく「感情的緊張」「知的な欲求」「誇示の欲求」の三種に分類され、さらにこのうち「感情的緊張」によるものは「不安流言」「恐怖流言」「分裂流言」「願望流言」の四種に分類される。

② 流言を発生させる心理的メカニズムのうち特に重要なのは「感情的緊張」で、感情の種類別に「不安流言」「恐怖流言」「分裂流言」「願望流言」に分けられる。心理的メカニズムにはこのほか「知的な欲求」や「誇示の欲求」もある。

③ 流言を発生させる心理的メカニズムには大きく分けて三種あり、「不安流言」「恐怖流言」「分裂流言」「願望流言」などを生み出す「感情的緊張」のほか、「知的な欲求」や「誇示の欲求」などがある。

④ 流言を発生させる心理的メカニズムの基盤は不安や不満、願望といった感情で、これら「感情的緊張」から「知的な欲求」や「誇示の欲求」が生じ、さらに「不安流言」「恐怖流言」「分裂流言」「願望流言」などが発生する。

⑤ 流言を発生させる心理的メカニズムを大別すると三種あり、「感情的緊張」「知的な欲求」「誇示の欲求」が挙げられる。さらに「感情的緊張」は、「不安流言」「恐怖流言」「分裂流言」「願望流言」の四種に分けられる。

問十　傍線部C「当局も積極的にこれを否定しなかった」とあるが、「これ」の指示する内容は何か。最も適当なものを、次の①～⑤のうちから一つ選べ。解答番号は 32 。

① 一九四一年一二月七日にハワイ真珠湾が日本海軍に急襲されたこと

② ハワイ真珠湾の被害によりアメリカの国防力がほとんど壊滅してしまったこと

③ アメリカ全土にハワイ真珠湾の被害に関する流言が広がったこと

カ　憎悪　27

① 悪臭
② 凶悪
③ 悪口を言う
④ 嫌悪感
⑤ 粗悪品

ク　勾配　28

① 押印
② 後悔
③ 海藻
④ 謄本
⑤ 猛獣

問七　傍線部**キ**と反対の意味のものを、次の①〜⑤のうちから一つ選べ。解答番号は 29 。

キ　楽観　　① 奇観　② 壮観　③ 客観　④ 主観　⑤ 悲観

問八　傍線部**A**「こういう条件を備えた災害時や戦時には、流言がとくに起こりやすい」とあるが、それはなぜか。最も適当なものを、次の①〜⑤のうちから一つ選べ。解答番号は 30 。

① 災害時や戦時には、規模の大小に比例して財産や生命への被害状況が変わるから。
② 災害時や戦時には、個人の財産よりも生命を守るための行動が求められるから。
③ 災害時や戦時には、生命や財産を消失する恐れがあり、かつ情報収集が困難になるから。
④ 災害時や戦時には、被害のあった人とない人とが敵対し、互いを攻撃しがちだから。
⑤ 災害時や戦時には、避難民は本心を語ることを遠慮し、あいまいな表現をするから。

問三　空欄(a)～(b)を補うのに最も適当な語句を、次の各群の①～⑤のうちから、それぞれ一つずつ選べ。解答番号は 23 ～ 24 。

23 (a)

① 必ず両方ともゼロであれば
② どちらもプラスになっていれば
③ どちらかがマイナスならば
④ どちらか片方がゼロより大きければ
⑤ どちらか一方がゼロならば

24 (b)

① 欲
② 壁
③ 隙
④ 足
⑤ 金

問四　傍線部**ウ**と意味が最も近いものを、次の①～⑤のうちから一つ選べ。解答番号は 25 。

ウ　強調　① 言及　② 主張　③ 誹謗《ひぼう》　④ 大言　⑤ 独白

問五　傍線部**エ**と熟語の構成が同じものを、次の①～⑤のうちから一つ選べ。解答番号は 26 。

エ　原動力　① 朝昼晩　② 新発見　③ 未開拓　④ 中近東　⑤ 傍観者

問六　傍線部**カ**、**ク**と同じ読み方のものを、次の各群の①～⑤のうちから、それぞれ一つずつ選べ。解答番号は 27 ～ 28 。

ア　カクサン　18

① 原案にサンドウする
② 宝物がサンイツする
③ ヒサンな結果
④ 集会にサンカする
⑤ ノウサンブツの輸入

オ　ユウエツカン　19

① エイイ努力する
② エイダンを下す
③ うまくいってエツに入る
④ 国王にエッケンする
⑤ 理解をチョウエツしている

ケ　スイコウ　20

① 生き物をシイタげる
② 供え物をササげる
③ 問題をやりトげる
④ 成長をサマタげる
⑤ 旗をカカげる

コ　シキ　21

① バスのウンテンシ
② 大会シジョウ最高得点
③ シヤが広い
④ 権利をコウシする
⑤ シゲンを大切にする

問二　傍線部**イ**の本文中における意味として最も適当なものを、次の各①～⑤のうちから一つ選べ。解答番号は 22 。

イ　ギャップ

① グループなどの長
② すき間や食い違い
③ いっしょになるところ
④ そこだけ他と違うところ
⑤ 最高になるところ

感じるのと同じ心理から生まれる、というわけだ。

最後は、分裂流言。この種の流言は、不平や不満の表現であり、戦時流言のなかではもっとも多い。

そして、それは、「海軍は、貨車三台分のコーヒーを、ニューヨーク港に投げ込んでしまった」、「陸軍は、牛肉を無駄に使っている」、「E ソビエトは、アメリカのバターの大部分を受け取って、それを大砲の油さしに使っている」、「大統領は、ユダヤ人である」、「赤十字は、アイスランド派遣軍に、セーターを法外な値段で売りつけている」、「ユダヤ人は、徴兵を忌避している」、「黒人は大砲を集めて、国会議事堂に進撃しようとしている」など、戦争のケ スイコウに協力していかねばならない軍やその指導者、同朋、友軍などに向けられ、内部分裂の引き金になる。

前述の恐怖流言は国民のコ シキを減退させ、逆に願望流言は国民の気の緩みを誘うという意味で有害であるが、この分裂流言は、危機における国民の統一を妨害するという意味で、もっとも危険なものだ、とオルポートらは強調している。

このように、流言は、そこにどんな感情が反映しているかによって分類することができる。そして、危機的な事態が発生したとき、人々の感情の高まりとともにさまざまな流言が出現してくる。戦争の勃発や大災害の発生は、そういう危機的事態の典型であるが、集団や個人を襲う小さな危機は、どこにでもある。

（廣井脩『流言とデマの社会学』所収「流言の心理学」による。出題にあたり一部を改めた。）

*炉辺談話……アメリカの第三二代大統領フランクリン・ルーズベルトが行ったラジオ放送。国民が大統領の政策について親しく聞けるように意図したもの。

問一　傍線部**ア**、**オ**、**ケ**、**コ**に相当する漢字を含むものを、次の各群の①～⑤のうちからそれぞれ一つずつ選べ。解答番号は 18 ～ 21 。

ある。情報が不足したり統制されている状況では、事態の意味を知るための正確な情報は少ない。しかし、人々は、何とかその意味を知ろうと努力する。流言は、あいまいな状況を説明する、そういう試みの一つと考えられる。

第三は、いわば「誇示の欲求」である。つまり、他人がまだ知らない情報をもつ人間が、これを他人に伝え、オユウエツカンを味わう心理である。この心理も、流言を支える動機の一つなのである。

流言は、こうした心理的メカニズムによって発生し、伝播していく。

しかし、かれらにとって第一の感情的緊張はとくに重要な要素であり、流言の内容にどんな感情が反映しているかによって、B流言を分類することもできるという。たとえば、漠然とした不安に形を与え、これを合理化する「不安流言」、人々の恐怖が投影された「恐怖流言」、不満をぶちまけて代償満足を得る「分裂流言（カ憎悪流言）」、願望を空想的に実現させる「願望流言」などの分類ができる。

次に、オルポート、ポストマンがあげている例をいくつか紹介していこう。

最初は、かれらが恐怖流言の典型としてとりあげ、「真珠湾デマ」と呼んでいるもの。

これは、一九四二年一月から二月にかけて、アメリカ全土に広がった流言で、前年一二月七日（日本時間一二月八日）に日本海軍に急襲されたハワイ真珠湾の被害は当局が発表したよりはるかに大きく、アメリカの国防力がほとんど壊滅してしまった、という内容である。ある流言によれば、真珠湾攻撃によって太平洋艦隊のすべてが撃沈されたということであり、別の流言によれば、千台の飛行機が破壊されたともいう。当然のことながら、真珠湾でどれだけ損害を受けたかは軍事上の秘密であり、C当局も積極的にこれを否定しなかったから、流言は急速に広がっていった。そして、この流言があまりに広範に拡大し、かつ国民の心理に有害な影響を与えたため、ルーズベルト大統領は、二月二三日の炉辺談話（＊）で、この流言を否定するために特別な時間を割いた、という。（…省略…）

次は、願望流言である。この種の流言は、ナチス・ドイツの破局が目前に迫るにつれて出現するようになった。

たとえば、ナチス・ドイツが無条件降伏する一九四五年五月の一ヶ月ほど前から、ヒトラーが死亡したという説や、ドイツが降伏したという説が、洪水のように流れ始めたという。こういう願望流言は、人々の願望やキ楽観的予想の表明であり、オルポートらは、これを「目標ク勾配」と呼んでいる。つまり、それは、わたしたちが電話の呼び出しをいまかいまかと待ち受けているとき、「あれ？（　D　）」とオルポートとポストマンは、主に、第二次世界大戦前後の、いわゆる「戦時流言」を素材として使い、「流言の量は問題の重要性と状況のあいまいさの積に比例する」〔R（流言Rumor）＝i（重要性importance）×a（あいまい性ambiguity）〕という、あまりにも有名な公式をたてた。つまり、流言は問題が重要であればあるほど、また状況があいまいであればあるほど、広く伝播するというのである。ここで、「重要な問題」とは、たとえば自分の生命や財産がおびやかされるような問題であり、「あいまいな状況」とは、情報が不足したり統制されているような状況である。このような条件が、流言の発生と伝播《でんぱ》の土壌となる。したがって、Aこういう条件を備えた災害時や戦時には、流言がとくに起こりやすいといえよう。

では、なぜ、流言の量は、重要性とあいまい性の和でなく、その積に比例するのか。なぜなら、重要性、あいまい性の　(a)　、流言は発生しないからである。たとえば、アメリカの市民にとって、アフガニスタンのラクダがいくらで売り買いされているかは明らかにあいまいであるが、その問題がまったく重要さをもたないから、アメリカでそのことについての流言が広がるはずはない。また、南アフリカの一地方の生活について流言が広がらないのも、人々がそのことに注意をはらっていないからである。あいまいさだけで流言が発生したり、拡大したりすることはない。

同様に、重要性だけで流言が広がることもない。わたしが足を失った自動車事故は、わたしにとってはいたましい重大事であるが、わたしが、負傷のひどさについての流言を信じることがないのは、負傷の程度についてわたし自身がもっともよく知っているからである。また、わたしが親から莫大《ばくだい》な遺産をおくられても、その額を知っているならば、それを誇張した流言に踊らされることはない。あいまいさのないところに、流言がはびこる　(b)　はないのである。

オルポートらはこのように書いているが、さらにまた、何度もウ強調するのは、流言の発生を支えるエ原動力は人間の「欲求や感情」だ、ということである。かれらは、次のように述べている。

まず第一に、流言は、人々が不安、不満、願望など強い感情にとらわれている状況で、人から人へと伝わっていく。つまり、人々が流言を伝えたり受け入れたりするのは、それがかれらの感情の緊張を緩和し、感情を正当化し、また感情をうまく説明してくれるからにほかならない。

第二に、人間には、あいまいな状況をそのままにしておくことに耐えられず、これに意味を与えて何とか理解したい、という「知的な欲求」が

軽に見つけられるとともに、代表がまったくいない状況を避けることができる。

⑤ 代表がテレビなどで議論している様子を見せることで、代表されるものは問題の所在や自分の意見を明確化するとともに、自分と近い意見の政治家や政党を簡便に見つけることができる。

二

次の文章を読んで、後の問い（問一～十二）に答えよ。（解答番号 18 ～ 34 ）

流言には二つの側面がある。

流言は一方では、個々の人間の言語活動に支えられ、またそれを伝える個々人の感情を反映している。この意味で、流言は心理現象である。しかし他方、ただ一人の人間の言語活動だけでは、決して流言にはならない。情報が社会に[ア]カクサンしていくことが、流言の本質的な特徴である。またそれは、ときにはパニックや暴動の引き金にもなる。このように、流言はある種の社会的な機能をもっており、その意味では社会現象である。

要するに、流言は、心理現象と社会現象という二つの側面をもっている。そのため、流言現象は、いままで、心理学者からも社会学者からも注目を集めてきた。

一般的にいえば、心理学者は、流言を「人間の感情や欲求の表現」とみなすのに対し、社会学者は、これを「社会的相互行為の産物」と考えている。（…省略…）

流言の心理学の系統の理論には、流言を性的好奇心など抑圧された欲求の表現とみなすC・G・ユングの理論や、認知と感情の[イ]ギャップを埋め感情を合理化するものと考えるL・フェスティンガーの理論がある。しかし、最も有名なのは、『デマの心理学』を書いたG・W・オルポートとL・ポストマンの流言論であろう。そこで、ここではこの考え方について説明したいと思う。

問九　傍線部D「私は政治家を、法律家や医者のように専門性や技術性をそなえた専門家と考えることには、強い抵抗を感じます」とあるが、その背景にある理由として挙げられているものを、次の①～⑤のうちから一つ選べ。解答番号は 16 。

① 一般の人びとが政治の専門性を判断し、真に専門性をもつ政治家を決めることは難しいから。

② 政治には唯一絶対的な正解がなく、正しい知識や技術をもつことが前提とされる専門家の能力とは異なるから。

③ もし政治の専門家がいたとしても、彼らだけに政治を任せてしまう状況になるのは良くないから。

④ 政治に関する専門性があったとしても、選挙によって政治に関する専門性を選ぶことには疑問があるから。

⑤ 被選挙権をもつ人の範囲を、専門性の有無によって狭めてしまうことは良くないから。

問十　傍線部E「演劇的なはたらき」とあるが、筆者が考える演劇的なはたらきとして最も適当なものを、次の①～⑤のうちから一つ選べ。解答番号は 17 。

① 代表がさまざまなメディアを通して論戦することで、代表されるものは何らかのメディアから情報が得られるとともに、誰が当選しそうかをインターネットを通じて予想したり、周りの人と議論したりすることができる。

② 代表が争点をつくって熱く議論している姿に国民は惹《ひ》かれ、政治への関心が高まるとともに、対立軸が明確になり、代表されるものは身近な人と議論することができる。

③ 代表が対立軸をつくってそれぞれの役を演じながら論戦することで、政治を活気づけるとともに、ばらばらの民意を一つにまとめることができる。

④ 代表が集まり議会で論戦をしたり、政党間で対立している姿を見せることで、代表されるものは誰が代表のリーダーにふさわしいか手

度民意を体現しようとするものであり、同時にある程度判断はするが、まったくの自由裁量ではないという中間的な性格を帯びるのです。

④　どちらもしっかりと両立させるべきではないでしょうか。民意を指し示すことは「代表されるもの」の第一の役割でありますが、一定の民意ができあがっているとは考えられない状況では、代表が自身の裁量権で民意を左右するよう誘導することも必要です。この二つは矛盾しているようで矛盾していないのです。

⑤　どちらの考え方も間違っているのではないでしょうか。現実として、民意が分かちあわれていない状況において完全に民意を指し示すことは不可能ですし、とはいうものの代表が自身の裁量権で「代表されるもの」にはたらきかけてしまっては、本来の役割であるまとまった民意を忠実に受け取ることを否定することになるのです。

問八　代表に関する疑問について、傍線部**A**、**B**、**C**にそれぞれ、「第一に」、「第二の疑問は」、「第三の疑問として」とあるが、これらの疑問に対して筆者はどのように考えているか。最も適当なものを、次の①～⑤のうちから一つ選べ。解答番号は 15 。

①　多くの人が不思議だと言うことで議論が巻き起こり、やがて解決策が見つかるかもしれない。

②　このように根本的なことを議論することが重要で、問題提起することに意味がある。

③　これらの疑問に対する明確な答えはないが、現実社会では代表制は必要である。

④　代表が演劇を行うことに意味があるので、これらの疑問はとりあえず保留しておいていい。

⑤　このようにわからないことだらけの代表制をとることには疑問があり、他の制度も模索したほうがいい。

④ (c)―え、(d)―う、(e)―い　⑤ (c)―お、(d)―う、(e)―あ

問六 空欄(f)、(g)を補うのに最も適当な語句を、次の各群の①～⑤のうちから、それぞれ一つずつ選べ。解答番号は 12 ～ 13 。

12 (f) ① 共有　② 分担　③ 伝達　④ 普及　⑤ 拡大

13 (g) ① 結合　② 把握　③ 組織　④ 形成　⑤ 収集

問七 空欄(j)には、代表についての二つの考え方から導かれる筆者の見解が入る。その内容として最も適当なものを、次の①～⑤のうちから一つ選べ。解答番号は 14 。

① 民意を指し示すことに注力すべきではないでしょうか。確かに、ある集団があらかじめ一定の民意にまとまっているということは現実的には考えられません。しかし、代表のもっとも重要な役割は民意を忠実に受け取り、それを議会などに伝えることであり、たとえ「道具」だと言われようとも民意を指し示すことを軽んじてはいけないのです。

② 代表は自身の裁量で自由に判断すべきではないでしょうか。「代表されるもの」(特に選挙権をもつもの)の多くは仕事や家事などに忙しく、民意と呼べるほどの考えをもっていないのが実状でしょう。現実的に考えて、もっぱら代表が「代表されるもの」に対してはたらきかけることで代表制は成り立っているのです。

③ どちらか一方だけをあまり極端に強調することはできないのではないでしょうか。完全に民意を指し示すことは不可能ですが、ある程

問四　空欄(a)と空欄(b)、空欄(h)と空欄(i)を補うのに最も適当な語句の組み合わせを、次の各群の①～⑤のうちから、それぞれ一つずつ選べ。解答番号は 9 ～ 10 。

(a)―(b)　9

①　かつ―それに　②　たしかに―しかし　③　あるいは―では
④　または―もっとも　⑤　すなわち―ところで

(h)―(i)　10

①　ところが―それでも　②　そこで―反面　③　そのため―とはいえ
④　一方―おまけに　⑤　しかし―かといって

問五　次の**あ**～**お**は、文中の空欄(c)、(d)、(e)から抜き出したものである。各欄に入るものの組み合わせとして適当なものを、次の①～⑤のうちから一つ選べ。解答番号は 11 。

あ　時間の経過
い　個人と集団
う　この感覚はどこから湧いてくるのか
え　私たちの意見は多様なのに、それをどう代表できるか
お　数多くの争点をセットにして代表を選ぶことができるのか

①　(c)―**お**、(d)―**え**、(e)―**い**　②　(c)―**え**、(d)―**お**、(e)―**あ**　③　(c)―**う**、(d)―**え**、(e)―**お**

カ　ハカる　5

① ムボウな挑戦をする
② 国家間の力のキンコウ
③ 想定しないフソクの状況
④ しわになりにくいイリョウ
⑤ まばたきをしてアイズを送る

ク　カッコ　6

① 踊りのケイコに励む
② 大企業のコモン弁護士
③ 委員長就任の要請をコジする
④ 友達も知り合いもいないコドクな生活
⑤ 日本人だけでなく外国人にもモンコを開く

問二　傍線部**イ**の本文中における意味として最も適当なものを、次の①～⑤のうちから一つ選べ。解答番号は 7 。

イ　割り切れないもの

① 多数決で負けたことに対する残念な気持ち
② 納得のいかない成り行きにすっきりしない気持ち
③ 意見が統合されていないことに対して認められないという気持ち
④ 微々たる差で自分の意見が通らないことになってしまう不満の気持ち
⑤ もう一度試したら違う結果になったかもしれないという諦められない気持ち

問三　傍線部**キ**「自由と平等とがいつも両立するわけではない。平等性を高めることで、自由が犠牲になることもあるからです」とあるが、この場合の自由と平等との関係に最も近いものを、次の①～⑤のうちから、一つ選べ。解答番号は 8 。

① 表裏一体　② 二項対立　③ 一期一会　④ 二律背反　⑤ 二者択一

すら、いかに困難なことであるかがわかるでしょう。ある政治家や政党に賛成とか反対とか言う形で私たちは最も手軽に、自分の考えを表すことができるのです。もちろん新聞や論壇、最近ではインターネット上で議論することは可能でしょうが、そのための前提として、演劇的な装置としての代表制が存在していると考えられるのです。

（杉田敦『政治的思考』による。出題にあたり一部を省略した。）

問一　傍線部**ア**、**ウ**、**エ**、**オ**、**カ**、**ク**に相当する漢字を含むものを、次の各群の①～⑤のうちからそれぞれ一つずつ選べ。解答番号は 1 ～ 6 。

ア　ショセン　1
- ①　ソッセンして意見を言う
- ②　静脈にケッセンができる
- ③　記事の出所をセンサクする
- ④　センザイ能力を引き出す
- ⑤　建物を不法にセンキョする

ウ　ソエン　2
- ①　アラびきのコーヒー
- ②　政治や経済にウトい
- ③　土の上をスアシで歩く
- ④　悪天候にハバまれて中止になった
- ⑤　賠償を求め、裁判所にウッタえる

エ　カイさない　3
- ①　ヤッカイなことを頼まれた
- ②　店内カイソウのため休業する
- ③　今さらベンカイしてももう遅い
- ④　合格できる可能性はカイムに等しい
- ⑤　結婚披露宴はセイカイに終わった

オ　イチドウ　4
- ①　ドウガンに見られる
- ②　ゲキドウの時代を生きる
- ③　手紙に写真をドウフウする
- ④　ジャドウなやり方を排除する
- ⑤　オペラのデンドウで名曲を聴く

D私は政治家を、法律家や医者のように専門性や技術性をそなえた専門家と考えることには、強い抵抗を感じます。政治はそうした領域には還元できないものです。専門家の領域では、正しい知識や正しい技術があることが前提とされますが、政治においては「正しさ」が一つにはまとまりません。いろいろな人びとがそれぞれに「正しさ」を主張するわけですから、どれが絶対に正しいとは言い切れない。政治は、そうした価値の複数性や多元性を前提としながら、いくつもの「正しさ」の間で調整や妥協をカハカる営みなのです。

たとえば、自由や平等という価値が、それぞれ何を意味しているのかについては、さまざまな考え方があります。さらに、キ自由と平等とがいつも両立するわけではない。平等性を高めることで、自由が犠牲になることもあるからです。こうした政治的問題について一般的に判断する、技術的な能力というものを想定することができるでしょうか。専門性を理由に、代表制が必要だと主張することにも限界があるのです。

演劇としての代表制

それでは、なぜ代表が選ばれるべきなのか。代表制の本当の必要性はどこにあるのか。私はそれを代表というものの、いわばE演劇的なはたらきに求めたいと思います。

先にもふれたように、「代表されるもの」の側にクカッコとした民意があらかじめあるわけではなく、どちらかといえば、分裂していたり、あいまいであったり、揺らいでいたりする場合が多いものです。そのときに、代表たちが議会で論戦したり、政党間で対立したりするのを、メディアを通じて私たちが見る。すると、何が争点なのかがしだいに明確になっていき、それを受けて、私たち自身も考えたり、ネット上でつぶやいたり、身近な人たちと議論したりして自分の意見を形づくっていくことができる。つまり、代表とは、俳優として政治劇を行うことで、民意の形成を助ける存在なのではないかと思うのです。

政治家はそれぞれの役回りを演じる。それぞれの立場から論戦を行う政治家たちを眺めて、人びとは何が問題なのかを理解する。そのような劇は私たちの思考に枠をはめてしまうことにもなりますが、しかし同時に、そういう演劇の「型」があってはじめて、私たちの政治的な思考が可能になる側面もある。政治的争点がどこにあり、対立軸はどういうところにあるのか。自分は誰の意見に近くて、どの点が異なるのか。そういうことが代表による政治劇を観《み》ることで明らかになっていく。代表という存在がまったくいない状況を想像すれば、政治的な議論を始めることマニフェスト通りに政策を実現しなければならないのか。そんなことはおよそ不可能です。[(i)]、政治家のまったく自由裁量でよいのかといえば、そうも言えないでしょう。政策を変更し放題となると、人びとが選択する意味がなくなってしまう。

　このように考えてみると、これまで見てきた代表についての二つの考え方について、[(j)]。

代表制はなぜ必要なのか

　それにしても、代表制はそもそもなぜ必要とされているのでしょうか。理由の第一として頭に浮かぶのは、規模の問題です。古代ギリシアのポリスのような小さな規模であれば、直接民主政治、つまり代表をカイ[エ]さないで人びとが集まって物事を決めることができるけれども、大きな社会になったのでできなくなった。政治学においても、このような言い方で、代表制の必要が主張されることが少なくありません。たしかに何百万、何千万もの人びとがイチドウ[オ]に会して何かを決めることなどできないでしょう。

　しかし、もしも規模の問題だけであるならば、町や村などの小さな自治体にまで、なぜ議会があるのか説明ができません。実際に日本でも、町村総会という制度が法律上は定められています。町村は、議会を置かずに、選挙権をもつ者の総会を設けることができるのです（地方自治法第九四条）。しかし、ごくごく限られた実践例が過去にあっただけで、実際にはまったくと言っていいぐらい使われていません。なぜなのでしょうか。規模の問題だけでは、代表制の理由を語ることはできないようです。

　そこで第二に考えられるのが専門性です。どんな分野にも専門家がいるではないか、政治にだって専門家がいてもよいではないか、という議論です。しかし、民主政治を行う上で、統治の専門家という存在を前提として考えてもよいものなのか。専門家が必要という話を突き詰めていけば、民主政治よりも、何か専門性をもった集団に政治を委ねてしまったほうがいい、ということにもなりかねません。

　また、もしも代表を政治の能力やスキルといった専門性に関して選ぶということになれば、専門性の有無をなぜふつうの人びとが判断しなければならないのか、あるいはそもそも判断できるのか、という疑問も湧いてくるでしょう。たとえば、医者や法律家、理容師や看護師という特定の能力やスキルをもっている人たちを、選挙で選ぶなどということはありえません。知識や能力を問う試験を行って資格を付与します。これと同様に、政治家に対しても、選挙ではなく試験をやって選出するという能力主義的な対応が出てこないとも限らない。

る。これが、代表についての第二の見方です。この見方によれば、あらかじめ「代表されるもの」に明確な意見があるわけではありません。もともとある民意を代表が伝えるというよりは、むしろまずは誰を代表にするか私たちが決めて、その代表が考えていることが私たちの考えなのだということになるのです。この場合、代表は一定の裁量権をもっている。私たちが代表の自由な判断に委ねているということです。

　この二つをどう考えたらよいのでしょうか。私たちは民主政治というものを、私たち「代表されるもの」が主人公である政治だと考えています。これは基本的な出発点です。このことからすると代表は私たちの民意を伝える「道具」にすぎないという前者の考え方が当然だということになりそうです。民主政治である以上、こうした側面を無視することはできない。民意を離れたところで政治が行われたのでは、それは民主政治ではありません。

　しかし他方で、民意を伝えるだけの伝達機械のようなものとして代表をとらえるのであれば、そもそも政治というものに人間がかかわる必要はあまりなくなります。機械が民意を集計すればいいということになってしまう。人間が間に入るとしても、単に伝達するだけなら、政策メニューにもとづいて選挙が行われ、代表が決まった時点で政治の営みはほぼ終わってしまうことになるでしょう。あとはメニュー通りにやるだけだ、ということになるからです。

　このことは、近年の日本政治で強調されてきたマニフェストをどう考えるかということとも関係してきます。マニフェストとは、政党が選挙の前に有権者に示す政策のメニューのことですが、どこのマニフェストがよいかを吟味した上で、有権者が選挙で投票する。与党となったら、マニフェストを実現するのが政党の使命であるとされました。

　このことが強くいわれた背景には、選挙の時点で、各政党が何をしようとしているのか、かつてあまりにあいまいだったこと、選挙のときにいっていたのとはまるで違う政策が選挙後に実施されてきたことへの不満がありました。さらに、政党の内部の多様性をどう考えるかという問題もありました。日本の政治では、政党の中に異なる意見を持つさまざまな集団が存在して、それぞれが異なる行動を取ることもあったため、与党が政策を実行するときに内部からの障害が大きかった。そこでマニフェストをつくることで、政党内部の異なる意見を封じ込め、政党の内部を一枚岩のようなものにしようとしたわけです。

　［(h)］、マニフェストをあまりにも硬直的・固定的に考えてしまうと、おかしなことになります。財政的な事情や国際環境が変わっても、

また、ある重要な問題について、選挙のときには争点化しないようにしておいて、選挙で勝利したらやってしまうこともあります。いわゆる争点隠しです。人びとがあまり喜ばない増税などについて、そうしたやり方がしばしば見られますが、その場合、本当に人びとの意見を代表する形で政策決定したと言えるのかどうか。

このように、誰か一人ないし集団が有権者を代表するという営みは、いろいろとわからないことだらけです。それなのに世界中で代表制がとられている。それをいまさら不思議だと言っても仕方ないと思われるかもしれませんが、不思議なことは不思議だと言ったほうがいい。不思議だということと否定することとは違います。たとえば生命というのはつくづく不思議なものですが、そう言ったからといってそれを否定することにはなりません。代表制も同じです。理論的には矛盾が多いけれども、実践的には必要とされているために、存続しているということかもしれません。

代表とは何か

そもそも代表とは何なのでしょうか。「代表するもの」と「代表されるもの」の両方が存在しているわけですが、その関係をどういうものか考えてみます。

ふつうはこう考えているようです。まず、私たち「代表されるもの」が何らかの意見をもっている。それを民意と呼んだりもしますが、そのまとまった民意を「代表するもの」が伝える。私たち「代表されるもの」にははっきりした意見がすでにあり、「代表するもの」はそれを忠実に受け取る、という具合に。これが代表についての第一の見方です。しかし、私たちの経験からしても、ある集団が、あらかじめ一定の民意を［(f)］しているなどということはあまり想像できません。どこにでも、いろいろな意見があるものです。さらにいえば、はっきりした意見がどこにもなく、すべてがあいまいということもある。

むしろ、「代表するもの」が「代表されるもの」に対して、「こういう考えはどうですか」とはたらきかけることによって、私たちの民意が［(g)］されていく面があるのではないか。たとえばA党とB党が論争をしているのを私たちが見て、それまでは考えていなかったけれども、自分の考えはA党に近いと思い、A党を支持する。そのようにしてA党の支持がふえて、それが多数になると、A党が私たち全体の代表となるなど考えられるのでしょうか。意見の複数性を考えると、誰か特定の個人や集団が全体を代表するということには、ショセン[ア]、無理があります。

ふつう、代表はある集団の中の多数意見を代表するものとされています。たとえば、一〇〇人の中で五一人の人がAさんが代表としてふさわしいと言い、四九人の人はBさんのほうがいいと言った場合、五一人が選んだAさんが一〇〇人全体の代表になるわけです。なぜAさんは、Bさんを選んだ四九人の側も含めた全体の代表になってしまうのか。割り切れないもの[イ]が残るでしょう。この代表は本当の代表ではないという感覚が出てくるのも避けがたい。

さらに、私たちの体制では、その代表が集まって、代表の代表を選びます。日本の議員内閣制では、国民の代表として選ばれた国会議員が集まって、内閣総理大臣を選ぶ。この選ばれた内閣総理大臣は、日本の最高権力者ですが、代表の代表ということですから、代表されているはずの私たちから見れば、ずいぶんとソエン[ウ]に感じられる。「本当に自分たちを代表してくれているのか」という感覚がつねにつきまとうことになります。

代表に対する第二の疑問は[B]、［(d)］、ということです。私たちはAさんかBさんかを選ぶ。あるいは、C党かD党かを選ぶ。そういう選択をしているのですが、実際には政治的な争点は決して一つではなくて、福祉、税制、教育、環境、防衛などいろいろあるわけです。そうすると、ある問題についてはAさんの意見に賛成だけれども、別の問題についてはBさんの意見のほうがいい、ということがありうる。すべての争点について自分と意見が完全に一緒という候補者はまずいないでしょう。

Aさんが代表となったとして、環境問題についてはAさんの政策に賛成だけれども、福祉問題については反対なのだと私が思っている場合でも、Aさんが代表に選ばれれば、福祉問題についてもAさんが私の代表ということになってしまう。これをいったい、どういうふうに受け止めたらいいのか。

それから第三の疑問として[C]、［(e)］という点があります。代表を選出した後になって、想定していなかったような大きな争点が浮上することがある。突然、大災害や経済危機が生じたり、外国の出来事が波及してきたりして、政府が対応をしなければならなくなる。そのときに、自分たちがかつて選んだ代表が、新たな事態の中で果たして自分たちの意見をきちんと代表してくれるのだろうか。

国語

（二科目一二〇分）

一

次の文章を読んで、後の問い（問一〜十）に答えよ。（解答番号 1 〜 17 ）

著者は、政治に関する仕組みや課題などをいくつかのテーマに分けて述べている。次の文章は一般市民・国民を代表するということはどういうことなのか。なぜ、代表が必要であるのかについて述べている。

代表は可能なのか

私たちの政治は、代表を通じて行うのが一般的となっています。代表民主制、 (a) 議会制民主主義などと呼ばれる形をとっているわけですが、 (b) 、代表とはいったい何なのでしょうか。考えてみると、これがよくわからない。私たちを代表するということはどういうことなのでしょうか。それはそもそも可能なことなのか。

たとえば、私という個人を、誰か別の人間が完全に代表するなどということを考えられるのでしょうか。自分の親でも、配偶者でも、自分の考えをすべて理解してくれるなどということはありえないでしょう。それなのに、赤の他人に何がわかるというのでしょうか。代表について考えるときには、そういう前提から出発する必要があります。さらに考えてみると、次のような疑問が具体的に浮かんできます。

A 第一に、 (c) ということです。私たちは政治家に代表されるわけですが、私たち代表されるものはきわめて多様です。どんな集団であっても、その中にはいろいろな人びとがいて、多様な意見をもっている。そうした何千人、何万人、何千万人という人を、まとめて誰かが代表す

解答編

英語

I　解答　1―①　2―③　3―①　4―③　5―②

解説　問1.「ジミーの弟はクラスのいじめっ子に困っている」のだから,「彼を『守る』ために一緒に通学している」が考えられる。

問2.「生魚を食べようとしたが」,「飲み込めなかった」が自然な流れである。spit it out「それを吐き出す」

問3. 後半は「彼はUSBケーブルで充電できると思っていた」である。したがって,「ケンは自分が買った扇風機に乾電池が要ると知らなかった」が考えられる。

問4. レタス, コーン, ブドウは農産物。crop「農産物」

問5.「車を修理するのに多額の金がかかることは明らかであった」が自然な流れである。

II　解答　6―②　7―①　8―④

解説　問6.（家で）Aに週末にバイトに行くのかと予定を尋ねられ, Bは「いいえ, 火曜日までは…ない」と答えている。予定について答えるのは①「火曜日まで何も予定はない」か②「もう火曜日まで行く必要はない」のどちらかとなるが, Bが最後に「日曜の午後に友達とビーチに行く」と発言しているので, ②が適切である。

問7.（商店で）

A:「このシャツを買うつもりですが, 試着したいのです。よろしいでしょうか」

B:「もちろんです。シャツをパッケージから取り出しましょう」

let me *do* は直訳すれば「私に～させて下さい」

問8．（動物園で）Bの最後の発話 It's not ethical.「動物を訓練することは倫理的でない」から判断する。したがって
A：「イルカショーを観に来られたのではないですか」
B：「…動物が演技するのを観たくありません」
という流れとなる。

Ⅲ　解答　9—①　10—④　11—④

解説　問9．空所を含む文の意味は「 9 は製品やサービス，アイディアを売り込むために聴覚・視覚・印刷物等のメディアによるメッセージを利用するマーケティング戦略である」となる。よって① Advertising「広告」が適切。
問10．空所を含む文の意味は「 10 は現象についての思考の仕方やそのような思考の結果である」となる。よって④ theory「理論」が適切。
問11．空所を含む文の意味は「 11 は自身の技能と能力についての評価である」となる。よって④ Confidence「自信」が適切。

Ⅳ　解答　12—④　13—②　14—③　15—①　16—②　17—①

解説　問12．空所を含む節に続く節，but King Minos of Crete 以下が過去形で書かれていることに着目する。
問13．空所の後が述語動詞になっている。したがって先行詞が事物，なおかつ継続用法で用いられる関係代名詞を選ぶ。関係代名詞 that は継続用法では不可。
問14．expect *A* to *do*「*A* が～するだろうと思う」
問15．wing「翼」も a pair of shoes，a pair of glasses などと同様に扱われる。
問16．「太陽が放つ熱のために翼のろうが溶け始めた」となるだろうから，② Due to を選択する。
問17．have *A* *done*「*A* が～された状態になる」より，直訳が「翼が失われた状態になる」となるよう補う。

V　解答　18―②　19―②　20―③　21―④

解 説　≪オンライン・ビデオ会議を利用した国際理解教育≫

問 18. 表を見るとレーエンの日照時間は 5 月の 186 時間から 7 月の 226 時間と増えていることが分かる。

問 19. 第 1 段第 3 文（Their new assistant …）から新しい ALT が日本とオーストリアの小学校を結ぶプログラムを始めたことが分かる。

問 20. 第 1 段第 5・6 文（Both groups of … with an idea.）から「それぞれの学校の当該児童が英語を学び始めてわずか 2，3 年しか経っていないことから十分な意思疎通がはかれないのでは」と懸念されていたことが分かる。

問 21. 第 3 段第 3 文（Ms. Tanaka provided them …）に田中先生がテンプレート（書式）を与え，それを埋める作業は児童がやることが分かるので②は不適。第 2 段最終文（At the end …）より，毎月末に日照時間と雨量の合計が計算されるとあるので④が適切。

VI　解答　22―①　23―④　24―②　25―③

解 説　≪英語学習がはぐくんだ友情≫

問 22. 第 1 段第 2 文（Our friendship started …）に二人が同じ通学班だったので友情が始まったという趣旨が書かれている。

問 23. 第 1 段第 6 文（Since I had …）に「私は小学校入学と同時に始めたので，初心者クラスだった」と書かれているところから判断する。

問 24. 第 2 段（English was our …）で小学 3 年生から毎年「サマーキャンプ」に行き，合計で 4 回参加したと書かれていることから②を選択する。

問 25. 第 4 段第 5・6 文（When I read … My Precious Friend.”）を参照すること。almost identical title は「ほぼ同じ表題」。

数学

I

解答　(1)ア．5　イ．3　(2)ウエ．−1　オ．4

(3)カ．5

解　説　≪式の値，正弦定理と余弦定理，位取り記数法（n 進法）≫

(1)

$$x=\sqrt{\frac{\sqrt{5}-1}{\sqrt{5}+1}\times\frac{\sqrt{5}-1}{\sqrt{5}-1}}$$

$$=\sqrt{\frac{(\sqrt{5}-1)^2}{4}}$$

$$=\frac{\sqrt{5}-1}{2}\quad(\because\ \sqrt{5}-1>0)$$

であるから

$$x+\frac{1}{x}=\frac{\sqrt{5}-1}{2}+\frac{2}{\sqrt{5}-1}$$

$$=\frac{\sqrt{5}-1}{2}+\frac{2}{\sqrt{5}-1}\times\frac{\sqrt{5}+1}{\sqrt{5}+1}$$

$$=\frac{\sqrt{5}-1}{2}+\frac{\sqrt{5}+1}{2}$$

$$=\sqrt{5}\quad\to ア$$

$$x^2+\frac{1}{x^2}=\left(x+\frac{1}{x}\right)^2-2\cdot x\cdot\frac{1}{x}$$

$$=(\sqrt{5})^2-2$$

$$=3\quad\to イ$$

別解　(1)イ．$x^2=\left(\frac{\sqrt{5}-1}{2}\right)^2=\frac{6-2\sqrt{5}}{4}=\frac{3-\sqrt{5}}{2}$ から

$$\frac{1}{x^2}=\frac{2}{3-\sqrt{5}}\times\frac{3+\sqrt{5}}{3+\sqrt{5}}=\frac{3+\sqrt{5}}{2}$$

よって

$$x^2+\frac{1}{x^2}=3$$

(2)　△ABC において，正弦定理を用いると

$$\frac{\mathrm{BC}}{\sin A}=\frac{\mathrm{CA}}{\sin B}=\frac{\mathrm{AB}}{\sin C}$$

が成り立つから

$$\frac{2}{\sin A}=\frac{3}{\sin B}=\frac{4}{\sin C}$$

であるとき，正の定数 k を用いて，$\mathrm{BC}=2k$，$\mathrm{CA}=3k$，$\mathrm{AB}=4k$ とおくことができる。これを用いて △ABC で余弦定理を適用すると

$$\begin{aligned}\cos C&=\frac{\mathrm{BC}^2+\mathrm{CA}^2-\mathrm{AB}^2}{2\cdot\mathrm{BC}\cdot\mathrm{CA}}\\&=\frac{4k^2+9k^2-16k^2}{2\cdot 2k\cdot 3k}\\&=-\frac{3k^2}{12k^2}\\&=\frac{-1}{4}\quad\rightarrow ウ〜オ\end{aligned}$$

(3) 「2022」が n 進法で表された数であるとする（n は2以上の整数)。これを10進法で表すと262なので

$$2\times n^3+0\times n^2+2\times n+2\times 1=262$$

$$n^3+n-130=0$$

$$(n-5)(n^2+5n+26)=0$$

n は2以上の整数であるから，$n^2+5n+26\neq 0$ なので

$$n=5\quad\rightarrow カ$$

Ⅱ　**解答**　(1)キ．0　ク．1　ケ．4　コ．5　サシ．−3　ス．5

(2)セ．2　ソ．5　タ．1

解　説　≪円と直線の共有点の座標，三角形の1つの角の余弦の値≫

(1)　$k=1$ より，円 $x^2+y^2=1$ と直線 $y=-2x+1$ の共有点の x 座標を求めると

$$x^2+(-2x+1)^2=1$$

$$5x^2-4x=0$$

$$x(5x-4)=0$$

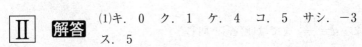

$x=0,\ \dfrac{4}{5}$

よって，共有点の座標は　$(0,\ 1),\ \left(\dfrac{4}{5},\ \dfrac{-3}{5}\right)$　→キ～ス

(2)　円の中心 $(0,\ 0)$ と直線 $2x+y-k=0$ との距離を d とすると

$$d=\frac{|2\cdot0+0-k|}{\sqrt{2^2+1^2}}=\frac{|k|}{\sqrt{5}}$$

円の中心は，弦の垂直二等分線上にあるから，弦 AB の中点を M とおくと △OMA と △OMB は合同な直角三角形なので，三平方の定理より

$$\mathrm{AM}=\mathrm{BM}=\sqrt{1^2-d^2}$$

$$=\sqrt{\frac{5-k^2}{5}}$$

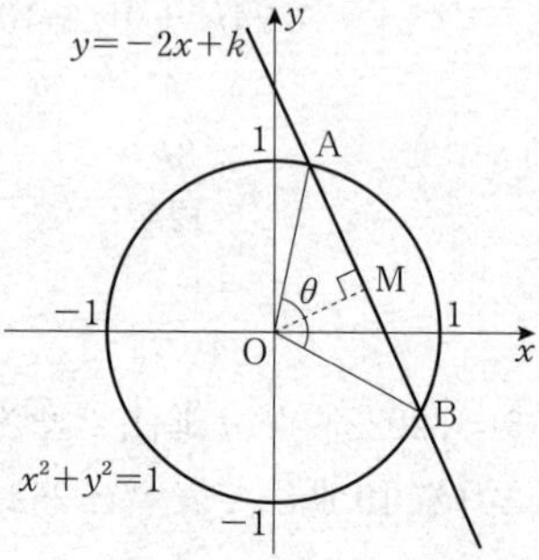

これより，$\mathrm{AB}=2\sqrt{\dfrac{5-k^2}{5}}$ であるから，

△OAB で余弦定理を用いて

$$\cos\theta=\frac{\mathrm{OA}^2+\mathrm{OB}^2-\mathrm{AB}^2}{2\cdot\mathrm{OA}\cdot\mathrm{OB}}$$

$$=\frac{2-\dfrac{4(5-k^2)}{5}}{2}$$

$$=\frac{2k^2-5}{5}$$

$$=\frac{2}{5}k^2-1$$　→セ～タ

別解　(2)　$d=\dfrac{|k|}{\sqrt{5}}$ までは〔解答〕と同じ。

$\cos\dfrac{\theta}{2}=\dfrac{\mathrm{OM}}{\mathrm{OA}}=\dfrac{|k|}{\sqrt{5}}$ なので

$$\cos\theta=2\cos^2\frac{\theta}{2}-1=\frac{2}{5}k^2-1$$

Ⅲ　解答

チ．3　ツ．2　テ．6　ト．3　ナニ．16　ヌ．2

ネノ．81

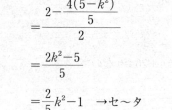

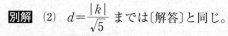

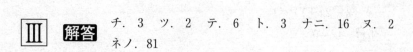

解説　≪正四面体の切断，切断面を底面とする四角錐の体積の最大値≫

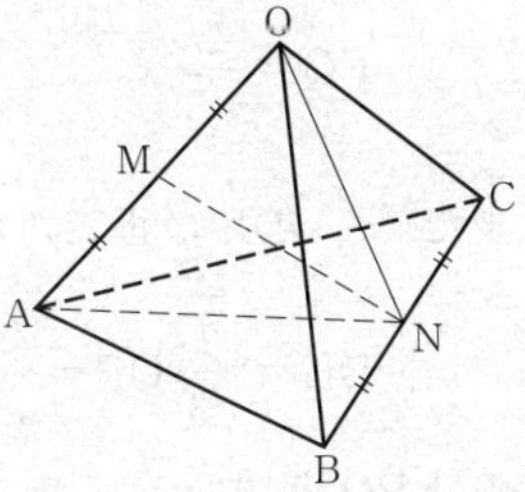

点 N は辺 BC の中点で，△OBC は正三角形なので

$$\mathrm{ON}=\mathrm{OC}\sin\frac{\pi}{3}=\sqrt{3}\quad \to チ$$

また，△OAN は $\mathrm{ON}=\mathrm{AN}=\sqrt{3}$ の二等辺三角形で，点 M は辺 OA の中点なので

$$\mathrm{OA}\perp\mathrm{MN}$$

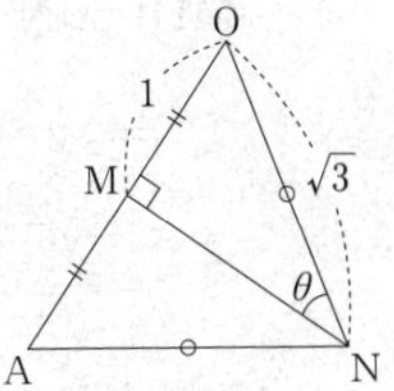

これより，△OMN で三平方の定理を用いて

$$\mathrm{MN}^2+1^2=(\sqrt{3})^2 \iff \mathrm{MN}^2=2$$

MN＞0 より

$$\mathrm{MN}=\sqrt{2}\quad \to ツ$$

さらに，平面 OBC と平面 MBC のなす角は △OAN における線分 ON と線分 MN のなす角に等しいので

$$\cos\theta=\frac{\mathrm{MN}}{\mathrm{ON}}=\frac{\sqrt{2}}{\sqrt{3}}=\frac{\sqrt{6}}{3}\quad \to テ，ト$$

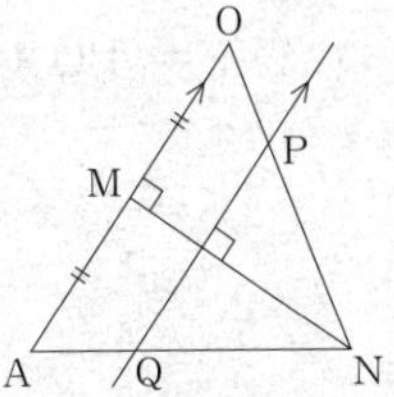

直線 MN に垂直な平面で，正四面体 OABC を切断したとき，右図のように △OAN との交線は OA と平行となり，この交線と辺 ON，AN との交点をそれぞれ P，Q とおくと，NP＝NQ であり，切断する平面と辺 OB，OC，AC，AB との交点をそれぞれ D，E，F，G とおくと

$$\mathrm{DE}\,/\!/\,\mathrm{BC}\,/\!/\,\mathrm{GF},\quad \mathrm{EF}\,/\!/\,\mathrm{OA}\,/\!/\,\mathrm{DG}$$

なので，四角形 DEFG は平行四辺形であるから DG∥PQ∥EF であるが，正四面体の対称性から，四角形 DEFG は直線 PQ に関して対称なので

$$\mathrm{PQ}\perp\mathrm{DE}$$

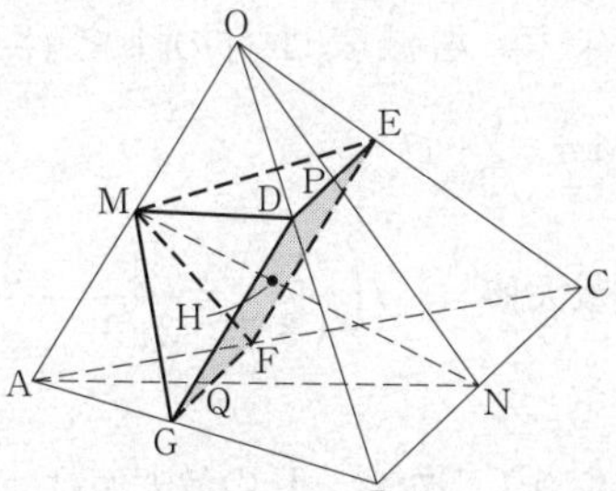

よって $\angle\mathrm{DEF}=\frac{\pi}{2}$ であり，平行四辺形 DEFG は 1 つの角が直角なので長方形である。

$\mathrm{NP}=\mathrm{NQ}=x\ (0<x<\sqrt{3})$ とおく。

△OAN∽△PQN から

$$\mathrm{OA}:\mathrm{PQ}=\mathrm{ON}:\mathrm{PN}$$

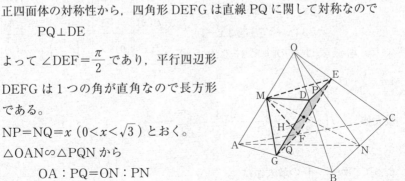

$$2 : \mathrm{PQ} = \sqrt{3} : x$$

$$\mathrm{PQ} = \frac{2}{\sqrt{3}}x$$

また，△ODE は正三角形なので，$\mathrm{OP} = \frac{\sqrt{3}}{2}\mathrm{OE} = \frac{\sqrt{3}}{2}\mathrm{DE}$ より

$$\mathrm{DE} = \frac{2}{\sqrt{3}}\mathrm{OP} = \frac{2}{\sqrt{3}}(\sqrt{3} - x)$$

線分 PQ と線分 MN の交点を H とすると

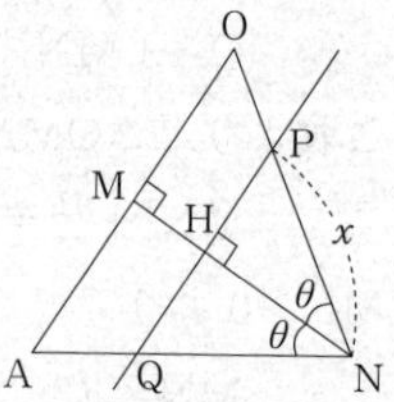

$$\begin{aligned} \mathrm{MH} &= \mathrm{MN} - \mathrm{HN} \\ &= \sqrt{2} - \frac{\sqrt{6}}{3}x \quad (\because \quad \mathrm{HN} = x\cos\theta) \\ &= \frac{\sqrt{2}}{\sqrt{3}}(\sqrt{3} - x) \end{aligned}$$

これより四角錐 M-DEFG の体積 V は

$$\begin{aligned} V &= (\mathrm{PQ} \times \mathrm{DE}) \times \mathrm{MH} \times \frac{1}{3} \\ &= \frac{2}{\sqrt{3}}x \times \frac{2}{\sqrt{3}}(\sqrt{3} - x) \times \frac{\sqrt{2}}{\sqrt{3}}(\sqrt{3} - x) \times \frac{1}{3} \\ &= \frac{4\sqrt{2}}{9\sqrt{3}}x(\sqrt{3} - x)^2 \\ &= \frac{4\sqrt{6}}{27}(x^3 - 2\sqrt{3}x^2 + 3x) \quad \cdots\cdots ① \end{aligned}$$

ここで，$f(x) = x^3 - 2\sqrt{3}x^2 + 3x \ (0 < x < \sqrt{3})$ とおく。

$$\begin{aligned} f'(x) &= 3x^2 - 4\sqrt{3}x + 3 \\ &= (x - \sqrt{3})(3x - \sqrt{3}) \\ &= \sqrt{3}(x - \sqrt{3})(\sqrt{3}x - 1) \end{aligned}$$

x	0	…	$\frac{1}{\sqrt{3}}$	…	$\sqrt{3}$
$f'(x)$		+	0	−	(0)
$f(x)$	(0)	↗	$f\left(\frac{1}{\sqrt{3}}\right)$	↘	(0)

より，増減表は右のようになり，

$x = \frac{1}{\sqrt{3}}$ で

最大値　$f\left(\frac{1}{\sqrt{3}}\right) = \frac{1}{3\sqrt{3}} - \frac{2\sqrt{3}}{3} + \frac{3}{\sqrt{3}} = \frac{4}{3\sqrt{3}}$

をとる。

よって①から，V の最大値は

$$\frac{4\sqrt{6}}{27}\times\frac{4}{3\sqrt{3}}=\frac{16\sqrt{2}}{81}\quad\rightarrow ナ〜ノ$$

参考　なお，DE$=y$ $(0<y<2)$ を変数に用いると，$V=\frac{\sqrt{2}}{6}(2y^2-y^3)$ となり，微分を簡略化できる。

Ⅳ　解答　(1)ハヒフ．144　(2)ヘホマミ．1440　(3)ムメモヤ．3600

解説　≪男女が横一列に並んだときの並び方≫

(1)　男女が交互に並ぶのは，先に男子 4 人が並び，そのそれぞれの間 3 カ所に女子 3 人が並べばよいので，求める並び方は

$$\begin{aligned}4!\times{}_3P_3&=24\times6\\&=144\text{ 通り}\quad\rightarrow ハ〜フ\end{aligned}$$

(2)　女子が隣り合わない並び方は，先に男子 4 人が並び，そのそれぞれの間と両端の計 5 カ所から 3 カ所を選んで女子が並べばよいから，求める並び方は

$$\begin{aligned}4!\times{}_5P_3&=24\times60\\&=1440\text{ 通り}\quad\rightarrow ヘ〜ミ\end{aligned}$$

(3)　両端の少なくとも一方が女子となるのは，全体から両端が女子にならない場合を除けばよい。全体は $7!=5040$ 通りである。ところで，両端が女子にならない並び方は，まず，男子 4 人のうち 2 人が両端に並び，男女の残り 5 人がその間に並べばよいから

$$\begin{aligned}{}_4P_2\times5!&=12\times120\\&=1440\text{ 通り}\end{aligned}$$

よって，求める並び方は

$$5040-1440=3600\text{ 通り}\quad\rightarrow ム〜ヤ$$

別解　(3)　次のように場合に分けて考える。

(i)左端または右端のどちらか一方にだけ女子が並ぶとき

どちらの端に女子が並ぶかで 2 通り，端にくる女子は ${}_3C_1$ 通りで，その反対の端は男子がくるので，${}_4C_1$ 通り。間に残り 5 人が並べばよいから，並び方は

$$2\times{}_3C_1\times{}_4C_1\times5!=2880\text{ 通り}$$

(ii)両端ともに女子が並ぶとき

女子2人の並び方は $_3P_2$ 通り。間に残り5人が並べばよいから，並び方は

$$_3P_2\times 5!=720 \text{ 通り}$$

以上(i)，(ii)から，両端の少なくとも一方が女子となる並び方は

$$2880+720=3600 \text{ 通り}$$

物理

I 解答

(1)ア．3　イ．4　(2)ウエオ．170　カキク．510
(3)ケコ．50　(4)サ．1　シス．63　セソ．18

解説 ≪弾性力，気柱の共鳴，自己誘導，ボーアの振動数条件≫

(1)　ばね定数を k〔N/cm〕，左端・右端のばねの伸びを x_1〔cm〕，中央の並列部分のばねの伸びを x_2〔cm〕とする。左端と中央の並列部分の接続点に対する力のつり合いより

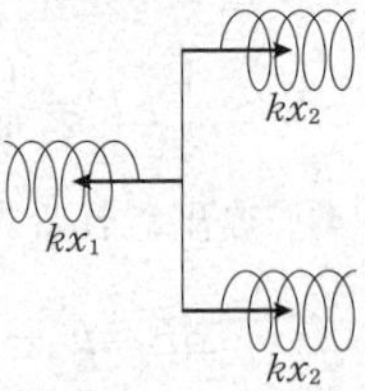

$$kx_1=2\cdot kx_2 \qquad \therefore \quad x_2=\frac{1}{2}x_1$$

左端・中央の並列部分・右端のばねの伸びの総和は $10.0-3\cdot 3.0=1.0$〔cm〕であるので

$$x_1+x_2+x_1=1.0 \qquad 2x_1+\frac{1}{2}x_1=1.0$$

$$\therefore \quad x_1=0.4$$

$$3.0+0.4=3.4\text{〔cm〕}$$ →ア，イ

(2)　長さ 50.0 cm の閉管に基本振動が生じている。このとき管の長さは生じている定常波の $\frac{1}{4}$ 波長に相当する。定常波の波長を λ〔m〕とすると

$$\frac{1}{4}\lambda=50.0$$

$$\therefore \quad \lambda=200\text{〔cm〕}=2.00\text{〔m〕}$$

空気中における基本振動数を f〔Hz〕，速さを v〔m/s〕とすると，$v=f\lambda$ より

$$340=f\cdot 2.00 \qquad \therefore \quad f=170\text{〔Hz〕}$$ →ウ～オ

ヘリウムガス中における基本振動数を f'〔Hz〕，速さを v'〔m/s〕とすると，$v'=f'\lambda$ より

$$1020=f'\cdot 2.00 \qquad \therefore \quad f'=510\text{〔Hz〕}$$ →カ～ク

(3)　コイルに流れる電流が時間 Δt〔s〕の間に ΔI〔A〕だけ変化したとき，

コイルに生じる誘導起電力を V_L〔V〕，自己インダクタンスを L〔H〕とすると，自己誘導起電力の公式より

$$V_L=-L\frac{\Delta I}{\Delta t}$$

$$L=-V_L\cdot\frac{\Delta t}{\Delta I}=-5.0\times10^3\cdot\frac{0.010}{0-2.0}=25〔\mathrm{H}〕$$

よってコイルに $I=2.0$〔A〕の電流が流れているときにコイルに蓄えられていたエネルギーは

$$\frac{1}{2}LI^2=\frac{1}{2}\cdot25\cdot2.0^2=50〔\mathrm{J}〕\quad\rightarrow ケコ$$

(4)　放出される光子のエネルギーを ΔE〔J〕とすると

$$\Delta E=E_2-E_1=-\frac{13.6}{2^2}-\left(-\frac{13.6}{1^1}\right)=13.6\cdot\frac{3}{4}〔\mathrm{eV}〕$$

$$=13.6\cdot\frac{3}{4}\cdot1.60\times10^{-19}$$

$$=1.632\times10^{-18}\fallingdotseq1.63\times10^{-18}〔\mathrm{J}〕\quad\rightarrow サ〜ソ$$

II　解答　(1)タ―⑥　(2)チ―⑥　(3)ツ―⑧

解説　≪力学的エネルギー保存則，運動量保存則≫

(1)　糸が鉛直方向から角 θ 傾いた状態のとき，最下点 ($\theta=0°$) から小球の高さまでの鉛直方向の距離は $l(1-\cos\theta)$ である。壁に衝突する直前の小球の速さを v_0 とすると，力学的エネルギー保存則より

$$mgl(1-\cos\theta)=\frac{1}{2}mv_0{}^2\qquad\therefore\quad v_0=\sqrt{2gl(1-\cos\theta)}\quad\rightarrow タ$$

(2)　台の固定装置を外すと，小球を静かにはなしてから壁に衝突するまでの間，小球と台からなる系に対して水平方向に外力ははたらかない。よって，水平方向について運動量保存則が成り立つ。小球が壁に衝突する直前の，床から見た小球と台の速度を，右向きを正としてそれぞれ v，V とおくと，水平方向についての運動量保存則より

$$0=mv+MV\quad\cdots\cdots①$$

小球と台からなる系における力学的エネルギー保存則より

$$mgl(1-\cos\theta)=\frac{1}{2}mv^2+\frac{1}{2}MV^2$$

以上 2 式を解くと，$v>0$ であることを考慮し

$$v=\sqrt{\frac{2Mgl}{M+m}(1-\cos\theta)}\quad \rightarrow チ$$

(3)　小球が壁と衝突した直後の，床から見た小球と台の速度を右向きを正としてそれぞれ v'，V' とおく。衝突前後に対する運動量保存則より

$$mv+MV=mv'+MV'$$

これと①を用いて

$$0=mv'+MV' \quad \cdots\cdots②$$

また弾性衝突なので，はね返り係数 $e=1$ より

$$v'-V'=-1\cdot(v-V) \quad \cdots\cdots③$$

①，②より

$$V=-\frac{m}{M}v,\ \ V'=-\frac{m}{M}v'$$

これを③に代入し

$$\left(1+\frac{m}{M}\right)v'=-\left(1+\frac{m}{M}\right)v \qquad \therefore\quad v'=-v$$

よって

$$V'=-\frac{m}{M}v'=\frac{m}{M}v=\frac{m}{M}\sqrt{\frac{2Mgl}{M+m}(1-\cos\theta)}\quad \rightarrow ツ$$

Ⅲ　**解答**　(1)テ―③　(2)ト―⑦　(3)ナ―①

解 説　≪光波の干渉（ニュートンリング）≫

(1)　点 A で反射した光の位相が π ずれるので，点 A，B で反射した 2 光は逆位相となる。この 2 光が強め合う条件は，2 光の経路差を Δl として

$$\Delta l=2d\fallingdotseq 2\cdot\frac{r^2}{2R}=\frac{r^2}{R}=\left(m+\frac{1}{2}\right)\cdot\lambda$$

$$\therefore\quad r=\sqrt{\left(m+\frac{1}{2}\right)\lambda R}\quad \rightarrow テ$$

(2)　M 番目の明環は，(1)の結果において $m=M-1$ に相当する。同様に，$M+1$ 番目の明環は，$m=M$ に相当する。よって(1)の結果より

$$r_M{}^2=\left(M-1+\frac{1}{2}\right)\lambda R,\ \ r_{M+1}{}^2=\left(M+\frac{1}{2}\right)\lambda R$$

2式より

$$r_{M+1}{}^2-r_M{}^2=\lambda R \quad \to ト$$

(3) 屈折率 n の液体を入れると，光学的距離が n 倍となる。このときの明環（暗環）半径を r' とすると，2光が逆位相であることに注意して，強め合いの干渉条件は

$$n\cdot\frac{r'^2}{R}=\left(m+\frac{1}{2}\right)\cdot\lambda \qquad \therefore \quad r'=\frac{1}{\sqrt{n}}\cdot\sqrt{\left(m+\frac{1}{2}\right)\lambda R}$$

これと(1)の結果を比較すると，屈折率 n の液体を平面ガラスと平凸レンズの間に入れたとき，明環（暗環）半径は，液体を入れる前と比較して $\dfrac{r'}{r}=\dfrac{1}{\sqrt{n}}$ 倍となる。 →ナ

化学

Ⅰ　**解答**　問 1．⑤　問 2．②　問 3．③　問 4．③　問 5．⑤
問 6．①　問 7．①　問 8．③　問 9．②　問 10．③
問 11．③　問 12．②　問 13．②　問 14．⑤　問 15．②

解説　≪小問 15 問≫

問 1．分子結晶は，分子どうしが弱い分子間力で結びついているため，融点は低く，昇華しやすいものが多い。①は共有結合の結晶，②・③は金属結晶，④はイオン結晶の一般的な性質である。

問 3．アルブミンのようなタンパク質は分子コロイドであるため，粒子が大きく半透膜を通過することができない。

問 4．炭素原子 1 mol は 6.0×10^{23} 個の炭素原子を含むので，炭素原子 1 個の質量は

$$\frac{12}{6.0 \times 10^{23}} = 2.0 \times 10^{-23} \text{[g]}$$

問 6．それぞれの構造式は以下の通り。

①　エタノール　　　　②　マレイン酸　　　　③　アセチレン

　CH_3-CH_2-OH　　　$\underset{HOOC}{\overset{H}{\diagup}} C = C \underset{COOH}{\overset{H}{\diagdown}}$　　　$H-C \equiv C-H$

④　プロピオン酸　　　⑤　アセトアルデヒド

　$CH_3-CH_2-\overset{\overset{\displaystyle O}{\|}}{C}-OH$　　　$CH_3-\overset{\overset{\displaystyle O}{\|}}{C}-H$

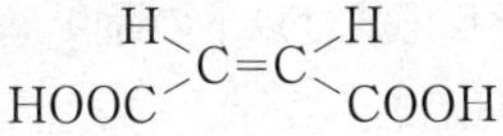

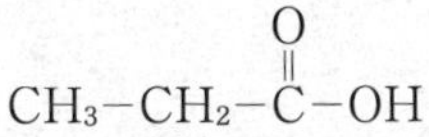

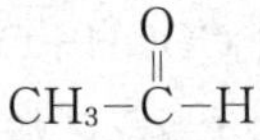

問 7．②誤り。二酸化炭素（ドライアイス）は冷却剤として用いられる。
③誤り。酸化カルシウムは乾燥剤として用いられる。
④誤り。硫酸バリウムは造影剤として用いられる。
⑤誤り。硫酸カルシウム（セッコウ）は建築材として用いられる。

問 8．プロパンの物質量を $n\text{[mol]}$ とすると

　　発熱量 [J] ＝質量 [g]×比熱 [J/g・K]×温度変化 [K]

なので

　　$2.219 \times 10^6 \times n = 10 \times 10^3 \times 4.2 \times 80$

$n=1.51\fallingdotseq1.5$〔mol〕

問10.　二酸化炭素は炭素も酸素も含むが無機化合物である。

問11.　①NH_4^+ は正四面体，②H_3O^+ は三角錐，④$[Cu(NH_3)_4]^{2+}$ は正方形，⑤$[Zn(NH_3)_4]^{2+}$ は正四面体である。

問12.　食塩（塩化ナトリウム）の式量は23＋35.5＝58.5なので，含まれるNaの質量は

$$5\times\frac{23}{58.5}=1.9\fallingdotseq2\text{〔g〕}$$

問13.　得られた気体には水蒸気も含まれるので，窒素の分圧は

$$1.0\times10^5-4.0\times10^3=9.6\times10^4\text{〔Pa〕}$$

得られた窒素の物質量は，気体の状態方程式より

$$\frac{9.6\times10^4\times830\times10^{-3}}{8.3\times10^3\times(273+27)}=0.032\text{〔mol〕}$$

問14.　①誤り。塩化アンモニウムはアンモニウムイオンの加水分解により酸性を示す。

②誤り。炭酸ナトリウムは炭酸イオンの加水分解により塩基性を示す。

③誤り。硫酸イオン，ナトリウムイオンともに加水分解しないため中性を示す。

④誤り。酢酸イオンの加水分解により塩基性を示す。

①，②，④の加水分解の化学反応式は以下の通り。

①$NH_4^+ + H_2O \rightleftarrows NH_3 + H_3O^+$

②$CO_3^{2-} + H_2O \rightleftarrows HCO_3^- + OH^-$

④$CH_3COO^- + H_2O \rightleftarrows CH_3COOH + OH^-$

問15.　2-ブテンにはシス形とトランス形が存在する。

シス-2-ブテン　　トランス-2-ブテン

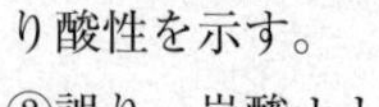

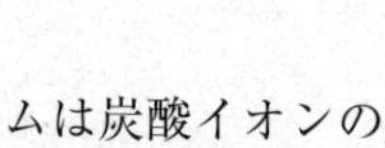

Ⅱ　解答　問1．⑦　問2．⑥　問3．②　問4．①　問5．①

解説　≪ハロゲン≫

問4．ハロゲン化水素の酸の強さは次のようになる。

$HI > HBr > HCl \gg HF$

HCl までは強酸，HF は弱酸である。

問5．ハロゲン単体の酸化力は原子半径の小さいものほど大きくなる。つまり，原子番号の小さいものほど酸化力は大きい。

Ⅲ　解答　問1．⑤　問2．⑤　問3．①　問4．③　問5．⑥

解説　≪元素分析≫

問1・問2．塩素の検出は，試料に熱した銅線をつけて赤熱することで塩化銅(Ⅱ)を生成し，炎色反応（青緑色）を観察する。実験1)の場合，試料と酸化銅(Ⅱ)を加熱することにより試験管内に塩化銅(Ⅱ)が生成しているため，炎色反応が確認できる。

問3・問4．実験2)は窒素の検出方法であり，アンモニアが生じる。

問5．A では生じた水を吸収するために塩化カルシウム，B では生じた二酸化炭素を吸収するためにソーダ石灰を用いる。ソーダ石灰は水も二酸化炭素も吸収するために A に用いることはできない。

Ⅳ　解答　問1．①　問2．⑦　問3．④　問4．③　問5．⑤
問6．⑤　問7．①　問8．⑤　問9．①　問10．①

解説　≪糖の構造，繊維，生分解性高分子≫

問4．セルロースはβ-グルコースの1位と4位の −OH がグリコシド結合を形成している。セルロースをメチル化すると，2位，3位，6位のヒドロキシ基がメトキシ基$(-OCH_3)$に変換される。これを加水分解すると，2位，3位，6位のメトキシ基は変化せず，グリコシド結合を形成していた1位，4位がヒドロキシ基に戻る。

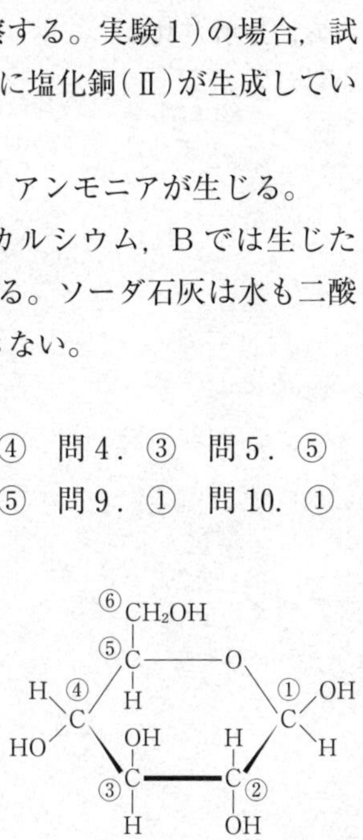

β-グルコース

問 5．羊毛や絹のような動物繊維はタンパク質からなる。羊毛の主成分はケラチン，絹の主成分はフィブロインやセリシンである。

問 6．ビスコースレーヨンや銅アンモニアレーヨンのようにセルロースを溶媒に溶解した後，再度凝固させて繊維にしたものを再生繊維という。①は植物繊維，②は動物繊維，③・④は合成繊維である。

問 7．アセテートは，セルロースに酢酸と無水酢酸および少量の濃硫酸を作用させ，これを部分的に加水分解して繊維にしたものである。④は銅アンモニアレーヨン，⑤はトリニトロセルロースを指す。

問 9．アクリロニトリル（C_3H_3N）の分子量は 53.0。重合度を n とすると

$$53.0n = 1.06 \times 10^5$$

$$n = 2.00 \times 10^3$$

問 10．ポリ乳酸は生体内の酵素や微生物などの作用により，水や二酸化炭素に分解される。⑤ポリアクリル酸ナトリウムは吸水性高分子として用いられる。

生物

I 解答

問 1．④　問 2．②　問 3．③　問 4．②　問 5．⓪
問 6．⓪　問 7．⑤　問 8．④　問 9．①　問 10．⑤
問 11．②　問 12．⑤　問 13．①　問 14．④　問 15．⑦　問 16．④
問 17．⑤　問 18．⑥　問 19．②　問 20．①

解 説　≪小問 20 問≫

問 1．原核細胞は核膜に囲まれた核やミトコンドリアなどほとんどの細胞小器官をもたない。また細胞分裂時に紡錘体は見られない。一般的に DNA の塩基配列中にイントロンがなく，転写後のスプライシングも起こらない。

問 3．多細胞生物の細胞は，膜タンパク質によって細胞接着をなしている。ａの接着結合とｄのデスモソームにはカドヘリン，ｂの密着結合には接着タンパク質，ｃのギャップ結合にはコネクソン，ｅのヘミデスモソームにはインテグリンが関与している。

問 4．ａ．モータータンパク質は ATP のエネルギーを消費して細胞骨格上を移動し，物質や細胞小器官を輸送する。ｃ．アルコール発酵は，全体としてはグルコースを分解して ATP 合成を行う反応であるが，グルコースをピルビン酸に分解する過程で一旦 ATP を消費する。

問 5．ａの硝酸菌，ｂの亜硝酸菌，ｃの硫黄細菌はいずれも化学合成細菌であり光合成は行わない。ｄの紅色硫黄細菌とｅの緑色硫黄細菌は光合成を行うが，植物と異なり，電子の供給源として水ではなく硫化水素を用いるため，酸素は発生しない。

問 6．ａ．誤り。転写と同時にタンパク質合成（翻訳）が起こるのは核膜のない原核生物である。

ｂ．誤り。指定されたアミノ酸を運ぶのは tRNA である。

ｃ．誤り。リボソームが付着しているのは粗面小胞体である。

ｅ．正しい。多くのアミノ酸は複数のコドンによって指定されている。

問 9．交感神経は脊髄につながり，副交感神経は中脳，延髄，脊髄の下部につながっている。

問 11. 免疫力の低下により，病原性の低い病原体の感染で発症することを日和見《ひよりみ》感染という。花粉症や食物アレルギーは異物に対する過敏な免疫反応であり，アナフィラキシーはその反応が重篤なものを指す。関節リウマチは，免疫反応が自分自身の細胞や組織を攻撃する自己免疫疾患の一つである。

問 13. ①正しい。間期のうち，DNA の複製が行われている時期を S 期（DNA 合成期）といい，複製により DNA 量は 2 倍になる。

②誤り。間期には G_1 期（DNA 合成準備期），S 期，G_2 期（分裂準備期）がある。

③誤り。染色体が赤道面に整列するのは中期である。

④誤り。細胞質分裂は終期とほぼ同時に進行し，同時に完了する。

⑤誤り。G_2 期を含む間期においては，染色体の凝縮が起こっていないので，光学顕微鏡では観察できない。

問 14. ｂのクリ，ｃのナズナ，ｄのエンドウは胚乳が発達せず，子葉に栄養を蓄える無胚乳種子を形成する。

問 18. 収束進化とは，個別に進化した異なる生物が同じような環境に適応することで似た特徴をもつようになることである。

問 19. シダ植物の胞子体には，根・茎・葉の各器官や維管束が見られる。配偶体である前葉体は葉状体と仮根からなり，造精器と造卵器が見られる。

Ⅱ　解答　問1．⑨　問2．④　問3．④　問4．①　問5．⓪

解説　≪酵　素≫

問1．ａ．誤り。酵素はタンパク質を主成分とする有機触媒である。

ｂ．正しい。ｃ．誤り。酵素は，物質が反応しやすい状態になるための活性化エネルギーを低下させることで，化学反応を促進する。

ｄ・ｅ．正しい。酵素による化学反応が起こっても，酵素自身の構造や活性は変化しないので，繰り返しはたらくことができる。

問3．酵素などのタンパク質が変性し機能を失うことを失活という。タンパク質の失活は，一般に 60〜70℃ 以上の高温や酸・アルカリ，ある種の金属の存在などによって，タンパク質の立体構造が壊れることによって起こる。ｂの補酵素は，酵素のタンパク質に結合してはたらく低分子の有機物で一般に熱に強いが，補酵素と結合していることで酵素が失活しない訳ではない。

問４．酵素分子において基質と結合する部位を活性部位といい，基質と似た物質が活性部位に結合することで酵素のはたらきが阻害されることを競争的阻害という。一方，酵素の活性部位以外の部位（アロステリック部位）に阻害物質が結合することで活性部位が変形し，はたらきが阻害されることを非競争的阻害という。

問５．酵素反応が進むと，時間の経過とともに基質が生成物に変化して生成物が増加していくが，反応液中の基質が枯渇すると生成物は増加しなくなる。よって，基質濃度を２倍（基質の量を２倍）にすると最終的な生成物量も２倍になるのでグラフはｅになる。一方，酵素濃度を２倍にした場合は，反応速度（グラフの傾き）は大きくなるが，最終的な生成物量は変わらないのでグラフはｄになる。

Ⅲ　解答　問１．⑧　問２．⑧　問３．④　問４．④　問５．⑤

解説　≪原生生物≫

問１．独立栄養生物とは，光合成や化学合成を行うことで無機物から有機物を合成できる生物である。ｃのボルボックスとｄのクロレラはいずれも緑藻類であり，光合成を行う独立栄養生物である。一方，ａのゾウリムシとｂのアメーバ，ｅのムラサキホコリカビはいずれも光合成および化学合成を行わない原生生物であり，いずれも無機物から有機物を合成できない従属栄養生物である。

問２．20世紀後半に単細胞真核生物や原核生物の研究が進み，ホイッタカーが原核生物と真核生物を分ける五界説を提唱し支持を集めた。

問４．無胚葉性の動物である海綿動物には，鞭毛をもったえり細胞がある。えり鞭毛虫は，構造がえり細胞に似ている。

問５．シャジクモ類は植物と同じクロロフィルａとｂをもっていることや，細胞分裂時に細胞板を形成することなどから植物の祖先に近いと考えられている。紅藻類はクロロフィルａを，褐藻類はクロロフィルａとｃをもつ。なお，植物とはコケ植物，シダ植物，種子植物のような陸生のものを指す。

Ⅳ 解答　問1．⑤　問2．①　問3．①　問4．⑤　問5．①

解説　≪生態系の炭素循環≫

問4．燃料として使われている石炭の大部分は古生代の石炭紀に繁栄した大型シダ植物が元になっている。

問5．サンゴは二胚葉性の刺胞動物であり，ａのクラゲ，ｂのヒドラ，ｃのイソギンチャクがこれに分類される。ｄのヒトデは棘皮動物，ｅのカイメンは海綿動物である。

問九　④

問十　②

問十一　①

問十二　④

解説　問八　傍線部A中の「こういう条件」とは、重要であることとあいまいであることである。具体的には傍線部直前にあるように、自分の生命や財産がおびやかされるような状態と、情報が不足したり統制されているような状況である。以上より、③が正解となる。

問九　④だけが、感情的緊張、知的な欲求、誇示の欲求の関係が本文や他の選択肢と違う。

問十　流言の内容に注目する。実際には流言であるが、軍事上の秘密であるため当局があえて否定しなかった内容にあたる選択肢を選ぶ。

問十二　「コーヒー」「牛肉」「バター」と食品が消える流言が続いているため、ここでのバターは比喩ではなく本物のバターであると考える。食品の欠乏という、生命に関することがらと、情報不足による流言と考える。

問八 「第二」から「第三」までの疑問に対して、傍線部Cの二段落後に筆者の考えがまとめられている。この段落の最終文に合致する③が正解である。④が紛らわしいが、「疑問はとりあえず保留しておいていい」がこの段落の趣旨と合致しない。

問九 傍線部D前後に注目する。直前に「専門家」とは、「知識や能力を問う試験を行って資格を付与」するものとある。また、傍線部が含まれる段落の最後に、政治とは「価値の複数性や多元性を前提としながら、いくつもの『正しさ』の間で調整や妥協を図る営み」とある。よって、正解は②である。

問十 傍線部Eの二段落後に、「政治的争点がどこにあり、対立軸はどういうところにあるのか。自分は誰の意見に近くて、どの点が異なるのか。そういうことが代表による政治劇を観ることで明らかになっていく」とある。よって、正解は⑤である。

二

出典 廣井脩『流言とデマの社会学』〈第1章 流言とは何か〉（文春新書）

解答

問一 ア―② オ―⑤ ケ―③ コ―①
問二 ②
問三 (a)―⑤ (b)―③
問四 ②
問五 ⑤
問六 カ―④ ク―②
問七 ⑤
問八 ③

国語

一

出典　杉田敦『政治的思考』〈第二章22　代表〉（岩波新書）

解答

問一　ア―③　ウ―②　エ―①　オ―⑤　カ―⑤　ク―③

問二　②

問三　④

問四　(a)(b)―③　(h)(i)―⑤

問五　②

問六　(f)―①　(g)―④

問七　③

問八　③

問九　②

問十　⑤

解説

問七　「代表とは何か」の第四・五段落および第八段落に注目する。代表についての二つの考え方それぞれが完璧な形で成立することはないという内容が書かれている。代表についての一つ目の考え方にこだわりすぎると、環境の変化に対応することができなくなり、二つ目の考え方のように代表に裁量を持たせすぎると、人びとが選択をする意味がなくなる。④は、二つの考え方は両立し得ないので不可。

· memo ·

//////////////////// · **memo** · ////////////////////

//////////////////// · memo · ////////////////////

2025年版　大学赤本シリーズ　No. 444

朝日大学

編　集　教学社編集部
発行者　上原 寿明
発行所　教学社
〒606-0031
京都市左京区岩倉南桑原町56
電話　075-721-6500
振替　01020-1-15695
印　刷　太洋社

2024年7月10日　第1刷発行
ISBN978-4-325-26503-0
定価は裏表紙に表示しています

いつも受験生のそばに―赤本

大学入試シリーズ＋α
入試対策も共通テスト対策も赤本で

入試対策

赤本プラス

赤本プラスとは，**過去問演習の効果を最大にする**ためのシリーズです。「赤本」であぶり出された弱点を，赤本プラスで克服しましょう。

大学入試 すぐわかる**英文法** DL
大学入試 ひと目でわかる**英文読解**
大学入試 絶対できる**英語リスニング** DL
大学入試 すぐ書ける**自由英作文**
大学入試 ぐんぐん読める
　英語長文〔BASIC〕 DL
大学入試 ぐんぐん読める
　英語長文〔STANDARD〕 DL
大学入試 ぐんぐん読める
　英語長文〔ADVANCED〕 DL
大学入試 正しく書ける**英作文**
大学入試 最短でマスターする
　数学I･II･III･A･B･C
大学入試 突破力を鍛える**最難関の数学**
大学入試 知らなきゃ解けない
　古文常識･和歌
大学入試 ちゃんと身につく**物理**
大学入試 もっと身につく
　物理問題集（①力学･波動）
大学入試 もっと身につく
　物理問題集（②熱力学･電磁気･原子）

入試対策

英検®赤本シリーズ

英検®（実用英語技能検定）の対策書。
過去問集と参考書で万全の対策ができます。

▶過去問集（2024年度版）
英検®準1級過去問集 DL
英検®2級過去問集 DL
英検®準2級過去問集 DL
英検®3級過去問集 DL

▶参考書
竹岡の英検®準1級マスター DL
竹岡の英検®2級マスター CD DL
竹岡の英検®準2級マスター CD DL
竹岡の英検®3級マスター CD DL

CD リスニングCDつき　DL 音声無料配信
新 2024年新刊・改訂

入試対策

赤本プレミアム

赤本の教学社だからこそ作れた，
過去問ベストセレクション

東大数学プレミアム
東大現代文プレミアム
京大数学プレミアム〔改訂版〕
京大古典プレミアム

入試対策

赤本メディカルシリーズ

過去問を徹底的に研究し，独自の出題傾向をもつメディカル系の入試に役立つ内容を精選した実戦的なシリーズ。

〔国公立大〕**医学部の英語**〔3訂版〕
私立医大の英語〔長文読解編〕〔3訂版〕
私立医大の英語〔文法･語法編〕〔改訂版〕
医学部の実戦小論文〔3訂版〕
医歯薬系の英単語〔4訂版〕
医系小論文 最頻出論点20〔4訂版〕
医学部の面接〔4訂版〕

入試対策

体系シリーズ

国公立大二次・難関私大突破へ，自学自習に適したハイレベル問題集。

体系英語長文　**体系世界史**
体系英作文　**体系物理**〔第7版〕
体系現代文

入試対策

単行本

▶英語
Q&A即決英語勉強法
TEAP攻略問題集 CD
東大の英単語〔新装版〕
早慶上智の英単語〔改訂版〕

▶国語・小論文
著者に注目! 現代文問題集
ブレない小論文の書き方 樋口式ワークノート

▶レシピ集
奥薗壽子の赤本合格レシピ

入試対策　共通テスト対策

赤本手帳

赤本手帳（2025年度受験用）プラムレッド
赤本手帳（2025年度受験用）インディゴブルー
赤本手帳（2025年度受験用）ナチュラルホワイト

入試対策

風呂で覚えるシリーズ

水をはじく特殊な紙を使用。いつでもどこでも読めるから，ちょっとした時間を有効に使える！

風呂で覚える英単語〔4訂新装版〕
風呂で覚える英熟語〔改訂新装版〕
風呂で覚える古文単語〔改訂新装版〕
風呂で覚える古文文法〔改訂新装版〕
風呂で覚える漢文〔改訂新装版〕
風呂で覚える日本史〔年代〕〔改訂新装版〕
風呂で覚える世界史〔年代〕〔改訂新装版〕
風呂で覚える倫理〔改訂版〕
風呂で覚える百人一首〔改訂版〕

共通テスト対策

満点のコツシリーズ

共通テストで満点を狙うための実戦的参考書。
重要度の増したリスニング対策は
「カリスマ講師」竹岡広信が一回読みにも
対応できるコツを伝授！

共通テスト英語〔リスニング〕
　満点のコツ〔改訂版〕 新 DL
共通テスト古文 満点のコツ〔改訂版〕 新
共通テスト漢文 満点のコツ〔改訂版〕 新

入試対策　共通テスト対策

赤本ポケットシリーズ

▶共通テスト対策
共通テスト日本史〔文化史〕

▶系統別進路ガイド
デザイン系学科をめざすあなたへ

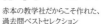

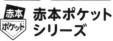

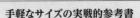

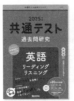

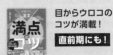

2025年版　大学赤本シリーズ

私立大学②

357 東邦大学（理・看護・健康科学部）
358 東洋大学（文・経済・経営・法・社会・国際・国際観光学部）
359 東洋大学（情報連携・福祉社会デザイン・健康スポーツ科・理工・総合情報・生命科・食環境科学部）
360 東洋大学（英語〈3日程×3カ年〉）
361 東洋大学（国語〈3日程×3カ年〉）
362 東洋大学（日本史・世界史〈2日程×3カ年〉）
363 東洋英和女学院大学
364 常磐大学・短期大学 総推
365 獨協大学
366 獨協医科大学（医学部） 医

な行（関東の大学）

367 二松学舎大学
368 日本大学（法学部）
369 日本大学（経済学部）
370 日本大学（商学部）
371 日本大学（文理学部〈文系〉）
372 日本大学（文理学部〈理系〉）
373 日本大学（芸術学部〈専門試験併用型〉）
374 日本大学（国際関係学部）
375 日本大学（危機管理・スポーツ科学部）
376 日本大学（理工学部）
377 日本大学（生産工・工学部）
378 日本大学（生物資源科学部）
379 日本大学（医学部） 医
380 日本大学（歯・松戸歯学部）
381 日本大学（薬学部）
382 日本大学（N全学統一方式−医・芸術〈専門試験併用型〉学部を除く）
383 日本医科大学 医
384 日本工業大学
385 日本歯科大学
386 日本社会事業大学 総推
387 日本獣医生命科学大学
388 日本女子大学
389 日本体育大学

は行（関東の大学）

390 白鷗大学（学業特待選抜・一般選抜）
391 フェリス女学院大学
392 文教大学
393 法政大学（法〈I日程〉・文〈II日程〉・経営〈II日程〉学部−A方式）
394 法政大学（法〈II日程〉・国際文化・キャリアデザイン学部−A方式）
395 法政大学（文〈I日程〉・経営〈I日程〉・人間環境・グローバル教養学部−A方式）
396 法政大学（経済〈I日程〉・社会〈I日程〉・現代福祉学部−A方式）
397 法政大学（経済〈II日程〉・社会〈II日程〉・スポーツ健康学部−A方式）
398 法政大学（情報科・デザイン工・理工・生命科学部−A方式）
399 法政大学（T日程〈統一日程〉・英語外部試験利用入試）
400 星薬科大学 総推

ま行（関東の大学）

401 武蔵大学
402 武蔵野大学
403 武蔵野美術大学
404 明海大学
405 明治大学（法学部−学部別入試）
406 明治大学（政治経済学部−学部別入試）
407 明治大学（商学部−学部別入試）
408 明治大学（経営学部−学部別入試）
409 明治大学（文学部−学部別入試）
410 明治大学（国際日本学部−学部別入試）
411 明治大学（情報コミュニケーション学部−学部別入試）
412 明治大学（理工学部−学部別入試）
413 明治大学（総合数理学部−学部別入試）
414 明治大学（農学部−学部別入試）
415 明治大学（全学部統一入試）
416 明治学院大学（A日程）
417 明治学院大学（全学部日程）
418 明治薬科大学 総推
419 明星大学
420 目白大学・短期大学部

ら・わ行（関東の大学）

421 立教大学（文系学部−一般入試〈大学独自の英語を課さない日程〉）
422 立教大学（国語〈3日程×3カ年〉）
423 立教大学（日本史・世界史〈2日程×3カ年〉）
424 立教大学（文学部−一般入試〈大学独自の英語を課す日程〉）
425 立教大学（理学部−一般入試）
426 立正大学
427 早稲田大学（法学部）
428 早稲田大学（政治経済学部）
429 早稲田大学（商学部）
430 早稲田大学（社会科学部）
431 早稲田大学（文学部）
432 早稲田大学（文化構想学部）
433 早稲田大学（教育学部〈文科系〉）
434 早稲田大学（教育学部〈理科系〉）
435 早稲田大学（人間科・スポーツ科学部）
436 早稲田大学（国際教養学部）
437 早稲田大学（基幹理工・創造理工・先進理工学部）
438 和洋女子大学 総推

中部の大学（50音順）

439 愛知大学
440 愛知医科大学（医学部） 医
441 愛知学院大学・短期大学部
442 愛知工業大学 総推
443 愛知淑徳大学
444 朝日大学 総推
445 金沢医科大学（医学部） 医
446 金沢工業大学
447 岐阜聖徳学園大学 総推
448 金城学院大学
449 至学館大学 総推
450 静岡理工科大学
451 椙山女学園大学
452 大同大学
453 中京大学
454 中部大学
455 名古屋外国語大学 総推
456 名古屋学院大学 総推
457 名古屋学芸大学 総推
458 名古屋女子大学 総推
459 南山大学（外国語〈英米〉・法・総合政策・国際教養学部）
460 南山大学（人文・外国語〈英米を除く〉・経済・経営・理工学部）
461 新潟国際情報大学
462 日本福祉大学
463 福井工業大学
464 藤田医科大学（医学部） 医
465 藤田医科大学（医療科・保健衛生学部）
466 名城大学（法・経営・経済・外国語・人間・都市情報学部）
467 名城大学（情報工・理工・農・薬学部）
468 山梨学院大学

近畿の大学（50音順）

469 追手門学院大学 総推
470 大阪医科薬科大学（医学部） 医
471 大阪医科薬科大学（薬学部） 総推
472 大阪学院大学 総推
473 大阪経済大学 総推
474 大阪経済法科大学 総推
475 大阪工業大学 総推
476 大阪国際大学・短期大学部 総推
477 大阪産業大学 総推
478 大阪歯科大学（歯学部）
479 大阪商業大学 総推
480 大阪成蹊大学・短期大学 総推
481 大谷大学 総推
482 大手前大学・短期大学 総推
483 関西大学（文系）
484 関西大学（理系）
485 関西大学（英語〈3日程×3カ年〉）
486 関西大学（国語〈3日程×3カ年〉）
487 関西大学（日本史・世界史・文系数学〈3日程×3カ年〉）
488 関西医科大学（医学部） 医
489 関西医療大学 総推
490 関西外国語大学・短期大学部 総推
491 関西学院大学（文・法・商・人間福祉・総合政策学部−学部個別日程）
492 関西学院大学（神・社会・経済・国際・教育学部−学部個別日程）
493 関西学院大学（全学部日程〈文系型〉）
494 関西学院大学（全学部日程〈理系型〉）
495 関西学院大学（共通テスト併用日程〈数学〉・英数日程）
496 関西学院大学（英語〈3日程×3カ年〉） 新
497 関西学院大学（国語〈3日程×3カ年〉） 新
498 関西学院大学（日本史・世界史・文系数学〈3日程×3カ年〉） 新
499 畿央大学 総推
500 京都外国語大学・短期大学 総推
502 京都産業大学（公募推薦入試） 総推
503 京都産業大学（一般選抜入試〈前期日程〉）
504 京都女子大学 総推
505 京都先端科学大学 総推
506 京都橘大学 総推
507 京都ノートルダム女子大学 総推
508 京都薬科大学 総推
509 近畿大学・短期大学部（医学部を除く−推薦入試） 総推
510 近畿大学・短期大学部（医学部を除く−一般入試前期）
511 近畿大学（英語〈医学部を除く3日程×3カ年〉）
512 近畿大学（理系数学〈医学部を除く3日程×3カ年〉）
513 近畿大学（国語〈医学部を除く3日程×3カ年〉）
514 近畿大学（医学部−推薦入試・一般入試前期） 医 総推
515 近畿大学・短期大学部（一般入試後期） 医
516 皇學館大学 総推
517 甲南大学 総推
518 甲南女子大学（学校推薦型選抜） 新 総推
519 神戸学院大学 総推
520 神戸国際大学 総推
521 神戸女学院大学 総推
522 神戸女子大学・短期大学 総推
523 神戸薬科大学 総推
524 四天王寺大学・短期大学部 総推
525 摂南大学（公募制推薦入試） 総推
526 摂南大学（一般選抜前期日程）
527 帝塚山学院大学 総推
528 同志社大学（法、グローバル・コミュニケーション学部−学部個別日程）

2025年版　大学赤本シリーズ

国公立大学 その他

- 171 〔国公立大〕医学部医学科 総合型選抜・学校推薦型選抜※ 医 総推
- 172 看護・医療系大学〈国公立 東日本〉※
- 173 看護・医療系大学〈国公立 中日本〉※
- 174 看護・医療系大学〈国公立 西日本〉※
- 175 海上保安大学校／気象大学校
- 176 航空保安大学校
- 177 国立看護大学校
- 178 防衛大学校 総推
- 179 防衛医科大学校(医学科) 医
- 180 防衛医科大学校(看護学科)

※ No.171～174の収載大学は赤本ウェブサイト(http://akahon.net/)でご確認ください。

私立大学①

北海道の大学(50音順)

- 201 札幌大学
- 202 札幌学院大学
- 203 北星学園大学
- 204 北海学園大学
- 205 北海道医療大学
- 206 北海道科学大学
- 207 北海道武蔵女子大学・短期大学
- 208 酪農学園大学(獣医学群〈獣医学類〉)

東北の大学(50音順)

- 209 岩手医科大学(医・歯・薬学部) 医
- 210 仙台大学 総推
- 211 東北医科薬科大学(医・薬学部) 医
- 212 東北学院大学
- 213 東北工業大学
- 214 東北福祉大学
- 215 宮城学院女子大学 総推

関東の大学(50音順)

あ行(関東の大学)

- 216 青山学院大学(法・国際政治経済学部ー個別学部日程)
- 217 青山学院大学(経済学部ー個別学部日程)
- 218 青山学院大学(経営学部ー個別学部日程)
- 219 青山学院大学(文・教育人間科学部ー個別学部日程)
- 220 青山学院大学(総合文化政策・社会情報・地球社会共生・コミュニティ人間科学部ー個別学部日程)
- 221 青山学院大学(理工学部ー個別学部日程)
- 222 青山学院大学(全学部日程)
- 223 麻布大学(獣医、生命・環境科学部)
- 224 亜細亜大学
- 226 桜美林大学
- 227 大妻女子大学・短期大学部

か行(関東の大学)

- 228 学習院大学(法学部ーコア試験)
- 229 学習院大学(経済学部ーコア試験)
- 230 学習院大学(文学部ーコア試験)
- 231 学習院大学(国際社会科学部ーコア試験)
- 232 学習院大学(理学部ーコア試験)
- 233 学習院女子大学
- 234 神奈川大学(給費生試験)
- 235 神奈川大学(一般入試)
- 236 神奈川工科大学
- 237 鎌倉女子大学・短期大学部
- 238 川村学園女子大学
- 239 神田外語大学
- 240 関東学院大学
- 241 北里大学(理学部)
- 242 北里大学(医学部) 医
- 243 北里大学(薬学部)
- 244 北里大学(看護・医療衛生学部)
- 245 北里大学(未来工・獣医・海洋生命科学部)
- 246 共立女子大学・短期大学
- 247 杏林大学(医学部) 医
- 248 杏林大学(保健学部)
- 249 群馬医療福祉大学・短期大学部
- 250 群馬パース大学 総推
- 251 慶應義塾大学(法学部)
- 252 慶應義塾大学(経済学部)
- 253 慶應義塾大学(商学部)
- 254 慶應義塾大学(文学部) 総推
- 255 慶應義塾大学(総合政策学部)
- 256 慶應義塾大学(環境情報学部)
- 257 慶應義塾大学(理工学部)
- 258 慶應義塾大学(医学部) 医
- 259 慶應義塾大学(薬学部)
- 260 慶應義塾大学(看護医療学部)
- 261 工学院大学
- 262 國學院大學
- 263 国際医療福祉大学 医
- 264 国際基督教大学
- 265 国士舘大学
- 266 駒澤大学(一般選抜T方式・S方式)
- 267 駒澤大学(全学部統一日程選抜)

さ行(関東の大学)

- 268 埼玉医科大学(医学部) 医
- 269 相模女子大学・短期大学部
- 270 産業能率大学
- 271 自治医科大学(医学部) 医
- 272 自治医科大学(看護学部)／東京慈恵会医科大学(医学部〈看護学科〉)
- 273 実践女子大学 総推
- 274 芝浦工業大学(前期日程)
- 275 芝浦工業大学(全学統一日程・後期日程)
- 276 十文字学園女子大学
- 277 淑徳大学
- 278 順天堂大学(医学部) 医
- 279 順天堂大学(スポーツ健康科・医療看護・保健看護・国際教養・保健医療・医療科・健康データサイエンス・薬学部) 総推
- 280 上智大学(神・文・総合人間科学部)
- 281 上智大学(法・経済学部)
- 282 上智大学(外国語・総合グローバル学部)
- 283 上智大学(理工学部)
- 284 上智大学(TEAPスコア利用方式)
- 285 湘南工科大学
- 286 昭和大学(医学部) 医
- 287 昭和大学(歯・薬・保健医療学部)
- 288 昭和女子大学
- 289 昭和薬科大学
- 290 女子栄養大学・短期大学部 総推
- 291 白百合女子大学
- 292 成蹊大学(法学部ーA方式)
- 293 成蹊大学(経済・経営学部ーA方式)
- 294 成蹊大学(文学部ーA方式)
- 295 成蹊大学(理工学部ーA方式)
- 296 成蹊大学(E方式・G方式・P方式)
- 297 成城大学(経済・社会イノベーション学部ーA方式)
- 298 成城大学(文芸・法学部ーA方式)
- 299 成城大学(S方式〈全学部統一選抜〉)
- 300 聖心女子大学
- 301 清泉女子大学
- 303 聖マリアンナ医科大学 医
- 304 聖路加国際大学(看護学部)
- 305 専修大学(スカラシップ・全国入試)
- 306 専修大学(前期入試〈学部個別入試〉)
- 307 専修大学(前期入試〈全学部入試・スカラシップ入試〉)

た行(関東の大学)

- 308 大正大学
- 309 大東文化大学
- 310 高崎健康福祉大学
- 311 拓殖大学
- 312 玉川大学
- 313 多摩美術大学
- 314 千葉工業大学
- 315 中央大学(法学部ー学部別選抜)
- 316 中央大学(経済学部ー学部別選抜)
- 317 中央大学(商学部ー学部別選抜)
- 318 中央大学(文学部ー学部別選抜)
- 319 中央大学(総合政策学部ー学部別選抜)
- 320 中央大学(国際経営・国際情報学部ー学部別選抜)
- 321 中央大学(理工学部ー学部別選抜)
- 322 中央大学(5学部共通選抜)
- 323 中央学院大学
- 324 津田塾大学
- 325 帝京大学(薬・経済・法・文・外国語・教育・理工・医療技術・福岡医療技術学部)
- 326 帝京大学(医学部) 医
- 327 帝京科学大学 総推
- 328 帝京平成大学 総推
- 329 東海大学(医〈医〉学部を除くー一般選抜)
- 330 東海大学(文系・理系学部統一選抜)
- 331 東海大学(医学部〈医学科〉) 医
- 332 東京医科大学(医学部〈医学科〉) 医
- 333 東京家政大学・短期大学部 総推
- 334 東京経済大学
- 335 東京工科大学
- 336 東京工芸大学
- 337 東京国際大学
- 338 東京歯科大学
- 339 東京慈恵会医科大学(医学部〈医学科〉) 医
- 340 東京情報大学
- 341 東京女子大学
- 342 東京女子医科大学(医学部) 医
- 343 東京電機大学
- 344 東京都市大学
- 345 東京農業大学
- 346 東京薬科大学(薬学部) 総推
- 347 東京薬科大学(生命科学部) 総推
- 348 東京理科大学(理学部〈第一部〉ーB方式)
- 349 東京理科大学(創域理工学部ーB方式・S方式)
- 350 東京理科大学(工学部ーB方式)
- 351 東京理科大学(先進工学部ーB方式)
- 352 東京理科大学(薬学部ーB方式)
- 353 東京理科大学(経営学部ーB方式)
- 354 東京理科大学(C方式、グローバル方式、理学部〈第二部〉ーB方式)
- 355 東邦大学(医学部) 医
- 356 東邦大学(薬学部)

教学社 刊行一覧

2025年版 大学赤本シリーズ

374大学556点
全都道府県を網羅

国公立大学（都道府県順）

全国の書店で取り扱っています。店頭にない場合は，お取り寄せができます。

1 北海道大学（文系－前期日程）
2 北海道大学（理系－前期日程） 医
3 北海道大学（後期日程）
4 旭川医科大学（医学部〈医学科〉） 医
5 小樽商科大学
6 帯広畜産大学
7 北海道教育大学
8 室蘭工業大学／北見工業大学
9 釧路公立大学
10 公立千歳科学技術大学
11 公立はこだて未来大学 総推
12 札幌医科大学（医学部） 医
13 弘前大学 医
14 岩手大学
15 岩手県立大学・盛岡短期大学部・宮古短期大学部
16 東北大学（文系－前期日程）
17 東北大学（理系－前期日程） 医
18 東北大学（後期日程）
19 宮城教育大学
20 宮城大学
21 秋田大学 医
22 秋田県立大学
23 国際教養大学 総推
24 山形大学 医
25 福島大学
26 会津大学
27 福島県立医科大学（医・保健科学部） 医
28 茨城大学（文系）
29 茨城大学（理系）
30 筑波大学（推薦入試） 医 総推
31 筑波大学（文系－前期日程）
32 筑波大学（理系－前期日程） 医
33 筑波大学（後期日程）
34 宇都宮大学
35 群馬大学 医
36 群馬県立女子大学
37 高崎経済大学
38 前橋工科大学
39 埼玉大学（文系）
40 埼玉大学（理系）
41 千葉大学（文系－前期日程）
42 千葉大学（理系－前期日程） 医
43 千葉大学（後期日程） 医
44 東京大学（文科） DL
45 東京大学（理科） DL 医
46 お茶の水女子大学
47 電気通信大学
48 東京外国語大学 DL
49 東京海洋大学
50 東京科学大学（旧 東京工業大学）
51 東京科学大学（旧 東京医科歯科大学） 医
52 東京学芸大学
53 東京藝術大学
54 東京農工大学
55 一橋大学（前期日程）
56 一橋大学（後期日程）
57 東京都立大学（文系）
58 東京都立大学（理系）
59 横浜国立大学（文系）
60 横浜国立大学（理系）
61 横浜市立大学（国際教養・国際商・理・データサイエンス・医〈看護〉学部）
62 横浜市立大学（医学部〈医学科〉） 医
63 新潟大学（人文・教育〈文系〉・法・経済科・医〈看護〉・創生学部）
64 新潟大学（教育〈理系〉・理・医〈看護を除く〉・歯・工・農学部） 医
65 新潟県立大学
66 富山大学（文系）
67 富山大学（理系） 医
68 富山県立大学
69 金沢大学（文系）
70 金沢大学（理系） 医
71 福井大学（教育・医〈看護〉・工・国際地域学部）
72 福井大学（医学部〈医学科〉） 医
73 福井県立大学
74 山梨大学（教育・医〈看護〉・工・生命環境学部）
75 山梨大学（医学部〈医学科〉） 医
76 都留文科大学
77 信州大学（文系－前期日程）
78 信州大学（理系－前期日程） 医
79 信州大学（後期日程）
80 公立諏訪東京理科大学 総推
81 岐阜大学（前期日程） 医
82 岐阜大学（後期日程）
83 岐阜薬科大学
84 静岡大学（前期日程）
85 静岡大学（後期日程）
86 浜松医科大学（医学部〈医学科〉） 医
87 静岡県立大学
88 静岡文化芸術大学
89 名古屋大学（文系）
90 名古屋大学（理系） 医
91 愛知教育大学
92 名古屋工業大学
93 愛知県立大学
94 名古屋市立大学（経済・人文社会・芸術工・看護・総合生命理・データサイエンス学部）
95 名古屋市立大学（医学部〈医学科〉） 医
96 名古屋市立大学（薬学部）
97 三重大学（人文・教育・医〈看護〉学部）
98 三重大学（医〈医〉・工・生物資源学部） 医
99 滋賀大学
100 滋賀医科大学（医学部〈医学科〉） 医
101 滋賀県立大学
102 京都大学（文系）
103 京都大学（理系） 医
104 京都教育大学
105 京都工芸繊維大学
106 京都府立大学
107 京都府立医科大学（医学部〈医学科〉） 医
108 大阪大学（文系） DL
109 大阪大学（理系） 医
110 大阪教育大学
111 大阪公立大学（現代システム科学域〈文系〉・文・法・経済・商・看護・生活科〈居住環境・人間福祉〉学部－前期日程）
112 大阪公立大学（現代システム科学域〈理系〉・理・工・農・獣医・医・生活科〈食栄養〉学部－前期日程） 医
113 大阪公立大学（中期日程）
114 大阪公立大学（後期日程）
115 神戸大学（文系－前期日程）
116 神戸大学（理系－前期日程） 医
117 神戸大学（後期日程）
118 神戸市外国語大学 DL
119 兵庫県立大学（国際商経・社会情報科・看護学部）
120 兵庫県立大学（工・理・環境人間学部）
121 奈良教育大学／奈良県立大学
122 奈良女子大学
123 奈良県立医科大学（医学部〈医学科〉） 医
124 和歌山大学
125 和歌山県立医科大学（医・薬学部） 医
126 鳥取大学 医
127 公立鳥取環境大学
128 島根大学 医
129 岡山大学（文系）
130 岡山大学（理系） 医
131 岡山県立大学
132 広島大学（文系－前期日程）
133 広島大学（理系－前期日程） 医
134 広島大学（後期日程）
135 尾道市立大学 総推
136 県立広島大学
137 広島市立大学
138 福山市立大学 総推
139 山口大学（人文・教育〈文系〉・経済・医〈看護〉・国際総合科学部）
140 山口大学（教育〈理系〉・理・医〈看護を除く〉・工・農・共同獣医学部） 医
141 山陽小野田市立山口東京理科大学 総推
142 下関市立大学／山口県立大学
143 周南公立大学 新 総推
144 徳島大学 医
145 香川大学 医
146 愛媛大学 医
147 高知大学 医
148 高知工科大学
149 九州大学（文系－前期日程）
150 九州大学（理系－前期日程） 医
151 九州大学（後期日程）
152 九州工業大学
153 福岡教育大学
154 北九州市立大学
155 九州歯科大学
156 福岡県立大学／福岡女子大学
157 佐賀大学 医
158 長崎大学（多文化社会・教育〈文系〉・経済・医〈保健〉・環境科〈文系〉学部）
159 長崎大学（教育〈理系〉・医〈医〉・歯・薬・情報データ科・工・環境科〈理系〉・水産学部） 医
160 長崎県立大学 総推
161 熊本大学（文・教育・法・医〈看護〉学部・情報融合学環〈文系型〉）
162 熊本大学（理・医〈看護を除く〉・薬・工学部・情報融合学環〈理系型〉） 医
163 熊本県立大学
164 大分大学（教育・経済・医〈看護〉・理工・福祉健康科学部）
165 大分大学（医学部〈医・先進医療科学科〉） 医
166 宮崎大学（教育・医〈看護〉・工・農・地域資源創成学部）
167 宮崎大学（医学部〈医学科〉） 医
168 鹿児島大学（文系）
169 鹿児島大学（理系） 医
170 琉球大学 医

//////////////////// · memo · ////////////////////

//////////////////// · memo · ////////////////////